U0165217

地势坤，君子以厚德载物。

礼记

今注今译

王云五 — 主编

王梦鸥 — 注译

礼记 今注今译

上

中国友谊出版公司

图书在版编目（CIP）数据

礼记今注今译 / 王云五主编；王梦鸥注译. -- 北京：中国友谊出版公司，2022.8

ISBN 978-7-5057-5438-6

Ⅰ.①礼… Ⅱ.①王…②王… Ⅲ.①礼仪－中国－古代②《礼记》－注释 Ⅳ.①K892.9

中国版本图书馆CIP数据核字（2022）第061018号

书名	礼记今注今译
作者	王云五主编　王梦鸥注译
出版	中国友谊出版公司
发行	中国友谊出版公司
经销	新华书店
印刷	河北鹏润印刷有限公司
规格	880×1230毫米　32开
	33.5印张　780千字
版次	2022年8月第1版
印次	2022年8月第1次印刷
书号	ISBN 978-7-5057-5438-6
定价	118.00元
地址	北京市朝阳区西坝河南里17号楼
邮编	100028
电话	（010）64678009

如发现图书质量问题，可联系调换。质量投诉电话：010–82069336

编纂古籍今注今译序

由于语言文字习俗之演变，古代文字原为通俗者，在今日颇多不可解。以故，读古书者，尤以在具有数千年文化之我国中，往往苦其文义之难通。余为协助现代青年对古书之阅读，在距今四十余年前，曾为本馆创编《学生国学丛书》数十种，其凡例如下：

一、中学以上语文功课，重在课外阅读，自力攻求；教师则为之指导焉耳。唯重篇巨帙，释解纷繁，得失互见，将使学生披沙而得金，贯散以成统，殊非时力所许；是有需乎经过整理之书篇矣。本馆鉴此，遂有《学生国学丛书》之辑。

二、本丛书所收，均重要著作，略举大凡：经部如诗、礼、春秋；史部如史、汉、五代；子部如庄、孟、荀、韩，并皆列入；文辞则上溯汉、魏，下迄五代；诗歌则陶、谢、李、杜，均有单本；词则多采五代、两宋；曲则撷取元、明大家；传奇、小说，亦选其英。

三、诸书选辑各篇，以足以表见其书，其作家之思想精神、文学技术者为准；其无关宏旨者，概从删削。所选之篇类不省节，以免割裂之病。

四、诸书均为分段落，作句读，以便省览。

五、诸书均有注释；古籍异释纷如，即采其较长者。

六、诸书卷首，均有新序，述作者生平，本书概要。凡所以示学生研究门径者，不厌其详。

然而此一丛书，仅各选辑全书之若干片段，犹之尝其一脔，而未窥全豹。及一九六四年，余谢政后重主本馆，适编译馆有《资治通鉴今注》之编纂，甫出版三册，以经费及流通两方面，均有借助于出版家之必要，商之于余，以其系就全书详注，足以弥补余四十年前编纂《学生国学丛书》之阙，遂予接受。甫岁余，而全书十有五册，千余万言，已全部问世矣。

余又以《资治通鉴今注》，虽较《学生国学丛书》已进一步，然因若干古籍，文义晦涩，今注以外，能有今译，则相互为用，今注可明个别意义，今译更有助于通达大体，宁非更进一步欤？

几经考虑，乃于一九六七年秋决定编纂经部今注今译第一集十种，其凡例如下：

一、经部今注今译第一集，暂定十种①，其书名及白文②字数如下：

《诗经》	三九一二四字
《尚书》	二五七〇〇字
《周易》	二四二〇七字
《周礼》	四五八〇六字
《礼记》	九九〇二〇字
《春秋左氏传》	一九六八四五字
《大学》	一七四七字

---

① 编者注：因版权问题，此次简体中文新版本中缺少《周礼今注今译》一书。另外，《大学今注今译》《中庸今注今译》两本合为一本《大学中庸今注今译》。

② 编者注：白文指书的正文部分，亦指不附注释的书。

《中庸》	三五四五字
《论语》	一二七〇〇字
《孟子》	三四六八五字

以上白文共四八三三七九字。

二、今注仿《资治通鉴今注》体例，除对单字词语详加注释外，地名必注今名，年份兼注公元，衣冠文物莫不详释，必要时并附古今比较地图与衣冠文物图案。

三、全书白文四十七万余字，今注假定占白文百分之七十，今译等于白文百分之一百三十，合计白文连注译约为一百四十余万言。

本馆所任之古籍今注今译，经慎选专家定约从事，阅时最久者将及两年，较短者不下一年，则以属稿诸君，无不敬恭将事，求备求详；迄今只有《尚书》及《礼记》两种交稿，所有注译字数，均超出原预算甚多，以《礼记》一书言，竟超过倍数以上。兹当第一种之《尚书今注今译》排印完成，问世有日，谨述缘起及经过如上。

王云五

一九六九年九月二十五日

叙礼记今注今译

　　王云五先生为推行中华文化，选择了若干种足以代表中华文化的典籍，拟用现代的观点和语言加以注释，并做翻译；冀使多忙少暇的现代人，容易了解中华文化的实质；同时亦使先人的德业日新又新。当时，老先生把计划中的工作，分一部分让我们尝试，那就是现在写成的这一部《礼记》的今注今译。

　　说到《礼记》这部书，原只是儒家经典的一部分，而且，在早还只是那些经典中属于"礼经"的一部分。礼经的传授，倘依时代先后排列：西汉讲《仪礼》，东汉兼讲《周礼》，差不多到了三国以后才始讲《礼记》。换言之：《礼记》一书取得经典地位，是较晚的事。然而，《仪礼》《周礼》二书所记载的，都只是上古的礼俗仪式和一套理想的建国制度。仪式和当时的生活习惯关系密切，经过时移世变，即在儒家的理论上，亦认为可以"与民变革"的，更不消说，在现实生活中时有事实上的改变。因此，《仪礼》《周礼》二书所记载的东西，和人们的常识日渐疏远，差不多到了唐代，有的学者竟直率地承认它"难读"。学者们尚且如此，则其他人更可想而知之了。当然，这里面重要的原因，乃是那些仪文制度，多已不见于后代人的日常生活，所以亦渐不为一般人所了解。

如果要问儒者们为什么要记载而且传授那些不为后世所实行的仪文制度？这确是极重要的一点。我们知道：儒家之所以为"儒家"，为后代执政者所尊重，在于他们不但有淑世拯人的抱负，同时还想拿出一套可以实行的具体办法。只可惜他们生存的时代很古，那是个农业的封建时代。他们在那样的生活环境中，能选择参考和可依据的生活行为资料，就只有那些现实的东西。他们在那种环境中，要依其理想来选择一套可以辅导人们走向健康幸福的生活之路，遂亦只有那些礼俗仪文了。那些礼俗仪文，由后人看来，虽有许多是落伍的、不合实际的，然而，这都无关紧要。而最要紧的，乃在他们欲借助于那些礼俗仪文以达成淑世拯人的理想。他们早就说过礼俗仪文可以随时变革，唯独不可变的，就是他们要用和平的教育方法，造就每个人健全的心理和合理的行为。这样，由扩充小我而为大我，由个人至于整个人类。这是他们的理想，亦即他们所称为"义"者。他们说："礼也者，义之实也。协诸义而协，则礼虽先王未之有，可以义起也。"这不是说得十分明白了吗？"礼"是指那些礼俗仪文，而"义"则是他们的理想。

《礼记》在礼经中虽为后起之书，但所记载的，恰就是那种理想。理想不变，所以《礼记》不特不因时世的迁易而没落，反而取得后来居上的地位。自北宋时代，《礼记》便正式列为礼经之唯一要籍，而且一直相沿到了近代。在清代经学复兴期间，就有学者直认：《仪礼》《周礼》二书已不能复行于后世，但那两部书的"会通"，则在于《礼记》。质言之，《礼记》不但是打通《仪礼》《周礼》二书之内蕴的钥匙，同时亦是孔子以后发展至西汉时代，许多孔门后学所共同宣传儒家思想的一部丛书。

《礼记》在经典中的地位既是如此，现在还要考察一下，关于这部丛书的实际状况，并借以说明我们所做的今注今译的大体情形。

从历史上看来，现存于《礼记》中的文辞，在西汉时代，即已常常被人引述，显然那是很早就有的典籍了。但是到了东汉，这部后来被称为《小戴礼记》的书，仍未见于正式的记录。所以它的流行时代，可能是在东汉中晚期。如今唯一可以确定的：那就是东汉末年由郑玄编注而成的这个本子。虽然在郑玄前后亦有人注解过这部书，而且郑玄编注此书时亦还引用过别的本子来校对，但这都只能说明那时已有此书，至于此书和流传至今的这个本子，是否完全一样？因文献不足，我们仍只能说：现在的这个本子，是郑玄编辑和注解的本子，而称之为郑注《礼记》，俾不至误。

郑注《礼记》，经历三国两晋南北朝，逐渐受到学者们的重视，而继续为之做讲疏的人亦逐渐增多。到了隋末唐初，先是，陆德明整理经典文字，连带为《礼记》本文做了一番校对文字音读的功夫；接着，孔颖达等人，又把郑注以下的许多讲疏，做了一番厘订的工作，编成所谓《礼记正义》。《礼记正义》和郑注《礼记》，大约在南宋初年被合成为一部书。那时，正迎上印刷术发达，因之，这部书乃得以不同的版式在各地普遍翻印流传。现在我们称为《礼记注疏》的，可说是各式版本中之一母本。此外，南宋人翻印的郑注《礼记》和近代从敦煌发现的郑注《礼记》之零星抄本，都可供参考之用。因为《礼记注疏》本，清代阮元曾经参用国内外所藏的许多版本和前人用北宋本校对过的记载，编为《〈礼记注疏〉校勘记》。这种附有《校勘记》的注疏本，种类非一，而我们用作今注今译的底本的，则是目前坊间翻印的石印本。

郑玄使用极简练的文字为《礼记》做注，所以他的注语，全部字数，仅比本文多出千余字。孔颖达等人则相反，他们用最详细的语句为"郑注"做说明。这样极简与极繁的"注"和"疏"，自古以来，被认为"双绝"，而阮元即据此而为之校勘，照理该是最完善的本子了。然而，如果要问：这本子究竟完美到怎样的程度？却是个很难肯定回答的问题，因为这里面还有好几层的关系。

第一，郑玄时代，他所据以做注的那个底本，是否完善？即已可疑。郑玄做注，同时虽很细心地用当时流传的其他抄本校对他所用的那个底本的本文，凡是经他看出显然有错的文字，便明白地记下某字"当为"某字，但亦有他不能断定的，于是就记下某字"或为"某字。仅从郑玄所记的许多"错字"看来，即已够说明他所用的底本并非十分完美。而且他在注《礼记》时，又似很匆促，有些参考的书籍，他没有看到。这在他的学生问答记录里，已有交代。由今看来，《礼记》的本文，有许多地方亦散见于其他古书中。倘用其他古书互校，则又可见除了郑玄已发明的疑问以外，仍还有不少的疑问。这就是郑注《礼记》底本的实际情形。

第二，孔颖达等人疏解郑注时，所据用的郑注《礼记》，则又是经过三国六朝，数百年间辗转抄录下来的本子。我们单看陆德明所做的《礼记释文》，即可看出：他记下许多"本为某字""或为某字"的字，往往和现在这本孔疏所用的字又有不同，这又可以说明孔疏所据的底本，亦非十分完美。此外，本非郑注而乱入郑注中者，犹不在话下。

第三，现行的注疏本，虽经过多人校勘，但于《校勘记》所记载者外，仍可检出一些错字。更严重的是：郑玄的注语，却不见于现有的郑注中，偶因孔疏之引述，始能于"疏语"中看到[1]。

然而，未经孔疏引述出来的，是否仍有脱落的"郑注"呢？这就不无可疑了。再者，倘依孔颖达等人详为"郑注"做疏证的原则，而现在可看到的，有些地方必然有疏语的，但这"注疏本"却一字不提 [2]。这是否说明了"郑注"有脱落，甚至连"孔疏"亦有脱落呢？则又不无可疑了。有了这层层的疑问，不特使人不能肯定回答这本《礼记注疏》的完善程度，而且，在替它做今注今译时，还不得不分外审慎，因为这些地方，前人尚未及注意。

如果要问：《礼记》既是千余年来的经典而为读书人必读之书，不可能有这种不可信靠的成分在。因为此书于本文之外有注语，注语之外有疏语，层层说明，互相保证，决不致有什么大错。然而，大错虽必没有，只是在中国"一字一义"的文章结构中，片词只字的出入，就会影响整个的语意。郑玄最早便已注意到片词只字之是非；到了孔疏，他们虽极忠实地为郑注做疏解，但亦尝发现郑玄为本文上的错字所蒙混而写下望文起义的曲解。孔疏以下，经历宋元明清，许多热心攻读此书的学者，差不多随时都在发现郑注以及孔疏的错失。虽其中有因错字而发生的，但最多的地方，还是在于"语意"的误解。从后代学者的著述中，我们可以看到"郑注"误解了本文的地方，又看到"孔疏"误解了"郑注"的地方。这样，由本文而注语而疏语，本意虽在于层层说明，而实际却未必即可互相保证。因此，自宋代以下，有的学者或竟撇开注疏，而径向本文做"直解"或"别解"的。这样一来，使那将近十万字的《礼记》本文，便附着上"数以千万计"的解说。其中除去复述别人的意见者外，具有真知灼见的著述，即不在少数。现在我们为说明《礼记》本文而做今注今译，在探讨前人的意见时，虽不因其著述之多而感到困难，但是，他们太多不同的，甚或相反的，而又同具价值的解说，在选择取舍上，便不能不煞费踌躇了。

孔颖达等人之疏解郑注《礼记》，是罗列前人的意见然后加以仲裁（名曰正义），而其仲裁，即又代表一种意见。到了后代，读者愈多而意见愈加分歧。但分歧到了无从仲裁，就只好编为"集说"了。不过，如卫湜的《礼记集说》，卷帙浩繁，无法使其书与大众接近，当然，这不是我们"今注"所宜采取的方式。其次如陈澔的《礼记集说》算是要约而不繁了，然而他的集"说"，必须参看后人给他做的许多辨惑补正的著作，始不致跟着错误。而且，这种补正的意见，时在增加。清代学者更能利用文献学的、文字学的、文法学的种种方法，为"注""疏""集说"下不少补正的功夫。如果把许多意见罗列起来，不免又要成为卫氏"集说"那样的庞然大物了。这都是做"今注"时所面对着的麻烦。

还有比这更加困难的事。第一，上古的一些特殊仪式、器物、建筑，以及社会组织上的种种名词：有的须要表演，有的须要绘图，有的须要长篇讲解，始能看得明白。倘若单用"白话"，而白话中没有相当的词汇可以翻译。第二，本文的含意，既有种种不同的解释；解释既已不同，当然不容"混说"。然而"今译"之目的，是要把本文一句是一句地用白话说来，倘求其不陷于偏执，就只好把不同的解释列于"今注"项下，而"今译"仅能就其中之一面翻译。这又是无可奈何之处。现在为着补救上述第一、第二两点缺憾，我们就尽量列载参考书籍，把权威的著作、演礼图、近代人所做名物图考等，作为附录，以备有兴趣做进一步研究此书的读者参考之用。

最后，不，应当说是首先，我们得向王老先生表达歉意。因为老先生的委托，我们未能如期完成。虽然老先生原谅我们译注此书，因篇幅较长而参考的材料甚众，爬罗剔抉，刮垢磨光，既需时日；而本人又因到海外讲学，逆旅生涯，亦略有耽搁。其间，还感谢罗宗涛、张棣华、谢海平，诸位年轻朋友热忱协助，如今幸得杀青斯竟。既得诸朋友的助力，所以在这里应称为"我们的"工作了。

早在郑玄时代，卢植曾经说："今之《礼记》，特多回穴。"我们虽不能指实他说的即是这部《礼记》，但细检此书，其中无论文字、章节、讲义，以及其牵涉到古代文化生活各方面的记载，皆因传世久远，本文断烂，章节错乱，字词讹脱，确实够称"特多回穴"的。所以我们的今注今译，只算是在前世学者的余荫下略尽绵薄。至于如何使得此书更其系统化，而赋以现代的意义，则有待海内外贤达的指教。

王梦鸥谨叙

一九六九年四月

补注

1　例如《曲礼上》"人生十年曰幼，学"，孔疏引"《檀弓》云：幼名者，三月为名，称幼"。今按《檀弓》实无此文，当是《檀弓上》"幼名，冠字"处之郑注语。今此郑注语不见于《檀弓》篇，赖孔疏所引而得见之。

2　例如《曲礼上》"不辞让而对，非礼也"，郑注云"当谢不敏，若曾子之为"。按今本此处不见孔疏语，遂亦无以知何者为"曾子之为"。疑此处孔疏当引"《孝经》云：子曰……汝知之乎？曾子避席曰：参不敏，何足以知之"等语，今佚之。

目　录

上　册

下 册

第一　曲礼上

"曲"指细小的事，"礼"为行事的准则，合称"曲礼"，意思相当于"幼仪"二字。《内则》云："十年……朝夕学幼仪。"盖古代士大夫的子弟，到了十岁就要学习这些礼节。唯是《曲礼》原书，今已不可得见。这些是汉代儒者收拾残余的文句和前人的传记合编为一。因此，简策繁重，自有郑玄注解，便已分为上、下二篇。

《曲礼》曰：毋不敬[1]，俨若思[2]，安定辞[3]。安民哉[4]！

今注

1　敬，是自我警惕约束的意思。

2　俨，是端庄持重。若思，是譬况那俨然的样子。

3　安定，是安详确定。辞，是说话。

4　这是讲解《曲礼》的人赞美上面三句话。有如《论语·宪问》所谓：修己以敬，修己以安人，修己以安百姓。

今译

《曲礼》书上说：一切行为准则皆以"敬"为基础，态度要端庄持重而若有所思的样子，说话亦要安详而确定。这样才能使人信服啊！

敖不可长¹，欲不可从²，志不可满，乐不可极³。

今注

1　敖，马融、郑玄读为遨游之遨。长，读为长久之长。陆德明云：敖为傲慢，长是生长的意思。今按下文有"乐不可极"与"遨不可长"的意思相近，显得重复，故改从陆氏的读法。

2　从，可解为顺从，亦可读为放纵之纵。

3　按后文有"君子恭敬撙节退让以明礼"之句，大意与此四句相同，这只是从反面说来。

今译

不可起傲慢的念头，不可受欲望的支配。求善的志向不可自满，享乐的行为则要适可而止。

贤者狎而敬之¹，畏而爱之。爱而知其恶，憎而知其善²。积而能散³，安安而能迁⁴。

今注

1　狎，亲密的意思。

2　憎，嫌恶的意思。

3　积，聚少成多。

4　第一个"安"字，是适应的意思。第二个"安"字，郑玄解作"安逸"，且引《左传·僖公二十三年》所记晋国公子重耳留恋齐国安逸生活的故事为例，但那是不适当的。《论语·公冶长》云："令尹子文，三仕为令尹，无喜色；三已之，无愠色。"这才近乎安安而能迁的例子。

今译

比我善良而能干的人要跟他亲密而且敬重他，畏服而又爱慕他。对于自己所爱的人，要能分辨出他的短处；对于自己嫌恶的人，亦要能看出他的好处。能积聚财富也能分配财富以造福于人。能适应于安乐显荣的地位，但亦能适应不好的地位，能屈能伸。

临财毋苟得，临难毋苟免。很毋求胜[1]，分毋求多。疑事毋质[2]，直而勿有[3]。

今注

1　很，是"违戾""相反"的意思。

2　质，是证明。

3　直，是事理明白。

今译

遇到财物毋随便取得。遇到危难亦不随便逃避。意见相反的，不要压服人家。分配物品，不可独要多得。自己不明白的事，不要乱做证明。已经明白的事理，亦不要自夸早已知道。

若夫[1]，坐如尸[2]，立如齐[3]。礼从宜[4]，使从俗[5]。

今注

1　"若夫坐如尸立如齐"之上下似有脱文。《大戴礼记·曾子事父母》云："孝子唯巧变，故父母安之。若夫坐如尸，立如齐，弗讯不言，言必齐色，此成人之善者也，未得为人子之道也。"这是说"为人子之道"。《曲礼》当是讲"成人"之礼固当"坐如尸""立如齐"，但为人子则可不要那样。所以下文接以"礼从宜"云云。今脱去下文，郑玄解释"若夫"之"夫"，为丈夫，亦即"成人"的"人"。

2　尸，是古代祭祀时，代表受祭者的人。他在祭礼进行中，一直端正地坐着。

3　齐，或解作"斋"，本是祭祀前十日开始过的严肃生活的专称，亦可引申为持敬的意思。但后人或读为"齌"，是衣服的下边。"如"字当"而"字用，乃成为"立而齌"，亦即站的姿势，要稍俯着，故衣服下边着地。

4 宜，是适合事理。

5 使，读为使者之使。此句譬喻礼之从宜，有如"使者"之顺从所在国的风俗一样。

今译

如果是个成人，就要坐得端正，站得恭敬。因为行为的准则要求适合事理，有如做使者的人要顺应所到地方的风土习俗。

夫礼者所以定亲疏，决嫌疑[1]，别同异，明是非也。

今注

1 容易引起误会之事曰嫌，是非未明之事曰疑。决，是断定的意思。

今译

礼是用来制定人与人关系上的亲疏，判断事情之嫌疑，分辨物类的同异，辨明道理之是非。

礼[1]，不妄说人[2]，不辞费[3]。礼，不逾节，不侵侮，不好狎。修身践言，谓之善行[4]。行修言道[5]，礼之质也。

今注

1 此处所谓"礼"，都是据古礼书的教训来说的。下文用"礼"字者亦同。

2 说，同"悦"字，意谓讨人喜欢。

3 《缁衣》有"口费而烦"一句。辞出于口，故口费与辞费意思相同。郑玄在彼读"口费"如"口惠"，是口头给人恩惠而实际并没有做到。

4　行，是品行。

5　道，就是路，用来"行"的。言道，就是言合于行，亦即说到做到的意思。

今译

依礼而言：不可以随便讨人喜欢，不可说些做不到的话。依礼则行为不越轨，不侵犯侮慢别人；亦不随便与人称兄道弟，装作亲热。自己时常警惕振作，实践自己说过的话，这可称为完美的品行。品行修整而言行一致，那就是礼的实践。

礼闻取于人，不闻取人¹。礼闻来学，不闻往教²。

今注

1　郑玄解此二语为：取于人，谓高尚其道。取人，谓制服其身。陆德明读两"取"字为"趣"，而谓"趣"是就师求道。朱熹说："于人者，为人所取法也；取人者，人不来而我引取之。"胡邦衡则谓："取于人，以身下人也。舜取于人以为善，是也。取人，谓屈人从己。"今按：后文有"虽负贩者，必有尊也"，意谓负贩中亦有可尊的"人"，取其可尊者，则是"取于人"。

2　来学，是愿者自来。往教，则所教未必为其所愿。

今译

依礼而言，曾闻从别人取得好处，不因其人职业的高下取人。愿学者来，故礼闻来学；不愿来学，教亦无益，故不闻往教。

道德仁义，非礼不成¹，教训正俗，非礼不备²。分争辨讼，非礼不决³。君臣上下父子兄弟，非礼不定⁴。宦学事师⁵，非礼不亲。班朝治军，莅官行法⁶，非礼威严不行。祷祠祭祀，供给鬼神，非礼不诚不庄 [7]。是以君子恭敬撙节退让以明礼 [8]。

今注

1　成，是效验的意思。

2　备，周到，完全。意谓教学训导，不能遍举，不如行礼之事事周到。

3　决，判断。事有不明则争，理有所昧则讼，纷争辨讼，就是分辨事理。

4　君臣上下父子兄弟，名分不同，各有其行为准则。如果依礼而行，则君有君之礼，臣有臣之礼，而名分乃得确定。

5　宦，练习行政事务。学，研究书本知识。

6　班朝，朝廷的职位品级。治军，部队的组织管理。莅官，就是到职。行法，就是执行法令。

7　有所祈求的祭曰"祷"，酬谢神恩的祭曰"祠"，定期例行的祭，统称祭祀。受祭者或为祖先，或为神祇，都有祭品，故曰"供给鬼神"。庄，是严肃的意思。

8　在貌曰恭，在心曰敬。撙节，《荀子·不苟》写作"缛绌"，缛即蹲，绌即屈；蹲屈就是谦抑。

今译

道德仁义，本来只是空洞的名词，如果没有礼作为标准，就看不出道德仁义的效果证验来了。教学和训导，本来可以纠正社会生活习惯的，但社会生活包括多方面，如果没有礼作为标准行为，不免要顾此失彼而不周到。分辨事理，都只是口头的意见，如果不用礼作为行为准则，将至于议论分歧而无从判断了。君臣上下、父子兄弟之间，如果没有礼作为标准行为，就不能确定尊卑名分。为学习做官、学习道艺而侍奉师长，如果没有礼作为标准行为，就不能亲近和睦。朝廷的职位品级，军队的组织管理，到职任事，执行法令，如果没有礼作为一定的行为准则，将失去威严，不能使人服从。无论是特殊的祭祀或例行的祭拜，而供养鬼神，如果不按礼作为一定的仪式，亦即失去诚意和严肃的精神。总之，社会生活的领导者，必以恭敬谦抑退让的精神来发扬礼作为标准的行为。

鹦鹉能言，不离飞鸟。猩猩能言，不离禽兽[1]。今人而无礼，虽能言，不亦禽兽之心乎？夫唯禽兽无礼，故父子聚麀[2]。是故圣人作[3]，为礼以教人，使人以有礼，知自别于禽兽。

今注

1　禽，《白虎通》云："禽者何？鸟兽之总名。"依此为解，则"禽兽"二字当说是"动物中的走兽"。但，陆德明云：卢植的本子是写作"走兽"二字。显然这两字是因下文的"禽兽"二字而抄错了。兹依卢植的本子。

2　麀（yōu），是母鹿，或写作麀。

3　作，兴起的意思。

今译

鹦鹉虽能说话，终不过是飞鸟；猩猩虽能说话，终不过是走兽。人类如果没有道德仁义的行为，虽能说话，不亦是禽兽之心吗？正因为禽兽没有礼，所以父子共妻。古代圣人，为着这缘故，特依道德仁义而制定了一套标准的行为，使得人人的行为有了准则，而知道自己有别于禽兽。

太上贵德[1]，其次务施报[2]。礼尚往来[3]。往而不来，非礼也；来而不往，亦非礼也。人有礼则安，无礼则危。故曰，礼者不可不学也。

今注

1 太上，是指上古时代。德，古字写作"惪"，是外得于人，内得于己的意思，亦即内心怎样想，外面就怎样做。

2 施是我给人恩惠，报是报答人给我的恩惠。

3 往来就是施报。

今译

上古时代，人心很淳朴，凡事想做就做，只重老实，没有什么准则。到了文明进步，就讲究行为效果，凡是受到别人的恩惠，就要报答别人的恩惠。因此行为的准则中便含"施"与"报"的作用，凡是受别人恩惠而不报答，则不合乎礼；受人报答而没有恩惠给人，亦是不合于礼。有了这种作用的礼，于是人与人的关系，始能平衡安定，反之，就要发生危险。所以说：礼是不可以不学习的。

夫礼者，自卑而尊人。虽负贩者¹，必有尊也，而况富贵乎？富贵而知好礼，则不骄不淫；贫贱而知好礼，则志不慑²。

今注

1 负贩，郑玄解释为挑担子做买卖的人。朱彬说："《论语·乡党》云：'（孔子）式负版者。'"版是古代筑墙用具，负版者是微贱的小工。此处"贩"字或是"版"字之误。

2 慑，是畏怯困惑的意思。

今译

礼的主要精神在于克制自己而尊重别人。虽是微贱之辈，犹有可尊重的人，更不消说富贵的人了。唯是，富贵的人懂得爱好礼，才不至于骄傲而淫侈；同样，贫贱的人懂得爱好礼，则其居心也不至于卑怯而困惑。

人生十年曰幼，学[1]。二十曰弱，冠[2]。三十曰壮，有室[3]。四十曰强，而仕[4]。五十曰艾，服官政[5]。六十曰耆，指使[6]。七十曰老，而传[7]。八十九十曰耄[8]，七年曰悼[9]，悼与耄，虽有罪，不加刑焉。百年曰期，颐[10]。

今注

1 这一段是讲《曲礼》者摘述原文，而略变更其次序。学，就是《内则》所记的，儿童到了十岁，出外就学。

2 古代士大夫子弟，到了二十岁，举行加冠之礼，表示他已成人，但经验还不够充实，故曰"弱"。

3 室，指结婚后的小家庭。

4 仕，出为社会服务。

5 艾，《尔雅·释诂》云"艾，历也"，是经验丰富、办事老练的意思。《内则》云"五十命为大夫"，即因其办事能力已老练，可以担任专门的行政工作。

6 耆，渐近老年，不任奔走之役，但可指导后辈做事。

7 七十岁，到了衰老的年龄。而传，是把职责交与后辈。

8 耄，是视力、听力、记忆力都已衰退。

9 悼，是可怜爱的意思。

10 期，王念孙说是"极"的意思。颐，是供养。

今译

人生至十岁，可称为"幼"，开始外出就学。到了二十岁，学识经验虽还不够，但体力已近于成人，故可行加冠之礼，从此把他当作成人看待。三十岁，体力已壮，可以结婚成家室。到了四十岁，才算是强，可以服务于社会。五十岁，才能已够老练，可以治理大众的事。六十岁，体力开始衰退，不宜从事体力劳动，但能凭经验指导别人。七十岁已到告老的年龄，应把工作责任交付后人。到了八十、九十，视力、听力、心力皆衰耗，可称为"耄"。这样耄年的人和那七岁天真可爱的儿童一样，即使犯了什么过错，都是可以原谅的，不施以刑罚。更到了百岁，那是人生之极，只等人供养了。

大夫七十而致事[1]。若不得谢[2]，则必赐之几杖，行役以妇人[3]。适四方，乘安车[4]。自称曰老夫，于其国则称名；越国而问焉，必告之以其制[5]。

今注

1　致事，致其所掌之事于君而告老。

2　以辞相告曰谢。

3　几，坐时所凭；杖，立时所拄。行役，为公务而奔走。妇人，指负责陪伴照顾老人之人。

4　安车，坐乘的小车。

5　越国而问焉，郑玄解说是邻国来问。但依字面看来，"越国"与"越疆"相同，这是承上文"适四方"而言出国访问。制，是法度。

今译

大夫的官，到了七十岁，可以把行政工作交还君主，而告老还乡。如果国君挽留他，则赐以凭几和拄杖，使老人行立有所扶持。如果派他出外办事，得有看护妇伴随。如果出巡各个地方，应乘坐小车。这样的老者，虽有资格自称为"老夫"，但在自己的朝廷上，仍要自称名字。遇到出国访问时，必须把那一国的法度告诉他。

谋于长者，必操几杖以从之[1]。长者问，不辞让而对[2]，非礼也。

今注

1　"谋"是有所商议。操几杖，预备长者行立时用。

2　辞让而对，是先谦称"懂得不多"而后回答。

今译

跟长辈商议事情，一定要随带着凭几与手杖。长辈有所问，如果不先说句客气话而径直回答，亦即不合于礼。

凡为人子之礼：冬温而夏清[1]，昏定而晨省[2]，在丑夷不争[3]。

今注

1　清，陆德明所见别本写作"凊"字。凊是"瀞"字的简写，使物凉冷曰瀞。

2　定，是安其床衽。省，是问其安否。

3　丑，同"俦"，同辈的意思。夷，作"平"字讲。丑夷就是平辈之人。《孝经·纪孝行》，无"夷"字，但作"在丑不争"。

今译

做儿女之礼，要使父母冬天温暖，夏天清凉，晚上替他铺床安枕，清早向他问候请安，而且在平辈共处，绝无争执。

夫为人子者，三赐不及车马[1]。故州闾乡党称其孝也[2]，兄弟亲戚称其慈也[3]，僚友称其弟也，执友称其仁也，交游称其信也[4]。

今注

1　万斯大疑此句之下有脱漏；郭嵩焘说此句应在前面"必告之以其制"之下，二人的见解都很对。这一句像是由别处窜出来的句子。自"故州闾乡党称其孝也"以下五句，当接上文"在丑夷不争"之下，因为这是总说为人子之礼，能时刻孝敬父母，和睦同辈，这就是"孝""弟"，故能使州闾乡党称孝，兄弟亲戚称慈，僚友称弟，执友称仁，交游称信的地步。并不是说三赐不及车马便能得到这样多的称誉。三赐不及车马，郑玄解为"凡仕者一命受爵，再命而受衣服，三命而受车马"。受到车马之赐的人，尊荣或超过其父祖，所以不赐。王引之则解为："赐犹予也，谓为人子者不敢以车马予人。"按《坊记》云："父母在，馈献不及车马。"与此处说的一样，今从后说。

2 《周礼》：二十五家为"闾"，四闾为"族"，五族为"党"，五党为"州"，五州为"乡"。

3 亲是族内之人，戚是族外之人。

4 同官称"僚友"，同志称"执友"，素有来往之人称"交游"。

今译

作为人家的子弟，送人礼物，再多不至于送车送马（此句到此为止，下文当接上一章"冬温而夏清，昏定而晨省，在丑夷不争"之下）。能够这样，州闾乡党，都要称赞他的孝顺，兄弟以及内亲外戚都要称誉他的善良，同官们称赞他的仁爱，志同道合的朋友称赞他仁义，而跟他来往的人也都说他诚实可靠。

见父之执[1]，不谓之进不敢进，不谓之退不敢退；不问，不敢对[2]。此孝子之行也。

今注

1 父之执，是与父亲同志的友人。

2 不问，不敢对，犹前文"弗讯不言"，是成人之善者。

见到与父亲同志之人，他若不叫进前，就不敢擅自进前；不叫后退，亦不敢擅自后退。他若不问，亦不敢随便开口。这样尊敬父执，亦是孝子应有的行为。

夫为人子者：出必告，反必面[1]，所游必有常，所习必有业[2]。恒言不称老。年长以倍则父事之，十年以长则兄事之，五年以长则肩随之[3]。群居五人，则长者必异席[4]。

今注

1　"面"与上句"告"字相互为言。

2　业，大版，古人用以写字，这里可作"作业簿"讲。

3　并肩而后。亦即在排行之次。

4　古代席地而坐，一席容四人，若有五人则让年长者独坐另外一席。

今译

作为人家的子弟，出门时要当面禀告父母，回家时也要这样。出游须有一定的地方，所练习的要有作业簿，使得关心你的父母有所查考。平常讲话不要自称"老"字。遇到年龄大上一倍的人，应该当作父辈看待；大上十岁的人，当作兄辈；如果只大上五岁，虽属平辈，仍须居其下。五个人同在一处，应让年长者另坐一席。

为人子者，居不主奥[1]，坐不中席，行不中道，立不中门。食飨不为概[2]，祭祀不为尸。听于无声，视于无形[3]。不登高，不临深。不苟訾[4]，不苟笑。

今注

1　古代以屋之西南隅为"奥"，是家长的尊位。

2　食是食礼，飨是饮宴，二者皆为请客宴会之事。"概"是划定容量的器具，引申含义为"裁定""限制"。

3　《祭义》云："君子之所谓孝者：先意承志。"是不待父母表示于言语动作之前，即已揣知其意欲何为。这就是"听于无声，视于无形"。

4　相毁曰訾。《少仪》云"不訾重器"，"毋訾衣服成器"。

今译

作为人家的子弟，平日家居，不要占住尊长位置，不要坐当中的席位，不要走当中的过道，不要站当中的门口。遇有饮食的宴会，要多要少，不可乱作主张。举行祭祀的时候，不可充任神主受人祭拜。时时注意父母的意旨，不要等到他们发话或指使。不要爬高，不要临深。亦不要随便讥评，随便嬉笑。

孝子不服暗[1]，不登危，惧辱亲也[2]。父母存，不许友以死。不有私财[3]。

今注

1　服是做事的意思。

2　后文有"畏、厌、溺"而死者皆不吊，因为死得不光彩，是辱亲。

3　因连身体发肤皆受诸父母，而身外的财物，更不能属于自己了。

今译

孝顺的儿子，不做暗事，亦不得行险以侥幸，为着怕连累父母得到不会管教子女的恶名。父母活着不可以替朋友卖命。亦不可以有自己的私蓄。

为人子者：父母存，冠衣不纯素[1]。孤子当室[2]，冠衣不纯采[3]。

今注

1　纯，古时衣冠的镶边。《深衣》云："具父母，衣纯以青。"素色与青色相反。

2　孤子，无父曰孤。当室，是主持家室。

3　纯采，是用彩绘镶边。

今译

作为人家的子弟，当父母活着，戴的帽、穿的衣，不可用素色镶边，因为那样很像居丧。不过，没有父亲的孤子，如果是他当家，则他的冠衣，可以带素而不用彩绘镶边，因为那是表示他持久的哀思。

幼子常视毋诳[1]，童子不衣裘裳[2]。立必正方。不倾听。长者与之提携，则两手奉长者之手。负剑辟咡诏之[3]，则掩口而对[4]。

今注

1　郑玄注"视"即"示"字；诳，欺骗。按此语宜在"立必正方。不倾听"之上，是说儿童视听的容貌，陆德明说："诳"字别本作"迁"。《贾子·容经》云："躁视数顾……皆禁也。""迁"与"躁"字含义相近，常视毋迁，应是后文"毋淫视"的意思。

2　此句或在"幼子常视毋诳"之上。因童子着裘则太暖，着裳则不便。

3　负剑是说像背着剑囊的样子，辟是侧过脸，咡是口耳之间，诏是告诉。

4　为防口臭触人，所以要用手遮口然后回答。

平日不可以谎话教示儿童。儿童不必穿皮衣或裙子。站着一定要端正，不要做偏着头听说话的样子。如果长辈们要牵手走，就要用双手接捧长辈的手；如果长辈们从旁俯身耳语，要用手遮口，然后回答。

从于先生[1]，不越路而与人言。遭先生于道[2]，趋而进[3]，正立拱手。先生与之言则对；不与之言则趋而退。

今注

1 从，是跟随。先生，指年长的教学者。

2 遭，遇见。

3 跨大步走为"趋"。

今译

跟随先生走路，不要随便跑到路的一边和别人讲话。在路上遇见先生，就要赶快进前，拱手正立着。如果先生和你讲话，你就说话；如果先生没有话讲，则赶快退过一旁。

从长者而上丘陵[1]，则必乡长者所视[2]。登城不指[3]，城上不呼。

今注

1 大阜曰陵，小陵曰丘。

2 乡，就是"向"字。

3 指，是指指点点的意思。

今译

跟随长辈登上山坡时，要朝着长辈的目标看，预备长者对那目标有所问。登上城墙，不要指东画西，在城墙上更不可大呼小叫，那样会扰乱别人的听闻。

将适舍，求毋固[1]。将上堂，声必扬。户外有二屦[2]，言闻则入，言不闻则不入[3]。将入户，视必下[4]。入户奉扃，视瞻毋回。户开亦开，户阖亦阖；有后入者，阖而勿遂[5]。毋践屦[6]，毋踖席[7]，抠衣趋隅[8]。必慎唯诺[9]。

今注

1　固，郑玄解作"故常"，黄榦解作"固执"，孙希旦解作"鄙固"。鄙固是粗鲁而不懂礼貌的意思。

2　二屦，是指两双鞋子。古人入室，要把鞋子脱在户外。

3　言不闻，是指说话声音低小。

4　视必下，是怕冲撞着主人的私事。

5　遂，是关紧了的意思。

6　践，踩踏。

7　踖，跨足。古人席地而坐，故入席必由席位下角齐膝跪下；倘由席位前面就座，就要跨过席位了。

8　抠，是提起。隅，郑玄说是席的下角。因为不踖席，故从下角就座。

9　唯、诺，都是答语声，唯较为恭敬。

今译

将要拜访人家，不应该粗鲁。将要走到人家的堂屋，先扬声探问。看见人家室门外放有两双鞋子，而室内说话的声音听得很清楚，那样，就可以进去；如果听不见室内说话的声音，那表示二人在里面可能有机密的事，就不好进去了。即使进去，但进门时，必须眼睛看地下，以防冲撞人家。既进入室内，要谨慎地捧着门闩，不要回头偷觑。如果室门本是开着的，就依旧给开着；

如果是合着的，就依旧给合上。如果后面还有人进来，就不要把它合紧。进门时不要踩着别人的鞋。将要就位不要跨席子而坐。进了室内，就用手提起下裳走向席位下角。答话时，或用"唯"或用"诺"都要敬慎。

大夫士出入君门，由阓右 [1]，不践阈 [2]。

今注

1　阓，是门当中的"橜"。

2　阈，是门槛。

今译

大夫或士，进出国君的大门，得由门橜的右边走。进出时，不要踩着门槛。

凡与客人者，每门让于客 [1]。客至于寝门，则主人请入为席，然后出迎客 [2]。客固辞 [3]，主人肃客而入 [4]。主人入门而右，客入门而左 [5]。主人就东阶，客就西阶 [6]，客若降等 [7]，则就主人之阶。主人固辞，然后客复就西阶。主人与客让登，主人先登，客从之，拾级聚足 [8]，连步以上。上于东阶则先右足，上于西阶则先左足。

今注

1　这一段是总说迎宾的礼节。每门让于客，是遇到有门的地方都得揖让客人。

2　寝门，是进到起居间的门。唯有在这门口，主人要先进去，回头再迎客人进去。

3　固辞，是再三谦让。

4　肃，敬请。

5　这一段是细说礼让的仪式。而右、而左，右向东阶走，左向西阶走。

6 西阶曰宾阶，表示尊重客人。

7 降等，降低身份。

8 拾，郑玄读为"涉"，孙希旦读为"迭"，说是更迭的意思。级，就是阶级。聚足，指客人的前足步合于主人的后足步。

今译

凡是跟客人一同进门，每到门口都得让客人先进去。唯有走到起居室门口，主人要自己先进去铺座位，然后再迎接客人。客人又让，主人乃敬请客人进去。进到门内，主人往右，客人往左。主人走向东阶，客向西阶。如果客人的职位较低，就该跟随主人走向东阶。要等主人一再谦让，才又回到西阶。到了阶前，主客又互相谦让登阶，最后由主人先登，客人跟着，主人跨上一级，客人亦跨上一级，客人的前脚步刚好合着主人的后脚步，像这样连步上去。凡是登上东阶的，应先出右足；登西阶，则先出左足。

帷薄之外不趋[1]，堂上不趋，执玉不趋[2]。堂上接武，堂下布武[3]。室中不翔[4]，并坐不横肱[5]。授立不跪，授坐不立。

今注

1 《吕氏春秋·必己》云："张毅好恭，门间帷薄聚居众无不趋。"《淮南子·人间训》写作"必趋"。此句"不趋"当是"必趋"二字之误。帷薄，是帘幕，防人窥伺，所以要快步走过，避免嫌疑。

2 堂上地方有限，玉器贵重，都不宜跨大步疾走。

3 武，是足迹，足迹接着足迹是接武，亦即细步走。布武，足迹分开，是正步走。

4 翔，指张臂大摇大摆。

5 横肱，横着肘膀，侵犯别人。

经过有帘帷垂着的门口要快步走去。但在堂上，或端着玉器，就不要快走。在堂上用细步，堂下用正步。不可在室内大摇大摆。跟别人坐在一起，不要横着膀子。拿东西交给站着的人，不要屈膝；但拿给坐着的人，就不要站着。因为前者显得太卑屈，而后者又显得太傲慢。

凡为长者粪之礼[1]，必加帚于箕上，以袂拘而退[2]。其尘不及长者，以箕自向而扱之[3]。

今注

1　粪，或写作"攕"，作"拚"。《少仪》云："扫席前曰'拚'。"

2　袂，衣袖之末。退，倒行。

3　扱，郑玄读作"吸"，是收取垃圾。

今译

凡是替长者扫除席前之礼，要先把扫帚挡住畚箕，然后用袖子挡着往后且扫且退。要使灰尘不至污及长者，那样朝自己身前收取垃圾。

奉席如桥衡[1]。请席何乡，请衽何趾[2]。席：南乡北乡，以西方为上；东乡西乡，以南方为上。若非饮食之客，则布席[3]，席间函丈[4]。主人跪正席，客跪抚席而辞[5]。客彻重席[6]，主人固辞。客践席，乃坐。主人不问，客不先举[7]。

今注

1　桥，是桔橰上的横木。此处借喻捧席的样子。

2　请，作"询问"解。席，是座席。衽，亦写作裀，是卧席。趾，足趾。

3　前文有"堂下布武"，此"布"字用意宜相同。布席是有间隔的席位。

4　函，作容纳的意思讲。丈，王肃的本子写作"杖"字。这是说席位的间隔可容一丈，亦即古尺十尺。

5　正席，"正"是整理，亦即为客人多垫一重席子，表示恭敬。抚席，"抚"是按住，亦即客人不让主人多垫席子，表示谦逊。

6　彻，除去。

7　举，当作"发言"讲。

今译

捧席子该像架上的横木一样左高右低。为长者安放座席，要先问面朝什么方向。凡是南北向的席位，以西方为尊位；东西向的席位，以南方为尊位。如果不是请来饮食的客人，席位的间隔要远些，大抵席与席之间可容一丈的距离。当主人跪着替客人整理席位时，客人就要按住席子说不敢劳动。客人要除去重叠的席子时，主人要一再请他勿除去。等到客人履席，预备坐下时，主人才坐下。如果主人不先说话，客人不要抢先发言。

将即席，容毋怍¹。两手抠衣去齐尺²。衣毋拨，足毋蹶³。先生书策琴瑟在前，坐而迁之，戒勿越⁴。

今注

1　怍，变脸色。

2　齐，是"齋"字，衣裳的下摆。

3　蹶，跳脚。

4　越，当作"跨过"讲。

今译

将要就席的时候，不要变脸色。两只手提起衣裳，使裳的下摆离地一尺左右，这样齐膝跪下时就不至绊住自己的下裳。不要掀动上衣，不要跳脚。如果有先生的书本琴瑟放在前面，就跪着移开它，切不可跨足而过。

虚坐尽后[1]，食坐尽前。坐必安，执尔颜[2]。长者不及，毋儳言[3]。正尔容，听必恭。毋剿说[4]，毋雷同。必则古昔，称先王。

今注

1 虚坐，非饮食之坐。

2 执，保持。

3 儳言，东拉西扯地说。

4 剿，或作勦，郑玄云"取人之说以为己说"，是勦说。王闿运云："剿，是'绝'的意思，剿说是打断别人的话头。"

今译

不是饮食，应尽往后坐；如果是饮食，就要尽靠着前坐。坐要稳定，保持自然的姿态。长者没有提及的，不要东拉西扯地说。表情要端庄，听讲要虔诚。不可随便插嘴，亦不要随声附和。说话要有过去的事实做根据，或是引述古先哲人的格言。

侍坐于先生：先生问焉，终则对[1]。请业则起，请益则起[2]。父召无诺，先生召无诺，唯而起[3]。

今注

1 上文云"毋儳言""毋剿说"，所以要等先生问话终了之时才回答。

2 "业"见前注，这里作"书本上的问题"讲。益，"进一步说明”的意思。

3　前文有言“必慎唯诺”，“唯”“诺”虽同是回声，但“唯”较“诺”为恭敬。

今译

侍候先生坐着时，先生有问，要等到他的问话终了再回答。请问书本里的事，要起立；如果还要问个详细，亦要起立。父亲召唤时不要唱“诺”，先生召唤时亦不要唱“诺”，要恭敬地回答声“唯”，同时起立。

侍坐于所尊敬，毋余席[1]。见同等不起。烛至起[2]，食至起[3]，上客起[4]。

今注

1　毋余席，是尽量挨近前面不留余席的意思。前文有“贤者狎而敬之”，这是具体的表示之一。

2　烛至，日已晚，须起立告辞。

3　食至，恐妨主人饮食，亦须起立告辞。

4　上客，主人所尊敬的客人。上客至，主人必起立，故侍坐亦须起立。以上诸“起”，皆为起立之礼，宜与上章并列。

今译

陪伴自己所尊敬的人，可以挨近坐着。见到同辈的人不必起身。但见有端烛火的来，就要起身；见端饭食的来，亦要起身；主人有上宾来，亦要起身。

烛不见跋[1]。尊客之前不叱狗。让食不唾[2]。

今注

1　跋，这里作“火炬的柄”讲。蜡烛燃尽，就看到柄。但这一句自来解释的意见就很多。早期的解释说是：烛火将尽，须即更换，毋使客人见到烛柄。因为那样显得不欲留客久坐之意。王夫之解为：两手举烛故不见跋。孙希旦解为烛跋不干净，故毋使客人见之。王闿运解为烛将尽，主人不唤人换烛，客人则须起身告辞。今按诸说，姑从后者。谓侍坐之礼应以"烛不见跋"为度。

2　唾，是吐口水，与人让食而唾则显食物秽恶。

今译

晚上坐谈，应在一支烛没有燃尽之前，见机告辞。在所尊敬的客人面前，不要叱喝着驱狗。主人分给食物固须谦让，但同时不可吐口水。

侍坐于君子，君子欠伸[1]，撰杖屦[2]，视日蚤莫[3]，侍坐者请出矣。侍坐于君子，君子问更端[4]，则起而对。侍坐于君子，若有告者曰：少间，愿有复也[5]；则左右屏而待[6]。

今注

1　欠伸，打哈欠、伸懒腰。

2　撰，执持。

3　蚤莫，就是早晚。

4　更端，另外一件事。

5　复，报告。

6　屏，是退避的意思。

今译

陪伴着长者坐谈，凡是见到长者打哈欠、伸懒腰，或是准备拿起拐杖和鞋子，或是探问时间的早晚，这时候侍坐者就要告辞退出。陪伴长者，如果长者问到另外的事，则须起立回答。陪伴长者时，如果有人进来说：很想借点儿时间，有所报告。这时，侍坐者就要退避一旁候着。

毋侧听，毋噭应[1]，毋淫视[2]，毋怠荒[3]。游毋倨[4]，立毋跛，坐毋箕[5]，寝毋伏。敛发毋髢[6]，冠毋免，劳毋袒，暑毋褰裳[7]。

今注

1　噭，亦写作"叫"。

2　淫视，左右瞟眼。

3　怠荒，无精打采的样子。

4　游，走路。倨，傲慢的样子。

5　箕，是指两腿分开伸着，像畚箕的样子。

6　髢，是垂发覆额。

7　褰裳，敞开裙子。

今译

不要侧耳做探听的样子，不要粗声暴气地答应，不要滑动眼珠看东西，不要懒洋洋的模样。走路不要大摇大摆，站着不要跛足敧着肩头，坐时莫把两腿分开像畚箕，睡时不要俯伏在床上。收敛头发勿使披下，帽子无故不要脱下，劳作时不要袒衣露体，就是大热天，亦不要敞开裙子。

侍坐于长者，屦不上于堂，解屦不敢当阶[1]。就屦，跪而举之，屏于侧[2]。乡长者而屦，跪而迁屦[3]，俯而纳屦。

今注

1　当阶，正向台阶。

2　就屦，指穿鞋的时候。侧，亦即不当阶。

3　迁屦，郑玄说：迁或为还。今按：《少仪》有"泽剑首，还屦"，与此相同。但因隶体字形相似而抄错了。"还"就是旋转之"旋"。

今译

凡陪伴长者坐谈，不要穿鞋子上堂，并且解脱鞋子亦不可正向台阶。穿鞋时，要先拿起鞋子在一旁穿着。如果面朝长者穿鞋，就要跪着旋转鞋尖，然后俯身套上鞋子。

离坐离立[1]，毋往参焉。离立者，不出中间。男女不杂坐。不同椸枷，不同巾栉[2]，不亲授。嫂叔不通问，诸母不漱裳[3]。

今注

1 离，是"丽"字，指两个并排。

2 椸枷，是衣架。巾栉，指洗面巾、浴巾、梳子、篦子之类。

3 漱裳，洗濯裙子。

今译

已有二人并坐或并立着，不要插身进去。有二人并立着，不要从他们中间穿过。男女，不要混杂着坐。男衣女衣不要挂在同一衣架上。男的女的各有自己的面巾、梳子，不要混用，拿东西亦不要亲手递来交去。小叔和大嫂不要互相往来访问。亦不要叔母或庶母洗濯裙子。

外言不入于梱[1]，内言不出于梱。女子许嫁，缨[2]；非有大故[3]，不入其门。姑姊妹女子子，已嫁而反，兄弟弗与同席而坐，弗与同器而食。父子不同席。

今注

1 梱，亦写作"阃"，是门槛。

2 "缨"字从"贼"，许慎云：贼，是项饰。女子项上加缨，表示有所系属了。

3 大故，指严重的变故。

今译

街谈巷语，不要带进门槛之内，而门槛以内的家务事亦不要宣扬于外。女人订婚之后，就挂上项链，表示有所系属了。如果不是重大变故，不要进入她的住处。姑姑、姐妹、女儿，凡是已经嫁人的回了家，兄弟就不要和她同席而坐，不要同用一个器皿吃东西。父与子不要同坐一席。

男女非有行媒[1]，不相知名。非受币，不交不亲[2]。故日月以告君[3]，齐戒以告鬼神[4]，为酒食以召乡党僚友，以厚其别也。

今注

1 行媒，往来撮合婚事。

2 受币，是定聘之礼。交，是交际。亲，是亲近。

3 结亲日期皆经注册。

4 齐戒，后世亦写作斋戒。变食曰斋，除不洁曰戒，这是后世的解义。本书所说的斋戒，是统一心思、摒除杂念的意思。其事行于祭祀之前，详见《祭义》。古代娶妇之礼，皆于家庙祭告先祖。

今译

男子和女子，如果没有媒人往来提亲事，双方是不会知道对方的名字的。不到女家接受聘礼之后，双方不应有交际往来。因此，凡是婚礼都要登记其年月日，而且要在家庙中告诉祖先，备办筵席邀请乡里邻人和同事们。要这许多手续，都是为着要加重男女之"别"。

取妻不取同姓[1]。故买妾不知其姓则卜之[2]。寡妇之子，非有见焉[3]，弗与为友。

今注

1　两"取"字，即今"娶"字。

2　卜，卜其吉或不吉。《左传·昭公元年》有此一语，云出自古书，当是上古的习俗如此，说礼者杂引之以申前说。

3　见，郑玄说是发现其才能。

今译

娶妻不娶同姓的女子，所以买妾不知她的本姓，就得问卜以定可否。对于寡妇的儿子，倘非发现他的才能卓异，最好毋与其往来。

贺取妻者，曰：某子使某闻子有客，使某羞[1]。贫者不以货财为礼，老者不以筋力为礼[2]。

今注

1　某子，是送贺礼的主人，用某代其名字。使某，是遣来代表主人送礼的使者。羞，是奉献礼物。《郊特牲》云"昏礼不贺"，故婚礼没有贺词，只说"闻子有客"。有客，即前文"为酒食以召乡党僚友"之事。唯此处上下皆有"使某"二字，语义甚曲折，前一"使某"，当属衍文。

2　《礼运》云：行礼以货力。此处不以货力为礼，是"礼从宜"的意思。筋力为礼，指起立跪拜之类。

今译

庆祝人家结婚，只好说：某君听见你家宴请乡党僚友，所以遣我送点佐宴的礼物。贫穷的人不必用金钱财物为礼，年老的人亦不必以劳动体力为礼。

名子者不以国，不以日月，不以隐疾，不以山川[1]。男女异长[2]。男子二十，冠而字。父前，子名；君前，臣名[3]。女子许嫁，笄而字[4]。

今注

1 此为取名之法，盖引述《左传·桓公六年》之文，与《内则》所言大同小异。郑玄依传文的解释，说这些常用的名词，若用作人名，则其人死后，便难以为讳。至以隐疾为名，则甚不雅。

2 异长，是说男的有男的排行，女的有女的排行。

3 此八字是说礼者举出的特例。谓人及冠而有字，但在君父之前仍须自称名。

4 《公羊传·僖公九年》"字而笄之"，何休云，笄就是"簪"，用以系持头发。

今译

替小孩取名，不要用国名，不要用日月之名，不要用身上暗疾之名，亦不要用山川之名。有长男有次男，有长女有次女，兄弟和姊妹的排行应该分开。男子到了二十岁，举行过冠礼，就得敬重他的大名，不好随便叫唤，所以要另取个"字"。不过，他在父母和国君面前，仍须称名。至于女子，到了可以订婚的时候，她已盘起头发要用簪来安发（大约十五岁以后），亦不宜随便唤名，得另取个"字"。

凡进食之礼，左殽右胾[1]，食居人之左，羹居人之右[2]。脍炙处外[3]，醯酱处内[4]，葱渫处末[5]，酒浆处右。以脯脩置者，左朐右末[6]。

今注

1 熟肉带骨的曰殽，纯肉切的曰胾。

2　食，是饭。羹，是汤。

3　脍，是细切的肉炙。许慎云"从肉，在火上"，后世多解为烤肉。其字亦作"臎"，见《贾子·匈奴》。

4　"醯"字本又作"醓"，醓是肉酱，在此不适当。今据孔颖达的本子及《仪礼·士昏礼》之文用"醯"字。醯，是酢。醯酱，有如今之醋和酱油。

5　葱渫，是蒸葱。

6　脯，是肉干。脩，是牛脯。《公羊传·昭公二十五年》"与四脡脯"，何休说：屈曰朐，申曰脡。此处"末"字，或即是"申"。

今译

凡陈设便餐，带骨的殽放在左边，切的纯肉放在右边。饭食靠着人的左手方，羹汤放在靠右手方。细切的和烧烤的肉类放远些，醋和酱类放在近处。蒸葱等伴料放在旁边。酒浆等饮料和羹汤放在同一方向。如果另要陈设干肉牛脯等物，则弯曲的在左，挺直的在右。

客若降等执食兴辞[1]，主人兴辞于客，然后客坐。主人延客祭：祭食[2]，祭所先进。殽之序，遍祭之。三饭，主人延客食胾，然后辩殽[3]。主人未辩，客不虚口[4]。

今注

1　执食，端着饭碗。兴，起立。辞，说客气话。

2　"祭"，这是特用的名词。孔颖达说：古人将所食的东西夹出一些放在盘碗间的桌上，以报答先代造此食物的人，称为"祭"。祭食，是首祭饭食，然后祭先进食的肴馔。

3　三饭，贾公彦说是吃过三口饭。辩，就是"遍"。辩殽，遍及于殽。

4　虚口，是漱口。

今译

如果客人谦让，端着饭碗起立，说是不敢当此席位，主人就得起身对客人说些敬请安坐的话语，然后客人坐定。主人劝请客人吃东西，先拨些食物放在桌上，这称为祭。祭先进食的东西，之后依照吃食的顺序一一都祭了。吃过三口饭后，主人要请客人吃纯肉，然后吃到了带骨的肉。如果主人还没有吃完，客人可不要漱口表示不吃。

侍食于长者，主人亲馈[1]，则拜而食。主人不亲馈，则不拜而食。共食不饱，共饭不泽手[2]。

今注

1　馈，是进馔。

2　泽，郑玄说别本亦写为"择"，所以他解说此字为手汗不洁，又说是揉搓手。古人吃饭用手，所以特别注意手的清洁。

今译

陪伴长者吃饭，凡是遇到主人亲取菜殽给你时，你就得拜谢而后食。如果不是这样，就不须拜，但由自己取食。大伙儿共同吃东西，不可只顾自己吃饱。如果和别人一起吃饭，就要顾到手的清洁。

毋抟饭[1]，毋放饭[2]，毋流歠[3]，毋咤食[4]，毋啮骨，毋反鱼肉，毋投与狗骨。毋固获，毋扬饭[5]。饭黍毋以箸[6]。毋嚃羹[7]，毋絮羹[8]，毋刺齿，毋歠醢。客絮羹，主人辞不能亨。客歠醢，主人辞以窭。濡肉齿决[9]，干肉不齿决。毋嘬炙[10]。卒食，客自前跪，彻饭齐以授相者[11]，主人兴辞于客，然后客坐。

今注

1　用手团物曰抟。

2　放饭，郑玄说是把手中剩饭放回饭器中。朱熹说放是"大"的意思，放饭是大吃大喝的样子。俞樾说放饭与下句"流歠"意思相近。

3　歠（今作"啜"），是饮。

4　咤，叱咤，口作声。

5　扬饭，郑玄、孔颖达皆作"簸扬去饭中的热气"讲。

6　箸，后文"羹之有菜者用梜"，郑玄说：梜就是箸。然则，箸亦即梜，如今之筷子。但，许慎解"箸"为饭攲；孔颖达说是饭匕。今从郑说。

7　嚃（吞饮）羹，大口喝汤。

8　絮，读如"糅"字，是调和的意思。

9　齿决，用牙齿咬断。

10　嚃，王夫之读"嚃"如"撮"，说是聚而吞之。

11　古人要坐时是先跪着然后将臀部坐在后足跟上。所以由"坐"而"跪"，只要伸直上半身。"齐"是"齑"字，为腌菜之总称。相，是伺候饮食的人。

今译

不要用手搓饭团，不要把多余的饭放进饭器，不要喝得满嘴淋漓，不要吃得啧啧作声，不要啃骨头，不要把咬过的鱼肉又放回盘碗里，不要把肉骨头扔与狗。不要喜欢的食物而必取之，亦不要簸扬着热饭。吃蒸黍的饭亦用手不要用箸。不可以大口囫囵地喝汤，不可当主人面前调和菜汤，不要当众剔牙齿，不要喝腌渍的肉酱。如果有客人在调和菜汤，主人就要道歉，说是烹调得不好。如果客人喝酱类的食品，主人亦要道歉，说是备办的食物不够。湿软的肉可以用牙齿咬断，干肉就得用手擘食。吃炙肉不要撮作一把来嚼。吃食完毕，客人应起身向前收拾桌上盛着腌渍物的碟子交给在旁伺候的人，主人跟着起身，请客人不要劳动，然后客人再坐下。

侍饮于长者，酒进则起，拜受于尊所[1]。长者辞，少者反席而饮[2]。长者举，未釂[3]，少者不敢饮。

今注

1　尊，亦即"樽"宁。尊所，就是放酒樽的地方。若是大宴会，酒樽放在东楹之西；次之，则放在房户之间。若是小酌，樽所在室内北墙之下。

2　少者，指后辈。

3　举釂，是举杯饮尽。

今译

陪伴长者喝酒，看见长者将要递酒过来时，就赶快起立，走到放酒樽的地方拜而后接受。长者说不要如此客气，然后少者才回到自己的席位上喝酒。如果长者还没有举杯喝干，少者不可以先喝。

长者赐，少者贱者不敢辞[1]。赐果于君前，其有核者怀其核[2]。

今注

1　贱者，指僮仆之属。不敢辞，即无须说客气话。

2　怀其核，是把果核藏在怀里，不要随地吐核。

今译

长者有东西赐给后辈或用人们，他们只管接受，无须客气。

如果是国君赐食水果，不要在他前面吐果核，应藏在怀里。

御食于君，君赐余[1]，器之溉者不写[2]，其余皆写。馂余不祭[3]。父不祭子，夫不祭妻[4]。

今注

1　劝侑曰御。余，是剩余下的食物。

2　溉，是洗涤。可溉之器，如陶瓷器皿；不可溉之器，如竹编成的器皿。写，是倒传过来。

3　馂，是食余的肴馔，或写作"籑""馔"。祭，当指"祭食"之祭，见前注。馂余不祭，王夫之说是初食时已祭过，故不复祭。

4　此二句，郑玄、孔颖达皆承上句为解，说是父得子余，夫得妻余，亦皆不用祭食之礼。但后人以为父尊子卑，夫尊妻卑，尊者不至于吃卑者的余食，乃解此"祭"字为祭祀之祭，说是不可用余食来祭父祭夫。但，这样解释，与上文甚不衔接，兹故仍从前说。

今译

伺候国君吃食，国君赐以余食，要看那盛器是否可以洗涤。若是可以洗涤的，则就原器取食；若是不可洗涤的，通常须把余食倒在另外的器皿内。吃余不用行"祭食"之礼。此外，如父亲吃儿子的余食，丈夫吃妻子的余食时，亦皆不用此礼。

御同于长者[1]，虽贰不辞[2]，偶坐不辞[3]。羹之有菜者用梜，其无菜者不用梜[4]。

今注

1　郑玄解此句为"侍食而与长者同馔"。倘依此解，则与

"侍食于长者"句同。但此用"御",当是承前文,说陪同长者伺候国君进食。

2 贰,指同样的一份。孙希旦说:陪同长者做客,如果主人赠给长者一份食物,同样亦赠给少者一份食物,少者就不用说客气话,而由长者替少者一起谢过主人就算了。

3 偶坐,是并坐在一起。少者虽陪坐在一起,但主人请的是长者,所以亦无用少者兴辞。

4 此二句当是前文错简在此。

今译

陪同长者一起参加宴会,如果主人厚待长者亦同样厚待少者时,少者不用说客气话。虽然和长者坐在一起,但坐中自有长者,亦无须少者说客气话。汤里面如有菜,就得用筷子来夹;如果没有,则用汤匙。

为天子削瓜者副之,巾以绤[1]。为国君者华之,巾以绤[2]。为大夫累之[3],士疐之[4],庶人齕之[5]。

今注

1 副,即"疈",为古文"剖"字,是分作四瓣的意思。绤,细麻布。

2 华,亦是古字,像"乖"形,误写为华,是破作两半。绤,粗麻布。

3 累,是裸的意思,削去皮,不覆以巾。

4 疐,王棻说是切去瓜蒂部分。

5 齕,就是啮。

今译

为天子削瓜,先削去皮,再切成四瓣,然后覆以细麻巾。为国君削瓜，先削去皮，再切成两瓣，然后覆以粗麻布。为大夫削瓜，只要削皮，整个儿裸着。士人只切瓜蒂。庶人就连瓜蒂带皮咬着吃。

父母有疾，冠者不栉，行不翔，言不惰[1]，琴瑟不御，食肉不至变味[2]，饮酒不至变貌[3]，笑不至矧[4]，怒不至詈。疾止复故。

今注

1 惰，旧解为"不正之言"。《说文》作"憜"，训为"不敬"。

2 变味，孔颖达说是"多食则口味变"。不至变味，则是不多食肉之意。此说颇见曲折。王闿运直解云："不至变味"是"尚知肉味"。

3 变貌，酒醉则脸色变红。此谓只可饮少量的酒。

4 矧，郑玄解作齿龈，就是大笑则露龈。按：矧与龈，不相通用。唯此"矧"字，亦作"㰤"，《说文》云，笑不坏颜谓之"㰤"，"㰤"也作"哂"，故此句应为"笑不至哂"。

今译

父母害病的时候，成人们心中忧虑，头发忘了梳理，走路不像平日那样如鸟飞一样，闲话亦不说了。乐器亦不接触了，食肉只是稍尝一尝味道，饮酒亦不至于喝到脸红，既没有开心的笑，亦没有恶声恶气的怒骂。这情形直到父母病愈才恢复正常。

有忧者侧席而坐，有丧者专席而坐[1]。

今注

1 郑玄解说"侧席"为特席，"专席"为单席。特席是不和他人接席，单席就是不用重席。

今译

遭遇忧患的人，宜坐于单独的席位，而服丧的人只坐单层的席子。

水潦降，不献鱼鳖[1]。献鸟者拂其首，畜鸟者则勿拂也[2]。献车马者执策绥[3]。献甲者执胄。献杖者执末。献民虏者操右袂[4]。献粟者执右契[5]。献米者操量鼓[6]。献孰食者操酱齐[7]。献田宅者操书致[8]。

今注

1　此二句依《论衡·无形》的解释是："雨水暴下，虫蛇变化，化为鱼鳖。离本真暂变之虫，臣子谨慎，故不敢献。"郑玄、孔颖达的解说是：雨潦之时，鱼鳖较多，不足珍异，故不取献。

2　拂，是扭转。畜鸟，指家禽。

3　策，是马鞭。绥，是登车用的引绳。这都是车马主人所执的东西。

4　操右袂，就等于握其右手，以防暴动。

5　契，是符契。分左右，此以右半为献。

6　鼓，《广雅·释器》云：斛谓之"鼓"。

7　齐，即"齑"字。见前注。

8　致，王引之云："致"读为质剂之"质"。两书一札，破而为两，如契券。长者曰质，短者曰剂。

今译

雨水多的季节不须以鱼鳖献人。凡献野鸟须扭转其首以防啄人，如献驯养的家禽则不必如此。献车马，只要把马鞭和引手绳递上。献铠甲，只要递上兜鍪。献杖与人，自己应执着末端。献俘虏，要抓紧他的右手。献人以粟，只要拿出可以兑取的契券。

献米，则用斗斛。献熟食的，要先送上酱类和腌渍的小菜。以田宅献人，则以田契屋契。

凡遗人弓者：张弓尚筋，弛弓尚角[1]。右手执箫，左手承弣[2]。尊卑垂帨[3]。若主人拜，则客还辟，辟拜[4]。主人自受，由客之左，接下承弣；乡与客并[5]，然后受。

今注

1 遗人，是赠送平辈。筋，是弓弦。角，是弓背。现成的弓，是张着弦的，故以弓弦朝上。未定体的弓，弓弦松弛，故以弓背朝上。

2 箫，是弓弦两端斜体。弣，是弓的中部把手处。承弣，是用手托着弣。

3 帨，是古人腰际的佩巾。弯腰时则佩巾下垂。这句是说，无论二人身份之尊或卑，在授受时都要鞠躬为礼。

4 还辟，是转身离开的意思。辟拜，就是避拜。

5 与客并立脸朝同一方向。其意是：凡弓之授受不要对面，以避免射人的形式。

今译

凡是赠弓与人，如果是现成的弓，应以弓弦朝上；如果是未张的弓，则以弓背朝上。同时用右手拿着弓头的斜体（亦称为"弭头"），左手托住弓背的中部。这样，授予者和接纳者要彼此鞠躬。如果主人要下拜，客人就要转身让开，避免主人的拜。如果是主人亲自接受那弓，就要由客人的左手方接弓之另一弭头，然后以另一只手托着弓弣，双方脸朝着同一方向然后移交。

进剑者左首[1]。进戈者前其镦，后其刃[2]。进矛戟者前其镦[3]。

今注

1 以剑柄向左，便于主人用右手接受。

2 镡是戈柄末端，刃是戈的锋利处。

3 镦，是矛戟的柄末。戈矛的柄末，平的曰镦，锐的曰镡。这都是说，以武器赠人时，不能以刀口相向之意。

今译

递剑与人应以剑柄向左。递戈与人应以戈柄向前，戈刃向后。递矛或戟，亦按此例。

进几杖者拂之[1]。效马效羊者右牵之，效犬者左牵之[2]。执禽者左首[3]。饰羔雁者以缋[4]。受珠玉者以掬[5]。受弓剑者以袂。饮玉爵者弗挥[6]。凡以弓剑苞苴箪笥问人者[7]，操以受命，如使之容。

今注

1 拂，是指揩抹的意思。

2 效，是呈献。马羊性驯，可以右手牵之；食用之犬，性或不驯，故用左手牵之，空着右手以备必要时加以制伏。

3 用意与进剑相同。

4 缋，郑玄解作画布；许慎说是"织余"，亦即机头布，有垂丝如绦组状。今从后说。

5 拼着两手掌以承物曰掬。

6 挥，是扬杯告卒爵。

7 苞苴，是包裹鱼肉的。箪笥，是盛饭食的。圆曰箪，方曰笥。

今译

送人以几或杖，要先揩抹干净。牵马或羊送人可用右手，但牵犬则用左手。捉鸟与人，应以鸟首向左。送人以小羊或鸭子，要饰以彩带。受珠或玉，应拼着手掌来承；受弓或剑，要合着袖末来接。用玉杯饮酒，不要挥扬，以防失手跌破。凡是被家长遣去递送弓剑、苞苴、箪笥的人，要拿着那些东西，听家长的吩咐，就像使者奉派出使时的仪态。

凡为君使者，已受命，君言不宿于家[1]。君言至，则主人出拜君言之辱[2]；使者归，则必拜送于门外。若使人于君所，则必朝服而命之[3]；使者反，则必下堂而受命。

今注

1　宿，是止息。《仪礼·聘礼》云：既受命，"遂行，舍于郊"。即同此意。

2　辱，是谦称，谓屈辱了传话的人走这一趟。

3　朝服，是朝见国君时穿的衣服。这表示虽是托人传话，犹如当面朝见国君。

今译

凡是为国君的使者，既已接到命令，就不要在家里停留。凡遇国君有命令来时，主人就要在门外拜迎那传令的使者，并说有劳尊驾；使者回去时，要拜送于门外。如果派人往国君的地方去，就得像朝见国君一样，穿着朝服来派遣他；等到捎信的人回来，还要下堂迎接国君的回音。

博闻强识而让，敦善行而不怠[1]，谓之君子。君子不尽人之欢，不竭人之忠[2]，以全交也。

今注

1　修身践言，谓之善行。不怠，是行之不懈。

2　郑玄说：欢指饮食，忠指衣服之物。吕大临说：欢指人家喜欢于我，忠指人家尽心于我。今从后说。

今译

见闻广博而记忆力强，且能谦让自处，这样修身践言，力行不懈，便可称为君子了。君子不讨别人无尽的喜欢，亦不要别人无尽的爱戴，这样，才能保持长久的交情。

礼曰：君子抱孙不抱子。此言孙可以为王父尸，子不可以为父尸[1]。为君尸者，大夫士见之，则下之[2]。君知所以为尸者，则自下之，尸必式[3]。乘必以几[4]。

今注

1 祖父已死，祭之于庙，称为王父。王父仅有木主，故于受祭时，以孙辈之人为代表而受祭。杜佑说："古人用尸者，盖上古朴陋之礼。"郑玄说，庙内次序一昭一穆，故祖父与孙，昭穆相同；故以为尸。朱熹谓："古人用尸，自有深意。"那些深意，当于《祭统》"孙为王父尸"句下详注，兹不赘。

2 下，是下车致敬。

3 古代车厢前面横木曰轼，凭轼俯身行礼曰式。

4 江永说："按乘必以几，谓尸登车，履几而上。"

今译

旧礼书有言："君子抱孙不抱子。"这是说孙子可以充任祭祖时的尸，而儿子则不可。凡是士人遇见为君尸的人，就得下车致敬。如果国君知道某人将为尸，亦要下车为礼，而为尸者对于敬礼的人都得凭轼答谢。尸登车时，要用几来垫足。

齐者不乐不吊[1]。居丧之礼，毁瘠不形[2]，视听不衰。升降不由阼阶[3]，出入不当门隧[4]。

今注

1 《祭统》云："及其将齐也……耳不听乐。"吊，后文有言："知生者吊，知死者伤。"

2 孔颖达云："形，骨露也。"

3 阼阶，主人之阶。

4 门隧，门外当门之中道。

今译

举行斋戒的人要齐一心思，不可听乐亦不要往丧家慰问，使得哀乐分了心。居丧之礼，虽因哀伤而消瘦，但不可至于形销骨立，而且视力、听力亦要保持正常，这样才能应付丧事。唯在家里，上下不走家长常走的台阶，进出不经由当中的甬道，如同家长还活着的时候。

居丧之礼，头有创则沐，身有疡则浴[1]，有疾则饮酒食肉，疾止复初。不胜丧，乃比于不慈不孝[2]。五十不致毁[3]，六十不毁，七十唯衰麻在身，饮酒食肉，处于内[4]。

今注

1 陆德明云："疡，本或作痒。"《说文》云："痒，疡也。"又云："疡，头创也。"可见二字含义相通。

2 不胜是担当不起的意思。《白虎通·丧服》云："丧有病，得饮酒食肉何？所以辅人生己，重先祖遗支体也。"若担当不起丧事的哀痛而至于毁瘠，则显违父母生己之意，对父母既为不孝，对后嗣亦为不慈。

3 致，是极其羸瘠的意思。

4 处于内，是说不必居于门外之倚庐而仍住在屋里。

今译

居丧之礼，如果头上发痒疮，可以洗头；身上发痒，亦如之。如果害病，仍可以食肉饮酒，但到了病愈，就得恢复居丧之礼。如果担当不起丧事的哀痛而病倒了，那就等于不慈不孝。年纪到了五十岁，可不必哀伤极毁；六十岁，可不因哀伤而消瘦；七十岁的人居丧，只要披麻戴孝，不必损及体力，照常饮酒食肉，而且住在屋里。

生与来日，死与往日[1]。知生者吊，知死者伤[2]。知生而不知死，吊而不伤；知死而不知生，伤而不吊。

今注

1 与，郑玄解为计数之数。王念孙说："与"当作"以"字用。生以来日，是说生人服丧之事，以死者死之第二日起。死以往日，是死者殡殓之事，以死之日起。

2 吊与伤，皆为哀悼丧者之表示。郑玄说：古者吊有吊辞，伤有伤辞。吊辞为慰死者家属，伤辞为悲悼死者。

今译

办丧事之礼，有的是为生者而制订的，如成服，哭者进行的秩序，是从死者之死的第二日起算；后者如三日而殡三月而葬等等，则从死之当日起算。平素只和死者的家属有交情的，则慰问之；直接与死者有交情的，则哀悼之。所以知生而不知死者，只要慰问而不用伤悼之辞；反之，则须伤悼而不止于慰问了。

吊丧弗能赙[1]，不问其所费。问疾弗能遗[2]，不问其所欲。见人弗能馆，不问其所舍。赐人者不曰来取。与人者不问其所欲。

今注

1 以财物助人治丧事曰赙。

2 遗，是馈赠。

今译

慰问丧家，如果没有钱财资助他们，就不要问他们需钱多少。探视病人，如果拿不出东西馈赠，就不要问病人需要什么。接见来人，如果不能留他在家里住，就不要问他住在什么旅馆。拿东西给人，不要叫人来取。将要给人东西，不可问人要不要这个东西。

适墓不登垄[1]，助葬必执绋[2]。临丧不笑。揖人必违其位[3]。望柩不歌。入临不翔[4]。当食不叹。

今注

1 墓是茔域，垄是坟场。

2 绋是牵引柩车的绳索。

3 违其位，离开原位。

4 临，哭悼。

今译

到墓地上不要登其丘垄。参加葬礼必须助挽柩车。参加追悼不可嬉笑。与人作揖，或进或退都要离开原位。望见运柩车，不要唱歌。进入丧所哀悼时，走路不回翔。面对饭食应该感谢不应叹气。

邻有丧，舂不相[1]。里有殡，不巷歌。适墓不歌。哭日不歌。送丧不由径，送葬不辟涂潦[2]。临丧则必有哀色，执绋不笑。临乐不叹。介胄[3]，则有不可犯之色。故君子戒慎，不失色于人[4]。

今注

1　相，是相和歌，歌之以协调春米的动作。

2　不辟涂潦，是不避路上的积水。

3　介胄，就是穿戴盔甲。

4　戒慎，亦即是持敬。失色，情貌与事不相配合。

今译

邻居有丧事，春米时不要唱歌。邻里中有未葬之丧事，巷里不宜有歌声。因邻里情谊，彼此关切，为哀为乐，亦相一致。到坟墓上不要唱歌。在吊丧伤死之日亦不要唱歌。护送丧车不要贪走小路，挽着枢车亦不要顾忌路上的积水。参加丧礼必有悲悼的表情，挽着枢车绝不嬉笑。参加听乐则不作扫兴的声气。披上铠甲戴起钢盔，就显出不可侵犯的神色。所以，君子要时时聚精会神地生活着，不至在人前有一点失态的表现。

国君抚式，大夫下之¹。大夫抚式，士下之。礼不下庶人，刑不上大夫²。刑人不在君侧。兵车不式³。武车绥旌，德车结旌⁴。

今注

1　抚式，是用手按着车轼，略为俯身。下，是走下车来。

2　孙希旦云："礼不下庶人者，不为庶人制礼。"盖庶人行事，以士大夫为榜样。孔子曰"民可使由之"，是此意。大夫以身作则，以礼自防。如或犯法，必先贬为庶人，然后施刑。故曰刑不上大夫。

3　后文有"介者不拜"，盖与同礼。御兵车者铠甲在身，俯仰不便，故亦不用"式"。

4　武车，亦即兵车。但用于田猎，绥是垂舒着的，结是收敛着的。

今译

遇见国君据轼而行礼时，大夫就要下车示敬。遇见大夫据轼而行礼时，士人就要下车示敬。礼制不及于庶人，刑罚不及于大夫。所以在国君左右都是没有受过刑罚的人。在出征的兵车上，不须据轼行礼。田猎用的武车上，旌旗是招展着的；巡狩用的德车，旌旗是收敛着的。

史载笔，士载言[1]。前有水，则载青旌[2]。前有尘埃，则载鸣鸢[3]。前有车骑，则载飞鸿。前有士师，则载虎皮。前有挚兽，则载貔貅[4]。行：前朱鸟而后玄武，左青龙而右白虎[5]。招摇在上，急缮其怒[6]。进退有度，左右有局，各司其局[7]。

今注

1 史，掌理文书的人。笔，指文具。士，掌理外交的人。言，指盟会的文辞。

2 青指青雀。旌是旄头。青旌是画有青雀的旄头。载，王引之解作"植立"的意思。青雀是水鸟，所以竖立于旌以警告后面的队伍。

3 鸣鸢，画着张口的鸢鸟。

4 挚兽，凶猛的野兽。貔貅，猛兽之名。

5 行，指军队。此依"五行"所布于四方之星以列队旗。南曰朱鸟，北曰玄武，东曰青龙，西曰白虎。

6 招摇，北斗星名。急缮，刘台拱解为"坚持"之意。怒是奋斗精神。

7 局是队伍。

今译

掌管文书的人携带文具，司盟的人携带文辞。在队伍行进途中，前面有水，则竖起画有水鸟的旌旗。前面风起扬尘，则竖起画有鸣鸢的旌旗。前面遇有车骑，则竖起画有飞鸿的旌旗。遇有军队，则竖起画有虎皮的旌旗。遇有猛兽，则竖起画有貔貅的旌旗。凡是行阵，前锋为朱鸟，后卫为玄武，左翼为青龙，右翼为白虎。中军竖着北斗七星旗帜，以坚定其战斗精神。前进后退，有一定的步伐；左右队伍，各有主管的人。

父之仇，弗与共戴天。兄弟之仇不反兵[1]。交游之仇不同国。四郊多垒[2]，此卿大夫之辱也。地广大，荒而不治，此亦士之辱也。

今注

1 不反兵，不必返家取武器。故郑玄说作常携武器，以备报仇。但此语与《檀弓上》及《大戴礼记·曾子制言》所载者稍异。

2 垒，军事用的堡垒。四境不靖，乃至多垒。

今译

对于杀父的仇人，不与共存于天下。对于兄弟的仇人，可用随身的武器，见即杀之。至于朋友的仇人，则不与共存于同一乡国。如果一国的四境都筑有堡垒，可见大夫们，不能安治其国，而那堡垒就是卿大夫的耻辱。如果任着广大的土地荒废而不加整理利用，那荒废的大地就是士的耻辱。

临祭不惰[1]。祭服敝则焚之，祭器敝则埋之，龟策敝则埋之，牲死则埋之[2]。凡祭于公者[3]，必自彻其俎[4]。

今注

1 惰是怠慢。

2 牲，祭祀用的牛。孔颖达说：若不焚埋，人或用之，则亵渎鬼神。

3　此言助祭于君所。

4　俎，祭祀时用以载牲之器。

今译

参与祭祀，不可有怠慢的行为。祭祀时穿的衣服，破了就烧掉。祭祀时用的器皿坏了，卜筮时用的龟策坏了，或是祭祀时用的牲口死了，这都要埋掉。凡是在国君的庙里助祭的士人，都要自己搬动载牲的器皿，不须麻烦主人。

卒哭乃讳[1]。礼，不讳嫌名[2]。二名不偏讳[3]。逮事父母[4]，则讳王父母；不逮事父母，则不讳王父母。君所无私讳，大夫之所有公讳[5]。诗书不讳，临文不讳[6]，庙中不讳。夫人之讳，虽质君之前，臣不讳也[7]；妇讳不出门。大功小功不讳[8]。入竟而问禁，入国而问俗，入门而问讳。

今注

1　卒哭，是埋葬以后的祭名。《杂记下》云："士三月而葬，是月也卒哭；大夫三月而葬，五月而卒哭；诸侯五月而葬，七月而卒哭。"名为卒哭者，因自亲之始死至于此日，孝子哀思，无时不哭。三月之后，季节已变，哀感渐平，故制为卒哭之礼，停止无时之哭，而为早晚定时之哭。"讳"是避免称呼尊长者的大名。《左传·僖公三十三年》有言："卒哭而祔，祔而作主。"亦即卒哭之明日，作神主，祔入于庙，随其昭穆之位而行事。尊敬其"名"故须避免使用。

2　"嫌名"指读音相近之名。例如讳言"禹"字，但不讳言"雨"字。

3　二名不偏讳，郑玄读"偏"为"遍"，说是两字为名，讳言其一，则不讳其二。例如孔子母名"徵在"，言"在"则不称"徵"，言"徵"则不称"在"。

4 "逮"是"及"的意思。

5 私讳是家讳，公讳是国讳。

6 诗书是指读书时，临文是指写作时。

7 质是对讲。因妇讳不出于门，故在君前对话仍无须避用与夫人同名之字。

8 斩衰、齐衰、大功、小功、缌麻，这五等的丧服是依关系的亲疏而定，大功以下关系较为疏远，故不讳。

今译

行过卒哭之祭礼，就要避用死者之名，但据礼之规定，同音的名可以不避，双字名只要避用其一。倘若生时犹及侍奉父母，就得避用祖父母之名；如果生时已不及侍奉父母，则可不讳祖父母之名。在国君的地方，不以家讳为禁忌，但在大夫的地方，仍需遵守一国之讳。此外，读诗书、写文章，以及庙中祭告之辞，都无用讳。虽在国君面前对话，亦可以不讳其夫人之名，因为妇人的名讳，限于家内。大功、小功的亲属，亦不用讳。凡是到了一个地方，便要打听他们的禁忌；到了另一国家，就要打听他们的风俗习惯；同理，到了别人家里，亦要先问他们有什么忌讳。

外事以刚日，内事以柔日[1]。凡卜筮日：旬之外曰远某日，旬之内曰近某日[2]。丧事先远日，吉事先近日[3]。曰："为日，假尔泰龟有常，假尔泰筮有常[4]。"卜筮不过三，卜筮不相袭[5]。龟为卜，策为筮者[6]，先圣王之所以使民信时日，敬鬼神，畏法令也；所以使民决嫌疑，定犹与也[7]。故曰："疑而筮之，则弗非也；日而行事[8]，则必践之。"

今注

1　外事，泛指在庙外举行的典礼。内事，泛指在家庙举行的典礼。一旬十日，其中单日为刚，偶日为柔。古代用干支纪日，则甲丙戊庚壬为刚日，乙丁己辛癸为柔日。

2　卜筮日，是用龟策来决定举行典礼的日期。拟定于十日之外者曰远日，十日之内者曰近日。王夫之云："古者日不从月，无初一初二之文，故其辞若此。"

3　丧事，指埋葬等事。吉事，指祭祀等事。吉事欲其近，表示急于祭享其亲；丧事欲其远，表示不忍速葬其亲。

4　"曰"以下是开始卜筮日期时的说辞。为日，就是为了择吉日。假是借的意思。泰龟、泰筮，泰是美称。有常，就是决定。

5　袭，是重复的意思，卜则不筮，筮则不卜。

6　策，郑玄说别本作"蓍"。蓍，多年生草，古人用以占吉凶，如用龟甲一样。

7　犹与，陆德明云：别本或作犹豫。

8　日而行事，即择日而行事。

今译

庙外举行典礼，宜用刚日；庙内举行典礼，宜用柔日。凡用卜筮择定吉日，要在十日以外举行的，则称"远某日"，其在旬内举行的，则称"近某日"。丧葬之事，先卜远日；祭享之事，先卜近日。卜筮时应说道："为占吉日，要借大龟或大筮，做个决定。"不管是用卜或用筮，都不能超过三次。并且用了龟卜，就不要用策筮。先圣王所以要用龟策来卜筮的原因，是为着要使人民信服择定的日期，崇拜所祭祀的鬼神，恪守颁行的法令。亦就是使人能决定"是"或"不是"，"做"或"不做"。所以说，为着怀疑而问卜，既已卜了，就不得三心二意；已定在那一日举事，就得在那一日实行。

君车将驾，则仆执策立于马前。已驾，仆展轮效驾[1]，奋衣由右上取贰绥，跪乘，执策分辔[2]，驱之五步而立。君出就车，则仆并辔授绥[3]。左右攘辟，车驱而驺。至于大门，君抚仆之手而顾，命车右就车；门间沟渠，必步[4]。

今注

1　展是细察。轮，是车厢的木栏。效，王引之解考验的意思。

2　贰绥，是驾车的人所执辔的总绳，亦用以登车者。辔，是控引马首的缰绳。

3　授绥的绥，是指车上用以稳定身子的绳子，同时亦用为主人登车的引手绳。

4　顾，回首。车右，卫士。凡遇到门间沟渠的地方，卫士必须下车步行，以策安全。

今译

国君的车将要套上马匹，仆人应执马鞭站在马前。既已套上车辕，仆人就要检查车身，并检验车与马是否套得牢固，然后拂去衣上尘污，从右边登车，跪着乘车，取着总绳，拿起鞭子，分开控马的辔，驱之前行五步，再站起来。等到国君出来就车，仆人一手把辔绳总握着，一手将登车的绳子递给国君。于是左右的人避开，车子疾进，左右从者紧跟车后。到了大门口，国君按住仆人的手，回过头来唤卫士上车，经过大门、里门、沟渠的所在，卫士都得下车步行，以防发生事故。

凡仆人之礼，必授人绥。若仆者降等，则受；不然，则否。若仆者降等，则抚仆之手，不然，则自下拘之[1]。客车不入大门。妇人不立乘[2]。犬马不上于堂。故君子式黄发[3]，下卿位，入国不驰，入里必式。君命召，虽贱人，大夫士必自御之⁴。

今注

1　自下拘，是从其手下方取之。

2　古人皆立乘，唯妇女坐车。

3　故君子式黄发，句首这个"故"字与上文不相承接，郑玄说是"众篇杂辞"。但，《曲礼》多是不连属的简策凑在一起，不仅是这一句的情形如此。

4　御，郑玄说是迎迓的"迓"。

今译

凡是驾车的人，一定要把登车绳递交给乘车者。乘车者的身份若比驾车者高，则接受；如其不然，则不接受。详细说来，如果驾车者的身份较低，他递绥时就要按住他的手，然后以另一手接取之，表示不敢当的意思。如果身份相等，就要从他的手下直接取绥。宾客的车，不可直接驶入人家的大门。妇人们乘车不可站着。犬马不可牵到堂上。乘车遇见年老的人，要凭轼行礼；经过大官们的朝位，要下车步行；进入国境，行车要减低速度；进入里门，亦要凭轼致敬。若是国君有所召唤，即使派来的人身份较低，但为尊重国君，亦得亲自出门迎接。

介者不拜，为其拜而蓌拜¹。祥车旷左²，乘君之乘车不敢旷左³；左必式。仆御妇人，则进左手，后右手；御国君，则进右手后左手而俯⁴。国君不乘奇车⁵。

今注

1　介者，穿戴盔甲的人。蓌拜，陆德明云：卢植本作"蹲"。臧琳云："蓌"字，《玉篇》作"奊"，盖为"蹲"字之俗写。

2　祥车，孔颖达云就是吉车，为丧者平生所乘用者。葬时为魂车。旷，空着。车上以左方为尊，故祥车空着左方以为神位。

3 不敢旷左，不敢把国君当作鬼魂。

4 车上，仆在中央，妇人在左。进左手执辔则与妇人稍背向，然后用右手扬鞭。御国君则反向。而俯，表示敬意。

5 奇车，孔颖达解作奇邪不正之车。王夫之云：奇，偏也，君乘车必有右偶。王闿运云：奇者，无偶之词。此谓国君出门，必有从车。

今译

披戴着盔甲不便于跪拜，故介者只要蹲一蹲身，便算拜了。魂车空着左方尊位。因此，乘用国君的属车时不敢旷左，唯是左方既为尊位，故须凭轼为礼，表示不妄自尊大。凡为妇人驾车，须先以左手执辔，与妇人侧背而立，然后用右手驾驶。为国君驾车，则面向国君，并稍俯身，以示敬意。国君不乘坐没陪驾的车。

车上不广欬，不妄指[1]。立视五巂[2]，式视马尾，顾不过毂[3]。国中以策彗恤勿驱[4]，尘不出轨。

今注

1 广欬，即是大咳。妄指，胡乱指示。

2 巂，郑玄说是"规"，为轮转一周的长度。

3 转头不超过车毂的部位。

4 朱熹说：策彗当是像鞭末韦带的东西。"勿"亦作"没"，"恤没"，即搔摩。

今译

在车上不要大声咳，不要胡乱指点。站着，视线前及轮转五圈（约为九丈九尺）的距离；凭轼行礼时，视线刚及于马尾；转头看时，视线亦不超过车毂。进入国中就改用鞭子末梢搔摩着马，使之徐行，以灰尘不飞扬于辙迹之外为度。

国君下齐牛，式宗庙[1]。大夫士下公门，式路马[2]。乘路马，必朝服载鞭策[3]，不敢授绥，左必式。步路马，必中道。以足蹙路马刍，有诛[4]。齿路马[5]，有诛。

今注

1　熊安生云：此二句有误，当据郑玄注《周礼》"齐右"职所引《曲礼》之文，改正为"国君下宗庙，式齐牛"。牛，祭祀用的牛，为人牺牲，国君见之则式。

2　路，后世亦写作辂，是国君的礼车。驾此礼车之马曰路马。

3　载鞭策，异于执鞭策。此言但备有鞭策而不敢施于"路马"。

4　蹙，陆德明云，本又作蹴。刍，马粮。诛，就是罚。

5　齿，看马齿可知其年龄。此作"估量马的年龄"讲。

今译

国君经过宗庙的门口，必须下车；遇见为人牺牲的祭牛，必须凭轼俯身行礼。大夫、士经过国君门口，必须下车，看见礼车用的马，必须凭轼俯身行礼。凡是驾驭"路马"的，虽携带鞭策，但不可用以驱赶，亦不可授绥与人，并且不敢虚左，但站在左边却要凭轼俯身。牵着"路马"步行，必走大路。凡是用足踢"路马"的粮秣者，有罚；估量"路马"的年龄者，亦有罚。

第二　曲礼下

　　《曲礼上》杂载诸文，多为士大夫子弟讲说日常起居饮食待人接物的礼节。至此下篇，所言者虽多为成人之事，但其所重在于种种名词及称谓之讲解。性质少异于"幼仪"，似为古"别名记"的遗文。

　　凡奉者当心，提者当带[1]。执天子之器则上衡，国君则平衡[2]，大夫则绥之[3]，士则提之。

今注

　　1　此处盖言为聘使者之礼貌。奉，是捧着。当心，谓齐及胸口。当带，则与腰齐。

　　2　上衡，谓高于胸口。"平衡"与"当心"的高下相当。

　　3　绥，读为妥，颓下之意。

今译

　　捧东西的姿势要双手与胸口齐平，提东西则齐及腰际。如果执的是天子的器物，就要高举过胸口；国君的，与胸口平衡；大夫的，还要稍低于胸口；士人则提到腰际就好了。

　　凡执主器，执轻如不克[1]。执主器，操币圭璧[2]，则尚左手，行不举足，车轮曳踵³。

今注

1　不克，是不胜的意思。《仪礼·聘礼》云："上介执圭如重。""如重"亦是"如不胜"。

2　币是一卷绢，古代用为贡献祭神的礼物。圭璧，是瑞玉，其用与"币"相同。

3　车轮，比喻足不离地如车轮。曳踵，是拖着足跟走。

今译

凡为使者，手里拿着主人的器物，虽很轻，但要小心翼翼，好像拿不动的样子。凡是拿着主人的器物，或玉帛之类的礼物，应以左手在上，走动时，要像车轮着地一样，不举足，但拖着足跟走。

立则磬折垂佩¹。主佩倚，则臣佩垂；主佩垂，则臣佩委²。执玉，其有藉者则裼；无藉者则袭³。

今注

1　磬折，像磬一样弯着身。佩，古人挂在腰带上玉制的饰物。

2　倚，是倚附于身。委，是直垂到地。

3　藉，是垫子。郑玄解作"藻"，是用毛皮包着木块加彩绘，而用以垫玉器的东西。江永据《仪礼·聘礼》之文，而谓"有藉者"是用"束帛"做玉器的垫子；"无藉"则是不用束帛的。今依后说。裼，是袒露。袭，是重加外衣。

今译

凡为使者，站着的姿势要稍向前俯，显得腰佩悬着。如果主人直立，腰佩附着于身上，则为使臣者的腰佩，就要垂着（亦稍俯身）；如果主人弯腰行礼使腰佩垂着时，则为使臣的腰佩就要垂到地上了（亦即大俯身）。使臣在捧玉时，如果玉下垫以束帛，则袒着正服的前襟，露出裼衣；如果执的是无垫的玉器，则掩好正服，不使裼衣露出相授受。

国君不名卿老世妇¹，大夫不名世臣侄娣²，士不名家相长妾³。君大夫之子，不敢自称曰余小子⁴；大夫士之子，不敢自称曰嗣子某⁵，不敢与世子同名。

今注

1　卿老，指上卿。世妇，次于夫人者。

2　世臣，父时老臣。俞樾云："世"与"大"同意，世臣亦即大臣。侄是妻之兄女，娣是妻之妹。

3　家相，助理家事者。长妾，有子的妾。

4　"余小子"为天子居丧时之自称。

5　"嗣子某"为诸侯居丧时之自称。

今译

国君对于上卿或世妇，大夫对于大臣及侄娣，士对于家相或长妾，皆不可直唤其名。国君或大夫之子，不可对人自称"余小子"；大夫之子，亦不可对人自称"嗣子某"，并且要避免和国君的世子同名。

君使士射，不能，则辞以疾，言曰：某有负薪之忧¹。侍于君子，不顾望而对²，非礼也。

今注

1　负薪，是采樵工作之一，本为庶人的工作。士人言负薪，是谦称"不能工作"之意。"忧"字，郑玄注云：别本或作

"疾"字。

2　顾望，是察言观色的意思。

今译

国君使士陪伴贵宾射箭，士人如果不会射，就要托词有疾，说是某有负薪之疾。陪伴君子，在对答时，如不察言观色，便要失礼。

君子行礼，不求变俗。祭祀之礼，居丧之服，哭泣之位[1]，皆如其国之故，谨修其法而审行之[2]。去国三世，爵禄有列于朝，出入有诏于国，若兄弟宗族犹存[3]，则反告于宗后；去国三世，爵禄无列于朝，出入无诏于国，唯兴之日[4]，从新国之法。

今注

1　按：此两节皆言出国者应行之礼。故哭泣之位，当指在外国闻丧所为之位，详后《奔丧》注。

2　谨修其法，王念孙云，"修"当是"循"字。

3　爵禄有列于朝，孙希旦说，这是指其宗族尚有为卿大夫者。诏，是告诉。若，王闿运云：若，是"及"或"与"的意思。

4　兴，是起为所在国的官吏。

今译

君子在国外，亦不要改变原来的礼俗。如祭祀的许多礼节，居丧的亲疏服制，哭泣死者的位置，都应像在国内一样，小心遵从祖国的法度而仔细行之。如果离开祖国已有三代了，但家族中仍有在朝里做官的，或遇到喜事丧事还有往来的，以及兄弟的宗族还有在国内的，遇到喜事或丧事，则须返告其族长的后人。如果去国三世，爵禄无列于朝，出入无诏于国，到了自己受任为新国的官吏时，则可依循新国的法度。

君子已孤不更名。已孤暴贵，不为父作谥[1]。居丧，未葬，读丧礼；既葬，读祭礼；丧复常，读乐章[2]。居丧不言乐，祭事不言凶[3]，公庭不言妇女。

今注

1　暴贵，由微贱变为显贵。谥，是依据生平德行而定的称号。

2　读，是研究。丧礼指朝夕哭奠及殡葬等事。祭礼指虞、卒哭、祔、小祥、大祥等祭事。乐章指诗歌。

3　祭为吉礼，吉凶不可相混杂，犹如哀乐不可相混杂。

今译

君子于父亡之后不再更换名字，因为名字是父所赐的。父亡之后，即使成为显贵之人，亦不须为父定美谥。因为那等于嫌恶父亲的贱微。居丧之礼，在没有出葬以前，要研究丧礼；既葬以后，要研究祭礼；到了三年丧毕，恢复正常生活时，就可以读诗歌了。居丧不谈乐事，祭祀时不谈凶事，在办公的地方不谈妇女之事。

振书端书于君前[1]，有诛。倒策侧龟于君前，有诛。龟策，几杖，席盖，重素，袗絺綌，不入公门[2]。苞屦，扱衽，厌冠[3]，不入公门。书方，衰，凶器[4]，不以告，不入公门。公事不私议。

今注

1　振书，拂去书上的灰尘。端书，整理书籍。

2　席盖（同"盖"），是丧车上的东西。重素，是衣冠皆素色有如凶服。袗絺綌，是单的内衣。公门，国君官门。

3　苞屦，居丧穿的草鞋，郑玄所见别的本子或写作"菲屦"。扱衽，"扱"读如"插"，此谓敛上衣的前襟于带。《问丧》云"亲始死……扱上衽”，这是丧事的打扮。“厌”字读如“偃”，丧冠之形偃伏，故称厌冠。

4　书方，“方”字古音读如“版”，亦即写字用的版子。书方是记载送死物件数目的。衰，亦作缞，是麻葛制的丧服。凶器，指棺木、明器之类的东西。

今译

凡在国君前面拂簿书或临时整理簿书，皆有罚。在国君前面颠倒占卜用的龟策，亦有罚。龟策是卜问吉凶的，几杖是扶持老者的，席盖是装饰棺柩的，素衣素冠形如凶服，单布内衣皆近猥亵，这些东西皆不许进入公宫之门。穿丧鞋，戴丧冠，做丧事打扮的，亦不许进入公宫之门。记载送葬物品的书版，麻衣丧服，棺材明器之类的东西，非经特别许可，亦不得进入公宫之门。凡是公家的事务，皆不许私下讨论。

君子将营宫室：宗庙为先，厩库为次，居室为后[1]。凡家造：祭器为先，牺赋为次，养器为后[2]。无田禄者不设祭器；有田禄者，先为祭服。君子虽贫，不粥祭器[3]；虽寒，不衣祭服；为宫室，不斩于丘木。

今注

1　此言营建宫室，应以祖先为首，次国用，后自身。厩，养马之所；库，藏财物之所。

2　陆德明云：“凡家造”一句，有的本子写作“凡家造器”。诸侯称“国”，大夫称“家”。牺赋，郑玄说是大夫征取于采地的祭牲。今按此三句，前后皆言“器”，而此独言祭牲，似未是。王闿运云：牺赋犹言厩库，乃指养牲之处。今从后说。养器，指饮食日用的器皿。

3 粥（yù），亦写作"鬻"，作售卖讲。

今译

国君将要营建宫室，首要建造祠堂，其次是马厩财库，最后才是自己的住屋。大夫之家将要制造家具，首先应为祭祀用的器皿，其次是祭牛的圈牢，最后才是自己饮食用的器具。没有田产俸禄的人，不必备办祭器；有田产俸禄的人，先要备办祭服。君子尽管贫穷，亦不可售卖祭器；尽管寒冷，亦不敢穿用祭服；更不敢斫伐坟上的树木建造房屋。

大夫士去国，祭器不逾竟。大夫寓祭器于大夫，士寓祭器于士。大夫士去国：逾竟，为坛位乡国而哭[1]。素衣，素裳，素冠，彻缘，鞮屦，素簚[2]，乘髦马[3]。不蚤鬋[4]。不祭食，不说人以无罪[5]，妇人不当御。三月而复服。

今注

1 逾竟，是越过了自己的国界。坛位，是除地为坛，设祖先的灵位。

2 彻缘，是拆去衣上的镶边。鞮屦，是没有鼻子的草鞋。草鞋的鼻子曰"绚"，用以穿绳系足。簚，亦写作幂、幎、幦，是兽皮制的用以掩护车栏的。孔颖达说：素簚是白狗皮制的车覆栏，亦称白"狗幦"。

3 髦马，指未经剪剔马毛的马。

4 蚤，读为"爪"，是修剪指甲的意思。鬋，是理发。

5 说人，向人辩解。

今译

大夫或士人得罪人而被斥逐于外，不可携带祭器离境。要把那些祭器寄存在同一官阶的大夫或士人家里。大夫或士因得罪人而去国，当其越过自己的国界时，就要除地为坛，设庙位，望着祖国而哭。穿戴着素衣、素裳、素冠，除去上衣的镶边，趿着没有鼻子的草鞋，乘着素簚的车，驾着没有剪剔的马。指甲不剪，须发不剃。进食时不行祭食之礼，不向别人辩解说自己无罪，亦不接近妇人。这样自加贬抑，守过了三个月，才恢复原状，起程而去。

大夫士见于国君，君若劳之[1]，则还辟，再拜稽首。君若迎拜，则还辟，不敢答拜。大夫士相见，虽贵贱不敌，主人敬客，则先拜客；客敬主人，则先拜主人。凡非吊丧，非见国君，无不答拜者[2]。大夫见于国君，国君拜其辱。士见于大夫，大夫拜其辱。同国始相见，主人拜其辱[3]。君于士，不答拜也；非其臣，则答拜之。大夫于其臣，虽贱，必答拜之。男女相答拜也[4]。

今注

1 劳之，是亲自慰劳。

2 礼尚往来，唯居丧之人及国君对于士，可以不答拜。

3 拜辱，拜其屈驾来访。王闿运云：凡人来见，明日或即日，往其人之室而拜焉，曰拜辱。其不往拜而先谢之者，亦曰拜辱。

4 男女相答拜也。陆德明说此句别本作"男女不相答拜也"。皇侃说"不"字是后人所加。但郑玄注此句云"嫌远别，不相答拜以明之"。则以原本有"不"字。其答拜似承上文，指拜辱而言。孔颖达解说与郑注未合。更以前文"男女……不相知名""嫂叔不通问"等语看来，当以有"不"字者为是。

今译

大夫或士，进见别国国君，国君倘亲加慰劳，则须闪避，俯首至地而再拜。如果国君在门外迎而拜之，亦要闪避一旁，表示不敢接受其拜，故亦不敢答拜。不同国家的大夫或士，相见时，虽然主客的身份不相匹敌，但若主人尊敬其客，则可先拜客；若是客尊敬主人，亦可先拜主人。总之，若不是吊丧，不是士见本国国君，凡受拜者都要回拜。外国来聘的大夫进见国君，国君要拜其见访；士进见大夫，大夫亦须如此。如果是同国之人，只有在初次见面时拜其见访的情谊。国君对自己的士，因地位悬殊，可以不答拜。但若不是自己的臣子，则亦须答拜。大夫对于家臣，则不能与国君一样，家臣地位虽低，亦须答拜之。男女不相知名，故亦无须彼此答拜。

国君春田不围泽[1]，大夫不掩群[2]，士不取麑卵[3]。岁凶，年谷不登[4]，君膳不祭肺[5]，马不食谷，驰道不除，祭事不县[6]。大夫不食粱，士饮酒不乐。君无故，玉不去身[7]，大夫无故不彻县，士无故不彻琴瑟。

今注

1 春田，春时狩猎。泽，与"皋"字通用，指水边草木丛生之地。

2 掩，是全数捕取之。

3 麑是鹿子，卵是鸟卵。

4 岁凶，指水旱之灾。登，是收成的意思。五谷不登，或因病虫害所致。

5 膳，是美食之名。食必"祭食"，周人重肺，故美食先祭肺。不祭肺，亦即不杀牲口。

6 县，亦写作"悬"，指悬挂的钟和磬。天子的乐悬，四面皆有之，曰宫悬；诸侯三面，曰轩悬；大夫两面，曰判悬；士一面，曰特悬。

7　玉，指玉佩。

今译

国君在春天举行田猎，不可整个包围猎场。大夫不可尽取鸟群兽群，士人亦不可取及鹿子或鸟卵，因为那样将使鸟兽绝种。遇到水旱的年头，或是农作物收成不好的年头，国君虽盛餐亦不杀牲口，马匹不吃谷类，国君驰走车马的大路暂停除草，至于祭祀亦不用奏乐。大夫们减去加食的稻粱，士人宴客亦不得举乐。如非遭遇祸灾，国君身上必常有佩玉，大夫家里必有悬挂的钟和磬，士人身边必有琴瑟。

士有献于国君，他日[1]，君问之曰：安取彼？再拜稽首而后对。大夫私行出疆[2]，必请。反，必有献。士私行出疆，必请。反，必告。君劳之，则拜；问其行，拜而后对。

今注

1　他日，因馈献时没有见面，故泛言他日。

2　私行出疆，为私事而去国。

今译

士人呈献礼物与国君，过了两天，国君见到士人，问及那些东西怎样得到时，士人要先稽首再拜，然后回答。大夫们倘因私事出国，事先必须申请；回来时必须馈献土产为礼，表示出国曾受款待。士因私事出国，必先申请；回来时，必须报告。国君倘或慰劳之，则拜；倘问其旅行情形，则先拜而后回答。

国君去其国，止之曰：奈何去社稷也[1]！大夫，曰奈何去宗庙也[2]！士，曰奈何去坟墓也[3]！国君死社稷[4]，大夫死众，士死制[5]。

今注

1　"社"是土神，"稷"是谷神。《白虎通·社稷》云："人
非土不立，非谷不食……故封土立社，示有土也。稷，五谷之长，
故立稷而祭之也。"社稷遂为"国"之代表名称。"奈何去社稷"
为齐侯唁鲁公之语，见《公羊传·昭公二十五年》。

2　大夫不代表一国，但有其宗庙。

3　士未必皆为其宗庙之主，但亦自有其父祖的坟墓。

4　社稷倾圮，即是国之灭亡。国君守国，国亡当与之俱亡。

5　"众"谓民众，"制"谓法制。

今译

国君如果要离开自己的国家，则挽留之曰："奈何放弃自己的
社稷！"若是大夫，则挽留之曰："奈何不顾自己的宗庙！"若是
士，则挽留之曰："奈何抛离自己的祖坟！"国君当为保卫国家而
死，大夫当为保卫民众而死，士人当为法制规定的职责卫国而死。

君天下，曰天子。朝诸侯，分职授政任功，曰予一人[1]。践阼
临祭祀：内事曰孝王某，外事曰嗣王某[2]。临诸侯，畛于鬼神，曰
有天王某甫[3]。崩，曰天王崩。复[4]，曰天子复矣。告丧，曰天王
登假[5]。措之庙，立之主，曰帝[6]。天子未除丧，曰予小子。生名
之，死亦名之[7]。

今注

1　古帝王登位，自谓承天以治人，故称之为"天子"。其对
于诸侯及百官，则自称为"予一人"。

2　阼，是主人之阶。践阼，指站在主人的地位。内事，是祭
祖宗，故称"孝王"。外事，是祭天地神祇，故称继位之王。

3　临诸侯，是天子至诸侯之国。畛，或写作"祇"字，是致

敬的意思。敬人之"名"故呼其"字"曰甫，此言"某甫"，即说那个"某"须用"字"不用名。

4 复，是死时招魂之辞。

5 假，读为遐，作"遥远"讲。登遐，是升天的意思。

6 措，是安置。王者葬后，卒哭祭毕，以桑木为神主而祔于庙。天神曰帝，盖尊之为"神"。

7 生名之、死名之，这是指未除丧而死的小子王，生时称"小子"王某，死后亦称"小子"王某。

今译

君临天下的人称为"天子"。在朝会诸侯及分派职位，授政于百官时，则自称"予一人"。站在主人的地位，于祭祖宗的祝词中称"孝王某"，祭天神地祇则称"嗣王某"。巡守各国，致祭于其国的鬼神时，则称"天王某（字）"。记载天子之死，称为"天王崩"。为天子招魂，则称"天子"而不呼名。为天子发讣告，称"天王登遐"。天子的灵位祔入于宗庙，则具木主，称某"帝"。虽已继位为天子，但尚未除丧时，不能称"予一人"，而称"予小子"。这样的天子，称其生时为"小子王某"，倘在此时死去，亦即称为"小子王某"。某是指他的本名。

天子有后，有夫人，有世妇，有嫔，有妻，有妾。天子建天官[1]，先六大，曰大宰、大宗、大史、大祝、大士、大卜，典司六典[2]。天子之五官，曰司徒、司马、司空、司士、司寇，典司五众[3]。天子之六府，曰司土、司木、司水、司草、司器、司货，典司六职。天子之六工，曰土工、金工、石工、木工、兽工、草工[4]，典制六材。

今注

1 吕大临云：大宗以下皆"事鬼神""奉天时"之官，故总谓之"天官"。

2 前一"典"字是"遵守"的意思，后一"典"字则指"制度""法则"。

3 五众，是指五官所统属的执事人等。

4 兽工，是取材于鸟兽，如羽毛、皮革、牙骨之类的加工者。草工一职，不见于《周礼》，当为编造草器之人。

今译

治理天子宫内的，有后、夫人、世妇、嫔、妻、妾。天子设官，必先设置总管神事及天文气象的六官，那就是协助天子承天以治人的"大宰"、主管侍奉鬼神的"大宗"、主管历象岁时的"大史"、提调祭祀礼仪的"大祝"、接引鬼神的"大士"和执掌龟策的"大卜"。他们各遵守各的制度而行事。天子所设的五官：一为总管地方民众的"司徒"，二为统率军政的"司马"，三为经营建设的"司空"，四为主持朝班的"司士"，五为纠察犯罪的"司寇"。这五官各自统领属下的官员。天子设立府库有六：司土掌田粮、司木掌造林、司水掌水产、司草掌苇刍、司器掌制造、司货掌钱币。天子之六工，一为陶瓷之工，二为矿冶之工，三为玉石之工，四为梓木匠人，五为皮革、羽毛、牙骨匠人，六为苇薄、曲筐、簠簋匠人，他们使用各种不同的材料制作器物。

五官致贡，曰享[1]。五官之长，曰伯，是职方[2]。其摈于天子也，曰天子之吏[3]。天子同姓，谓之伯父；异姓谓之伯舅。自称于诸侯，曰天子之老；于外曰公；于其国曰君。九州之长，入天子之国曰牧。天子同姓，谓之叔父，异姓谓之叔舅，于外曰侯，于其国曰君。其在东夷北狄西戎南蛮，虽大曰子[4]。于内自称曰不穀[5]，于外自称曰王老。庶方小侯[6]，入天子之国曰某人，于外曰子，自称曰孤。

今注

1　贡，指呈献一岁的生产成绩。享，就是献。

2　职方，是主管一方的政事。

3　摈，本又作"傧"，是天子的傧相，辅佐天子，故称"天子之吏"。

4　子，指其爵位仅止于子爵，而记载亦以"子"称之。

5　穀，是"善"的意思。

6　庶，是"众"的意思。小侯，指四夷之君。

今译

五官呈献一岁的成绩，称为"献"。五官之长，称为"伯"，是主管一方的大官。因他是辅佐天子的，故称为"天子之吏"。他们与天子同姓的，称为"伯父"；非同姓的，称为"伯舅"。他们对其他诸侯则自称为"天子之老"。在他们封国之外的人称之为"公"，封国之内的人称之为"君"。九州诸侯之长，进入天子的畿内，称之为某州之"牧"。同姓的，天子称之为"叔父"；非同姓的，称之为"叔舅"。在他们封国之外的人称之为"侯"，封国之内的人称之为"君"。那些散在东夷、北狄、西戎和南蛮的诸侯，虽有辽阔的土地，但爵位不过是子爵，故称之为"子"。他在封国内自称"不穀"，对封国之外自称为"王老"。至于其他的小诸侯，在天子畿内则称为"某国之人"，在他们封国之外的人称之为"子"，而他在封国之内自称为"孤"。

天子当依而立[1]。诸侯北面而见天子曰觐。天子当宁而立[2]，诸公东面诸侯西面，曰朝。诸侯未及期相见曰遇[3]，相见于郤地曰会[4]。诸侯使大夫问于诸侯曰聘，约信曰誓，莅牲曰盟[5]。诸侯见天子曰臣某侯某，其与民言，自称曰寡人。其在凶服，曰适子孤。临祭祀，内事曰孝子某侯某，外事曰曾孙某侯某[6]。死曰薨，复曰某甫复矣[7]。既葬，见天子曰类见。言谥曰类[8]。诸侯使人使于诸侯，使者自称曰寡君之老。

今注

1　依，亦写作"扆"。郑玄于《仪礼·觐礼》注："依，如今绨素屏风……有绣斧文，所以示威也。"孔颖达说："依状如屏风，以绛为质，高八尺，东西当户牖之间。"

2　正门内两塾之间为"宁"。

3　未及期，是未到约定的日期。

4　郤地，郑玄注"郤"为"闲"；孔颖达解为行礼"闲暇"，似未是。郤，是闲隙。隙地，当指两国中间之地。

5　约信，指共同约定遵守某些信条。莅牲，指双方同在一处，杀牛取血涂在口上，表示所言皆真实无欺，亦称"歃血"，或云"歃血"是啜血，或因礼俗不同，姑两存其说。

6　外事，指祭社稷山川之事。某侯某，上一"某"字是指国名，下一"某"字是指人名。

7　某甫，"某"指其"字"而不用名。

8　言谥，是谥号。类，当为讄，累列生平行谊以为谥号。参看《曾子问》"诸侯相诔，非礼也"注。

今译

天子南向，站在绣有斧文的屏风前面接受诸侯的朝拜，称为"觐"。天子南向，站在正门当中，诸公东向，诸侯西向而朝天子，称为"朝"。诸侯与诸侯未到约定的日期相见，称为"遇"。诸侯在两国交界处相见，称为"会"。诸侯派遣大夫互相访问，称为"聘"。订立彼此共同遵守的条约，称为"誓"。杀牛歃血以保证所说的话语，则称为"盟"。诸侯朝见天子，自称为"臣某国之侯名某"。与本国百姓说话，自称为"寡人"。诸侯如果在服丧期内，则称"嫡子孤"。主持祭祀时，在宗庙之内自称"孝子某国侯名某"，如果祭祀的是天神地祇则称"曾孙某侯某"。诸侯之死，称为"薨"。招魂时，用"字"不用"名"，高喊"某甫回来吧"。继位的诸侯于行过葬礼后朝见天子，称为"类见"；为父请谥，亦称为"类"。诸侯遣士人聘于诸侯，那使者自称为"寡君之老"。

天子穆穆[1]，诸侯皇皇[2]，大夫济济[3]，士跄跄[4]，庶人僬僬[5]。

今注

1 穆穆，是深远的仪态。

2 皇皇，是盛大的仪态。

3 济济，是整齐的仪态。

4 跄跄，亦写作锵锵或鸧鸧，是舒扬的仪态。

5 僬僬，是急促的仪态。

今译

天子的仪容，喜怒不形，显得深远的样子。诸侯的仪容，大模大样，显得赫煊的样子。大夫的样子整齐而严肃。士人的样子，舒舒扬扬。庶人的样子，匆遽而局促。

天子之妃曰后[1]，诸侯曰夫人，大夫曰孺人，士曰妇人，庶人曰妻。公侯有夫人，有世妇，有妻，有妾。夫人自称于天子，曰老妇；自称于诸侯，曰寡小君；自称于其君，曰小童。自世妇以下，自称曰婢子。子于父母则自名也[2]。

今注

1 妃，读为"配"，此言天子之配偶。《白虎通·嫁娶》云：

"后者，君也……明配至尊，为海内小君。"

2　上篇有言"父前，子名"，此处似是申明其意。王夫之、孙希旦皆以此句通上文连言，而谓此"子"字是指天子之后或诸侯夫人，于父母前皆称名，不用"老妇""寡小君"之称。

今译

天子的配偶称为"后"，诸侯的配偶称"夫人"，大夫的配偶称"孺人"，士的配偶称"妇人"，庶人之配偶则称为"妻"。公与侯皆有夫人、世妇、妻和妾。公侯夫人对天子自称"老妇"，对封国外的诸侯自称"寡小君"，对其国君则自称为"小童"。自世妇以下皆自称"婢子"。子女在父母面前皆自称名。

列国之大夫，入天子之国曰某士[1]；自称曰陪臣某[2]。于外曰子，于其国曰寡君之老[3]。使者自称曰某[4]。

今注

1　某士，"某"字指国名。

2　陪臣，郑玄解"陪"如"倍"字，是"双重"的意思。因其国君是天子之臣，而自己又是国君之臣，故"陪臣"乃"臣之臣"之意。其后"某"字指其"名"。

3　王夫之云"于外曰子"二句倒错，当云"于其国曰子，于外曰寡君之老"。按：王说未必然。"子"是成人的美称。《仪礼·士相见》云："非以君命使，则不称寡，大夫士（武威汉简无此字）则曰：寡君之老。"又《玉藻》云"公士摈则曰寡大夫、寡君之老"，此当是摈辞。

4　使自称，陆德明所见别本作"使者自称"。王念孙云：原文当无"者"字，"使"是"出使"的意思。某，指其名。士人出使，不得称使臣，故但自称名。

各诸侯国的大夫，到了天子畿内，则称为"某国的士"，自称则为"陪臣某"。封国外的人称他为"子"，本国人则称他"寡君之老"。有事出使，则自称名。

天子不言出[1]，诸侯不生名[2]。君子不亲恶[3]：诸侯失地，名；灭同姓，名[4]。

今注

1 天子以天下为家，言"出"则是失掉天下，故史册不得言"出"，只得言"居"。

2 列国之君，其为公、侯、伯、子、男，皆自有其爵位。方其生前，当敬其"名"，但称其爵，如齐侯、秦伯之类。

3 这是公羊学派学者所发明的春秋笔法。不亲恶，是不原谅恶人恶事。如果天子作恶，则书为"出"；诸侯作恶，则书其"名"。

4 失地，不能保其社稷，是恶；灭同姓，残害同胞，亦是恶。

今译

天子出奔，史书不可用"出"字。诸侯生前，史书不可称其"名"。君子不原谅作恶的天子或诸侯，所以见到诸侯不能保全其国家或是侵害自己的同胞，就直书其名。

为人臣之礼：不显谏[1]。三谏而不听，则逃之。子之事亲也：三谏而不听，则号泣而随之[2]。

今注

1 显谏，是当众指责国君行为之不正。与《檀弓上》"事君有犯而无隐"意不同。

2　父子至亲，其恩义无可逃于天地之间，故如此。

今译

为人臣之礼：须维持国君的尊严，所以不可当众指斥国君的错误。如果委婉地奉劝多次，而国君仍不醒悟，则离之而去。唯是人子之侍奉父母，恩谊出于天然，无所逃避，在以多次劝说不听，则继之以号泣，希望他有醒悟的一天。

君有疾，饮药，臣先尝之。亲有疾，饮药，子先尝之。医不三世[1]，不服其药。

今注

1　三世，指父子相传至三世。

今译

国君患病，服药时，侍臣要先尝试。父母有疾，做儿子的亦当如此。如果不是行医已久、经验丰富的医生，最好不要乱服他所开的药方。

儗人必于其伦[1]。问天子之年，对曰：闻之[2]，始服衣若干尺矣。问国君之年：长曰，能从社稷宗庙之事矣；幼曰，未能从社稷宗庙之事也。问大夫之子：长曰，能御矣；幼曰，未能御也。问士之子：长曰，能典谒矣[3]；幼曰，未能典谒也。问庶人之子：长曰，能负薪矣；幼曰，未能负薪也。问国君之富，数地以对，山泽之所出[4]。问大夫之富，曰有宰食力[5]，祭器衣服不假。问士之富，以车数对。问庶人之富，数畜以对[6]。

今注

1　儗，是比喻。伦，是情形相等。

2　闻之，表示非亲见。

3　典谒，是主持传达客人谒请之事。

4　数地，计算其属地之广狭。出，指出产物。

5　宰，是大夫派在其封地上的管理员。力，指封地上民力供给的租税。王念孙云，"宰"当读为"采"。采，是国君分给大夫的土地，用当地的租赋供养大夫一家。租赋出自民力，故大夫之富，要看采地民力之有无多寡而定。

6　畜，是豢养的牲口。

今译

比拟一个人，必须符合那个人的身份。若问天子的年龄，应该回答说，听说能穿多长的衣服了。问国君的年龄，如果其年已长，则答以"能主持宗庙社稷的事了"；倘犹年幼，则答以"还不能主持宗庙社稷的事"。问大夫的儿子，如果年长，则答以"能驾驶车马了"；倘犹年幼，则答以"还不能驾驶呢"。问士人的儿子，长的，是说"能接客传话了"；幼的，则说是"还不会接客传话呢"。问庶人之子，长的则说"能负薪了"，幼则说他"还不能负薪"。问国君的财富，可先计算国土面积之大小，再说山上和水里的物产。问大夫的财富，只要说有封邑人民赋税供给衣食，祭器、衣服都不须向别人借用。问士的财富，可答以车数之多少。问庶人的财富，则计算其牲口之数。

天子祭天地，祭四方，祭山川，祭五祀[1]，岁遍。诸侯方祀[2]。祭山川，祭五祀，岁遍。大夫祭五祀，岁遍。士祭其先[3]。凡祭，有其废之莫敢举也[4]，有其举之莫敢废也。非其所祭而祭之，名曰淫祀。淫祀无福。天子以牺牛，诸侯以肥牛，大夫以索牛[5]，士以羊豕。支子不祭，祭必告于宗子[6]。

今注

1　五祀，春祭户，夏祭灶，季夏祭中霤，秋祭门，冬祭行。"祭行"或作"祭井"。

2　方祀，诸侯仅代表其封国，故不祭天地，但祭其封国内之山川神祇。

3　先，指祖先。

4　废，指"非其所祭"之祭祀，如外族人所崇拜的鬼神。

5　牺牛，是经过选择，并特别饲养之纯毛的祭牛。肥牛，指特别饲养的牛。索牛，是偶得而非特别饲养的牛。

6　支子，指庶出的子孙。宗子，是嫡系的子孙。

今译

天子祭天地之神，四方之神，山川之神，户、灶、中霤、门、行之神，一年之内遍祭之。诸侯就其境内祭山川及五祀之神，亦一年之内遍祭之。大夫祭五祀，一年一遍。士人则祭其祖先。凡祭祀，因改朝换代，有的已经废止，就不敢再举行；有的定要举行，如祭拜功臣、先烈的祭祀，就不敢废止。如果祭祀不应该祭祀的鬼神，可称为"多余的祭祀"，多余的祭祀是没有意义的。天子祭祀要用纯毛的祭牛，诸侯要用特别饲养的祭牛，大夫则用普通的牛。士人祭祀，只用羊或豕。凡是庶出的子孙，都不主持祭祀，如果要祭祀，先得告诉嫡系的子孙。

凡祭宗庙之礼[1]：牛曰一元大武[2]，豕曰刚鬣[3]，豚曰腯肥[4]，羊曰柔毛，鸡曰翰音[5]，犬曰羹献[6]，雉曰疏趾，兔曰明视，脯曰尹祭[7]，槁鱼曰商祭[8]，鲜鱼曰脡祭，水曰清涤，酒曰清酌，黍曰芗合，粱曰芗萁[9]，稷曰明粢[10]，稻曰嘉蔬，韭曰丰本[11]，盐曰咸醝，玉曰嘉玉，币曰量币[12]。

今注

1　此处所谓的"礼"，是指庙祝写祭文所用的特殊称号。

2　元，就是"头"。武，是脚迹，牛肥则脚迹大，故曰"大武"。

3　豕肥则毛鬣刚硬。

4　腯，亦写作"豚"，读音如"突"。段玉裁云：人曰肥，兽曰腯。

5　翰音，指其美羽而善鸣。

6　《仪礼》称"羹定""羹饪"，郑氏说是犬牲。"献"字本为祭祀奉"犬牲"之称。

7　尹，是方正之意。脯之割裁方正，故曰尹祭。

8　槁鱼，就是干鱼。商，是酌量。

9　芗，即"香"字。黍味香性黏，故曰香合。萁，是茎，粱之茎高大，今称"高粱"。

10　隋秘书监王劭校勘晋宋古本，无此一句。

11　丰本，言其根本丰茂。

12　量币，就是帛，帛之长短有一定，故亦称"制币"。

今译

大抵祭宗庙之礼，各有特殊的称号：牛称为"一元大武"，豕称为"刚鬣"，豚称为"腯肥"，羊称为"柔毛"，鸡称为"翰音"，犬称为"羹献"，雉称为"疏趾"，兔称为"明视"，祭用干肉称"尹祭"，干鱼称"商祭"，鲜鱼称"脡祭"，称水为"清涤"，称酒为"清酌"，黍则曰"香合"，粱则曰"香萁"，稷曰"明粢"，稻米则称为"嘉疏"，韭菜则称为"丰本"，盛盐于筿称为"咸醝"，礼神用玉称为"嘉玉"，用帛称为"量币"。

天子死曰崩，诸侯曰薨，大夫曰卒，士曰不禄，庶人曰死[1]。在床曰尸，在棺曰柩。羽鸟曰降，四足曰渍[2]。死寇曰兵[3]。

今注

1　这一节皆为书"死"之异名。郑玄说：自上颠坏曰"崩"；"薨"是颠坏之声。卒，终了。不禄，是不终其俸禄。死，是"澌"，澌是消尽无余之意。

2　降，是落地。鸟不飞而落地则是死了。渍，郑玄说是"相澌污而死"，或作"瘠"。朱骏声说是借为"骴"字，是鸟兽的残骸。

3　兵，指兵器。为兵器杀伤至死。

今译

书写死的用字各有不同：天子之死宜用"崩"，诸侯用"薨"，大夫用"卒"，士用"不禄"，庶人才用"死"字。死的人，犹在床者书为"尸"，已入棺者书为"柩"。飞鸟之死，书为"降"；四足之兽死，则为"渍"。死于寇难的，则称为死于"兵"。

祭王父曰皇祖考[1]，王母曰皇祖妣[2]。父曰皇考，母曰皇妣。夫曰皇辟[3]。生曰父曰母曰妻，死曰考曰妣曰嫔[4]。寿考曰卒，短折曰不禄[5]。

今注

1　王父，指已死之祖父。皇，盛大之辞。考，许慎说：考就是老，老就是考。老、考皆为成就的意思，谓已完成其一生。

2　妣，是匹配。

3　辟，是主君。王夫之云：夫为妻主，故称皇辟。

4　嫔，郑玄云："妇人有法度者之称也。"焦循曰：有法度之妇人，何以用作死妻之称？王夫之云：嫔，言夫所宾敬也。

5　曰卒，曰不禄。孙希旦云：二称已见前文，此又重出，当是记死之称谓不同之事。

今译

祭已死的祖父，祭文称为"皇祖考"，祖母称为"皇祖妣"。父称"皇考"，母称"皇妣"，丈夫称"皇辟"。生时称为"父""母""妻"，死后则称"考""妣""嫔"。老而死的，可与大夫之死同称为"卒"；少年夭折的，可与士之死同称为"不禄"。

天子，视不上于袷[1]，不下于带；国君，绥视[2]；大夫，衡视[3]；士，视五步[4]。凡视：上于面则敖，下于带则忧，倾则奸。

今注

1　袷，是古人穿的中衣之交领。

2　绥，郑玄云："读为妥。"按：即頫下之意。绥视是当着面稍往下视。

3　衡视，就是平视，面对着面。

4　视五步，是说视线可以旁及五步。

今译

瞻望天子，视线不可高于他的交领，亦不可低于腰带的部位。瞻视国君，视线要稍向下，不及于其面部。瞻视大夫，则可面对面。至于士人，则视线可以游移及于五步左右。总之，视人的规矩，视线高于对方的面部，有如眼朝天看人，就显得骄傲；视线低于对方的腰部，有如抬不起眼看人，就显得忧心忡忡；如果乜斜着眼看人，则显得不怀好意。

君命，大夫与士肄[1]。在官言官，在府言府，在库言库，在朝言朝[2]。朝言不及犬马。辍朝而顾，不有异事，必有异虑[3]。故辍朝而顾，君子谓之固 [4]。在朝言礼，问礼对以礼。

今注

1　肄，是研习。

2　郑玄说："官"是版图文书之处，"府"是宝藏货贿之处，"库"是车马甲兵之处，"朝"是君臣议事之处。

3　辍朝，议事终了。顾，是回头看。异事，指题外之事。异虑，指不正当的念头。

4　固，是冒失无礼。

今译

国君发下的命令，大夫与士应加以研习。在图书之处，则讨论版图文书；在宝藏货贿之处，则讨论宝藏货贿；在车马甲兵之处，则讨论车马甲兵；在君臣议事之处，则讨论政事施为。讨论政事的地方，不可涉及犬马等问题。议事终了，各自散归，不可回头顾视。因为那样倘非另有题外之事要提出，就显得对那所议之事，怀有不正当的念头。所以，对于"辍朝而顾"的动作，君子谓之为"冒失无礼"的动作。朝廷上处处讲礼，问话要有礼，答话也要有礼。

大飨不问卜 [1]，不饶富 [2]。

今注

1　大飨，是大规模的宴会。古天子祭祀五帝于明堂，称为大飨；合祭群庙之主，亦称大飨；宴会群诸侯，亦称大飨。郑玄说：不问卜者，是指祭祀五帝，因所祭的对象有五，故无从问卜。

2　不饶富，饶是增益，富是完备。《郊特牲》云："大飨腥。"又云："大飨，尚腶脩而已矣。"都是不富饶的意思。王引之云："饶"当读为"徼"，"富"即是"福"字。"饶富"就是"祈福"。

大飨为报答神恩，故不祈求福祉。兹依前说，后说存参。

今译

祭玉帝的大飨之礼，先不用卜定日期，一切祭品亦不须增益，以今时所有。

凡挚，天子鬯[1]，诸侯圭，卿羔，大夫雁，士雉，庶人之挚匹[2]；童子委挚而退[3]。野外军中无挚，以缨、拾、矢可也[4]。妇人之挚，椇榛脯脩枣栗[5]。

今注

1　挚，亦写作"贽"，是古人相见时的礼品。鬯，是祭祀用的酒，以郁金草泡黑黍酒制成。天子至尊，没有客礼，见面所赐不过鬯酒。

2　匹，《广雅·释鸟》写作"鹜"，就是"鸭"。

3　童子之挚，不定为何物，但随其所有。委挚而退，是放下了礼物便走，不行授受之礼。

4　缨，是马项上的饰物。拾，是射箭时用以裹袖的射韝。

5　椇，当为"枸"，亦写作"柔""芋"。《庄子·山木》"食杼栗"，《齐物论》"狙公赋芋"，都是指这"橡子"。

今译

相见时所用的礼品，天子用鬯酒，诸侯用圭，卿用羔羊，大夫用雁，士人用雉鸟，庶人则用家鸭。童子随便，放下礼物便走。在野外军中，找不到一定的礼物，即以马缨、射韝或箭矢为贽，皆无不可。女人们相见的礼品，约有下列数种：橡子、榛子、肉干、枣子或栗子。

纳女于天子[1]，曰备百姓[2]；于国君，曰备酒浆[3]；于大夫，曰备埽洒[4]。

今注

1 纳女，孙希旦云："士昏礼问名，主人对辞曰：吾子有命；且以备数而择之。"此处即主人纳女之辞。

2 郑玄云："天子皇后以下百二十人，广子姓也。"此言备百姓，乃是说以补充百二十人之数。

3 备酒浆，犹言用以伺候饮食。

4 《史记·高祖本纪》云，吕公纳女于高祖，曰："愿为季箕帚妾。"正是"备埽洒"之意。

今译

送女儿于天子，当谦称为"备百姓"；于国君，当谦称为"备酒浆"；于大夫，则谦称为"备埽洒"。

第三　檀弓上

　　《檀弓》，今据篇中所记之事推之，当是孔子、子游同时人。郑玄说"《礼记》编者以其善于礼，故著姓名以显之"，殊未必然。本篇讨论丧礼之处特多，且无准则。盖为战国时代学者，捃拾诸说礼者之不同意见，荟萃成篇。其性质与《杂记》上下篇相仿佛，唯摛词造句，独具风格，乃为后世读者所称。实则篇中所言诸礼，既已义理互错；而说春秋时事，又多与他书不合。汉儒纂辑先秦遗文，以此篇首有"檀弓"姓名，乃著为篇名；又因简策繁重，自有郑注以来，皆分为上下，与《曲礼》同。

　　公仪仲子之丧，檀弓免焉 [1]。仲子舍其孙而立其子，檀弓曰："何居？我未之前闻也 [2]。"趋而就子服伯子于门右，曰："仲子舍其孙而立其子，何也？"伯子曰："仲子亦犹行古之道也。昔者文王舍伯邑考而立武王，微子舍其孙腯而立衍也 [3]，夫仲子亦犹行古之道也。"子游问诸孔子，孔子曰："否！立孙 [4]。"

今注

　　1　公仪氏，郑玄云：盖鲁同姓。仲子是他的"字"，其"名"未闻。毛奇龄云：公仪氏不见于《左传》，唯鲁穆公时有公仪休为鲁相，其人在孔子卒后。免，亦写作"绖"，读音如"问"，是祖而不冠者的丧饰，用布广一寸，从后脑勺而前交于额上，再向后绕于髻。丧礼云："既小敛，自齐衰以下皆免。"此指衰服之亲而言。凡无服而免者，唯同姓五世之亲，及朋友皆在他邦，临时代为丧主，乃作此丧饰。

2 居，读音如"其"。鲁国本为周亲，应行周礼。周礼："嫡子死，则主嫡孙。"此处言"舍其孙而立其子"之"子"，盖指"庶子"。舍嫡孙而立庶子，不合周礼，故惊曰"何其"。

3 伯邑考，事见《淮南子·氾论训》。衍，一名"泄"，字"仲思"，见《史记·宋微子世家》索隐引《孔子家语》云。以上二事，皆为《史记》所无，仅见于此篇。

4 《五经异义》引《公羊传》云："质家立世子弟，文家立世子子。"周世用文，当立世子子，故云"立孙"。

今译

鲁国同姓公仪仲子的嫡子死了，檀弓不做一般吊客的打扮而做"免"的丧饰去他家里，仲子不以嫡孙而立庶子为继承人。檀弓问："究竟是什么理由？我还没有听说过周人有这样的礼俗。"于是跑到门右边，向主人的兄弟子服伯子质问："仲子舍其嫡孙而立其庶子，道理何在？"伯子对他说："仲子不过是依照前人的办法行事而已！从前，周文王不立嫡子伯邑考而立武王，宋微子不立嫡孙腞而立庶子衍，仲子不过是依照前人的办法行事而已。"后来，孔子的弟子子游就此事请教于孔子。孔子说："不对！殷人的礼俗是兄弟相承，周人的礼俗是嫡子嫡孙相承。公仪氏本是周人，应行周礼，如果没有嫡子，应立嫡孙。"

事亲有隐而无犯[1]，左右就养无方[2]，服勤至死[3]，致丧三年[4]。事君有犯而无隐，左右就养有方，服勤至死，方丧三年[5]。事师无犯无隐，左右就养无方，服勤至死，心丧三年[6]。

今注

1　郑玄说："隐"是不宣扬其过失，"犯"是犯颜而谏。后人解释，大率相同。唯下文"事君有犯而无隐"，倘依郑说，则当云："事君不特可以犯颜而谏，亦且可以直扬其过。"这就显与《曲礼下》"为人臣之礼：不显谏"的意思相反了。姚际恒云："隐""犯"皆指"谏"言，事亲有隐无犯，即《论语》所言"幾谏"之义；事君有犯无隐，即《论语》所言的勿欺而犯之义。姚氏以此二字合成一种"谏"的方式，似近是。何休云："谏有五：讽谏、顺谏、直谏、争谏、赣谏。"此虽为一家之说，但诸种"谏"，皆不放过当前迷误之事，是"无隐"。故隐当为"包藏"之意。

2　朱轼云："左右即是'方'，'无方'谓左右无一定。"下文"有方"则谓左不得右，右不得左。盖侍亲之事，事事躬亲而不分彼此，故曰无方；侍君之事，事事各有职司，不相侵犯，故曰有方。

3　服勤，是竭力侍奉。

4　孙希旦云："致"，极也，致丧谓极其哀戚。

5　方，作"比方"解。《丧服四制》云："资于事父以事君，而敬同……故为君亦斩衰三年。"是以父比方于君。

6　心丧，谓戚容如丧父而无服。

今译

侍奉父母，父母如有过失要隐讳，不可犯颜指责父母，而且伺候在左右，事事皆要亲手来做，这样竭力服务到他俩死后，依斩衰的丧礼守丧三年。服侍国君，国君如有过失，可以犯颜直谏而不包藏其过失，而且伺候在左右，各有各的职司，不相侵犯，这样竭力服务至君死后，比照斩衰之服，守丧三年。至于服侍老师，老师如有过失，既无所隐故亦无用犯颜直谏，亦是事事躬亲，竭力服务至他死后，虽不用披麻戴孝，但三年丧中心中悲痛之情，犹如丧亲。

季武子成寝[1]，杜氏之葬在西阶之下，请合葬焉[2]，许之。入宫而不敢哭。武子曰："合葬非古也，自周公以来，未之有改也。吾许其大而不许其细，何居？"命之哭。

今注

1 季武子，是鲁国公子季友的曾孙季孙夙。成寝，指季孙夙新建的住宅。

2 合葬，是把后死者附葬于先死者的圹中。

今译

鲁国贵族季武子新建一座住宅，那住宅的西阶下，原有杜氏的墓葬。杜氏见到先人的坟墓已变作住宅，就请求季武子准许他们把先人的遗骸移出，合葬于别的地方。季武子应允了，但他们进入新宅，怕冒犯季武子，不敢依礼哀哭。季武子说："合葬不是古代的礼俗，但自周公以来，却一直是这样举行而没有改变的。我们既允许杜氏的人进来挖墓，为什么不允许他们哭泣？"于是叫杜氏的人尽管哭。

子上之母死而不丧[1]。门人问诸子思曰："昔者子之先君子丧出母乎[2]？"曰："然[3]。""子之不使白也丧之。何也？"子思曰："昔者吾先君子无所失道；道隆则从而隆，道污则从而污[4]。伋则安能？为伋也妻者，是为白也母；不为伋也妻者，是不为白也母。"故孔氏之不丧出母，自子思始也。

今注

1　孔子曾孙，名"白"，字"子上"。

2　孔子之孙，名"伋"，字"子思"，亦即子上的父亲。先君子，孔颖达说是指孔子，齐召南云：当是指孔子之子"鲤"，字"伯鱼"者。伯鱼是子思的父亲，其时已死，故门人称之为"子之先君子"。出母，与父亲离婚的母。这是指孔子的夫人，亦即伯鱼的出母。

3　这是子思回答说他的父亲曾经为出母服丧。其事见后文。

4　郑玄说："污犹杀也。"朱骏声云："杀借为差，是差减之意。"

今译

孔白（子上）的母亲离婚之后死了，孔白没有替她挂孝。孔白的父亲孔伋（子思）的门徒觉得很奇怪，就问孔伋说："从前，老师的父亲（孔鲤）替他离婚的母亲戴孝吗？"孔伋说："是的。"门徒又问："那么，老师为什么不叫孔白挂孝呢？"孔伋说："从前，我的父亲并没有失礼。依礼该隆重的就跟着隆重，该降减的就跟着降减。至于我，我则做不到。现在她如果还算是我的妻子，当然亦即是孔白的母亲；如果她已不是我的妻子，那么她亦已不是孔白的母亲了。不是孔白的母亲，还替她戴什么孝呢？"所以，姓孔的人家不替已离婚的母亲挂孝，就是从孔伋开始的。

孔子曰："拜而后稽颡，颓乎其顺也[1]；稽颡而后拜，颀乎其至也[2]。三年之丧，吾从其至者。"

今注

1　稽颡，就是叩头。颓乎，驯服的样子。按《孔子家语·曲礼子贡问》，于"孔子曰"上有"子张有父之丧，公明仪相焉，问启（稽）颡"等十四字。

2　颀，读音如"恳"。颀乎，诚恳的样子。

今译

（子张有父之丧，公明仪辅助丧主行礼，问到叩头的仪式。）孔子说："先拜而后叩头，这种拜法突出了对客的恭敬，于礼为顺；另一种是先叩头而后拜，这是很诚恳而极悲痛的。父丧三年，本极哀痛，我以为要遵从后者。"

孔子既得合葬于防[1]，曰："吾闻之，古也墓而不坟[2]；今丘也，东西南北之人也[3]，不可以弗识也[4]。"于是封之[5]，崇四尺。孔子先反，门人后，雨甚，至，孔子问焉曰："尔来何迟也？"曰："防墓崩[6]。"孔子不应。三。孔子泫然流涕曰："吾闻之：古不修墓。"

今注

1　合葬，陈澔云："孔子父墓在防，故奉母丧以合葬。"防，是地名。因为"孔子少孤，不知其墓"，现在才把父母合葬，所以说"既得"。

2　古，郑玄以为指殷代而言。墓是茔域——墓地，《方言》第十三卷："凡葬而无坟，谓之墓。"坟，是墓上堆高起来的积土。

3　东西南北之人，是居无常处的意思。

4　识，记的意思。

5　封，聚土。

6　防墓崩，郑玄以为是防地的坟墓坍塌，庾蔚之说是："防卫墓崩。"把"防"当动词用。

今译

孔子得到机会把父母亲合葬在防，说："我听说古代的墓地上是不加积土的，然而我是四处奔波的人，不能不做点记号。"因此，就加上了积土，有四尺高。孔子先回家，弟子们还在照料。下了阵大雨，弟子总算回来了，孔子问他们说："你们怎么回来得这么迟？"答道："防地的坟墓坍了！"孔子没作声。弟子以为孔子没听到，连说了三次。孔子伤心地流下眼泪来，说："我听说过，古人是不在墓上加积土的啊！"

孔子哭子路于中庭[1]。有人吊者，而夫子拜之。既哭，进使者而问故[2]。使者曰："醢之矣[3]。"遂命覆醢。

今注

1 子路在卫国做邑宰，卫国内乱，死难。事详《左传·哀公十五年》。哭于中庭，是表示和死者有亲密的关系，孔颖达云："若其不亲，当哭于寝门外，与朋友同。"

2 故，郑玄云："故，谓死之意状。"

3 醢，是肉酱，当动词用，则为"斩成肉酱"的意思。

今译

孔子在正室前庭哭子路。有人来慰问，孔子就以主人的身份答拜。哭过了，召见赴告的使者，问子路死的情形。使者说："被斩成肉酱！"孔子就叫人把所有的肉酱倒掉——不忍见之。

曾子曰："朋友之墓，有宿草而不哭焉[1]。"

今注

1 宿草，陈根也，经年之草。

今译

曾子说："朋友的墓上有了经年的草，就不该再哭了。"

子思曰：“丧三日而殡[1]，凡附于身者[2]，必诚必信，勿之有悔焉耳矣。三月而葬，凡附于棺者[3]，必诚必信，勿之有悔焉耳矣。丧三年以为极，亡则弗之忘矣[4]。故君子有终身之忧，而无一朝之患[5]。故忌日不乐[6]。”

今注

1　殡，是停枢之处，接着就要抬出埋葬，不能久停在家，像宾客一样，故曰殡。

2　附于身者，是指衣衾之类随尸体放入棺里的物件。

3　附于棺者，指陪葬的明器。

4　陆德明在“亡”字断句，读成“丧三年以为极亡”，王肃、陈澔、刘端临、王夫之、王引之、孙希旦都是以“极”字断句。亡，陈澔云：“既葬曰亡。”王引之《经义述闻》则以为“亡”是“忘”的借字，而谓：“若谓其服除而忘哀，则终身弗忘。”

5　君子有终身之忧，而无一朝之患：郑玄以为是孝子终身纪念其亲，但没有一天敢哀毁到有灭性的祸患；陈澔以为“一朝”是指殡、葬的那一天。无一朝之患，就是说殡葬那一天要必诚必信，所以没有不谨之患。陈澔的说法复杳，不及郑说来得顺当。

6　忌日，是父母去世的纪念日。不乐，王引之说是“不作乐”。

今译

子思说：“人死了三天而行殡礼，凡要随尸体入殓的物件，都得以真诚确实的态度来料理，不要让自己有所遗憾。三个月以后下葬，凡要随棺殉葬的明器，都得以真诚确实的态度来料理，不要让自己有所遗憾。丧事虽以三年为极限，但失去了亲人，就不能从记忆里抹去，所以君子一辈子都存着哀思，但没有一天敢让自己的身体蒙受伤害。所以每遇忌日皆不奏乐。”

孔子少孤，不知其墓。殡于五父之衢[1]。人之见之者，皆以为葬也[2]。其慎也[3]，盖殡也。问于郰曼父之母[4]，然后得合葬于防。

今注

1　五父，是衢名。《说文》云："四达谓之衢。"不过也可以用来泛称道路，《荀子·大略》："乱之衢也。"注："衢，道。"楚辞《九思·遭厄》："蹑天衢兮长驱。"注："衢，路也。"

2　因为殡礼都是在殡宫举行的。人们见枢车拖到街上，都以为是出葬。郑玄以为孔子在故乡故意做出不寻常的事情，引起人们的好奇，以便趁机向他们打听父墓的所在。

3　"慎"是"引"字的同音通假字，亦写作"纼"。纼，是拉灵车的绳子。

4　郰，地名；曼父，人名。

今译

孔子小时候，父亲就去世了，所以不知道墓地在哪里。后来，母丧，他就拉了枢车到五父之衢行殡礼。人们见到了，都以为是出葬。但看拉枢车的绳子，却好像行殡礼的装饰。问过郰曼父的母亲，知道父墓在防，始将其母与父合葬。

邻有丧，舂不相；里有殡，不巷歌。
注、译均见《曲礼上》。

丧冠不緌[1]。

今注

1　緌，古时的冠有两条带子，叫作缨，把缨结在下巴，所余的部分垂着叫緌。緌也算是一种装饰。

今译

戴丧冠勿使冠缨剩余的部分垂着。

有虞氏瓦棺，夏后氏塈周[1]，殷人棺椁[2]，周人墙置翣[3]。

今注

1 塈周，烧土为砖，围在棺的四周。

2 椁，外棺。

3 墙，围着灵柩的屏障。翣，样子像扇，上面画着黼黻云气一类的图画。

今译

虞代用陶器做棺，夏代又烧砖砌在瓦棺的四周，殷代始用木料做棺材和外棺，周人更在灵柩外面立道屏障作为墙，墙上装饰着翣。

周人以殷人之棺椁葬长殇，以夏后氏之塈周葬中殇下殇，以有虞氏之瓦棺葬无服之殇[1]。

今注

1 未成年而死叫殇，十九岁到十六岁为长殇，十五岁到十二岁为中殇，十一岁到八岁为下殇，不满八岁都是无服之殇。但是女子十五岁而笄，则成年而不为殇。

今译

周人用殷人的棺椁来葬十六岁到十九岁的殇子，用夏代"塈周"来葬八岁到十五岁的殇子，用虞代的瓦棺来葬不到八岁的死者。

夏后氏尚黑；大事敛用昏[1]，戎事乘骊[2]，牲用玄。殷人尚白；

大事敛用日中，戎事乘翰[3]，牲用白。周人尚赤；大事敛用日出，
戎事乘骝[4]，牲用骍[5]。

今注

1 大事，谓丧事。

2 乘，是驾的意思。骊，黑马。

3 翰，白马。

4 骝，郑玄说是"骊马白腹"。骝，《说文》云："赤马黑髦
尾也。"

5 骍，赤色的牲口。

今译

夏代崇尚黑色，办丧事、入殓都在黄昏，军事行动时驾着黑
马，祭祀的牺牲也用黑色的。殷代崇尚白色，办丧事、入殓都在
正午，军事行动时驾战车用白马，牺牲也用白色的。周代崇尚赤
色，办丧事、入殓都在太阳刚出来的时候，军事行动时驾战车用
赤马，牺牲也用赤色的。

穆公之母卒[1]，使人问于曾子曰[2]："如之何？"对曰："申也
闻诸申之父曰：哭泣之哀，齐斩之情[3]，饘粥之食[4]，自天子达[5]。
布幕，卫也；缫幕，鲁也[6]。"

今注

1 穆公，鲁君，名不衍，是哀公的曾孙。

2 曾子，名申，是曾参的儿子。

3 齐斩，齐（zī）衰和斩衰，是丧服之最重者。衰缉其末为
齐衰，母丧服之；衰不缉为斩衰，父丧服之。

4 饘粥，饘，糜也，粥之厚者；粥，糜之稀者。二者虽有浓
和稀之别，都是今所谓"稀饭"。

5　谢叠山云："只达字包'至庶人'三字在其中。"

6　布，古代没有棉，所谓布，只有麻布和葛布而已。缘就是绡，素色的帛。幕，郑玄说是"所以覆棺上也"。孙希旦认为凡殡，四周有帷，而幕则张在上面。卫国以布为幕，鲁国以帛为幕，郑玄、崔灵恩、孔颖达、陈澔都以为鲁国僭用天子礼。杨慎和孙希旦却以为兼言鲁、卫，不过是穆公在这种微文小节方面，可以自己参酌用之而已。前说似过于牵强，后说为长。

今译

鲁穆公的母亲去世了，就派人去问曾子，说："该怎样办丧事？"答道："我听我父亲说：以哭泣来宣泄心里的悲哀，穿着齐衰、斩衰来纪念父母的恩情，只喝点稀饭过日子。这些原则，从天子到庶人都是相同的。至于用麻布做幕，那是卫国的习俗；用绸布做幕，是鲁国的习俗，这种小节倒不必尽同了。"

晋献公将杀其世子申生[1]，公子重耳谓之曰[2]："子盖言子之志于公乎[3]？"世子曰："不可，君安骊姬，是我伤公之心也。"曰："然则盖行乎？"世子曰："不可，君谓我欲弑君也，天下岂有无父之国哉！吾何行如之？"使人辞于狐突曰[4]："申生有罪，不念伯氏之言也[5]，以至于死，申生不敢爱其死，虽然，吾君老矣，子少，国家多难，伯氏不出而图吾君[6]，伯氏苟出而图吾君，申生受赐而死。"再拜稽首[7]，乃卒。是以为恭世子也[8]。

今注

1　晋献公的宠妾骊姬，想使亲生儿子奚齐继承君位，先诬陷太子申生，说他要阴谋弑父，所以献公要杀申生。事详《左传·僖公四年》和《国语·晋语》。

2　公子重耳，申生的异母弟，即后来的晋文公。

3　盖，郑玄以为应当作"盍"，何不的意思。

4　辞，告诉。狐突，申生的老师，老早以前就看出情势对申生不利，而劝他逃亡。事详《左传·闵公二年》。

5　伯氏，古代往往以排行称人。

6　图，谋的意思。图吾君，就是帮国君策划。

7　稽首，叩头，但头和地接触的时间要长一点，是拜中至敬之礼。

8　恭，是申生的谥号，是敬顺事上的意思。

今译

晋献公要杀他的世子申生，公子重耳告诉申生说："您怎么不把心中的委屈向父亲表白呢？"世子说："不行！他老人家要有骊姬才舒服，我如果揭发她的阴谋，那就太使他伤心了。""那么为什么不逃亡呢？"世子说："不行，父亲说我要谋害他，天下难道还有无父的国家，能够接受我这背着弑父罪名的人，我能逃到哪里呢？"于是申生派人去告诉狐突说："申生背了罪名，因为没听从您的话，才落到死亡的地步，申生不敢贪生怕死，然而，国君年老了，继承人的年纪又小，国家有许多灾难，您又不肯出来为国家谋划。您如果肯出来为君谋划，申生就甘愿受死了。"再拜叩头，就自杀了。由于他敬顺事上，所以谥为"恭世子"。

鲁人有朝祥而莫歌者[1]，子路笑之。夫子曰："由，尔责于人，终无已夫？三年之丧，亦已久矣夫。"子路出，夫子曰："又多乎哉[2]，逾月则其善也。"

今注

1　祥，除丧之祭。丧十三月，孝子除首服，换练冠，叫小祥。丧二十五月之祭叫大祥。莫，即今之"暮"字。

2 又多乎哉：孔颖达、陈澔都以为是用不着过多久的意思；王夫之以为是说子路的责难也不算过分，把"多"作"甚"字解。

今译

鲁国有人在早上行祥祭除丧服，晚上就唱起歌来，子路拿他当笑话。孔子说："由，你责备别人，总没个完吗？三年之丧，也已经好久了。"子路出去以后，孔子又说："那个人也不用着再等多久，能过一个月再唱歌，那就很好了。"

鲁庄公及宋人战于乘丘[1]。县贲父御，卜国为右[2]。马惊，败绩，公队[3]。佐车授绥[4]。公曰："末之卜也[5]。"县贲父曰："他日不败绩，而今败绩，是无勇也。"遂死之[6]。圉人浴马[7]，有流矢在白肉[8]。公曰："非其罪也。"遂诔之[9]。士之有诔，自此始也。

今注

1 乘丘，鲁地。乘丘之战在庄公十年夏六月，鲁国取得最后胜利。

2 县、卜，都是氏。右，是车右，春秋时代，在统帅车上右边负责保护的战士叫车右。

3 败绩，《左传·庄公十一年》："大崩曰败绩。"但这里郑玄注为"惊奔失列"。队，即今之"坠"字。

4 佐车，就是副车。绥，是用来拉手上车的绳索。

5 末之卜也，郑玄注云："末之，犹微哉，言卜国无勇。"后人多从之，但王夫之、孙希旦说是未尝卜的意思，二人的说法颇可取。因为马惊败绩是御者的责任，与司战的车右无关，虽然陈澔说是"责其轻者，以见其重"，但很勉强。再者，如果是责备卜国，则当称其名，说"末之国也"，而不当称其氏。

6 遂死之，郑玄以下，都以为死者二人，王夫之、孙希旦则谓死者只有县贲父一人而已，然而他们都认为是赴敌而死。

7　围人，养马的人。

8　白肉，马股内侧的肉，箭插在那里，不易看见。

9　诔，累列死者的德行来称赞他的文字。春秋时，只有贵者可以诔贱者。

今译

鲁庄公和宋国人在乘丘作战。由县贲父驾车指挥，卜国做车右，负责保卫。拉车的马忽然受惊乱窜，乱了行列，而且把庄公摔到地上。亏得副车抛下绳索，把他拉上去。庄公说："许是未先卜问驾车的人选，才会如此。"县贲父说："平常驾车都没有乱了行列，偏偏今天在战场上如此，这显得我怕死没勇气。"于是殉职而死。后来马夫在洗马的时候，发现原来在马腿内侧插着飞箭。庄公说："这次意外不是县贲父的罪过！"就为他作诔。士阶级能有诔，就是从这次开始的。

曾子寝疾，病[1]。乐正子春坐于床下，曾元、曾申坐于足[2]，童子隅坐而执烛。童子曰："华而睆[3]，大夫之箦与[4]？"子春曰："止！"曾子闻之，瞿然曰[5]："呼[6]！"曰："华而睆，大夫之箦与？"曾子曰："然，斯季孙之赐也[7]，我未之能易也，元，起易箦。"曾元曰："夫子之病革矣[8]，不可以变，幸而至旦，请敬易之。"曾子曰："尔之爱我也不如彼；君子之爱人也以德，细人之爱人也以姑息[9]。吾何求哉？吾得正而毙焉斯已矣。"举扶而易之。反席未安而没。

今注

1　寝疾，犹言卧病。病，是疾之加甚。

2　乐正子春，曾参的弟子。曾元、曾申都是曾参的儿子。

3　华，是华丽。晥，是光亮。

4　簀，是簟席。与，语气词，同"欤"。

5　瞿然，是形容惊起之状。

6　呼，叹而嘘气的声音。王夫之说是"欲问而不能之声"。

7　季孙，鲁大夫。

8　革，急的意思。

9　姑息，是苟且以取安。

今译

曾子病倒了，病得很沉重。乐正子春坐在床下，曾元、曾申坐在脚旁，一个小孩子坐在角落里，端着烛。小孩子说："好漂亮好光滑，那是大夫用的席子吧？"子春说："不要作声！"曾子听到了，忽然惊醒过来，呼了口气。孩子又说："好漂亮好光滑，那是大夫用的席子吧？"曾子说："是的，那是季孙送的，我没力气来换掉它。元呀，起来把席子换掉。"曾元说："您老人家的病已经很危急了，不可以移动，希望能到天亮，再来换掉。"曾子说："你爱我的心还不及那小孩子；一个有才有德的君子，他爱别人就要成全别人的美德，小人爱人才是苟且取安。我现在还有什么需求呢？我只盼望死得规规矩矩罢了。"于是，他们抬起曾子，更换席子，再放回席子上，还来不及放得平稳，曾子就断气了。

始死，充充如有穷[1]；既殡，瞿瞿如有求而弗得[2]；既葬，皇皇如有望而弗至[3]。练而慨然[4]，祥而廓然[5]。

今注

1　充充，是气闷填塞之意。穷，是尽的意思。

2　瞿瞿，是眼珠子转动不定的样子。

3　皇皇，彷徨无依的样子。

4　练，是白色的丝织品，丧十三月而服练，故小祥之祭曰练。慨，慨叹时间之疾速。

5　祥，谓大祥，丧二十五月的祭礼，然后除服。廓然，空虚的样子。

今译

亲人刚死的时候，孝子被悲痛所填塞，好像一切都绝望了；殡以后，眼神不定，好像在寻找而找不着的样子；埋葬以后，彷徨无依，好像在盼望亲人而又等不到的样子。周年以后，就感慨着时间过得太快；服满之后，还觉得空虚寂寞。

邾娄复之以矢，盖自战于升陉始也[1]。鲁妇人之髽而吊也，自败于台鲐始也[2]。

今注

1　邾娄，古国名，或作邾，就是邹，曹姓，子爵。复，是招魂。招魂通常是用衣服的，但也有变例，《杂记》："诸侯行而死……如于道，则升其乘车之左毂，以其绥复。"但邾娄以矢招魂，却是从升陉战后开始的。当时改用矢来招魂，可能是战死的人太多，衣服不够用，也可能是在表现尚武的精神。升陉，鲁地。升陉之战在鲁僖公二十二年。

2　髽，郑玄说："去纚而纷曰髽。"纚是裹头发的巾，纷就是髻。鲁国妇人平常都用纚裹发髻，有丧服才去纚把髻披散。台鲐战败以后，几乎家家都有人战死，妇女们都去掉发巾，穿上丧服，又穿着丧服去别家吊丧。以后成了惯例，就是自家没有丧事，去别家吊丧时，也都除掉发巾。台鲐，郑玄说"台"是"壶"字之误。壶鲐之战在鲁襄公四年，按："壶鲐"《左传》作"狐鲐"。

郕娄人用箭来招魂，是从升陉战败以后开始的。鲁国妇人露着髻去吊丧的习惯，是从壶鲐战败以后开始的。

南宫绦之妻之姑之丧[1]，夫子诲之髽曰："尔毋从从尔，尔毋扈扈尔[2]，盖榛以为笄[3]，长尺，而总八寸[4]。"

今注

1　南宫绦，就是南容，《论语·先进》："南容三复白圭，孔子以其兄之子妻之。"所以南容之妻，就是孔子的侄女。姑，是婆婆，南容的母亲。

2　从从，崇高。扈扈，广大。尔，句头的"尔"字当你讲，句尾的"尔"字是语气词。

3　榛是榛木，笄是用以安发的簪。

4　总，束发之组。《内则》："笄总。"孔颖达疏云："总者，裂练缯为之，束发之本，垂余于髻后。"总八寸，陈澔云："束发谓之总，以布为之，既束其本末而总之，余者垂于髻后，其长八寸也。"

今译

南宫绦的妻子死了婆婆，孔子教她做露髻的方法说："你不要做得高高的，不要弄得大大的，用榛木做一尺长的簪子，而束在发根的带子，只能垂下八寸。"

孟献子禫[1]，县而不乐[2]，比御而不入[3]。夫子曰："献子加于人一等矣！"

今注

1　孟献子，鲁大夫仲孙蔑。禫，除服祭名。《仪礼·士虞礼》：期而小祥，又期而大祥，中月而禫。郑注："中犹间也，禫，祭名也，与大祥间一月，自丧至此，凡二十七月，禫之言澹，澹然平安意也。"王肃则以为二十五月大祥，禫和大祥同月。

2　县，即悬字。乐，作乐。

3　比，陈澔说是及，王夫之说是次。御，是"侍夜劝息"的意思。入，是入家门，丧主在丧服期间，都住在门外倚庐或垩室里。

今译

孟献子到了禫祭而除服，只将乐器挂起而不奏乐，到了可以让妻妾陪伴的时候还不肯进入门内。夫子说："献子比一般人要强一些啊！"

孔子既祥，五日弹琴而不成声，十日而成笙歌[1]。

今注

1　不成声，孔颖达以为是指声调和谐，但吴澄以为成是乐曲一终，声是曲词之声，不成声是不终曲的意思。先琴后笙是因为琴声自外成，笙歌自内出。

今译

孔子在祥祭以后五天开始弹琴，但不成声调，十天以后吹笙，就把曲子吹得很和谐了。

有子盖既祥而丝屦组缨[1]。

今注

1　有子，孔子的弟子有若，盖是疑辞。丝屦，按《仪礼·士冠礼》说：冬皮屦，夏用葛。没有丝做的鞋子，丝屦是说鞋子的前头以丝为装饰的那一种。组，是织丝为文，缨是冠带。丝屦、组缨是吉服，禫以后还不宜即刻穿戴，祥祭更早，尤不应当穿戴。既祥，只能"白屦无绚，缟冠素纰"。绚是鞋头的装饰，缟冠是生绢做的素冠，纰是冠缘边之饰。

今译

有子似乎在大祥完毕就穿起有丝饰的鞋子，戴起以丝组为缨的帽子。

死而不吊者三：畏、厌、溺[1]。

今注

1　注疏以为畏是含冤不白而死的意思。厌，就是压死。溺，是淹死。这三种情形都是轻身忘孝，所以不致吊。厌、溺历来并无异议。畏的说法则有多种，而以陈澔、孙希旦认为是受胁迫而畏惧自尽的说法较妥。至于"不吊"，慈湖杨氏（见《檀弓丛训》）、应氏（见陈澔《集说》）、朱睦㮮（见《五经稽疑》）则以为是不忍为吊。然而先儒多以为"不足恤"故不吊。

今译

下列三种死的方式，不必去致吊：因畏惧而自杀的，不小心被压死的，去游泳给淹死的。

子路有姊之丧，可以除之矣，而弗除也，孔子曰："何弗除也？"子路曰："吾寡兄弟而弗忍也[1]。"孔子曰："先王制礼，行道之人皆弗忍也[2]。"子路闻之，遂除之。

今注

1　王夫之谓："姊妹适人者，服大功。子路以寡兄弟，故欲以昆弟之服服之期。"

2　行道之人，郑玄说是行仁义的人，王夫之以为是"凡人"。

子路服姐姐的丧服，到了服满可以除服还不愿意除掉。孔子问说："为何还不除服呢？"子路说："我的兄弟很少，所以还不忍心除掉啊。"孔子说："但这是先王制定的礼节，对于正人君子来说，就是教他要适当控制感情。"子路听了，就将丧服除掉。

大公封于营丘[1]，比及五世，皆反葬于周。君子曰："乐乐其所自生[2]，礼不忘其本。古之人有言曰：狐死正丘首[3]。仁也。"

今注

1 大公，太公望吕尚，周之大师。营丘，地名，即临淄。

2 乐乐，音 yuè lè。

3 正是当，丘是狐穴所在，首是首向之。

今译

太公封在营丘，可是直到五世的子孙，都送到周地埋葬。君子说："音乐，还是故国的声音最好听；礼的精神，也在不忘根本。古人有句俗话说：狐狸死了，它的头一定正好对准狐穴所在的方向。这也是不忘根本的表现。"

伯鱼之母死[1]，期而犹哭[2]。夫子闻之曰："谁与哭者[3]？"门人曰："鲤也。"夫子曰："嘻！其甚也。"伯鱼闻之，遂除之。

今注

1 孔子的儿子，名鲤，字伯鱼。他的母亲是孔子的出妻。

2 期，父在为母齐衰期，十三月祥，十五月禫，然后除服，为出母盖不备，王夫之说是"虽期而不禫，十二月斯除矣"。

3 与，音义同"欤"。

今译

伯鱼的母亲死了，满了周年，他还在哭。孔子听到了问："谁在哭呀？"他的弟子说："是鲤在哭。"孔子嘻了一声说："那太过分了。"伯鱼听到以后，就除掉丧服不再哭了。

舜葬于苍梧之野[1]，盖三妃未之从也[2]。季武子曰："周公盖祔[3]。"

今注

1　《檀弓上》及《史记·五帝本纪》，记载舜死于苍梧，《孟子》则记其死在鸣条。据秦瀛《小岘山人诗文集》，鸣条在安邑西北，并没有舜陵；苍梧在宁远，唐元结刺道州，称舜陵在零陵九嶷山中。对这二说，郑玄、孔颖达认为舜是葬在苍梧之外，先儒有的是存疑不决，至于朱睦㮮、杨慎、杭世骏、王夫之则对舜死于苍梧深表怀疑，《史通·疑古》、崔述《唐虞考信录》更力辩舜不葬于苍梧。

2　三妃：孔疏据《帝王世纪》说三妃是娥皇、女英、癸比。娥皇无子，女英生商均，癸比生二女霄明和烛光。但杭世骏《礼经质疑》云："金仁山曰：今本作三妃者，误也。而郑注云：舜不告而娶，不立正妃，但二妃而已。郑，东汉人，其所见本是二妃，由来旧矣。癸比之说见于皇甫谧《帝王世纪》，霄明、烛光，其名似后代人所附会，以之释经，恐近穿凿。"梁玉绳《檀弓剩义》历考《汉书·刘向传》、《后汉书》的《张衡传》和《赵咨传》，以及《三国志·文帝纪》中关于终制的记载，皆作二妃，又考多种古书注解引《礼记》，也作二妃，而认为"三妃"是别本之讹。

3　祔，合葬。

今译

舜葬在苍梧之野，大概他的三位夫人没有合葬在一处。季武子说："大概从周公起始才有夫妇合葬之事。"

曾子之丧，浴于爨室[1]。

今注

1 浴，王夫之说是"煮浴汤"。爨室，就是厨房。古代人死于正寝，浴于正寝，而在西墙下东向筑个灶，叫垄，用以烧沐浴用的热水，不该在厨房烧水。

今译

曾子的丧事，浴尸水是在厨房烧的。

大功废业[1]。或曰："大功，诵可也。"

今注

1 大功，是为堂兄弟的丧服。业，指学业，弦诵歌舞一类都包含其中。废业，以免干扰哀思。

今译

服了大功的丧服，就得中辍其学业，以免干扰哀思。可是也有人说："服大功的丧服，还可以诵读，但不能奏乐。"

子张病[1]，召申祥而语之曰[2]："君子曰终，小人曰死[3]；吾今日其庶几乎？"

今注

1 病，是病笃。平常生病，古人只说"疾"。

2 申祥，子张的弟子，姓申名祥。

3 终，是完成，指完成了一生的事业；死，是消灭，一无所余。

今译

子张病笃，召申祥来对他说："致力于进修才德的君子去世曰'终'，普通人曰'死'。我现在差不多可以说是'终'了吧。"

曾子曰："始死之奠¹，其余阁也与²？"

今注

1　奠，丧祭叫奠。奠是停放的意思，因为人刚死到下葬以前的丧祭，尚未有正式的"主"或"尸"来接受祭品，祭品都是停放在地上，所以叫作"奠"。

2　阁，是庋架。余阁，是病中放在庋架上用剩的食品，如脯醢、醴酒之属。由于孝子不忍死者饥馁，而仓促间又来不及别具新馔，所以用余阁。

今译

曾子说："刚死时所设的奠，用的是庋架上所剩的现成食品吧？"

曾子曰："小功不为位也者¹，是委巷之礼也²。子思之哭嫂也为位³，妇人倡踊⁴；申祥之哭言思也亦然⁵。"

今注

1　小功，丧服名，五服之一，以熟布为之，比大功细，比缌麻粗，期为五月。为位，是序列亲疏之位而哭。

2　委巷，细民所居。

3　子思，郑玄无注；皇侃说是孔子的弟子原宪，字子思；孔颖达不以为然，认为子思是孔子的孙子孔伋。俞樾《群经平议》认为应该是原宪，其理由有二：一、孔伋并无兄长，则不应有嫂；二、曾子和原宪平辈故称其字，孔伋是晚辈，向来只称其名。

4　倡，先。踊，跳跃顿足。在丧礼中，跳跃是用以抒泄郁闷于胸中的悲哀。

5　言思，郑玄引旧说，说是子游的儿子，是申祥妻之兄弟。申祥，见前注。

今译

曾子说："小功之服，不序列亲疏之位号哭，是陋巷里庶人所行的。子思哭他的嫂子就讲究亲疏的序列而且由妇人领头跳跃的。申祥哭言思的时候，也是如此。"

古者，冠缩缝，今也，衡缝[1]；故丧冠之反吉[2]，非古也。

今注

1　缩，直。衡，横。

2　后世以古代直缝之冠质朴，因而作为丧冠，异于吉冠之横缝。

今译

古代的冠是直缝的，现在却是横缝。所以把丧冠改成直缝，和吉冠相反，那不是古来就如此的，因为直缝的，本来就是古代的吉冠。

曾子谓子思曰："伋！吾执亲之丧也[1]，水浆不入于口者七日[2]。"子思曰："先王之制礼也，过之者俯而就之，不至焉者，跂而及之[3]。故君子之执亲之丧也，水浆不入于口者三日，杖而后能起。"

今注

1　执，守。

2　浆，饭汤。

3　跂，举踵。

今译

曾子告诉子思说："伋，我守父亲之丧，七天里，没喝一点水或米汤。"子思说："先王制定礼节的用意，是要使过分的有所节制以合于礼；做不到的人，勉力来达到标准。所以行为合乎标准的人在守丧的时候，三天之内不喝水或米汤，这样还得扶着丧杖才站得起来。"

曾子曰："小功不税[1]，则是远兄弟终无服也，而可乎？"

今注

1 税，丧期已过才闻丧而追服曰"税"。

今译

曾子说："小功之服，在丧期已过才闻丧，就不用追服。那么，远道的从祖兄弟就没有丧服了，这样子可以吗？"

伯高之丧[1]，孔氏之使者未至，冉子摄束帛乘马而将之[2]。孔子曰："异哉，徒使我不诚于伯高[3]。"

今注

1 伯高，姓名不详，卒于卫。

2 冉子，孔子弟子冉有，名求。摄，是代。束帛，十卷之帛，每卷长二丈。乘马，四马。将，王夫之说是将命，就是奉命。

3 不诚，由于这不是孔子的原意，所以说是不诚。王引之《经义述闻》引用王念孙的话说"不诚"应当作"不诚礼"。

今译

伯高家里办丧事，孔家致吊的使者还没到，冉子代为预备了一束帛、四四马，装作奉了孔子之命去吊丧。孔子说："不对啊！这徒然使我失去了对伯高的诚意。"

伯高死于卫，赴于孔子[1]，孔子曰："吾恶乎哭诸[2]？兄弟，吾哭诸庙；父之友，吾哭诸庙门之外；师，吾哭诸寝；朋友，吾哭诸寝门之外；所知，吾哭诸野[3]。于野，则已疏；于寝，则已重。夫由赐也见我，吾哭诸赐氏[4]。"遂命子贡为之主，曰："为尔哭也来者，拜之；知伯高而来者[5]，勿拜也。"

今注

1 赴，告死曰赴，与讣同。

2 恶，音乌。哭必有位，由于孔子和死者的关系难以确定，所以哭的场所也难以选择。

3 以上各种哭的场所，都是在远处闻讣而哭的地方。

4 赐，孔子弟子子贡，姓端木，名赐。氏，是家。

5 知，俞樾说："知犹为也。"

今译

伯高死在卫国，告丧于孔子。孔子说："我怎样去哭他呢？兄弟，我在祖庙里哭他；父亲的朋友，我在庙门外面哭他；老师，我在正寝哭他；朋友，我在正寝门外哭他；只是互通姓名的泛泛之交，我在郊野哭他。至于我和伯高的这种交情，在野外哭他，则嫌过于疏远，在寝室却又嫌太重。他本是由子贡介绍和我见面的，我还是到子贡家里去哭他吧。"于是，叫子贡做主人，并且对他说："吊丧的人，如果是为了你的关系而来哭的，你就拜谢；为了和伯高有交情而来的，就用不着你来拜谢了。"

曾子曰："丧有疾，食肉饮酒，必有草木之滋焉[1]。以为姜桂之谓也[2]。"

今注

1 滋，就是味。

2　"以为姜桂之谓也"一句，历来都以为是记录者之言，而非曾子的话。但王夫之以为前面几句是曾子引用的礼文，最后这一句才是曾子解释的话。用姜桂调味，郑玄说是由于病人食欲不振，所以加上香料；王夫之则以为姜桂对病体有点好处，具备药物的功能，掺在肉里给病人当药吃。

今译

曾子说："居丧而生病，可以吃肉喝酒，但一定要加上草木的味道，那就是调以姜桂等香料。"

子夏丧其子而丧其明。曾子吊之曰："吾闻之也：朋友丧明则哭之。"曾子哭，子夏亦哭，曰："天乎！予之无罪也。"曾子怒曰："商，女何无罪也？吾与汝事夫子于洙泗之间¹，退而老于西河之上²，使西河之民，疑女于夫子³，尔罪一也；丧尔亲，使民未有闻焉⁴，尔罪二也；丧尔子，丧尔明，尔罪三也。而曰女何无罪与⁵！"子夏投其杖而拜曰："吾过矣！吾过矣！吾离群而索居⁶，亦已久矣⁷。"

今注

1　洙泗，鲁二水名，洙水在鲁城南，入泗水。

2　西河，在山西平阳。

3　疑，《檀弓丛训》引吴氏曰："疑当读如拟。"吴樾也说疑是拟的假借字。

4　居丧无异称，故民无闻。

5　王夫之说何字是衍文。

6　索，散的意思。离散居，则无朋友劝善规过，砥砺学行。

7　以上一章，方希古以为曾子谨愿，子夏是曾子的父执，曾子不致直呼子夏之名而数其罪，颇疑其非曾子之事。

今译

子夏因为死了儿子而哭瞎了眼睛。曾子去慰问他，说："我听说过，朋友丧失了视力，就该去安慰他，替他难过。"说完就哭了。子夏也哭起来，说："天哪！我是没有一点罪过的啊！"曾子生气地说："商，你怎么没有罪过呢？我和你在洙水和泗水之间侍奉夫子，上了年纪以后，你回到西河之上，使西河的人民把你当作夫子，这是你的第一桩罪过；你早先居亲长之丧，并没有树立什么榜样给百姓知道，这是你的第二桩罪过；死了儿子，就哭瞎了眼睛，这是你的第三桩罪过。还要说你没有罪过吗？"子夏抛开手杖下拜说："我错了！我错了！我离开朋友，独自居住的时间也太久了。"

夫昼居于内，问其疾可也[1]；夜居于外，吊之可也[2]。是故君子非有大故，不宿于外；非致齐也[3]，非疾也，不昼夜居于内。

今注

1　大白天闷在屋里的人，就像生了病的人，所以可以去探他的病。

2　居丧之人夜里才睡在中门外的倚庐（斩衰）或垩室（齐衰）里，所以才可以去吊他。

3　齐有散齐、致齐，大夫士无散齐。齐音 zhāi（与斋同），致齐是祭前求身心洁净的三天严肃生活，在这三天中排除一切杂念，唯先人是念。

今译

大白天还闷在屋里，亲朋就可以去探他的病；夜晚睡在门外，亲朋就可以去吊丧。所以行为合乎标准的君子除非遭到大变故，是不住宿于门外的；除非是祭前的斋戒，或者生病，也不会日夜一直闷在屋中。

高子皋之执亲之丧也[1]，泣血三年[2]，未尝见齿[3]，君子以为难。

今注

1 高子皋，孔子的弟子，姓高名柴，字子皋，《论语》作子羔。

2 泣血，无声而泣，泪水像流血一样无声无息地流出来。

3 笑则见齿，未尝见齿，是没有笑过。

今译

高子皋在守父亲丧时，落泪了三年，从没有笑过。君子认为这真难以做到。

衰[1]，与其不当物也[2]，宁无衰。齐衰不以边坐[3]，大功不以服勤[4]。

今注

1 衰，包括五服。

2 当，相配合的意思。不当物，王夫之说物就是衰；表情不哀戚，举止不合礼，就和丧服不相配合。

3 边坐，偏倚而坐，坐不中席。

4 勤，服务。

今译

披麻戴孝，如果行为举止和身上的丧服不相称，那就无须披麻戴孝。齐衰在身，就不可偏倚而坐；服大功，就不可穿丧服出来办事。

孔子之卫[1]，遇旧馆人之丧[2]，入而哭之哀。出，使子贡说骖而赙之[3]。子贡曰："于门人之丧，未有所说骖，说骖于旧馆，无乃已重乎？"夫子曰："予乡者入而哭之，遇于一哀而出涕[4]。予恶夫涕之无从也[5]。小子行之。"

今注

1 之，王夫之说是"过"的意思。

2 旧馆人，旧说以为是孔子以前到卫国去的馆舍主人。王夫之以为是以前的舍人，亦即"门客"。

3 说，音脱，解的意思。骖，古代马车有四马，边上的马叫骖。赙，赠丧曰赙。

4 遇于一哀，王夫之谓"适与心之哀者遇也"。

5 无从，无以为继的意思。

今译

孔子路过卫国，遇上以前的门客的丧事，进去吊丧，而哭得很伤心。走到外面，叫子贡解下边上拖车的一匹马去赠送给丧家。子贡说："对于门人的丧事，就从来没有如此，现在倒要解下马匹给以前的门客，这不是太过分了吗？"孔子说："我刚才进去哀悼他，正好触动了心里的悲哀而流下泪来。我不愿意光流泪而没有别的表示，你还是照着我的话去做吧！"

孔子在卫，有送葬者，而夫子观之，曰："善哉为丧乎！足以为法矣，小子识之[1]。"子贡曰："夫子何善尔也？"曰："其往也如慕[2]，其反也如疑[3]。"子贡曰："岂若速反而虞乎[4]？"子曰："小子识之，我未之能行也。"

今注

1 识，记。

2 慕，像小儿追随父母而啼呼。

3 疑，迟疑。不知神灵是否跟来，所以迟疑不进。

4 虞，下葬后，在殡宫举行的安灵祭。

今译

孔子在卫国的时候，有人送葬，孔子在一旁观看，说："这丧事办得真好，可以做榜样了。你们好好记着。"子贡说："夫子为什么称赞那丧事办得好呢？"回答道："那孝子在送柩时，就像小儿追随父母一样地哭叫着；下葬后回来，又像在担心神灵是否跟他回家而迟疑不前。"子贡说："这还不如赶紧回家准备安神的虞祭吧？"孔子说："你们好好记着这好榜样，连我都还做不到呢！"

颜渊之丧，馈祥肉[1]，孔子出受之，入，弹琴而后食之。

今注

1 祥，大祥之祭。

今译

颜渊去世的那次丧事，丧家送来大祥的祭肉，孔子到门外接受，进到屋里，弹过了琴，然后才吃。

孔子与门人立，拱而尚右[1]，二三子亦皆尚右。孔子曰："二三子之嗜学也，我则有姊之丧故也。"二三子皆尚左。

今注

1 拱，两手重叠，右手在外掩左手，叫尚右，是凶礼；左手在外掩右手叫尚左，是吉礼。妇人反之。

今译

孔子和门人一起站着，他拱手的姿势是将右手掩着左手，弟子们也都将右手放在外面。孔子说："你们真是太喜欢学我了，我是因为有姐姐之丧才这样子。"于是弟子们都改过来，把左手放在外面。

孔子蚤作[1]，负手曳杖，消摇于门[2]，歌曰："泰山其颓乎[3]，梁木其坏乎[4]，哲人其萎乎[5]"，既歌而入，当户而坐。子贡闻之曰："泰山其颓，则吾将安仰？梁木其坏、哲人其萎，则吾将安放？夫子殆将病也。"遂趋而入。夫子曰："赐！尔来何迟也？夏后氏殡于东阶之上，则犹在阼也；殷人殡于两楹之间，则与宾主夹之也；周人殡于西阶之上，则犹宾之也[6]。而丘也殷人也。予畴昔之夜，梦坐奠于两楹之间[7]。夫明王不兴，而天下其孰能宗予，予殆将死也[8]。"盖寝疾七日而没。

今注

1　蚤，"早"之古写。作，起的意思。

2　消摇，或作逍遥。郑玄说是"欲人之怪己"。孔颖达引申说孔子故意做出异常态度以引起别人的注意。但这不如王夫之说的"和适之貌"。

3　泰山为众山所仰。

4　梁木是众木所放。

5　哲人其萎，王引之以为两处"哲人其萎"都是后人据《孔子家语》增入的。

6　殡，大敛后停柩待葬叫殡。两楹之间，则介于宾主之间，堂上之位以此最尊。

7　奠，安定。坐奠，孙希旦说是安坐。

8　宗，尊的意思。古代除了人君坐在两楹之间，就只有殷人停柩在两楹之间了。孔子既知不可能被尊为君，而他又是殷人的后裔，那就只有死了停枢，才会在两楹之间。

今译

孔子一早起来，背着手，拖着手杖，闲暇自适地在门口散步，唱歌："泰山要坍了吧？栋梁要坏了吧？哲人要凋落了吧？"唱完歌，进入屋里，对着门坐下。子贡听到歌声，说："泰山坍崩了，那么我们要仰望什么呢？梁木坏了，哲人凋零了，那么我们要仿效什么呢？夫子要生病了吧！"就快步进去。夫子说："赐，你为何来得这么迟？夏代停枢在东阶之上，那还是在主位上；殷人停枢在东西两楹之间，那是处在宾主之间；周人殡在西阶之上，那就把灵枢当作宾客了。而我是殷人。我前夜梦到自己坐定在两楹之间。既没有圣明的王者兴起，有谁尊崇我而请我坐在两楹之间的尊位呢？这样看来，我是快要死了，将停枢在两楹间吧。"说后，大约是病了七天，就去世了。

孔子之丧，门人疑所服。子贡曰："昔者夫子之丧颜渊，若丧子而无服；丧子路亦然。请丧夫子，若丧父而无服。"

今译

孔子去世的那次丧事，门人都不明白该服哪一等的丧服。子贡说："以前夫子处理颜渊的丧事，他的态度就像死了儿子一般，然而没有穿戴丧服；处理子路的丧事也是这样。现在请大家对夫子的丧事，就像对父亲的丧事一样悲哀哭踊，但不必穿戴丧服。"

孔子之丧，公西赤为志焉[1]：饰棺、墙置翣设披[2]，周也；设崇[3]，殷也；绸练设旐[4]，夏也。

今注

1 公西赤，孔子的弟子，字子华。志，郑玄说是章识；俞樾说是职，职是主办的意思。

2　历来均在"墙"字断句，但王夫之主张在"棺"字断句。墙，柩车的帷幌；帷是边帐，幌是上盖，帷幌也叫作"鳖甲"。翣，以木为筐，广三尺，高二尺四寸，衣以白布，画云气，柄长五尺，形状就像扇子，用来障饰灵柩，天子用八面，诸侯六、大夫四、士二。披，郑玄："柩行，夹引棺者。"就是用两条缥布拴着棺，再结于柩车，留下多余的部分，让送葬的人在旁牵着，以防倾侧。

3　崇，郑玄说："崇牙旌旗饰也。"王夫之说崇是崇牙，就是旌旂上端用以张旌旂的横木，刻成龃龉高出的笱。

4　绸练设旐，绸是缠的意思，用素练缠杠——杠就是竿；旐，郑玄说："旌之旒，缁布广充幅，长寻曰旐。"

今译

孔子的丧事，是公西赤主办的。他装饰棺木的方式，在帷外设置了翣和披风，是周人的方式；设置牙旌旗饰，是殷人的方式；用素练缠旗杆，设置了旒长八尺的旐，是夏人的方式。

子张之丧，公明仪为志焉[1]。褚幕丹质，蚁结于四隅[2]，殷士也。

今注

1　公明仪，可能是子张的弟子。志，见前。

2　褚幕，屋状的覆棺布幕。丹质，丹质的布。蚁结于四隅，在褚的四周画上像蚁行往来相交错的纹路。

今译

子张的丧事是公明仪主办的。用红布做成屋状的覆棺帐幕，在四个角上画着像蚁行往来相交错的纹路，这是殷代的士礼。

子夏问于孔子曰："居父母之仇如之何[1]？"夫子曰："寝苫枕干不仕[2]，弗与共天下也；遇诸市朝，不反兵而斗[3]。"曰："请问居昆弟之仇如之何？"曰："仕弗与共国；衔君命而使，虽遇之不斗。"曰："请问居从父昆弟之仇如之何？"曰："不为魁，主人能，则执兵而陪其后[4]。"

今注

1　居，处的意思。

2　苫，是草。干，是盾。

3　不反兵而斗，就是随身携带武器，时刻准备手刃仇敌。

4　本章所记，和《曲礼》有所不同。

今译

子夏问孔子说："对于杀害父母的仇人，要采取怎样的态度？"夫子说："睡在草垫上，枕着盾牌，不做官，时刻以报仇为念，决心不和仇人并存在世上，无论何处，见即杀之，在市上或公门遇到了，立即取出随身佩带的武器和他决斗。"问："请问对杀兄弟的仇人该采取什么态度？"答："不和仇人在同一国做事，如果负有君命出使而遇上的话，也不可以和他决斗。"问："请问对杀堂兄弟的仇人该怎样呢？"答："不必自己带头去报仇，如果死者的子弟能带头去报仇，自己就握着武器，跟在后面协助。"

孔子之丧，二三子皆绖而出[1]。群居则绖，出则否。

今注

1　绖，《说文》说是"丧首戴"，《仪礼·丧服》注说麻在首在腰都叫"绖"。按：师丧无服，见前。"而出"两字，王夫之说是衍文。

今译

孔子的弟子居孔子之丧，都在头上戴一块麻布，在腰上围着麻带；但只有他们聚在一起时才戴上，出门可就不戴了。

易墓[1]，非古也。

今注

1　易，郑注是芟治的意思。

今译

整治墓地，并非古来的习俗。

子路曰："吾闻诸夫子：'丧礼，与其哀不足而礼有余也，不若礼不足而哀有余也。祭礼，与其敬不足而礼有余也，不若礼不足而敬有余也。'"

今译

子路说："我听夫子说过：'举办丧礼，与其缺少内心的悲哀而致力于仪文的铺张，不如让仪文欠缺而内心充满着悲哀。举行祭礼，与其内心缺少敬意而致力于仪文的完备，不如让仪文欠缺而内心充满着敬意。'"

曾子吊于负夏[1]，主人既祖[2]，填池[3]，推柩而反之[4]，降妇人而后行礼[5]。从者曰："礼与？"曾子曰："夫祖者且也；且，胡为其不可以反宿也[6]？"从者又问诸子游曰："礼与？"子游曰："饭于牖下，小敛于户内，大敛于阼，殡于客位，祖于庭，葬于墓，所以即远也[7]。故丧事有进而无退。"曾子闻之曰："多矣乎，予出祖者。"

今注

1　负夏，地名，在卫国。

2　祖，古人送别，临行饮酒曰"祖"。孝子事死如事生，所以在迁柩朝祖庙之后，设"祖"奠以伐之，然后就墓而葬。

3　填，郑玄说是奠；王夫之说是真，是设的意思。池，王夫之说是棺饰的一种，用竹子做的，上面蒙着青布，像宫室的承霤，设在帷下。饰棺的次序是先设帷，次设帷，然后加池，到了填池，棺饰已备。

4　祖奠时柩已向外，以曾子来吊，故推而反之。

5　祖奠结束，柩车已向外，妇人从堂上下来，站立于两阶之间；如果柩车复位，则主人复升未祖以前之位，那么妇人也应该重新回到堂上。原文所记，是礼仪错乱的情形。

6　且，暂的意思。宿，是次的意思。曾子认为祖奠是暂时的节目，所以说为何不可以返回原先停柩之位呢？

7　在南牖下含饭，在寝中当户处小敛。在阼阶，亦即在主位大敛；在西阶，亦即在客位停柩。在庙堂阶下祖奠，然后出葬于墓地。丧礼的过程是每经一节，则死者逐渐远去，使孝子的心理能在逐渐移动中适应这种剧变。所以这种逐渐远离的原则是不能改变的。《荀子》曰："丧礼之凡，变而饰，动而远。"即此意。

今译

曾子到负夏吊丧，主人已经行过祖奠，也设了池，把柩车装饰妥当，正要出葬，见到曾子来吊丧，深感荣幸，又把柩车推回原位，但又使妇人停留在两阶之间，然后行礼。随从者问曾子说："这合乎礼吗？"曾子说："祖奠是一种暂时的节目，既然是暂时的节目，为什么不可以把柩车推回原位呢？"从者又去问子游说："这种过程合乎礼吗？"子游说："在正寝南牖下饭舍，在寝中当户处小敛，在主位大敛，在客位停柩，在庙前庭里祖奠，葬到墓里，这种过程是表示逐渐远去，所以丧事是有进而无退的。"曾子听见了说："他说的出祖的方式，比我好得多了。"

　　曾子袭裘而吊，子游裼裘而吊[1]。曾子指子游而示人曰："夫夫也[2]，为习于礼者，如之何其裼裘而吊也？"主人既小敛、祖、括发[3]；子游趋而出，袭裘带绖而入[4]。曾子曰："我过矣，我过矣，夫夫是也[5]。"

今注

　　1　裼，本义为袒。古人皮裘上必有裼衣，裼衣之外又有正服，欲以充美，则开其正服之前衿而见其裼衣，叫裼。如果掩其上衿不露裼衣则谓之袭。裼是吉礼的装束。所谓正服，孔颖达说是羔裘玄冠缁衣素裳。

　　2　夫夫，犹言此人。

　　3　袒，是袒衣而露其臂。括发，是去掉平常蒙在纷上的缅而用麻约发。

　　4　袭裘，见注1。绖，是加在冠上的葛。带，孔颖达说是腰带，也是葛做的。

　　5　子游的做法是主人未变服之前，则仍着吉服；等主人变服以后，吊者才跟着变为凶服。曾子到子游易服后才知道子游对礼仪的精到，非自己所能及。

今译

　　曾子掩着上衿，以凶服的装束去吊丧；子游却敞开上衿，以吉服的装束去吊丧。曾子指着子游给人家看，说："这个还算是讲究礼仪的人吗？他怎么敞开了上衿来吊丧呢？"小敛以后，主人袒露其臂，去掉裹纷的缅，用麻约发；子游才快步出去，掩着上衫，冠上加了葛绖，腰上围着葛带，然后再进去。曾子见了忙说："我错了，我错了，这个人是对的。"

子夏既除丧而见[1]，予之琴，和之而不和，弹之而不成声。作而曰[2]："哀未忘也。先王制礼，而弗敢过也。"子张既除丧而见，予之琴，和之而和，弹之而成声，作而曰："先王制礼，不敢不至焉[3]。"

今注

1　见，郑玄和王夫之都说是见于孔子，姑从之。

2　作，起的意思。"作而曰"以下的话，王夫之说是孔子的话，恐未必然。

3　至，王夫之说是合的意思。这一章的记载和《孔子家语》《诗传》颇有歧异。

今译

子夏在服满除丧去见孔子，孔子给他一张琴，他无法调整琴柱使五音和谐，弹起来也不成声调。他站起来说："我还没有忘掉心里的悲哀，但先王既然制定了礼制，所以我不敢超过规定的期限除丧。"子张在服满以后去见孔子，孔子给他一张琴，他一调整弦柱，五音就和谐了，一弹就成乐调，他站起来说："虽然我心中的悲哀已经淡忘了，但先王既然制定了礼制，我也不敢不勉强来配合它，而不敢提前除丧。"

司寇惠子之丧[1]，子游为之麻衰牡麻绖，文子辞曰[2]："子辱与弥牟之弟游，又辱为之服，敢辞[3]。"子游曰："礼也。"文子退反哭，子游趋而就诸臣之位，文子又辞曰："子辱与弥牟之弟游，又辱为之服，又辱临其丧，敢辞。"子游曰："固以请。"文子退，扶適子南面而立曰："子辱与弥牟之弟游，又辱为之服，又辱临其丧，虎也敢不复位[4]？"子游趋而就客位。

今注

1　司寇惠子，名兰，卫公子郢之子，灵公之孙，以司寇为氏。

2　麻衰，是十五升布，是吉服之布，朋友之吊服应当用"疑衰"，亦即十四升半，用麻衰则过轻。牡麻，是枲麻，枲是大麻之雄株。牡麻绖，是齐衰的绖，则又过重。以当时嫡子虎不为主，所以子游故意不做一般吊丧的服饰去吊丧。自郑玄以下都说惠子废嫡立庶，所以子游以此讥之，恐未必尽然。看本章后段，文子"扶"嫡子虎就正位，又代嫡子发言，可能是由于嫡子幼弱，所以一切都由文子包办。子游以为这是失礼的，才用种种特殊的作为来提醒文子。文子是惠子的兄长。

3　辱，是屈的意思。文子以子游之服不伦而辞之，而且有提醒他应该服朋友的吊服的意思。

4　虎，適（同"嫡"）子之名。

今译

司寇惠子死，家里办丧事，子游穿了麻衰，加上牡麻绖，以这种特别的装扮去吊丧。文子见他的服饰不伦就辞谢他说："在舍弟生前辱蒙您和他交往，现在又委屈您为他服吊服，真不敢当。"子游说："我不过是依礼行事而已。"文子只好退回原位继续哭泣。子游也快步走向家臣们的位置，文子见他就错了位，又来辞谢说："辱蒙您和舍弟交往，又委屈您为他服吊服，而且劳驾参加丧礼，实在不敢当。"子游说："无论如何，请不必客气。"文子这才明白子游的用意而退下，扶出惠子的嫡子虎就主人的正位，南面而立，又说："辱蒙您和舍弟交往，又委屈您为他服吊服，而且劳驾参加丧礼，虎敢不回到正位来拜谢吗？"子游这才快步就宾客的位置。

将军文子之丧[1]，既除丧，而后越人来吊[2]，主人深衣练冠，待于庙[3]，垂涕洟[4]，子游观之曰："将军文氏之子其庶几乎！亡于礼者之礼也[5]，其动也中。"

今注

1　文子，惠子之兄弥牟，将军是他的官衔。

2　越人以路途迢遥，越国和中土又少联系，闻丧既迟，来吊又以山川阻隔，所以在除丧后才到达。

3　主人，文子之子简子瑕。深衣，郑玄注云："谓连衣裳而纯以采也。"疏云："衣裳相连，被体深邃，故谓之深衣。"这里所说孤子所穿的深衣，孔颖达以为是"既祥之麻衣"，王夫之说是纯素的深衣。练冠，是小祥之冠，用丧冠而去绖。待于庙，因为其时神主已入庙，故待于庙。待于庙则不迎宾。

4　涕是眼泪，洟是鼻涕。

5　孔颖达说"亡"字是无的意思。王引之以为"亡"字仍然读存亡之亡，而不是有无之无。亡于礼者之礼，就是不存于常礼之中的礼节。

今译

将军文子去世的那次丧事，在已经服满除丧之后，又有远在越国的人来吊丧。主人穿了纯素的深衣，戴着白色的练冠，仍然像在服中，不迎宾，在祖庙受吊，而且悄悄地淌着眼泪流着鼻涕。子游见到了就说："将军文子的儿子真是不差，这是常礼之外的礼了。他的举止都那么适当。"

幼名，冠字，五十以伯仲，死谥，周道也[1]。

今注

1　谥，人死后，即其生时行而为之立号，所以劝善而彰有德。贵族死后有谥，是周以后的事。所以孔颖达疏云："殷以上有生号，仍为死后之称……周则死后别立谥。"《郊特牲》也说："死而谥，今也；古者生无爵，死无谥。"郑樵注："古无谥，谥起于周。周人卒哭而讳，将葬而谥。"

今译

年幼称名，二十岁行过冠礼而成人，则称呼他的字，五十岁以后只就其排行，称他为伯或仲，死后称其谥号，这是周朝的制度。

绖也者实也[1]。

今注

1　绖，麻在首在腰都称绖。实，忠实的哀思。这一段前后可能有阙文。

今译

绖是用来象征心里忠实的哀思的。

掘中霤而浴[1]，毁灶以缀足[2]；及葬，毁宗躐行[3]，出于大门[4]——殷道也。学者行之[5]。

今注

1　掘中霤而浴，寝室当中掘坎，然后架床坎上，尸在床上沐浴，洗过尸体的水就流到坎里。周人虽然也在室中浴尸，但掘坎于户外阶间稍微靠西的地方，用盘接浴尸的水弃于坎中。

2　毁灶以缀足，毁而用其甓来缀足。缀音拙，是拘的意思，人死后，脚会僵硬变形，所以用灶甓拘其脚，以便为其穿鞋子。

周人缀足用燕几。

3　宗，是庙。殷人殡于庙，至葬，柩出，毁去庙门西边的墙而出。躐，是凌越的意思。行，过道。古代五祀，以过道之神为"行"神，其位在庙门西。躐行，孔颖达说是生时出门，则设坛币；向行神祷告，然后驱车经坛位而过，希望行神祝福其一路平安。出葬时既毁西墙，则又经过行神之位，一如生时。但，王夫之以为是不复设神之位，就凌躐而过。周人出葬与此不同，周人是殡于寝，迁于祖而行，出入都由门，故无毁宗躐行之事。

4　出于大门，是不往中门而直接开到大门。凡以上所记各事，都表示殷人用猛烈的破坏手段来发泄心中悲哀激动的情绪。

5　自郑玄以下都说是学于孔子者。王夫之以为孔子是殷人，所以用殷礼。学者未必是殷人而一成不变，徒留其迹。

今译

在室中掘个坑来浴尸，毁了灶用灶甍来拘脚；到了要出葬的时候，毁掉庙墙而凌越行神之位，不经中门就直接把柩车拉出大门，这是殷人举行丧礼的方式。向孔子学习的人，也照样做。

子柳之母死 ¹，子硕请具 ²。子柳曰："何以哉？"子硕曰："请粥庶弟之母 ³。"子柳曰："如之何其粥人之母以葬其母也？不可。"既葬，子硕欲以赙布之余具祭器 ⁴。子柳曰："不可，吾闻之也，君子不家于丧 ⁵，请班诸兄弟之贫者 ⁶。"

今注

1　子柳，鲁叔仲皮之子，子硕之兄。独言子柳之母，是因为子柳是丧主，且古文简约，举子柳则概括了子硕。

2　具，是葬具。

3　粥，本又作"鬻"，两字音义并同，是卖的意思。庶弟之母，就是庶母，亦即父亲的妾，妾贱可以买卖，所以《曲礼上》云："买妾不知其姓则卜之。"不直接写"庶母"而作"庶弟之母"是为了和下文"粥人之母"相应。

4　赙布，是助丧的钱财。

5　不家于丧，不借丧事以利其家。

6　班，和"颁"字通，是分的意思。

今译

子柳的母亲死了，他的弟弟子硕请求备办葬器。子柳说："哪里来的钱呢？"子硕答道："把庶弟的母亲卖了，就有钱了。"子柳说："我们怎么可以卖掉别人的母亲来葬自己的母亲呢？不可如此。"在下葬之后，子硕想要拿用剩的赙金来备办祭器。子柳说："不可如此，行事合乎礼节的君子是不愿意靠丧事来赚钱的，还是把剩下的赙金分给兄弟中贫困的人吧。"

君子曰："谋人之军师，败则死之[1]；谋人之邦邑，危则亡之[2]。"

今注

1　军师，古代是以一万二千五百人为军，二千五百人为师。《曲礼下》云："大夫死众。"指挥部队作战而败，丧师辱国，则指挥官亦不可独生。

2　邦，是国；邑，是都邑。亡，是放逐去国。谋人之邦国，而使邦国危险不安，则当去位以让贤者。所以"死之""亡之"，都是负责的表示。

今译

君子说："指挥部队，如果战败，就得以身殉职；掌管邦国都邑，如果社会动荡不安，就得自请放逐。"

公叔文子升于瑕丘，蘧伯玉从[1]。文子曰："乐哉斯丘也，死则我欲葬焉。"蘧伯玉曰："吾子乐之，则瑗请前[2]。"

今注

1 公叔文子是卫献公之孙，名拔；蘧伯玉，名瑗，也是卫国的大夫。

2 王夫之说"前"是先死而葬。因为瑕丘并非文子的采地，而为了欣赏其林泉，就兴侵占的念头，所以蘧伯玉以抢先葬此暗示文子。意谓倘因喜欢就想侵占，那么谁都可以抢先侵占了。陈澔和孙希旦却以为"前"是前行，表示不欲闻其谋。吴澄又以为"前"是预先的意思，请前，是请为预定其所，意在讥讽（见《檀弓丛训》）。三者对"前"字的解释并不相同，但陈澔、孙希旦、王夫之都明白表示是本郑玄"刺其欲害人良田"立意的。吴澄则未言何以讥之。其实，郑玄说他欲害人良田，已属臆测，纷纭众说，更难断定谁是谁非。姑从王夫之的说法。

今译

公叔文子登上瑕丘，蘧伯玉跟他一道上去。文子说："我真喜欢这座山丘，如果我死了，愿意葬在这里。"蘧伯玉说："您喜欢这里，我可也不讨厌，我愿死在您之前，先葬在这里。"

弁人有其母死而孺子泣者[1]，孔子曰："哀则哀矣，而难为继也。夫礼，为可传也，为可继也。故哭踊有节。"

今注

1 弁，地名。孺子泣，像婴孩般地哭泣，只是尽情痛哭。

今译

弁邑有个人死了母亲而像婴儿一样尽情痛哭着。孔子说："就悲哀而言，这是充分表现了他的悲哀，但不是人人所能。依礼则须普及大众，要人人能行的。所以丧礼的顿足恸哭，应有一定的节制。"

叔孙武叔之母死[1]，既小敛，举者出户，出户袒[2]，且投其冠括发。子游曰："知礼[3]？"

今注

1　叔孙武叔，郑玄说他是公子牙六世孙，名州仇，就是曾经毁谤孔子的人（毁仲尼，见《论语·子张》）。

2　"举者出户，出户袒"是根据"石经""宋监本""岳本""嘉靖本"来的。而闽、监、毛本等"户"字作"尸"。在句读方面，这里是揆注疏之意而据孙希旦《礼记集解》断的句，陈澔《集说》作"举者出，尸出户，袒"。王夫之《章句》作"举者出尸出户，袒"。杨慎《檀弓丛训》根本就去掉一处"出户"。就这里所采用的经文和句读而言：举者出户，是指举尸的人举尸出户，而移于堂；出户袒，是指叔孙武叔跟着出户而袒。

3　知礼，自郑玄以下的注家都说子游是在讲反话，是在讥叔孙武叔失礼。因为袒和括发应当在举尸出户之前，而且主人应当参加奉尸才对。

今译

叔孙武叔的母亲死了，举尸的人把尸抬出寝门；叔孙武叔才跟着出门，然后袒露手臂，再把敛时戴的冠甩掉，用麻束发。子游说："这也算懂得礼节吗？"

扶君，卜人师扶右，射人师扶左[1]；君薨以是举[2]。

今注

1　卜人，仆人。射人，官名，属夏官，掌射法、射仪，凡朝燕及射，掌导引百官而正其位。师，官之长。古代，君的侍御仆从的地位较高，朱子以为后代仆射官名即用此义。

2　君薨以是举，平时仆人射人皆以礼赞正君的服位，所以君始死就由他们举尸正之，不异于生时。以后各阶段的迁尸，都由丧祝之属担任。

今译

挽扶国君的，是太仆之官扶右边，射人之官扶左边。国君刚一去世，也由他们抬正尸体。

从母之夫，舅之妻[1]，二夫人相为服[2]，君子未之言也。或曰同爨缌[3]。

今注

1　从母，是母亲的姐妹。从母之夫，即今所谓姨丈。舅之妻，即今所谓舅母。

2　二夫人，郑玄说："二夫人犹言此二人。"王引之以为正文和注文的"二夫人"都应作"夫二人"，是抄写的人误倒。俞樾以为本来就作"二人"，起初"二人"被写成"夫"字，再又有人发现其错误旁记上"二人"，后人传抄，就成了"二夫人"。总之，"二夫人"所代表的意思，是"这两种人"。二夫人相为服，郑玄以为姨丈和舅妈相为服。

3　或曰，王夫之说是流俗之言。同爨，一起炊爨，伙食不分的意思。缌，缌麻，五服中最轻者。

今译

姨丈和舅母都去世，曾受过他们恩惠的外甥该穿什么丧服呢，明礼的君子并没有说过。可是流俗以为如果是同灶而食的话，就可以服缌麻。

丧事，欲其纵纵尔[1]；吉事，欲其折折尔[2]。故丧事虽遽，不陵节，吉事虽止[3]，不怠。故骚骚尔则野[4]，鼎鼎尔则小人[5]。君子盖犹犹尔[6]。

今注

1 纵纵尔，敏疾貌。纵音总。

2 折折尔，安舒貌。折读为提。《魏风·葛屦》"好人提提"即此意。

3 止，完成某一节目后，稍作休息一下，等待下一节目的开始。

4 骚骚尔，扰动貌。野，粗鄙。

5 鼎鼎尔，滞重不行貌。小人，像小人般地不严敬。

6 犹犹尔，舒疾中度貌。

今译

办丧事，要有急迫的样子；办吉事，要有从容的态度。然而，丧事虽然要急急地办，却不可以凌越节次；吉事虽然节次不很紧张，有时且可稍息站着，但亦不可懒散。所以，如果急迫地乱了步骤，就显得粗鄙失礼；如果拖拖沓沓，却又像小人一般太不庄重。君子无论办丧事或吉事，态度都要适中、得体。

丧具[1]，君子耻具[2]，一日二日而可为也者，君子弗为也[3]。

今注

1 丧具，送死之具。

2 第二个"具"字是预备的意思。因为预备丧具，好像期望长辈快死的样子，故"耻"而为之。

3 一日二日而可为也者，是指绞纷衾冒可以赶工制成的丧具。孔颖达说："云'丧具，棺衣之属'者，棺即预造，衣亦渐制，但不一时顿具。故《王制》云：'六十岁制，七十时制，八十月制，九十日修，唯绞紟衾冒，死而后制。'是也。"

今译

送葬的衣物器具，君子不愿意预先具备。也就是说，那些在一两天内就可以赶制成的丧物，君子绝不预先制好。

丧服，兄弟之子犹子也[1]，盖引而进之也；嫂叔之无服也，盖推而远之也；姑姊妹之薄也，盖有受我而厚之者也[2]。

今注

1 犹子，犹如为众子服期；并非比照长子，父为长子，则斩衰三年。

2 姑姊妹在室则为之服期，如适人则降等而服大功。因为出嫁则为异姓之人，期的重服则移转到夫婿的身上。

今译

丧服的规定，兄弟之子就和自己的众子一般，服期，就是为了加重伯叔和侄儿间的恩情，而拉得更亲近；嫂叔之间无服，是为了避嫌而推得更疏远；姑姊妹出嫁以后，降等服大功，是因为娶她的人一并将深恩重服承受过去了。

食于有丧者之侧，未尝饱也[1]。

今注

1 《论语·述而》："子食于有丧者之侧，未尝饱也。"所以本章的主语可能还是孔子。替有丧者难过，所以不饱。

今译

孔子在有丧服的人旁边吃饭，就从没吃饱过。

曾子与客立于门侧，其徒趋而出¹。曾子曰："尔将何之？"曰："吾父死，将出哭于巷²。"曰："反，哭于尔次³。"曾子北面而吊焉⁴。

今注

1　其徒，郑玄说是"客之旅"。杨慎同。陈澔说是"门弟子"，其意盖指曾子之弟子。王夫之、孙希旦则明言是曾子的弟子。

2　将出哭于巷，因为弟子学于曾子之家，闻丧不得立即奔丧，又不敢在曾子家里哭，所以要到巷里哭。

3　次，弟子所馆之室。

4　曾子北面而吊，曾子处于宾位致吊。

今译

曾子和客人站在门旁，有个弟子快步要出门。曾子问他："你要上哪里？"弟子说："我父亲死了，我正要到巷子里去哭。"曾子说："回来，就在你寄宿的房间里哭吧。"然后曾子北面就宾位向他吊丧。

孔子曰："之死而致死之¹，不仁而不可为也；之死而致生之，不知而不可为也。是故，竹不成用²，瓦不成味³，木不成斲⁴，琴瑟张而不平⁵，竽笙备而不和⁶，有钟磬而无簨虡⁷，其曰明器，神明之也。"

今注

1　之，是往的意思；致，是成的意思。

2　竹不成用，竹器没有滕缘，不能实用。成，是善的意思。

3　瓦，是陶器；味，郑玄说当作沫，沫的意思就是洗脸。孔颖达以为味是黑色的光泽。杨慎以为不必改字，不成味就是不可盛饮食的物品的意思。

4　斫，雕饰。

5　张而不平，张弦而不调平。

6　不和，音调不调和。

7　簨虡，悬钟磬的木架。横设的木条曰"簨"，直柱曰"虡"。

今译

孔子说："对死者以为是一了百了，这是缺少深厚的爱心，不可以这样做。对死者以为他仍和活人一样，那又太缺乏理智，也不可以这样做。因此要送死者器物，就得在敬爱和理智之间，择一中庸之道，既不能没有，也不能做得像活人用的完美。所以，陪葬的竹器，没有縢缘，不好使用；泥盆也没有烧过，不能盛汤水；木器也没有好好雕斫；琴瑟虽张了弦，却没有调平，不能弹；竽笙虽亦具备，却不调和，不能吹；备办了钟磬，却没有木架，也不能敲。这样的器物，名曰'明器'，意思是把死者当作神明来侍奉。"

有子问于曾子曰："问丧于夫子乎[1]？"曰："闻之矣：丧欲速贫，死欲速朽。"有子曰："是非君子之言也。"曾子曰："参也闻诸夫子也。"有子又曰："是非君子之言也。"曾子曰："参也与子游闻之。"有子曰："然，然则夫子有为言之也。"曾子以斯言告于子游。子游曰："甚哉，有子之言似夫子也。昔者夫子居于宋，见桓司马自为石椁，三年而不成[2]。夫子曰：若是其靡也[3]，死不如速朽之愈也。死之欲速朽，为桓司马言之也。南宫敬叔反，必载宝而朝[4]。夫子曰：若是其货也，丧不如速贫之愈也。丧之欲速贫，为敬叔言之也。"曾子以子游之言告于有子，有子曰："然，吾固曰，非夫子之言也。"曾子曰："子何以知之？"有子曰："夫子制于中都[5]，四寸之棺，五寸之椁，以斯知不欲速朽也。昔者夫子失鲁司寇，将之荆[6]，盖先之以子夏，又申之以冉有，以斯知不欲速贫也。"

今注

1　丧，仕而失位。

2　桓司马，宋国大夫，向戌之孙向魋。椁，是外棺。三年而不成，表示极其考究，砻琢极工巧。

3　靡，奢侈。

4　南宫敬叔，鲁大夫，孟僖子之子仲孙阅。载宝而朝，以宝货干求禄位的意思。

5　中都，鲁邑名，今山东汶上县。孔子在五十岁时，鲁定公派他做中都宰。制，建立法度。

6　荆，就是楚国。

今译

有子问曾子说："你向夫子请教过丧失禄位以后如何自处的原则吗？"曾子说："我倒听他提起过：丧失了禄位，最好是赶快变成贫乏；死了，最好是快点腐朽算了。"有子说："这不像以仁爱存心的君子说的话。"曾子说："这是我从夫子那里听到的。"有子还是说："这不像君子说的话。"曾子说："这句话我和子游都听到的。"有子说："那就对了，但这一定是夫子为了什么特定的事情而讲的。"曾子把这些话说给子游听。子游说："真了不得，有子的口气真像夫子。从前，夫子住在宋国，见到桓司马亲自设计石椁，匠人花了三年工夫，还没砻琢完成。夫子就说：'一个人死了，如果要这么奢侈，还不如让它快点腐朽好些。'人死了，最好快点腐朽的话，那是专为桓司马说的。南宫敬叔丧失官位以后，每一回朝，一定载了许多宝货来活动疏通。夫子见了就说：'像他这样用许多宝物来从事不正当的活动，丧失官位以后，还不如快点贫乏好些。'丧失官位，最好快点贫乏的话，是专为南宫敬叔说的。"曾子把子游的话告诉有子，有子说："这就对了，我本就说过，这不是夫子的言论。"曾子说："你怎么知道的？"有子说："以前，夫子在中都时制定的规则，棺要四寸厚，椁要五寸厚，就凭这一规定，我知道他不主张人死了赶快腐朽了事。当年夫子失去鲁国司寇的职位，要到荆去，记得是先派子夏去安排，接着又再派冉有去，就凭这种态度，我知道他不主张丧失官位就得快点变得贫乏。"

陈庄子死[1]，赴于鲁，鲁人欲勿哭[2]，缪公召县子而问焉[3]。县子曰："古之大夫，束脩之问不出竟[4]，虽欲哭之，安得而哭之？今之大夫，交政于中国[5]，虽欲勿哭，焉得而勿哭？且臣闻之，哭有二道：有爱而哭之，有畏而哭之[6]。"公曰："然，然则如之何而可？"县子曰："请哭诸异姓之庙。"于是与哭诸县氏。

今注

1　陈庄子，齐大夫，名伯，陈恒之孙。

2　鲁人，是鲁君的意思。《老子》五十七章"人多伎巧"，注："人，谓人君，百里诸侯也。"陈庄子是齐大夫，讣于鲁君，君无哭邻国大夫之礼，只是遣使而吊，所以鲁君打算不为他哭。

3　缪，音 mù，同"穆"。县子，鲁大夫，名琐。因为齐强鲁弱，陈氏又是齐国的权贵，鲁君虽不愿哭，却又颇有顾忌，所以问于县子。按鲁穆公立于齐宣公四十七年，而陈庄子死于齐宣公四十五年，似不相涉。

4　脩，是脯，十脡为束，束脩是微薄之礼。竟，即"境"字。言大夫无外交。

5　交政，言政在大夫，专盟会征伐之事，以交接于诸侯。中国，中原诸国。

6　这两句是暗示穆公，虽不爱陈庄子，也可以为了怕他而哭。

今译

齐大夫陈庄子死了，告丧于鲁君，鲁君不打算为他哭，因此鲁穆公召见县子，问他该怎么办。县子说："古代的大夫，连微薄的束脩也不出国境——和其他的封国没有一点私交，就是想为他的丧事而哭，又怎能有机会哭呢？现在的大夫，把持政权，和中原诸国交往频繁，就是想不为他哭，又怎能办得到呢？而且我听说，哭的理由有两种：有的是为了'爱他'而哭，有的是为'怕他'而哭。"穆公说："对了，我就是为了怕他而哭，但是要怎么哭法呢？"县子说："那就到异姓的宗庙去哭吧！"于是穆公就到县氏的宗庙去哭。

仲宪言于曾子曰[1]："夏后氏用明器，示民无知也[2]；殷人用祭器，示民有知也[3]；周人兼用之，示民疑也[4]。"曾子曰："其不然乎！其不然乎！夫明器，鬼器也；祭器，人器也[5]。夫古之人，胡为而死其亲乎[6]？"

今注

1　仲宪，孔子的弟子原宪，字子思。

2　明器，见前。夏代用不堪使用的明器，使人民了解死者没有知觉。

3　殷人用可以使用的祭器，使人民知道死者是有知觉的。

4　疑，是非未明。

5　王夫之说："鬼器，谓为死者特设之也；人器，孝子以己所用者奉其亲也。二者皆以尽孝子无己之心。"

6　死其亲，认定其亲人死了，没有知觉。

今译

仲宪对曾子说："夏代对于死者用不堪使用的明器，使人民了解死者是没有知觉的；殷人用可以使用的祭器，使人民知道死者是有知觉的；周人兼用明器和祭器，表示疑惑不定的态度。"曾子说："恐怕不是这样吧！不是这样吧！明器是为鬼魂特设的器皿，祭器是孝子以自己用的器皿来奉祭先人的神灵，都是用来尽孝心的。上古的人怎么忍心认定死了的亲人就毫无知觉呢？"

公叔木有同母异父之昆弟死[1]，问于子游。子游曰："其大功乎？"狄仪有同母异父之昆弟死[2]，问于子夏，子夏曰："我未之前闻也，鲁人则为之齐衰。"狄仪行齐衰。今之齐衰，狄仪之问也。

今注

1　公叔木，木当作朱，形近而讹，《左传》作戍，音近，是卫公叔文子之子，定公十四年奔鲁。

2　狄仪，不可考。

今译

公叔木有个同母异父的兄弟死了，请教于子游该服什么丧服，子游说："该服大功吧？"狄仪也有个同母异父的兄弟死了，也去请教子夏该服什么服，子夏说："我从没听过有什么规定，不过鲁国的习惯是服齐衰。"狄仪就服了齐衰。现在，为同母异父兄弟服齐衰的习俗，是从狄仪这一问而确定下来的。

子思之母死于卫[1]，柳若谓子思曰："子，圣人之后也，四方于子乎观礼，子盖慎诸[2]。"子思曰："吾何慎哉？吾闻之：有其礼，无其财，君子弗行也；有其礼，有其财，无其时，君子弗行也[3]，吾何慎哉。"

今注

1　子思之母，伯鱼之妻，伯鱼死后，改嫁于卫。

2　盖，音义并如"盍"，"何不"的意思。

3　王夫之、孙希旦都认为母亲改嫁则无服。无其时，因为此时母亲已嫁异姓，自己不能为丧主。

今译

子思的母亲改嫁后，死在卫国。柳若告诉子思说："您是圣人的后裔，各处的人都要看您怎么办丧事，您可得当心一点。"子思说："我有什么可当心的？我听说：懂得礼仪而没有钱财，君子是无法行礼的；懂得礼仪，也有钱财，但时机不对，君子也无法行礼。我有什么可当心的！"

县子琐曰："吾闻之：古者不降，上下各以其亲[1]。滕伯文为孟虎齐衰，其叔父也；为孟皮齐衰，其叔父也[2]。"

今注

1　周礼，期以下以贵降贱，以嫡降庶。降，降等而服。古代却不如此，无论贵贱嫡庶，一依其亲属关系为服，并不降等。

2　滕伯文，郑玄说是殷时滕君，伯是爵位，文是名。孟虎、孟皮，孔颖达以为孟虎是滕伯文的叔父，孟皮是滕伯文兄弟之子；俞樾以为孟皮也是滕伯文的叔父，而且孟虎就是孟皮，是同一个人。

今译

县子琐说："我听说：古时，并不因为自己尊贵，就将期以下的丧服降等，无论是长辈或晚辈都照着原来的亲属关系为服。就如殷时滕伯文为孟虎服齐衰，而孟虎是他的叔父；又为孟皮服齐衰，滕伯文却是孟皮的叔父。"

后木曰[1]："丧，吾闻诸县子曰：夫丧，不可不深长思也，买棺外内易[2]，我死则亦然[3]。"

今注

1　后木，鲁孝公之子惠伯巩之后。后，或作厚；巩，或作革。

2　易，平易的意思，平易则密致。

3　我死则亦然，郑玄注："此孝子之事，非所托。"孔颖达以后的学者，都以为是在讥后木。其实这未必是后木嘱托其子的话，揆其语意，也可以是孝子设身处地，将心比心的想法，这才和"深长思"的话相应。

今译

后木说："关于办丧事的原则，我听县子说过：办丧事，不可不深思长虑，买棺材，一定要内外都平滑精致，我死了也希望如此。"

曾子曰："尸未设饰，故帷堂，小敛而彻帷。"仲梁子曰[1]："夫妇方乱[2]，故帷堂，小敛而彻帷。"

今注

1　仲梁子，鲁人。

2　夫妇方乱，主人主妇正匆忙着未就位。

今译

曾子说："尸体还没有化妆，所以灵堂用幕围着，小敛后尸体已化妆好，于是撤帷。"仲梁子说："夫妇正匆忙着还没有就位，所以要在灵堂设帷，小敛以后，主人主妇就位，于是撤帷。"

小敛之奠，子游曰："于东方。"曾子曰："于西方，敛斯席矣。"小敛之奠在西方，鲁礼之末失也 [1]。

今注

1 据《仪礼·士丧礼》，小敛以前的奠，都在尸东，即在尸的右方，不另设席。大敛之后，殡于西阶，方奠于西方，设席。

今译

关于小敛的丧祭，子游说："奠馈放在东方。"曾子说："放在西方，而且小敛以后的奠就得设席。"小敛的丧祭在西方举行，是沿用鲁国衰世错误的礼俗。

县子曰："绤衰绳裳 [1]，非古也。"

今注

1 绤，粗葛。绳，布细而疏叫绳。裳，是衰之下裳。

今译

县子说："用粗葛做衰，细而疏的布做裳，这不是古来的习惯。"

子蒲卒，哭者呼灭 [1]。子皋曰 [2]："若是野哉。"哭者改之。

今注

1 灭是子蒲的名，姓未详。人死后，只有在复（招魂）时呼其名，其后则讳。

2 子皋，旧说是孔子的弟子高柴。

今译

子蒲去世，有人哭着喊他的名——灭。子皋说："这样太粗野无礼了。"那个哭喊的人听到就改正过来了。

杜桥之母之丧，宫中无相，以为沽也[1]。

今注

1　相，是赞礼的人，在办丧事时，孝子悲迷，礼节事仪，都须人安排。沽，粗略的意思。

今译

杜桥母亲的丧事，殡宫中没有赞礼的人，论者以为太粗略了。

夫子曰："始死，羔裘玄冠者，易之而已[1]。"羔裘玄冠，夫子不以吊[2]。

今注

1　羔裘玄冠，是朝服、吉服。本来亲病革，男女已改服深衣，始死则扱上衽（据《丧大记》与《问丧》），而此处记载，始死还有羔裘玄冠者，这是疏亲。始死还以吉服而至，易之，应改为素冠深衣。

2　羔裘玄冠，夫子不以吊，并见于《论语·乡党》。

今译

夫子说："亲戚刚死，穿戴着羔裘玄冠这种吉服的人，应改为素冠深衣。"夫子从不穿戴着羔裘玄冠去吊丧。

子游问丧具，夫子曰："称家之有亡[1]。"子游曰："有亡恶乎齐？"夫子曰："有，毋过礼；苟亡矣，敛首足形，还葬[2]，县棺而封[3]，人岂有非之者哉？"

今注

1　称，《礼器》云："礼不同，不丰，不杀。此之谓也。盖言称也。"这里的"称"字，孔颖达引申作"随"的意思。亡，读为无。

2　还，读如旋。还葬，是敛毕即葬，不殡而待日月之期。这表示一切从俭。

3　县，读如悬。封读如窆，下棺的意思。县棺而封，用手悬着绳子下窆，没有碑缚。

今译

子游向孔子请教送终仪物的标准。夫子说："和家计的丰薄有无相当就好了。"子游说："随着家计的有无，怎么能合乎标准呢？"夫子说："家计丰厚，就可以备礼，不要逾礼而厚葬；如果家计艰难，只要衣衾足以藏形体，而且敛毕即葬，用手拉着绳子下棺，这样尽其力而为之，哪里还有人责备他失礼呢？"

司士贲告于子游曰¹："请袭于床²。"子游曰："诺。"县子闻之曰："汏哉叔氏³，专以礼许人⁴。"

今注

1　司士本为官名，可能以官名为氏。

2　袭，浴尸以后，为尸穿衣。

3　汏，过分、自大的意思。叔氏，子游的别字。王夫之以子游、县子不同时代，疑这里的子游不是孔子的弟子，另有其人。恐未必然。因下章曾子批评宋襄公，他们也不是同时代的人，而且"曾子袭裘而吊"章，曾子就说子游是"习于礼者"，这里又批评他"专以礼许人"。可见子游是礼仪的权威。

4　"袭"本当在堂上，子游不据"礼"以许之，好像礼是由他制定似的。

今译

司士贲告诉子游说："我想在床上为尸穿衣。"子游说："可以。"县子听了就说："叔氏太自大了，听他的口气，好像一切礼仪都是由他制定似的。"

宋襄公葬其夫人，醯醢百瓮[1]。曾子曰："既曰明器矣，而又实之[2]。"

今注

1　醯，是醋。醢，是酱渍。

2　殉葬的明器，是不堪使用的，而宋襄公竟用实物，故曾子讥之。但本篇有"殷人用祭器"（见前），宋襄公本殷后，行殷人旧俗，似无可非。

今译

宋襄公葬他的夫人时，陪葬了百瓮酸醋酱渍。曾子说："殉葬的器物是不堪使用的明器，何必填以实物。"

孟献子之丧[1]，司徒旅归四布[2]。夫子曰："可也。"

今注

1　孟献子，鲁大夫仲孙蔑。

2　司徒，王夫之以为是孟献子的家臣"家司徒"。旅，郑玄说旅是下士，王夫之以为旅如天子旅见诸侯之礼。归，孔颖达说是归还，王夫之说是敛的意思。四布，四方所赙的布泉。

今译

孟献子的丧事，司徒派下士把多余的赙布归还四方。夫子说："这件事办得还可以。"

读赗，曾子曰："非古也，是再告也[1]。"

今注

1　赠死的物品叫"赗"，将赗登记在簿子上，柩车将行，主人之史读之以告死者，叫作读赗。由于宾致赗时，史已告过，柩车将行又读赗，所以是重复了。

今译

在柩车将行时，向死者宣读赗赠账册，曾子说："这不是古来就有的习惯，这是重复了。"

成子高寝疾[1]，庆遗入[2]，请曰："子之病革矣，如至乎大病，则如之何[3]？"子高曰："吾闻之也，生有益于人，死不害于人。吾纵生无益于人，吾可以死害于人乎哉？我死，则择不食之地而葬我焉[4]。"

今注

1　成子高，齐大夫国成，字子高。

2　齐有庆氏，庆遗是庆封的族人。

3　革，是危急的意思。大病，意指"死"，讳言死，故言大病。则如之何，是请示后事。

4　不食之地，不能耕作，没有价值的土地。

今译

成子高病倒了，庆遗到寝室请示："您的病已经很危急了，如果再沉重下去，那么后事该怎么办呢？"子高说："我听说过，活着的时候要有益于人，死后也不要害人。我纵然在活着时无益于人，难道死了还要为害于人吗？我死后，就找一块不能耕作的土地把我葬了吧！"

子夏问诸夫子曰："居君之母与妻之丧[1]。""居处言语饮食衎尔[2]。"

1　丧字下可能有阙文，陈澔以为当有"如之何，夫子曰"六字。

2　衎尔，自得貌。

今译

子夏请教夫子说："遇到国君的母亲与妻子的丧事该采取什么态度？""日常生活和言谈，还是保持原来的样子。"

宾客至，无所馆[1]。夫子曰："生于我乎馆，死于我乎殡[2]。"

今注

1　馆，是招待客人的地方。末世风俗浇薄，宾客至无所馆，故夫子慨乎言之。

2　《论语·乡党》："朋友死，无所归，曰：'于我殡。'"

今译

宾客没地方住宿。夫子说："宾客来了，可以住在我家；就是死了，也不妨殡在我家。"

国子高曰[1]："葬也者，藏也；藏也者，欲人之弗得见也。是故，衣足以饰身，棺周于衣，椁周于棺，土周于椁；反壤树之哉[2]？"

今注

1　国子高，就是成子高，成是其谥。

2　国子高尚俭，以为人死而葬，意在埋藏不见，不当反而植树为标志。

今译

国子高说："葬的目的，是要隐藏；隐藏的目的，是希望人们看不见。所以，衣衾足以遮住身体，内棺足以包围衣衾，外椁足以包围内棺，墓圹足以容纳外椁就够了；何必反而在墓地上堆土植树呢？"

孔子之丧，有自燕来观者，舍于子夏氏[1]。子夏曰："圣人之葬人与？人之葬圣人也。子何观焉？昔者夫子言之曰：'吾见封之若堂者矣[2]，见若坊者矣[3]，见若覆夏屋者矣[4]，见若斧者矣。'从若斧者焉[5]。马鬣封之谓也[6]。今一日而三斩板[7]，而已封，尚行夫子之志乎哉。"

今注

1　氏，家的意思。

2　封，筑土为坟曰封。若堂，郑玄以为是像堂一般，四方而高；王夫之以为是像屋基一般，方广而卑。

3　坊，是堤防，纵长而横狭。

4　覆，是覆以瓦。夏屋，殷以后屋有四阿，夏屋只有两注，其状宽广而卑。王夫之说："屋两出檐曰夏屋。"

5　若斧，直长而上锐。这种封法最省事。王念孙以为"从若斧者焉"之上脱一"吾"字。

6　马鬣封，郑玄以为是当时的俗名，马颈长鬣鬣的地方肉薄状似斧。

7　孔颖达以为筑坟之法是用两板夹立，用绳约住，当中置土，和板齐高，土固定后，斩绳去。三斩板，是连做了三次。郑玄说板高二尺，长六尺。由于马鬣封下广上锐，所以斜面虽然有三板（六尺）长，但垂直的高度大约只有四尺。因此郑玄注云："盖高四尺。"

今译

在办孔子的丧事时，有人从遥远的燕国赶来参观葬礼，而就寄住在子夏家里。子夏对他说："这难道是圣人在葬人吗？不过是普通人在葬圣人罢了。您何必老远赶来观礼呢？不过记得夫子说过：'我见过筑坟筑成四方而高像堂屋的样子，见过狭长像堤防的样子，见过宽广卑下飞出两檐，像夏代屋顶的样子，见过直长上锐像斧的样子。'我赞成像斧的那种简便的样子。像斧状的坟，就是俗间所谓的马鬣封。我们现在为他筑坟，一天之内，就换了三次板，而将坟筑成。这样简单方便的做法，也许还算完成了夫子的遗愿吧！"

妇人不葛带[1]。

今注

1　丧服，男重首绖，女重腰带。斩衰、齐衰，在卒哭以后，易麻为葛。男子不变首绖，妇人不变腰绖，仍用牡麻。

今译

妇人在除服以前，都不用葛带。

有荐新，如朔奠[1]。

今注

1　在敛后葬前这段"殡"的时间里，朝夕有奠，但所奠不过醴酒醯醢而已。士在月朔（初一）有大奠，大夫以上则"朔""望"都有大奠。这种大奠的奠馈比照大敛的奠，士是特牲三鼎。荐新，是将新出的谷物呈献给尊者。亲长既死，在五谷时物新出时，也有大奠。奠馈一如朔奠，如大敛的奠。

今译

五谷时物新出，有荐新的奠，其奠馈之礼一如朔奠。

既葬，各以其服除 [1]。

今注

1　士三月而葬，既葬，迎其神而还祭于殡宫，叫"虞"，是日又行卒哭之祭，以卒"无时"之哭，然后主人主妇变服。去麻衣葛，诸等亲属也随着除下重服，改受轻服。如果远亲的服轻，只有三月的服，则可除服。

今译

下葬以后，各等亲属都除下原先的丧服，改受轻服。

池视重霤 [1]。

今注

1　重霤，是房屋的承霤，古用木为之。屋霤入此木中，再从木中霤于地，所以叫重霤。天子的宫殿，四面都设重霤。诸侯只有三面（少了后面），大夫前后两面，士一面，左前。池，是柩车上的装饰，用竹编成，蒙上青布，以承鳖甲（柩车上的盖），其作用是象征宫室的重霤。视，是比照的意思，死者的身份不同，生前宫室的重霤不同，死后柩车上的"池"也比照之。

今译

柩车上"池"的面数，就比照他生前居室的重霤。

君即位而为椑 [1]，岁一漆之，藏焉 [2]。

今注

1　君，是诸侯。椑，直接装尸体的内棺。
2　藏，置物其中，不使空虚，好像等着装尸体的样子。

今译

诸侯一即位，就得为他做好内棺，每年都油漆一遍，棺内还得经常放些东西，不可空虚。

复 [1]、楔齿 [2]、缀足 [3]、饭 [4]、设饰 [5]、帷堂并作 [6]。

今注

1　复，见前。

2　楔齿，人死未僵，用角柶置齿间，以便于浴后饭含。

3　缀足，用燕几将脚拘住，使其不致变形，以便于浴后穿屦。

4　饭，亦称为"含"，浴后纳米口中，天子又含玉；诸侯含珠；大夫士含贝。

5　设饰，沐浴理发修指甲穿衣（袭）。

6　帷堂，尸未设饰而设帷于堂上，到第三天小敛后才撤，所以将帷堂放在最后。按：其顺序为复、楔齿、缀足、帷堂、（沐浴）、饭、袭、（小敛以后撤帷）。并作：虽略有先后，但为同一阶段的连续动作。

今译

复、楔齿、缀足、饭、设饰、帷堂，这些事都是在人断气后连续进行的。

父兄命赴者 [1]。

今注

1　父，是从父——叔伯；兄，是从兄——堂兄。赴者，是报丧的人。赴在复之后，其时主人又悲伤，又忙于楔齿、缀足……所以由从父从兄代命，但赴于君则亲命。

今译

报丧的人，一般都是由叔伯或堂兄担任。

君复，于小寝、大寝，小祖、大祖，库、四郊[1]。

今注

1　国君招魂之礼，要在国君生前常到的地方，比如小寝燕居之室；大寝，亦即"路寝"，是治事之所。祖是祖庙，太祖的庙叫"大祖"，其余昭穆的庙叫"小祖"。库是库门。郊，都城外三十里曰"郊"。

今译

国君的招魂，必须在小寝和大寝，昭穆庙和太祖庙，库门和四郊等处举行。

丧不剥[1]，奠也与？祭肉也与[2]？

今注

1　剥，是露的意思。不剥，则覆以巾，以防尘埃。

2　奠也与？祭肉也与？郑玄以来的学者，都为之做肯定的解释，以为有祭肉的奠则覆以巾，如果简略的奠——只有脯醢，则不设巾。然而说者的原句本是疑问的语气。

今译

办丧事时，不让它暴露的东西，是包括所有的奠馈呢？还是只有祭肉呢？

既殡，旬而布材与明器[1]。

今注

1　布，孔颖达疏引两说：一、布就是班。班即颁，布告的意思。二、铺的意思，布材就是暴晒椁材。明器，见前。

今译

停枢于殡宫以后十天，就得备办椁材与明器了。

朝奠日出，夕奠逮日[1]。

今注

1　敛后葬前，在"殡"的期间里，早晚都有奠。逮，是及的意思。逮日，是在太阳未没的时候。

今译

在"殡"的期间里，朝奠在日出时，夕奠在太阳未没时。

父母之丧，哭无时[1]，使必知其反也[2]。

今注

1　父母死，未殡之前，哭不绝声，殡后，除朝夕哭之外，庐中思慕则哭；小祥后，哀至则哭，都是"无时"之哭。

2　使必知其反，古说以为"期"以后可以为君使，出使后回来必须设奠告亲，就像生前"出必告，反必面"（见《曲礼上》）一般。然而这种说法前后不协，所以王夫之疑其有阙文。《檀弓丛训》引方氏言谓"哭者所以求其反，哭之无时，欲使死者必知其反"，姑从其说。

今译

父母去世，随时啼哭，使其神魂必定能循哭声回家。

练，练衣黄里、缘缘[1]，葛要绖[2]，绳屦无绚[3]，角瑱[4]，鹿裘衡长祛[5]，祛裼之可也[6]。

今注

1　练，小祥以后之服。练，是熟丝织成的缯，小祥以后练冠，练中衣——中衣用以承衰，以黄色为衬里。缘，是浅赤色的帛。缘，是镶边。

2　绖，有首绖、腰绖，男子重首，所以小祥后腰绖变为葛，要是女子则易首绖而不易腰带。

3 绳屦，麻绳做的鞋子，小祥以前穿的是草鞋。绚，是鞋鼻。

4 瑱，是充耳，悬在耳旁的饰物，吉则用玉；用角，是表示还不能完全装饰。

5 鹿裘，吉时麑（通"麛"）裘，丧则鹿裘。衡，是横。袪，是袖子的意思，未练前鹿裘的袖子短狭，练后加长加宽。

6 袪，是袖口的意思。裼，旧说以为袒露的意思。王引之以为裼是緆的假借字，緆是饰裳边袖边的意思。

今译

小祥以后的练服，是以熟丝织成的缯做中衣，用黄色的料子衬里，镶浅红色的边；腰绖改麻为葛；改草鞋为麻绳编成的鞋，但仍然没有装饰鞋鼻；悬在耳旁的充耳是角质的；鹿裘的袖子可以加宽加长，而且还可以露出镶边的袖口。

有殡，闻远兄弟之丧，虽缌必往 [1]；非兄弟，虽邻不往。

今注

1 远兄弟，是不同居的兄弟。缌麻是丧服中最轻者，为族兄弟服之。按：所谓远兄弟虽缌必往，除表示远房的意思外，还有远道的意思，下文有"非兄弟，虽邻不往"，两相对照，错文见意。

今译

家里有丧事，已停柩殡宫，听到远房兄弟去世，就是最疏远的族兄弟，再远也得赶去吊丧；但如果不是有同宗关系的兄弟，就是住在邻近，也不必去吊丧。

所识其兄弟不同居者，皆吊[1]。

今注

1　本章皇侃以为和上章不相连属，孔颖达以为连于上章。按：若连上章则缠夹不清，不如分为两章。吊，认识生者而去慰问他曰"吊"。

今译

如果是相识的人，遇上他不同居的兄弟的丧事，朋友们都得去慰问他。

天子之棺四重[1]：水兕革棺被之，其厚三寸[2]，杝棺一[3]，梓棺二[4]，四者皆周[5]。棺束缩二衡三，衽每束一[6]。柏椁以端长六尺[7]。

今注

1　天子之棺四重，王夫之本郑玄之意以为除了亲身的棺，外加四重的意思，其实共有五重。孙希旦以为内棺即蒙以水兕革，总共只有四重。

2　兕，是野牛，有水产、陆产两种。水兕革耐湿。被，是蒙的意思，以木为质，里外都蒙上水兕革。厚三寸，王夫之以为木质有三寸厚，孙希旦以为连表里总共三寸厚。

3　杝棺，椴木做的棺。

4　梓棺二，梓木的棺有二重，内曰"属"，外曰"大棺"。

5　四者皆周，四重棺都是上下四周密封的，其所以要如此说明，是因为椁并不如此，椁只围四周，上下空着，而下有茵，上有抗席。

6　棺束，古棺不用钉，用皮带束住叫作"缄"。缩，是纵；衡，是横。衽，棺材板接榫的地方，两头宽，中央小，形状像深衣的衽，所以叫作"衽"。汉人又称为"小要"。

7　端，是头的意思。柏椁以端，用柏木近根处，做椁的材料。长六尺，旧说是每段材料六尺长，王夫之以为余出棺外每头三尺，两头共六尺。

今译

天子的棺有四重：第一重是用野水牛革蒙在木质表里的棺，有三寸厚；第二重是用椴木做的棺；外面还有两重梓木做的棺，内层叫属，外层叫大棺。这四层棺，都是上下与四周合围的。束棺的皮带是直二横三，皮带和棺材接缝的地方，都要加个桦铆紧。用柏树近根的干做椁材，每段材料长六尺。

天子之哭诸侯也，爵弁绖纻衣[1]；或曰：使有司哭之[2]，为之不以乐食[3]。

今注

1　爵弁是文冠（皮弁为武冠），其制如冕而无旒，其色像雀头赤而微黑。纻，与缁、纯同，黑色的帛。绖，郑玄以为天子至尊，不见尸柩，不吊服，麻不加于采，因而认为"绖"字是衍文。孙希旦则以为"爵弁绖纻衣"是爵弁纻衣而加葛绖。

2　使有司哭之，郑玄以为不当如此。

3　为之不以乐食，天子平时吃饭，有乐工奏乐，诸侯之丧，天子开饭时不奏乐。其不奏乐的期间，郑玄以为是在殡殓之间，王夫之以为是在哭的那一天。

今译

天子哭诸侯之丧时，其服饰是戴着暗红色的文冠，黑帛的衣服，再加上葛绖；另有一种说法，是天子派属员代他哭，开饭时不奏乐而已。

天子之殡也，菆涂龙辌以椁[1]，加斧于椁上[2]，毕涂屋[3]，天子之礼也。

今注

1　菆，是丛的意思。辌，是载枢的车子。菆涂，是在积木上涂垩，填掉空隙。龙辌，在载枢车的辕上画着龙。以椁，再加椁在菆木外。

2　斧，就是黼，将黑色白斧状的图案刺绣在幕上。

3　屋，椁是上加顶。毕涂，是全部涂以油漆。

今译

天子殡的休制是：枢的四周围着从木，涂满白垩，载枢车的辕上画着龙，外面再加椁，椁边张着绣上黑白斧纹的绣幕，上面做成屋顶的样子，整个涂饰起来。这是天子殡的制度。

唯天子之丧，有别姓而哭[1]。

今注

1　别姓而哭，是分别同姓、异姓、庶姓，各自为位而哭。并非如朝觐时同爵则同位。

今译

只有在天子的丧事里，是分别姓的不同，就不同的位来哭的。

鲁哀公诔孔丘曰[1]："天不遗耆老，莫相予位焉[2]，呜呼哀哉！尼父[3]！"

今注

1　诔，是累列死者生时德行，以为作谥依据的文辞。以下诔辞，异于《左传·哀公十六年》的记载，《左传》是："旻天不吊，不愁遗一老，俾屏余一人以在位，茕茕余在疚。呜呼哀哉，尼父，无自律。"

2 相，是助的意思；位，是职位。

3 尼父，称孔子的字。

今译

鲁哀公诔孔丘的辞是："上天不留下这位老成人，现在没有人来帮助我治国了！呜呼哀哉！尼父！"

国亡大县邑，公卿大夫士皆厌冠[1]，哭于大庙，三日[2]，君不举[3]。或曰：君举而哭于后土[4]。

今注

1 公，孔颖达据郑注《士丧礼》，说是大国之孤四命，天子有三公，大国有孤，位尊于卿。王夫之以为孤就是君。厌冠，丧冠之形偃伏，故称厌冠。

2 哭于大庙，是为祖宗基业亏损而悲伤。诸家皆以"三日"下断句，王夫之以"三日"属于下句"君不"。

3 君不举，孔颖达、陈澔以为是举乐，而下句"君举而哭于后土"的"举"字也当"举乐"解，则同一天内又哭、又举乐，不合礼。庾蔚之、王夫之、孙希旦据《周礼·膳夫》"王日一举"，以为杀牲的盛馔曰"举"。

4 君举而哭于后土，这里的"举"字诸家以为和前一"举"字同义，但王夫之又歧出异义而当"率"解。后土，是土神，土神在"社"，因国土削小，所以哭于社。

今译

国家的大县邑失守了，公和卿大夫都得戴上丧冠到太庙里一连哭三天。在这三天里，君不能享用杀牲的盛馔。另有一种说法：君杀牲盛馔是可以的，但是要到社里向土神号哭。

孔子恶野哭者[1]。

今注

[1] 野哭，旧说都以哭于野外为野哭，因为影响别人，所以孔子恶之；但本篇孔子就说过"所知，吾哭诸野"，所以还是王夫之说的"野哭，谓不为位"，能不相抵牾。

今译

孔子厌恶不在当处的位上号哭的人。

未仕者，不敢税人[1]；如税人，则以父兄之命。

今注

[1] 税人，旧说以为是送人财物，王夫之、孙希旦以为税是赙的意思。

今译

还没有职务的人，不敢用财物去助丧；如果想要以财物助丧，必须获得父兄的同意。

士备入而后朝夕踊[1]。

今注

[1] 国君之丧，臣朝夕都要到灵堂哭踊；哭可依其位为先后，踊则待全体到齐。士最卑，士备入，谓全体到齐。

今译

国君之丧，臣朝夕哭踊，要等到地位最卑的"士"都到齐以后，全体才开始踊。

祥而缟[1]，是月禫[2]，徙月乐。

1　祥，大祥，丧二十五月的祭名。缟是白色的生绢，这里的缟是指缟冠而言。

2　禫，祭名，澹然平安的意思。禫的月份，王肃以为三年之丧二十五月大祥，同月禫；郑玄以为二十七月为禫。期之丧则十三月而祥，十五月而禫。

今译

大祥以后就可以戴白色生绢的冠。在这个月禫祭，下个月就可以奏乐了。

君于士有赐帟[1]。

今注

1　帟，用以承尘的缯幕，小的叫"帟"。在殡的时间，柩的四周有帷，大夫以上，上面有承尘的幕，由公家（幕人）供给。士卑，无幕，在特殊情形下，由国君恩赐。

今译

君对于士，在特殊情形下可以惠赐他一块小缯幕，用于柩上承尘。

第四　檀弓下

其性质和上篇无异，可能是因简策繁多，而分出下篇。

君之适长殇[1]，车三乘[2]；公之庶长殇[3]，车一乘；大夫之适长殇，车一乘。

今注

1　适，是嫡子。长殇，是十六到十九岁而夭折。

2　车，郑玄说是遣车——遣车比一般车小，出葬时载遣奠的牲肉以送死者，然后放在椁内，一并埋葬。孙希旦以为是其生时所乘，葬时用为魂车。

3　公，郑玄以为还是指君，俞樾以为是大国之孤——孤见《檀弓上》"国亡大县邑"章注1。

今译

君的嫡子在十六岁到十九岁夭折，在葬礼中用三辆载牲肉的遣车；公的庶子在同样情形下用一辆；大夫的嫡子也用一辆。

公之丧，诸达官之长[1]，杖。

今注

1　达官，是直接由国君任命的官员，不是大夫的陪臣。长，是其主管。

今译

公的丧事，凡是直接任命的主官，都要持丧杖。

君于大夫，将葬，吊于宫[1]，及出，命引之，三步则止，如是
者三，君退；朝亦如之[2]，哀次亦如之[3]。

今注

1　宫，郑玄说是殡宫，孙希旦以为是柩所朝之庙。

2　朝，郑玄说是朝庙。

3　次，郑玄说是大门外——生前待客的地方，孙希旦以为是
孝子居丧之处——倚庐或垩室。

今译

君对于大夫的丧事，在将葬的时候，先至殡宫吊丧，待到车
将离开殡宫时，就命人执绋拉柩车；拉了三步，停下，君再命他
拉。这样连续三次，君才离开。在朝庙时也如此，经过孝子哭踊
致哀的地方也要如此。

五十无车者，不越疆而吊人[1]。

今注

1　这就是《曲礼上》所说的"老者不以筋力为礼"。

今译

五十岁以上而没有座车的人，就不必越过国境，老远赶去问
丧了。

季武子寝疾[1]，蟜固不说齐衰而入见[2]，曰："斯道也，将亡
矣；士唯公门说齐衰[3]。"武子曰："不亦善乎，君子表微。"及其

丧也，曾点倚其门而歌⁴。

今注

1 季武子，郑注："鲁大夫季孙夙也，世为上卿，强且专政，国人事之如君。"

2 蛴固，鲁士，时有齐衰之服。

3 《曲礼下》的记载，各种衰服凶器都不入公门。"说"即"脱"字。

4 其门，旧说以为指季武子之门，王夫之以为是曾点家门。歌，是表示不废乐，君之丧，士才有所服而废乐。按：据万斯大的考证，季武子卒时，曾点方在稚龄。可能传闻有误。

今译

季武子卧病，蛴固当时有齐衰在身，他不脱齐衰就进去探病。他向季武子说明道："士只有在进公门才脱掉齐衰，这种原则，已经很少有人实践了。"武子说："你的做法很对，君子是该发扬光大那些衰微了的好事。"在他去世以后，曾点倚在门上歌唱，表示并不废乐。

大夫吊，当事而至，则辞焉¹。

今注

1 事，是指浴袭敛殡之事。辞焉，是使人辞谢而不必出迎。

今译

大夫来吊丧，正当主人忙着的时候，就先派人说明，事毕然后出拜。

吊于人，是日不乐¹。妇人不越疆而吊人。行吊之日不饮酒食肉焉。吊于葬者必执引，若从柩及圹，皆执绋。

今注

1　哀乐不同日，《论语·述而》："子于是日哭，则不歌。"正是此意。

今译

在向人吊丧的那天，整天都不再奏乐。妇人不必越过国界去吊丧。吊丧的那天，也不能饮酒食肉。在出葬时去吊丧，一定要帮忙拉柩车，如果跟柩车到墓穴，就一定要执绋帮忙下葬。

丧[1]，公吊之，必有拜者，虽朋友州里舍人可也[2]。吊曰："寡君承事[3]。"主人曰："临。"君遇柩于路，必使人吊之。

今注

1　丧，这是特指客死异地，没有亲人为主的丧事。

2　舍人，死者寄寓的房东或管家。

3　承事，是承助丧事。这是君的介说的话。

今译

客死异国者之丧，如果地主国的国君来吊，虽然没有丧主，也一定要有代表出来拜谢——死者的朋友、同乡、旧管家都可以。君来吊时，介就说："敝国的国君来帮办丧事。"那个代表主人的人说："辱蒙光临。"君在路上遇到柩车，必派人过去慰问。

大夫之丧，庶子不受吊。

今译

大夫的丧事，庶子不能做主人而接受慰问。

妻之昆弟为父后者死，哭之适室，子为主，袒免哭踊[1]，夫人门右，使人立于门外告来者，狎则入哭[2]；父在，哭于妻之室；非为父后者，哭诸异室。

今注

1　夫为妻之昆弟无服，而甥为舅服缌，所以以子为主。免，音 wèn，见《檀弓上》注。

2　因为不是自家的丧事，只有特别亲近的人，才需要进行慰问。

今译

妻的兄弟，而又是岳父的继承人死了，就在正寝哭他，叫自己的儿子做这里的丧主，袒露胳膊，去冠而"免"，号哭跳脚，自己则进去站在门的右边，还派人站在门外，向闻哭来吊的人说明死者为谁，只有特别熟悉的人，才需要进去慰问；要是父亲还健在，就不敢在正寝哭，而要在妻的寝室里哭；如果死者不是岳父的继承人，就在别的房间哭他。

有殡，闻远兄弟之丧，哭于侧室[1]；无侧室，哭于门内之右；同国，则往哭之。

今注

1　侧室，是偏房。因为正寝停着柩，所以不能在正寝哭。

今译

家里还停着柩，得到远房兄弟死亡的消息，就在偏房为他哭；没有偏房的，就在门内右侧哭；要是死者死在国内，就该赶到他的灵堂去哭。

子张死，曾子有母之丧；齐衰而往哭之。或曰："齐衰不以吊。"曾子曰："我吊也与哉[1]？"

今注

1 《杂记下》云："三年之丧，虽功衰不吊……如有服而将往哭之，则服其服而往。"曾子是哭而不是吊。

今译

子张去世的时候，曾子正好服着母丧，他就穿戴齐衰往哭子张。有人说："自己有齐衰之服，就不必去吊丧。"曾子说："我又不是去慰问生者。"

有若之丧，悼公吊焉[1]，子游摈，由左[2]。

今注

1 悼公，鲁君，哀公之子。

2 摈，是丧礼中的相，丧事以右为尊，子游以摈位在左，则以悼公在右而尊之。

今译

有若之丧，悼公亲临吊丧，子游为主持丧礼的相，而由左方上下。

齐谷王姬之丧[1]，鲁庄公为之大功。或曰："由鲁嫁，故为之服姊妹之服[2]"；或曰："外祖母也，故为之服。"

今注

1 谷，郑玄说当作"告"，是赴告的意思。王姬是齐襄公的夫人，但齐襄公的夫人，是鲁庄公的舅母，不是外祖母。俞樾以为谷和禄音近，齐僖公名禄父，王姬是齐僖公的夫人。

2 春秋，周女由鲁嫁，又同姓姬，所以可能为其服姐妹之服。

今译

齐僖公夫人的丧事，鲁庄公为她服大功。有人说："王姬是经由鲁国出嫁的，所以为她服姐妹之服。"也有人说："因为王姬是庄公的外祖母，所以为她服大功。"

晋献公之丧，秦穆公使人吊公子重耳[1]，且曰："寡人闻之，亡国恒于斯，得国恒于斯，虽吾子俨然在忧服之中[2]，丧亦不可久也，时亦不可失也。孺子其图之。"以告舅犯[3]，舅犯曰："孺子其辞焉；丧人无宝，仁亲以为宝。父死之谓何[4]？又因以为利，而天下其孰能说之[5]？孺子其辞焉。"公子重耳对客曰："君惠吊亡臣重耳，身丧父死，不得与于哭泣之哀，以为君忧，父死之谓何？或敢有他志，以辱君义。"稽颡而不拜[6]，哭而起，起而不私[7]。子显以致命于穆公。穆公曰："仁夫公子重耳！夫稽颡而不拜，则未为后也，故不成拜。哭而起，则爱父也；起而不私，则远利也。"

今注

1　晋献公，名诡诸，晚年宠骊姬，骊姬谮世子申生，并及诸公子，申生自缢，公子重耳出亡于狄。重耳在狄时，献公死，秦穆公派人去问丧，并鼓励他把握时机，图取君位。秦穆公，名任好。据后文，使者是子显。重耳，见前注。

2　俨然，专心而无旁及。

3　舅犯，重耳的舅舅狐偃，字子犯。

4　父死之谓何？父死是怎么回事？意谓凶祸之事。

5　说，解说。

6　稽颡，叩头至地。不拜，不敢以继承人自居。

7　不私，不与使者私言。

今译

晋献公死了，秦穆公派使者到狄国慰问逃亡中的公子重耳，还对他说："这种时机时常令人失掉君位，也常是获得君位的好机会，虽然你专心严肃地处在忧伤的丧服中，居丧也不宜太久，请你考虑一下。"重耳把这些告诉舅犯。舅犯说："你还是辞谢他的一番盛意，不要接受吧。逃亡的人，再没有可宝贵的事物，只有爱慕他的亲长是最可贵的了。父亲死了，是何等凶祸的事情？反而利用这种机会来图利，怎能向天下人解说清白呢？你还是辞谢了吧。"公子重耳就答复来客说："贵国君太仁惠了，还派人来慰问我这出亡的臣子。我逃亡在外，而父亲死了，只恨不能到灵位去哭泣表达心里的哀恸，死了父亲，是何等凶祸的事情，怎敢有一点别的念头，来玷辱贵国君对于我的厚义呢？"说着只叩头至地，而不敢像主人一样地拜谢，一面哭着一面起立，起立以后就不再和使者说私话了。子显把这种情形向穆公复命。穆公说："公子重耳真是仁厚！他只叩头至地而不拜谢，可见他不敢以继承人自居，所以不拜。哭着起立，可见他对父亲的爱慕；起立后就不再讲私话，可见他完全没有因丧图利的念头。"

帷殡，非古也，自敬姜之哭穆伯始也 [1]。

今注

1　穆伯，鲁大夫，季悼子之子公甫靖。敬姜是其妻。殡，平时有帷，但哭时则掀开。敬姜少寡，为了避嫌，所以不掀帷而哭，后人因之。

今译

殡时挂着帷幕哭，不是古来的习俗，是从敬姜哭穆伯时开始的。

丧礼，哀戚之至也，节哀，顺变也；君子念始之者也。复，尽爱之道也，有祷祠之心焉；望反诸幽[1]，求诸鬼神之道也；北面，求诸幽之义也。拜稽颡，哀戚之至隐也[2]；稽颡，隐之甚也。饭用米贝，弗忍虚也；不以食道，用美焉尔[3]。铭，明旌也，以死者为不可别已，故以其旗识之[4]。爱之，斯录之矣；敬之，斯尽其道焉耳[5]。重，主道也，殷主缀重焉；周主重彻焉[6]。奠以素器，以生者有哀素之心也；唯祭祀之礼，主人自尽焉尔；岂知神之所飨，亦以主人有齐敬之心也。辟踊，哀之至也，有算，为之节文也[7]。袒、括发，变也；愠，哀之变也。去饰，去美也；袒、括发，去饰之甚也。有所袒、有所袭，哀之节也。弁绖葛而葬，与神交之道也，有敬心焉。周人弁而葬，殷人冔而葬[8]。歠主人主妇室老，为其病也，君命食之也[9]。反哭升堂，反诸其所作也；主妇入于室，反诸其所养也[10]。反哭之吊也，哀之至也——反而亡焉，失之矣，于是为甚。殷既封而吊，周反哭而吊。孔子曰："殷已悫[11]，吾从周。"葬于北方北首，三代之达礼也，之幽之故也。既封，主人赠，而祝宿虞尸。既反哭，主人与有司视虞牲，有司以几筵舍奠于墓左，反，日中而虞[12]。葬日虞，弗忍一日离也。是月也，以虞易奠。卒哭曰成事，是日也，以吉祭易丧祭，明日，祔于祖父[13]。其变而之吉祭也，比至于祔，必于是日也接——不忍一日未有所归也。殷练而祔，周卒哭而祔。孔子善殷。君临臣丧，以巫祝桃茢执戈[14]——恶之也；所以异于生也。丧有死之道焉。先王之所难言也。丧之朝也[15]，顺死者之孝心也，其哀离其室也，故至于祖考之庙而后行。殷朝而殡于祖，周朝而遂葬。孔子谓：为明器者，知丧道矣，备物而不可用也。哀哉！死者而用生者之器也，不殆于用殉乎哉？其曰明器，神明之也。涂车刍灵[16]，自古有之，明器之道也。孔子谓为刍灵者善，谓为俑者不仁——殆于用人乎哉？

今注

1　望反诸幽，由于孔疏云："所以望诸幽者，求诸鬼神之道也，言鬼神处在幽暗，故望幽以求之。"并没有提到"反"字，所以俞樾以为经文本无"反"字，是衍文。

2　隐，痛的意思。

3　饭，就是含，在死者口中放置米玉珠贝之类的东西。身份不同，所含也有异。用米贝，是据士而言。食道，是生人饭食之道，生人吃的是熟饭而非生米。米贝都是天然生成的，所以说是美好的。

4　铭，把死者的名氏写在旌上，如"某氏某之柩"。明旌，是神明的旌。故以其旗识之。王引之《经义述闻》引王念孙的意见，以为"旗识"本当作"旗识识"，脱了一个"识"字。而第一个"识"字是"帜"的通假字。

5　录，是记的意思。其道，王夫之说是事亡如事存之道。

6　重，木制，士长三尺，始死，未做神主，以重为神灵的依凭，葬后虞祭才有神主牌。缀，是连的意思，殷人在做神主以后将"重"连于神主。彻，是除的意思，周人做主，就将重埋掉。

7　辟，是抚心。踊，是跳跃。节，是节制。

8　弁，是爵弁，是祭冠。经葛，是在爵弁上加经葛，不纯凶，也不纯吉。冔（通"冔"），殷人的祭冠名。

9　歠，与啜同，喝的意思。办丧事，在最初几天，没有心情饮食，三天后，邻里煮粥给他们喝。大夫以上则以君命行之。

10　反哭，是送葬后归而哭。凡哭，男子于堂下，妇人于堂上，既葬反哭，主人升堂，主妇入室，和以前之哭不同。堂，是死者生前办事的地方，室是生前馈养的处所。求其神于此，而不可得，悲哀更甚。

11 悫，质朴的意思。

12 赠，用币送死者于圹。宿，是肃而进之的意思。虞，是葬后，回到殡宫举行的安神祭。奠于墓左的尸，是以冢人充任。

13 卒哭，虞后祭名，卒无时哭而已，朝夕哭仍行之。成事，郑玄说是成祭事。卒哭而祝词称曰："哀荐成事。"祔，是祭名，到死者祖父的庙去祭死者，使其神附属于祖父；因为祖孙同其昭穆，所以附于祖父。祔之后，当天就将神主接回寝（原先的殡宫）。到服满才迁主入庙，定昭穆之班。

14 苅，是扫帚，可扫除不祥。

15 朝，出葬之前，要先告庙，本乎死者"出必告"的心情。

16 涂车，是泥土做的车。刍灵，是草扎成的假人。

今译

在丧礼中，孝子的心情极为悲哀，但又有种种礼节来节制其悲哀，这是顺着孝子悲哀的情绪，而使其渐渐适应这种剧变。这都是由于君子念及其先人，所以心里充满了悲哀，却又不敢没有节制以致损害到自己的身体。招魂，是表现其爱慕不舍的方式，怀着祈祷时的虔诚，眺望着幽暗的方向，这是祈求鬼神的方法，所以招魂向着北方，就是向处于幽暗中的鬼神祈求的意思。拜和叩头，都是在悲哀中极痛苦的表现。而叩头，是最痛苦的表现了。舍，用生米和贝壳，是不忍心让亲长死后空着口。不用生人吃食的熟饭，是因为自然生成的米贝更为美好耐久。书写姓名的铭，是代表神明的旌旗，由于死者的形貌已不可见，所以用旗帜来做标志。因为爱他，所以记其姓名作为象征；由于敬他，所以仍用事生之道来敬重他。以木制的"重"，使其魂灵有所依凭，和后来做神主牌的意义相同，不过殷人做了神主还将"重"连接一起，周人做了神主，就将"重"取消了。用朴素的器皿盛奠馈，是由于生者的心情是悲哀沉重的。只有在祭祀的吉礼中，主人才尽量文饰，备办周全。丧奠和吉祭看来是素文相反，岂知神灵之所以歆飨，只为了主人表现出严肃庄敬的心理而已。捶胸跳踊，是极悲哀的表现，然而又规定了次数，其作用在有所节制，使其适度。打赤膊去笄缅而改用麻束发髻，改变了平时的服饰；忧郁愤恚，是悲哀至极的变态。凡此，都以弃除华美为务，打赤膊和改用麻束发，都是弃除修饰的极端表现。但有规定袒露的时候，也有规定穿衣的时候，为的是使悲哀有节制。以爵弁上加葛绖的服饰行葬礼，这是和神明沟通的礼节，不纯用凶服，是尊敬神明的意思。所以周人戴了爵弁行葬礼，殷人戴着冔行葬礼，都是一样的。丧三日以后就得让主人、主妇、老家臣之长喝些稀饭，因为他们都饿了，亦累坏了，所以国君命令他们必须进食以保养身体。送葬后回家号哭，主人是到堂上哭——由于回到亲人生前办事的地方，触景生情而更加悲哀；主妇则进入寝室啼哭——由于回到她奉养亲长的处所，睹物思人而哀思更甚。送葬后回家号哭的时候，戚友还得前来慰问，因为这时是最心酸的时候——回到家以后，先人的一切都不见了，甚至连柩车都没有，这才真正感到是永远消逝了，这时的哀痛是最难堪的了。殷人是在下窆（墓穴）以后就慰问孝子，周人是到葬后回家号哭时才去慰问孝子。孔子说："殷人的做法太现实了，我赞成周人的习俗。"埋葬在北郊，头向北方，是三代以来通行的礼节，因为鬼神是要向幽暗的地方去的。下窆以后，主人就以束帛送死者，放在圹中，而祝则先回去邀约那充任虞祭的尸。回家哭过以后，主人和执事就去省视虞祭的牺牲；同时，另有执事在墓左放置几案筵席，奠以脯醢。在主人回来以后，就在正午举行安神的虞祭。下葬的同一天举行安神祭，是基于孝子不忍有一天和亲人失去联系。就在这一天把不用尸的莫改成有尸的祭。到了举行卒哭之祭时，祝就要致辞说明，这已经成为吉祭，而且自这一天起，就以吉祭来取代以往的丧祭。第二天，奉了神主，到祖庙去祭死者，使其神祔于死者的祖父。在"丧祭"变成"吉祭"，一直到祔于祖庙的过程中，一天接着一天，"卒哭"和"祔"一定要接连着举行——这是因为孝子不忍心魂灵有一天无所归依。殷人在周年练祭以后才行祔祭，周人在卒哭以后即祔，孔子赞成殷人的方式。君主去吊唁臣子的丧事时，要让巫祝拿着桃枝扫帚和戈护卫，由于生人不喜欢死人的凶邪之气，故其礼貌异于对待生人。办丧事，另有对待死人的礼节，这则是先王所不便说的了。在丧礼中，葬前要先朝祖庙，这是顺从死者"出必告"的孝心，由于他是很舍不得离开故居的，所以先到祖父、父亲的庙里告辞后才启程。殷人是在朝庙以后就停柩在祖庙里几个月，周人却在朝庙以后就出葬。孔子认为用明器殉葬的人，是很明白办丧事的道理，既备办了种种物品，却又不可实用，如果用生人使用的物品来殉葬，不是太接近于用生人殉葬了吗？把殉葬的物品叫作"明器"，是奉死者为神明的意思。像泥塑的车子、草扎的人形，自古就有了，这就是"明器"的原则了。孔子认为做草人殉葬者的心地仁厚，刻木做人形来殉葬太残忍了。越是雕刻得栩栩如生，不是越接近于用生人来殉葬吗？

　　穆公问于子思曰[1]："为旧君反服[2]，古与？"子思曰："古之君子[3]，进人以礼，退人以礼，故有旧君反服之礼也；今之君子，进人若将加诸膝，退人若将队诸渊[4]，毋为戎首[5]，不亦善乎！又何反服之礼之有[6]？"

今注

1　穆公，鲁君，名不衍，哀公之曾孙。

2　反服，王夫之说是"反奔其丧为制齐衰三月"。据《仪礼·丧服》，在三种情形之下为旧君服：一、致仕以后为旧君和君的母妻服；二、大夫流放在外，其妻和长子为旧君服；三、大夫待放，爵禄有列于朝，出入有诏于国，而为旧君服。

3　君子，在这里当为在位的君主而言。

4　加诸膝，放置膝上。队，音义并如坠。坠诸渊，是欲置之死地的意思。

5　戎首，兵戎之首。

6　又何反服之礼之有，王引之以为"之礼"二字为衍文，且其来已久远，唐石经已有"之礼"二字，但《世说新语·方正》注、《通典·礼五十九》《白帖》三十八所引都没有此二字。以上穆公、子思的对答和孟子、齐宣王的一段对答意思相近，兹引为参证：《孟子·离娄下》："王（齐宣公）曰：'礼为旧君有服，何如斯可为服矣？'（孟子）曰：'谏行言听，膏泽下于民；有故而去，则君使人导之出疆，又先于其所往，去三年不反然后收其田里，此之谓三有礼焉。如此则为之服矣。今也为臣，谏则不行，言则不听，膏泽不下于民；有故而去，则君搏执之，又极之于其所往，去之日遂收其田里，此之谓寇雠，寇雠何服之有？'"

今译

穆公问子思说："旧君之丧，做过臣子的还追念老恩情为他服齐衰三月，这是古来的礼节吧？"子思说："古代的国君，在任用臣下或臣子离职的时候，都是依礼行事的，所以才有为旧君服丧的礼。现在的国君，在争取人才时，像要把他抱到膝上似的；在臣子离职时，又好像要将他推下深渊似的。离职的臣子不鼓动别国带领军队来攻打故国，已经很够意思了，哪里还有什么为旧君服丧的礼节呢？"

悼公之丧¹，季昭子问于孟敬子曰²："为君何食？"敬子曰："食粥³，天下之达礼也。吾三臣者之不能居公室也⁴，四方莫不闻矣，勉而为瘠则吾能，毋乃使人疑夫不以情居瘠者乎哉？我则食食⁵。"

今注

1 悼公，鲁君，哀公之子。

2 昭子，康子之曾孙，名强。敬子，武伯之子，名捷。

3 食粥，为君斩衰三年，始死三日不食，殡以后食粥，到十三月以后才吃饭。

4 三臣，仲孙、叔孙、季孙，都是鲁国的强臣，素来专横，目中无君。不能居公室，不能以事君之礼侍奉国君。

5 食食，后一食字读 sì，就是饭。

今译

鲁悼公去世办丧事，季昭子问孟敬子："为国君的丧事，三餐该吃什么？"敬子说："该喝稀饭，这是天下通行的礼。但我们仲孙、叔孙、季孙三家向来不能以事君之礼侍奉国君，各处的人都晓得了，要我勉强节食，变成消瘦的样子我也办得到，但那不是让人怀疑我内心既不悲哀而外表却消瘦吗？我还是照常吃饭算了。"

卫司徒敬子死¹，子夏吊焉，主人未小敛，绖而往。子游吊焉，主人既小敛，子游出绖反哭，子夏曰："闻之也与？"曰："闻诸夫子，主人未改服则不绖²。"

今注

1 司徒，是因官为氏，公子许之后。

2 小敛之后主人才服未成服之麻。

卫国的司徒敬子死了，子夏去吊丧，在主人还没有举行小敛以前就戴了绖进去，而子游却以常服去吊丧，在主人行过小敛以后，子游才出去戴上绖，再回屋里来号哭。子夏问他："你的做法可有什么依据？"子游说："我听夫子说过，主人还没改服时，宾客还不能戴绖。"

曾子曰："晏子可谓知礼也已[1]，恭敬之有焉。"有若曰："晏子一狐裘三十年，遣车一乘，及墓而反[2]。国君七个，遣车七乘；大夫五个，遣车五乘[3]，晏子焉知礼？"曾子曰："国无道，君子耻盈礼焉；国奢，则示之以俭；国俭，则示之以礼。"

今注

1　晏子，齐大夫，名婴，事齐灵公、庄公、景公，以节俭力行重于齐，为相。

2　遣车，送葬载牲体，然后入圹的车子。及墓而反，旧说谓晏子既窆而归，不留宾客；孙希旦以为是因为藏器少，所以很快就葬毕而立刻回家。

3　个，葬前祖奠，国君奠大牢，大夫少牢，士特牲，每牲取臂臑胳三段为一个，每乘遣车各载一个。

今译

曾子说："晏子可以说是很懂得礼的人了，他有谦恭的心理、肃敬的行为。"有若说："晏子一件狐皮袍穿了三十年，办丧事时，出葬只用一乘遣车，一下葬完毕就回家。依礼，陪国君下葬的牲体有七个，遣车也用七乘；大夫是五个牲体，五乘遣车，晏子怎算懂得礼呢？"曾子说："如果国家没有治理好，那么作为君子以照搬礼数的规定为耻。在国人太奢侈时，就表现出节俭的作风；

在国人太俭朴时，才要处处尽礼。"

国昭子之母死[1]，问于子张曰："葬及墓，男子妇人安位？"子张曰："司徒敬子之丧，夫子相，男子西乡，妇人东乡[2]。"曰："噫！毋。"曰："我丧也斯沾[3]。尔专之，宾为宾焉，主为主焉——妇人从男子皆西乡。"

今注

1 国昭子，齐大夫。

2 送葬时男女夹"羡道"为位，男子面向西，妇人向东。按："羡道"是从地面斜向圹里的通道，遣车明器由此入圹。三面有墙，上面露空的叫"羡道"，连上面都密封的叫"隧道"。

3 沾，郑玄以来都以为沾是觇的通假字——觇是视的意思。王夫之云：沾是益的意思。

今译

国昭子的母亲死了，他问子张："出葬到墓地以后，男子和妇人该就什么位置？"子张说："司徒敬子的丧事，是由我的老师主持，那是男子面向西，妇人向东的。"国昭子说："啊！可别照老样子。"接着说："我办丧事，是有许多宾客来观礼的。一切都由你负责，可是我要宾客归宾客在一边，主人归主人在一边，主人这边的妇女就跟在男子后面一律面向西。"

穆伯之丧，敬姜昼哭；文伯之丧，昼夜哭[1]。孔子曰："知礼矣。"

今注

1 穆伯是敬姜的丈夫，文伯是其子。夫死不夜哭，是表示不为私情而哭。

今译

敬姜为她丈夫穆伯居丧，只在白天哭；为她儿子文伯居丧，白天夜里都哭。孔子说："她真懂得礼了。"

文伯之丧，敬姜据其床而不哭[1]，曰："昔者吾有斯子也，吾以将为贤人也，吾未尝以就公室；今及其死也，朋友诸臣未有出涕者，而内人皆行哭失声。斯子也，必多旷于礼矣夫。"

今注

1　据：王夫之说是"踞"的意思。但作"依凭"解，也颇近情理，这表示敬姜内心仍是悲伤的。前章记敬姜为文伯昼夜哭，本章又说不哭，王夫之以为昼夜哭是在初死时，不哭是在既葬以后。这不过是猜测之词，而且也不近情理，还不及杨慎说的："不哭者，暂时也。"为近似。本章所记的故事并见于《孔子家语》，但《孔子家语》的记载略异于此。

今译

文伯死了，敬姜依凭着他的床却不肯哭，说："以前这孩子活着的时候，我还以为他会成为有才德的人，所以我从未往他的办事处去。现在他死了，不见有朋友众臣为他落泪，倒是妻妾女御们为他伤心落泪。我怕这个孩子，对于礼早就荒废了。"

季康子之母死[1]，陈袭衣[2]。敬姜曰："妇人不饰，不敢见舅姑，将有四方之宾来，何为陈于斯？"命彻袭。

今注

1　敬姜是季康子的从祖母。

2　陈，小敛之前，先将敛衣陈列房中。袭衣，是内衣。

今译

季康子的母亲死了，在小敛以前，连内衣都陈列出来。敬姜说："妇人没有装饰，都还不敢见公婆，何况就要有各处的宾客来吊，怎能将内衣陈列在那儿？"于是，下命将内衣收起来。

有子与子游立，见孺子慕者，有子谓子游曰："予壹不知夫丧之踊也[1]，予欲去之久矣。情在于斯，其是也夫？"子游曰："礼：有微情者[2]，有以故兴物者[3]；有直情而径行者[4]，戎狄之道也。礼道则不然，人喜则斯陶[5]，陶斯咏，咏斯犹[6]，犹斯舞，舞斯愠，愠斯戚，戚斯叹，叹斯辟，辟斯踊矣，品节斯，斯之谓礼。人死，斯恶之矣，无能也[7]，斯倍之矣。是故，制绞衾，设蒌翣[8]，为使人勿恶也。始死，脯醢之奠；将行，遣而行之，既葬而食之，未有见其飨之者也；自上世以来，未之有舍也，为使人勿倍也。故子之所刺于礼者，亦非礼之訾也。"

今注

1　壹，孔颖达说是"专"的意思，杨慎说是"独"的意思，王夫之说是"一向"的意思。踊是有节奏的，孺子慕亲，则恣意号哭而无节。

2　微，孔颖达说是"减杀"的意思，王夫之说是"约"的意思，并没有大分别。微情，就是节制感情，如曾子丧亲，七天之中水浆不入于口，则过礼。礼的作用之一，就是节制这种过于悲哀的感情，故规定三日不食。

3　故，孔颖达以为是故意，王夫之说是"人之所固有而已然者"。兴，是起的意思。物，是具体的事物，如衰绖之类。

4　有直情而径行者，俞樾以为"有"字是衍文。

5　孙希旦以为"喜"是外界可喜的刺激，"陶"是内心受鼓荡的感受。

6　犹，是摇的意思。

7　无能，王夫之谓死则不能以喜怒加人。

8　绞，是捆在死者身上束紧衣服的布条。衾，是覆尸的被盖。蒌翣，即柳翣，柩车的上盖叫柳。翣，见前。

今译

有子和子游一起站着，见到个孩子啼哭着找父母，有子对子游说："我一点儿也不明白丧礼中为什么有跳跃的规定，我老早就想废除这种陋规。丧礼中悲哀思慕的心情就和这孩子一样，照这孩子直截了当地号哭，不就得了吗？"子游说："礼的种种规定，有的是用以节制感情，使其免于泛滥；有的是借外在的事物来引发心里的情感，但将情绪直率地表现于行为上的，是野蛮人的做法。如果依礼而行，则不同于此：因为人们遇到可喜的刺激就开心了，开心得很就歌咏，歌咏之余就会摇动身体，摇动身体还觉得不够时就要舞蹈起来了，舞蹈过后却又感到空虚而不高兴，不高兴以后就感到悲戚，心中悲戚就会叹气，叹气还不能得到抒泄就要捶胸，捶胸还不够就要顿足了。将这些变动不安的情绪和行为加以品类节制，这就叫作'礼'。人死了，就讨人厌；而死人无能为力，人们就要背弃他了。所以，制作束衣的布带、覆尸的被盖来敛尸，又在柩车上设置了盖子和遮掩四周的扇形屏障，为的是使人不要见死而生厌。试看：刚死时用肉脯、肉酱祭他；出葬前又有送行的遣奠，葬后还有种种祭祀，即使从来没见过鬼神来享用，但是自古以来，却也没有人废止这种做法，为的是使人仍然和死者保持联系，而不背弃他。所以你对这种礼仪所做的批评，也就成了不合理的毁谤。"

吴侵陈[1]，斩祀杀厉[2]，师还出竟[3]，陈大宰嚭使于师。夫差谓行人仪曰[4]："是夫也多言，盍尝问焉[5]；师必有名，人之称斯师也者，则谓之何？"大宰嚭曰："古之侵伐者，不斩祀、不杀厉、不获二毛[6]；今斯师也，杀厉与？其不谓之杀厉之师与？"曰："反尔地，归尔子，则谓之何？"曰："君王讨敝邑之罪，又矜而赦之，师与，有无名乎？"

今注

1　据《左传》，吴侵陈在哀公元年，吴伐陈则在哀公六年。郑玄据前者而言，王夫之据后者而言。

2　斩祀，砍伐社坛的树木。杀厉，杀害患疫病的人。

3　还音旋，竟音境。

4　大宰（太宰），见前，是官名，嚭是人名。行人是官名，掌聘问等外交事宜，仪是人名。当时吴国有个太宰嚭，所以洪迈认为嚭是吴人，而行人仪应当是陈人。两者简册互错。所以本章两见之太宰嚭都得改为行人仪，而行人仪则当改为太宰嚭。后人多从其说。不过孙希旦以为造成错误的原因是记录者传闻有误，而不是由于简册互错。但是，陈国当时的太宰也叫嚭，和吴国的太宰同名，并非绝对不可能。

5　尝，是试的意思。

6　二毛，鬓发斑白的人。

今译

吴国侵略陈国，砍伐陈国社坛的树木，杀害患疫病的陈国人，在吴军退出国境的时候，陈国的太宰嚭（似当改为行人仪）出使到吴军。吴王夫差对行人仪（似当改为太宰嚭）说："这个来使，很会说话，我们何不考验他一下？凡是军队都有一种称号，试问他对我们的部队，会加上什么样的称号？"太宰嚭（似当改为行人仪）在对方提出这一问题后回答："古人在攻击敌人时，是不砍伐敌国的社树，不杀病人，不俘虏鬓发斑白的人。然而现在贵国的部队，不是杀害病人吗？那不是可以称为杀害病人的部队吗？"又问："那么把土地和被俘的子女都归还给你们，你又怎么称呼我们的部队呢？"答道："贵国的君王为了敝国有罪而兴师讨伐，然后又同情我们的困苦而赦免我们，这是大仁大义的部队呀，还怕公论不会给以应得的美名吗？"

颜丁善居丧[1]：始死，皇皇焉如有求而弗得[2]；及殡，望望焉如有从而弗及[3]；既葬，慨焉如不及其反而息[4]。

今注

1　颜丁，鲁人。

2　皇皇，彷徨不安的意思。本来还热切冀望其能康复，现在居然死了，原先的期望完全破灭了。

3　望望，陈澔说是往而不顾之貌，《释名·释姿容》云："望，茫也，远视茫茫也。"《释言语》又云："望，惘也，视远惘惘也。"意思很切近。从，是追随的意思。

4　慨，郑玄说是疲惫的样子，陈澔则以为是感怅的意思。如不及其反而息，旧说是孝子且行止息，以待其亲之反；王引之以为"如不及其反而息"七字当连读，而云"当迎精而反之时，孝子之心，有如亲已反而息于寝，己欲从之而不及者然，是以慨然也"。按：上篇有"既葬，皇皇如有望而弗至"，又有"其反也如疑"，则旧说似能相应，而王氏以为"有如亲已反而息于寝，己欲从之而不及"，则孝子势必匆遽赶路，与上篇所记完全抵触，宜仍从旧说。又按：上篇"始死，充充如有穷"章，可与本章参照，其语法亦见《祭义》。

今译

颜丁在办丧事时所表现的态度很得体：在亲人刚死的时候，他彷徨不安，表现出殷切期望而希望终于破灭的样子；殡的时候，他茫茫然，表现出要追随先人而已不可能的样子；在送葬以后，他很感怅惘，好像担心先人的魂灵来不及跟他一起回家，因而且行且息地等待着。

子张问曰："《书》云：高宗三年不言，言乃谨[1]。有诸？"仲尼曰："胡为其不然也？古者天子崩，王世子听于冢宰三年[2]。"

今注

1 《书》云以下见《尚书·无逸》，按今本《尚书》作："其在高宗……三年不言……言乃雍……"高宗，是殷高宗武丁。

2 以上对答和《论语》的记载略有不同。《论语·宪问》云："子张曰：'《书》云：高宗谅阴，三年不言。何谓也？'子曰：'何必高宗，古之人皆然；君薨，百官总己以听于冢宰三年。'"

今译

子张问："《书》的记载说：'殷高宗居丧，三年都不和朝臣谈话，等他除服开口，大家都欢喜起来。'真有这种事吗？"仲尼说："这有什么不可以呢？古代天子去世，王太子就听凭冢宰摄政三年，当然可以不说话。"

知悼子卒[1]，未葬，平公饮酒，师旷、李调侍[2]，鼓钟。杜蒉自外来[3]，闻钟声，曰："安在？"曰："在寝。"杜蒉入寝，历阶而升[4]，酌，曰："旷饮斯。"又酌，曰："调饮斯。"又酌，堂上北面坐饮之。降，趋而出。平公呼而进之，曰："蒉，曩者尔心或开予，是以不与尔言；尔饮旷何也？"曰："子卯不乐[5]；知悼子在堂，斯其为子卯也大矣。旷也大师也，不以诏，是以饮之也。"尔饮调何也？"曰："调也君之亵臣也，为一饮一食，忘君之疾，是以饮之也。""尔饮何也？"曰："蒉也宰夫也，非刀匕是共，又敢与知防[6]，是以饮之也。"平公曰："寡人亦有过焉，酌而饮寡人。"杜蒉洗而扬觯[7]。公谓侍者曰："如我死，则必无废斯爵也。"至于今，既毕献，斯扬觯，谓之杜举。

今注

1　知悼子，晋大夫荀盈，卒于鲁昭公九年。此事《左传·昭公九年》也有记载，而措辞不同。

2　平公，晋侯名彪。师旷，晋之乐师。李调，平公的嬖臣。饮酒，郑玄说是"与群臣燕"，孙希旦以为是私燕，孙说是。

3　杜蒉，平公的膳宰，《左传》作屠蒯。

4　历阶，王夫之谓："足涉二等曰历阶。"

5　子卯不乐，殷纣在甲子自焚而死，夏桀则在乙卯被放逐，所以王者以甲子、乙卯为忌日，不敢奏乐，以自警惕。

6　与，音 yù，参与的意思。知，是主、为的意思。防，是防闲谏争（谏诤）。

7　洗，献酒于君，应先将酒器盥洗清洁然后举。扬，是举的意思。觯，酒器名，许慎以为可容四升，郑玄以为三升。

今译

知悼子死了，还没有下葬，而晋平公却喝起酒来了，另有师旷、李调作陪，还敲钟奏乐。杜蒉刚从外面进来，听到钟声，就问守门的："君在哪里？"答道："在正寝。"杜蒉就进入正寝，仓促地一跨两级，倒了一杯酒说："旷，把这杯酒喝了。"又倒了一杯说："调，把这杯喝掉。"又倒了一杯酒，在堂上向北面坐着自己喝了。然后走下台阶，快步走出正寝。平公喊住他，命他进来，说："刚才我以为你也许存心要对我有所启发，所以不跟你讲话打岔。你为什么要师旷喝酒呢？"答道："殷纣身死的日子——甲子，夏桀放逐的日子——乙卯，王者都还列为忌日，不敢奏乐，现在知悼子还停柩堂上。大臣死而未葬，这比逢上甲子、乙卯更要严重得多了。师旷是掌乐的大师，而不将这种道理报告给您知道，所以我罚他喝杯酒。""但是，你为什么又要李调喝酒呢？"答道："李调是您亲近的臣子，为了有的喝有的吃，就忘了您的过失，所以我也罚他喝一杯。"平公又问："那么你自己为什么也罚一杯呢？"答道："蒉（我）不过是个宰夫，不去做我分内该做的事，反而胆敢越职来谏争，所以自己也该罚一杯。"平公说："我也有过失，赶快倒杯酒来，也该罚我一杯。"杜蒉洗了酒杯，然后将酒杯高举。平公告诉侍者说："在我死后，还是不准废弃这个杯子。"因此之故，直到现在，凡是献酒以后，再高举酒杯的动作，就叫作"杜举"。

公叔文子卒[1]，其子成请谥于君曰："日月有时，将葬矣。请所以易其名者[2]。"君曰："昔者卫国凶饥，夫子为粥与国之饿者，是不亦惠乎[3]？昔者卫国有难，夫子以其死卫寡人，不亦贞乎[4]？夫子听卫国之政，修其班制，以与四邻交，卫国之社稷不辱，不亦文乎[5]？故谓夫子贞惠文子[6]。"

今注

1 公叔文子，卫大夫，名拔，献公之孙。

2 谥，古之贵族死后，君主就其生时行迹而为之立号，其作用在劝善彰有德。丧礼，葬后行虞祭，接着是卒哭，卒哭乃讳，就不能称呼死者的名，而要称他的谥号了。君，是卫灵公。

3 惠，谥法（据孔疏所引，后放此）云："爱民好与曰惠。"

4　卫难在鲁昭公二十年。贞，谥法云："外内用情曰贞。"

5　修，俞樾以为本当作"循"，形似而传写错误。并以《礼器》"循"误作"修"为证。班，是尊卑先后之序。制，是享赠多寡之节。文，谥法云："道德博闻曰文。"

6　古时的谥只用一字，后来也有用两字，但用三字的极罕见。不过公孙拔虽用三字，但记录者还是只录一"文"字而已。

今译

公叔文子去世，他的嗣子戌向国君请求赐予谥号，说："出葬的月日已经决定了，而且就在最近，请赐给一种称呼来代替他的名。"灵公说："以前卫国遇到凶年而饥荒，夫子做了粥来周济挨饿的同胞，那不是很慈善的表现吗？以前卫国有了变乱，夫子拼死来保卫我，那不是很忠贞的表现吗？夫子主持卫国的政治，序列尊卑的先后，节度礼物的多寡都依照礼制，以此和邻邦交往，使卫国的声望没有受到玷辱，这不是很知礼的表现吗？所以可以称呼夫子作贞惠文子。"

石骀仲卒[1]，无適子，有庶子六人，卜所以为后者。曰："沐浴佩玉则兆[2]。"五人者皆沐浴佩玉；石祁子曰："孰有执亲之丧，而沐浴佩玉者乎？"不沐浴佩玉。石祁子兆[3]。卫人以龟为有知也。

今注

1　石骀仲，卫大夫，石碏的族人。

2　沐浴佩玉则兆，这是卜人说的话。兆，古人用龟甲卜吉凶时，以火烧灼龟甲，使其产生裂痕，就以这些裂痕来断定吉凶。这些显示吉凶的裂痕叫作"兆"。

3　古人问卜，先将要求神指示的问题刻在龟甲（或兽骨）

上，然后再就烧灼出来的裂痕（兆）求得解答，而将答案刻上（有时又将行事的结果再刻上去）。当时可能将六人的名字都刻上而龟兆正好裂向石祁子的名字上。

今译

石骀仲去世了，正室没有孩子，偏房却有六个孩子，只好用问卜的方式来决定继承人。卜人说，要孩子们先沐浴佩玉以后，龟甲的裂痕才会显示出正确答案。其时有五个儿子，都赶忙沐浴佩玉，只有石祁子说："居父之丧，如何可以沐浴佩玉啊！"他就不沐浴佩玉。龟兆显示石祁子做继承人。因此，卫国人都以为龟甲很灵验。

陈子车死于卫[1]，其妻与其家大夫谋以殉葬[2]，定，而后陈子亢至[3]，以告曰："夫子疾，莫养于下，请以殉葬。"子亢曰："以殉葬，非礼也；虽然，则彼疾当养者，孰若妻与宰？得已，则吾欲已；不得已，则吾欲以二子者之为之也。"于是弗果用。

今注

1 陈子车，齐大夫，客死于卫。

2 家大夫，陈子车的家宰，大夫的家宰本是士，但大夫强而僭，所以家臣也僭称大夫。

3 陈子亢，是子车的弟弟，郑玄以为就是孔子的弟子陈亢。

今译

陈子车客死于卫国，他的妻子和家宰计划用活人殉葬。已经决定了，而陈子亢奔丧到卫国，他们就将那决定告诉他，说："夫子健康情况不好，又没有人在地下伺候他，所以我们想用活人殉葬。"子亢说："用活人殉葬，是不合礼的。如果实在有此需要，那么能在地下伺候他的，谁也比不上他的妻子和家宰来得更适当了！如果可以取消这决定，我是愿意的。若不能取消，我以为就把你们两个人殉葬吧。"于是，殉葬的事没有实行。

子路曰："伤哉贫也，生无以为养，死无以为礼也。"孔子曰："啜菽饮水尽其欢¹，斯之谓孝；敛手足形，还葬而无椁²，称其财，斯之谓礼。"

今注

1　啜菽，喝豆粥，尽其欢，使其精神上满足。

2　还葬，见上篇注。

今译

子路说："没有钱，真是难过啊！父母在世，没法子好好地供养他们；他们死了，又没法子依礼举办丧事。"孔子说："尽管是吃稀饭，喝清水，但能使老人家精神上得到满足，这就是'孝'了；他们死后，只要有衣衾足以掩藏形体，敛毕即葬，没有棺椁，但能尽自己的财力举办，这就是'礼'了。"

卫献公出奔，反于卫¹，及郊，将班邑于从者而后入²。柳庄曰："如皆守社稷，则孰执羁靮而从³？如皆从，则孰守社稷？君反其国而有私也，毋乃不可乎？"弗果班。

今注

1　卫献公，名衎，于鲁襄公十四年为孙、宁所逐，奔齐，鲁襄公二十六年复国，事详《左传》。

2　班，颁。

3　柳庄，卫国的太史，也跟着献公出奔。羁，是马络头。靮，是马缰。

卫献公被逐逃亡，终于又回到卫国复位，到了城郊，要先把一些封地赏给跟随他逃亡的人，然后才进城。柳庄说："如果大家都留下来捍卫国家，那还有谁来握着络头缰绳跟随去逃亡？然而要是大家都跟着逃亡去，又有谁来捍卫国家呢？您一回国就有了偏心，这恐怕不太好吧？"结果没有颁赏。

卫有大史曰柳庄，寝疾。公曰："若疾革，虽当祭必告[1]。"公再拜稽首请于尸曰："有臣柳庄也者，非寡人之臣，社稷之臣也，闻之死，请往。"不释服而往，遂以襚之[2]。与之邑裘氏与县潘氏，书而纳诸棺，曰："世世万子孙，无变也。"

今注

1 当祭必告，谓祭礼隆重，举祭时不接受讣告，但因柳庄贤臣，故卫公说，虽当祭时，亦须讣告于他，表示柳庄的重要。

2 襚，赠给死人穿的衣服叫"襚"。

今译

卫国有个太史叫柳庄，重病不起。卫君说："如果病况危急，就是在我主持祭典的时候也要向我讣告。"（柳庄果然在卫君主祭时去世了。）卫君拜了两拜，叩头，然后向祭祀中的神主请求说："有个叫柳庄的臣子，他不但是属于我个人的臣子，而且是属于整个国家的臣子，刚得到他的死讯，请特准我前往吊丧。"当时，他还来不及换衣服就赶到柳庄家里，把自己身上的祭服脱下，送给死人，并且把裘氏邑和潘氏县封给柳庄，还订了誓约放进棺材里。那誓约的大意说："这种封赠，世代相传到万万子孙，永远不能变更。"

陈乾昔寝疾，属其兄弟[1]，而命其子尊己曰："如我死，则必大为我棺，使吾二婢子夹我[2]。"陈乾昔死，其子曰："以殉葬，非礼也，况又同棺乎？"弗果杀。

今注

1　属，孔颖达当嘱字解，吩咐的意思，陈澔则解作合、聚。

2　婢子，郑玄说是指"妾"而言。

今译

陈乾昔病重不起，吩咐他的兄弟，并命令儿子尊己说："要是我死了，一定要为我做个大棺，让两个妾躺在我的身旁。"陈乾昔死后，他的儿子说："用活人殉葬，已经是不合礼了，何况还敛在一个棺里呢？"结果并没有将二妾杀掉。

仲遂卒于垂[1]；壬午犹绎[2]，万入去籥[3]。仲尼曰："非礼也，卿卒不绎。"

今注

1　仲遂，鲁庄公之子，东门襄仲。垂，是齐国地名。本章记事，《左传》经文有之，可资参证。《左传·宣公八年》云："夏六月，公子遂如齐，至黄乃复。辛巳，有事于大庙；仲遂卒于垂。壬午，犹绎，万入去籥。"

2　绎，祭之明日又祭叫"绎"，由于辛巳已祭，壬午又祭，所以叫绎；由于讣闻已达，而还在举行绎祭，所以说"犹绎"。

3　万，文舞、武舞的总名。

今译

仲遂死于垂的地方。壬午，讣闻已经到达，鲁宣公还在举行绎祭，而且照常有舞蹈，只不过把籥舞取消了而已。仲尼说："这是不合礼的，国中有大臣之丧，应该不举行绎祭。"

季康子之母死，公输若方小，敛，般请以机封[1]，将从之，公肩假曰[2]："不可！夫鲁有初，公室视丰碑，三家视桓楹[3]。般，尔以人之母尝巧，则岂不得以[4]？其毋以尝巧者乎？则病者乎？噫！"弗果从。

今注

1　公输若，公输是氏，若是名。郑玄以为是当时的匠师。般，是公输般，春秋时最著名的巧匠，当是公输若的族人。

2　公肩假，鲁人。王夫之以为是季氏之族父兄。

3　初，是先例。丰是大的意思，丰碑是用大木头斫成，形如石碑，树立在墓地的四角上。碑的中间打个洞做辘轳，下棺时，绳子就绕着辘轳，然后依鼓声缓缓缒下棺材。用四块丰碑本是天子之礼，而鲁君僭用之。桓，郑玄说四植谓之桓，其作用如碑，而形似楹。盖植立四根大柱来缒下棺材。这本是诸侯之礼，而大夫僭用之。

4　不得以，郑玄读作不得已，俞樾以为仍当作"以"。

今译

季康子的母亲死了，当时匠师公输若的年纪还小，在大敛以后，公输般建议用他新设计的机械来下棺，主人正要同意，公肩假说："不行！下窆的方式鲁国自有先例，国君是比照四座大碑的方式，我们仲孙、叔孙、季孙三家是比照四根大柱的方式。公输般，你不惜以别人的母亲来试验你的技巧，那你还怕得不到试验的机会吗？难道你不借这次机会做试验就会难过吗？唉！"于是季康子就不听他的了。

战于郎[1]，公叔禺人遇负杖入保者息[2]，曰："使之虽病也，任之虽重也[3]，君子不能为谋也[4]，士弗能死也。不可！我则既言矣⁵。"与其邻重汪踦往⁶，皆死焉。鲁人欲勿殇重汪踦，问于仲尼。仲尼曰："能执干戈以卫社稷，虽欲勿殇也⁷，不亦可乎！"

今注

1　郑玄以为郎是地名，是鲁国都城的近邑。这次齐鲁的战役《左传·哀公十一年》有详尽的记载，但没有提到"郎"的地名，只说"战于郊"，所以王夫之以为"郎"是传写之误。而郑玄也就据传文而说郎是鲁的近邑。

2　公叔禺人，是昭公之子，《左传》的记载作公叔务人，孙希旦说他是士。杖，王夫之说是兵杖。保，就是堡。

3　使之病，是指徭役而言。任之重，是指赋税而言。

4　君子，是指在位之卿大夫而言。

5　我则既言矣，《左传》作"吾既言之矣，敢不勉乎"。《檀弓》所记省略了"敢不勉乎"，而使意思不明。

6　重，《说文通训定声》以为是"僮"的借字。邻童，《左传》作"嬖童"，郑玄云别本作"谈童"。谈童，嬖童，意思相近。俞樾说，谈邻，古字形相近而误。此处当是"谈"误为"邻"。

7　殇，未成年而死叫殇。殇者所行之丧礼称"殇"，较成人简略。勿殇，则以成人之礼为之举丧。

今译

齐鲁战争已经进行到鲁国城郊，公叔禺人遇到一个扛着兵杖的人走进城堡来休息，他感慨地说："虽然徭役已经使百姓很辛苦了，赋税也使百姓的负担很重了，可是卿大夫不能好好地治国，担任公职的人又没有牺牲精神，这是不行的啊！我既敢这么说，就得实践自己的话。"于是，就带着相好的少年汪踦一起冲上敌阵，而且二人都战死了。鲁国人想不用殇子的丧礼来办汪踦的丧事，于是请教于孔子。孔子说："他既然能够拿着武器捍卫国家，你们不用孩子的丧礼给他举丧，不是很合礼的吗？"

子路去鲁，谓颜渊曰："何以赠我¹？"曰："吾闻之也，去国，则哭于墓而后行；反其国，不哭，展墓而入²。"谓子路曰："何以处我³？"子路曰："吾闻之也，过墓则式⁴，过祀则下⁵。"

今注

1　古人有临别赠言的习俗，《史记·孔子世家》引老子的话说："吾闻富贵者送人以财，仁人者送人以言。"

2　展，是周巡省视的意思。

3　何以处我，颜渊并不远行，所以要求子路告诉他安身的道理。

4　式，见《曲礼上》注。

5　祀，指土神的社坛。

今译

子路要离开鲁国，他对颜渊说："你打算用什么话来送别呢？"颜渊说："我听说，要离开国境，就得先到先人的墓上哭告一番，然后上路；回来的时候，不必哭墓，只要省视一番就可以进城。"颜渊反问子路说："你有什么话要留给我做安身的原则呢？"子路说："我听说过，驾车经过墓地就得凭轼致敬，经过土神的社坛也该下车致敬。"

工尹商阳与陈弃疾追吴师¹，及之。陈弃疾谓工尹商阳曰："王事也²，子手弓而可³。"手弓。"子射诸。"射之，毙一人，韔弓⁴。又及，谓之，又毙二人。每毙一人，掩其目。止其御曰："朝不坐⁵，燕不与⁶，杀三人，亦足以反命矣。"孔子曰："杀人之中，又有礼焉。"

今注

1　工尹，楚国的官名。商阳是人名。陈弃疾是商阳的车右。

2　王事，楚君本是子爵，僭称王。王事，是说负有楚王的使命。

3　手弓，把弓从弓衣里取出来握在手里，准备射箭的意思。

4　韔，弓衣叫韔，这里作动词用，就是将弓收进韔里。

5　依礼，朝见时都是站着的，可能楚国有坐朝的制度，尊者坐，卑者立。

6　大宴时，大夫列席坐堂上，士立堂下。

今译

工尹商阳和陈弃疾一同去追赶吴国的军队，追上了。陈弃疾对工尹商阳说："这是国王交下来的命令，您可以把弓拿在手里了。"工尹商阳这才把弓拿在手里。陈弃疾说："您该射箭了。"他才把箭射出去，射死了一个敌人，然后将弓放回弓囊。又追上了敌人，陈弃疾又对他说了以上的话，他又射死了两个敌人，而且每射死一个人，他都要将眼睛遮起来不忍看。射了三个人以后，他就要他的御者停车，说："我是一个朝见时没有座位，大宴时没有席次，地位低贱的人，已经杀了三个敌人，也就足够销差了。"孔子说："在杀人之中，还是有礼节的。"

诸侯伐秦，曹桓公卒于会[1]。诸侯请含，使之袭[2]。

今注

1　诸侯伐秦，在鲁成公十三年。曹桓公，当作曹宣公，声之误，名庐，伯爵，僭称公。卒于会，《左传》作"卒于师"，而且是在麻隧战役之后。

2　含、袭，见前。含、袭应由祝行之，不当由诸侯。

今译

诸侯联合起来讨伐秦国，曹宣公死在诸侯会合之后。诸侯要求为宣公行"含"礼，而曹人顺便请诸侯为他穿衣。

襄公朝于荆，康王卒[1]。荆人曰："必请袭[2]。"鲁人曰："非礼也。"荆人强之。巫先拂枢[3]。荆人悔之。

今注

1　襄公，鲁君，名午。荆就是楚国。康王，楚君，名昭。本章所记与《左传》的《襄公二十八年》《襄公二十九年》的记载，略有不同。

2　袭是祝之所为，请邻国之君袭，是要贬抑鲁君而自抬身价。

3　拂，就是祓，祓除不祥的意思。前文云："君临臣丧，以巫祝桃茢执戈。"所以先祓除不祥，是君临臣丧的礼节。楚人欲荣反辱。

今译

鲁襄公到楚国去，楚康王正好去世了。楚人说："请您务必为康王穿衣。"鲁国君的随员说："这是不合礼的。"然而楚人还是勉强他做。于是，襄公就让巫先用桃枝在灵枢上来回拂拭，以祓除不祥，而后才为尸体穿衣。楚人看了"君临臣丧"的袭，很后悔。

滕成公之丧[1]，使子叔敬叔吊[2]，进书[3]，子服惠伯为介[4]。及郊，为懿伯之忌[5]，不入。惠伯曰："政也，不可以叔父之私[6]，不将公事。"遂入。

今注

1　滕，是鲁的盟国，子爵，成公名原。其丧在鲁昭公三年。

2　子叔敬叔，鲁大夫叔弓。

3　进书，郑玄说是"奉君吊书"，王夫之说是"进襚赗书"。

4　子服惠伯，名椒。介，是副的意思。

5　懿伯，是惠伯的叔父。忌，郑玄说是怨的意思，而后人多释为"忌日"。

6　叔父，懿伯是惠伯的叔父，则其称叔父，乃指懿伯而言，语意甚明。诸家多所辩驳，似可不必。

今译

滕国在办滕成公的丧事，鲁国派子叔敬叔去吊丧，并且呈递鲁君的慰问书，又派子服惠伯做他的副手。到了滕国郊外，正好遇到惠伯的叔父懿伯的忌日，子叔敬叔不打算在这一天进城。惠伯说："这是公事，不能因为遇上叔父的忌日，就不办公事。"于是进城去了。

　　哀公使人吊蒉尚[1]，遇诸道。辟于路[2]，画宫而受吊焉[3]。曾子曰："蒉尚不如杞梁之妻之知礼也。齐庄公袭莒于夺[4]，杞梁死焉。其妻迎其柩于路而哭之哀。庄公使人吊之。对曰：'君之臣不免于罪[5]，则将肆诸市朝[6]，而妻妾执；君之臣免于罪，则有先人之敝庐在。君无所辱命。'"

今注

1　哀公，是鲁哀公。蒉尚，王夫之说他是鲁国的士，当时，他在办父亲（或母亲）的丧事。

2　辟，《释文》读如避，陈澔读如闢。

3　画宫而受吊，在地上画了殡宫的平面图，就位而受吊。

4 事详《左传·襄公二十三年》。夺,《左传》作隧,声相近而误,指狭路而言。

5 君之臣,指杞梁而言。

6 肆,是陈尸示众。

今译

蒉尚办丧事,哀公派人去慰问他,使者和柩车在路上相遇。蒉尚就让出道路,就地画了殡宫的平面图,然后就位受吊。曾子说:"蒉尚还不如杞梁的妻子来得知礼呢。齐庄公派人从狭路偷袭莒国,杞梁牺牲了。他的妻子在半路上迎接他的灵柩,哭得很伤心。齐庄公就派人去安慰她,但她回答说:'君的臣子杞梁如果有罪,就应当把他陈尸在市朝示众,而拘捕他的妻妾;如果他是无罪而死,那么我们还有一所破旧的祖居可供行礼。现在此时此地可不敢劳您的大驾。'"

孺子𫗴之丧[1],哀公欲设拨[2],问于有若,有若曰:"其可也,君之三臣犹设之[3]。"颜柳曰:"天子龙辁而椁帱,诸侯辁而设帱——为榆沈故设拨[4];三臣者废辁而设拨,窃礼之不中者也,而君何学焉?"

今注

1 𫗴是人名。郑玄说他是哀公的少子。王夫之以为孺子是妇官名,而𫗴是哀公的妾,但《礼记》或春秋战国的书称女子之名的,很难得见,恐未必然。

2 拨,是殡车上的绋——引绳,只有天子和诸侯的殡车上才有。

3 三臣,就是仲孙、叔孙、季孙三家权臣。

4 辁是殡车,龙辁是车辕上画了龙的殡车。帱,是帷。为榆沈故设拨，郑玄解"沈"为"汁"，用水浇榆白皮之汁，作为润滑剂。由于殡车下面用了润滑剂，所以用绳子才能拖得动。吴澄以为沈就是重的意思，由于榆木不但木质重，而且也经得起天子诸侯沉重的柩，所以用来做殡车的车毂。

今译

在办哀公的少子韂的丧事时，哀公想在殡柩上设只有天子、诸侯才可以使用的拨，就问有若是否合适，有若说："可以这么做，君的三家权臣都已这么做了！"颜柳说："天子用的是车辕上画龙的殡车，再加上椁和帷幔，诸侯也用殡车再围上帷幔——因为他们的殡车是榆木做的，很沉重，所以才配以拨来拉车；那三家权臣既不敢用这种殡车，却又配备了拨，这是盗用天子诸侯的礼而又没有做对，您又何必学他们呢？"

悼公之母死，哀公为之齐衰[1]。有若曰："为妾齐衰，礼与？"公曰："吾得已乎哉？鲁人以妻我。"

今注

1 悼公之母，是哀公的妾，妾有子，其夫为她服缌麻。为妻才服齐衰。

今译

悼公的母亲死了，哀公为她服齐衰。有若曰："为妾服齐衰，这合乎礼节吗？"哀公说："我有什么办法呢？鲁国人把她当作我的妻子看待。"

季子皋葬其妻[1]，犯人之禾，申祥以告曰："请庚之[2]。"子皋曰："孟氏不以是罪予[3]，朋友不以是弃予，以吾为邑长于斯也，买道而葬，后难继也。"

今注

1　季子皋，郑玄以为是孔子的弟子高柴。但高柴姓高，孔颖达以为他又以字为姓。王夫之则以为季是姓，子皋是字，而不以为就是高柴。

2　申祥，见前。庚，是赔偿的意思。

3　孟氏，是季子皋的主人，也是那里的地主。

今译

季子皋埋葬他的妻子时，经过田亩而伤害了人家的禾稼。申祥把损害的情形告诉他说："你得赔偿人家的损失。"子皋说："我的主人既不以这件事责怪我，朋友们也不为这件事离弃我，由于我是本邑的主管，就算我能买下一条路来出葬，但恐以后的人没法子照办。"

仕而未有禄者[1]，君有馈焉曰献[2]；使焉曰寡君；违而君薨，弗为服也。

今注

1　禄，是田邑，俸给。仕而未有禄，则还保存客卿身份。

2　如果对有禄的臣子就当言"赐"。

今译

替国家服务，如果国家还没有给予田邑俸给，君送东西给他得像对宾客一般称"献"；使者传达君命，也还得称君为"寡君"；如果离开国境而君去世了，不必为君服丧。

虞而立尸，有几筵[1]。卒哭而讳，生事毕而鬼事始已。既卒哭，宰夫执木铎以命于宫曰[2]："舍故而讳新[3]。"自寝门至于库门。二名不偏讳[4]，夫子之母名徵在；言在不称徵，言徵不称在。

今注

1 虞祭以前的奠都没有尸，不设几案和席子，大敛之奠虽有席但仍不设几案。

2 宰夫，官名，掌丧事的官员。木铎，以木为舌的铃子，古人宣传政教时摇木铎使人注意。

3 舍故而讳新，卒哭以后祔庙，把死者当神明，所以开始讳死者的名。

4 偏，遍的意思，见《曲礼上》注。

今译

在葬后的虞祭，始有尸，有几案和席子。卒哭以后始讳称死者之名，因为用活人的礼待他，到此已告结束，而开始以鬼神的礼来待他了。在卒哭过后，宰夫摇着木舌的铃子在宫里宣布说："旧的忌讳已经取消了，而新的忌讳已经开始了。"从正寝门口一直喊到库房门口。两个字的名，不必同时都避讳，像孔夫子的母亲名徵在，讳言"在"，则不讳言"徵"；讳言"徵"，则不讳言"在"。

军有忧，则素服哭于库门之外[1]，赴车不载橐韔[2]。

今注

1 军有忧，军队吃了败仗。素服，戴了缟冠。哭，是君率群臣哭。

2 赴车，是回来报告败耗的车子。橐，音羔，甲衣。不载橐韔，武器不收在囊里，甲上不披袍子，表示还想报仇雪耻。

今译

军队战败，国君就率领群臣戴着缟冠到库门外号哭，而报告败耗的车上所载的战士都不将武器放进囊里，表示还要再战，洗雪前耻。

有焚其先人之室，则三日哭[1]。故曰："新宫火，亦三日哭[2]。"

今注

1　先人之室，就是宗庙。哀神灵失去依托，所以要哭。

2　《左传·成公三年》有"新宫灾，三日哭"的记载，所以说"故曰"。

今译

宗庙失火，就要为神灵无所依托而哭上三天。所以《左传》说："新建的宗庙失火，君哭了三天。"

孔子过泰山侧，有妇人哭于墓者而哀，夫子式而听之。使子路问之曰[1]："子之哭也，壹似重有忧者[2]。"而曰[3]："然，昔者吾舅死于虎，吾夫又死焉，今吾子又死焉。"夫子曰："何为不去也？"曰："无苛政[4]。"夫子曰："小子识之，苛政猛于虎。"

今注

1　子路，有的本子作子贡，《孔子家语》中也作子贡。

2　壹，孔颖达说是"决定之辞"，《檀弓丛训》引方氏以为是独的意思，王夫之说是甚的意思。重，《释文》读去声，孔颖达、陈澔、王夫之皆读平声，解作叠、复。

3　而曰，郑玄说"而犹乃也"，孔颖达引申说"妇人哭毕乃答之"。

4　苛，是繁重的意思。政，王引之以为是"征"的假借字，征是赋税和徭役。

孔子打泰山旁边经过，见到一个妇人在墓上哭得很伤心，夫子将手放在轼上致意，并且凝神听她哭。派子路去问她："听您的哭声，好像怀有很深的痛苦。"妇人哭完后回答说："是的，以前我公公是被老虎咬死的，我的丈夫又被老虎咬死，现在我的儿子还是死于虎口。"夫子说："那你们为什么不离开这荒僻的地方呢？"妇人说："这荒僻的地方没有繁重的赋税和徭役啊。"夫子对弟子们说："你们好好记着，繁重的赋税和徭役比老虎还凶啊。"

鲁人有周丰也者，哀公执挚请见之[1]。而曰不可。公曰："我其已夫。"使人问焉。曰："有虞氏未施信于民而民信之[2]，夏后氏未施敬于民而民敬之，何施而得斯于民也？"对曰："墟墓之间[3]，未施哀于民而民哀；社稷宗庙之中，未施敬于民而民敬。殷人作誓而民始畔，周人作会而民始疑。苟无礼义忠信诚悫之心以莅之，虽固结之，民其不解乎[4]？"

今注

1 挚，就是贽，见面的礼物。

2 施，王夫之说是示，教化的意思。

3 墟，是废墟，先民的遗迹。

4 解，王夫之说是散的意思。

今译

鲁国有个叫周丰的人，哀公准备了礼物要去拜访他，他却不答应。哀公说："那就算了。"派了一个人去请教他，说："有虞氏没有教人民诚信，而人民却信任他；夏后氏没有教人民敬重，而人民却敬重他，他们究竟是用什么措施使得人民信任和敬重呢？"周丰回答说："在先民的废墟间或祖先的坟墓上，没有人教人民要悲哀，而他们却自然流露出悲哀；在神社或宗庙里，没有人教人民要肃敬，而他们却自然表现了肃敬。殷人作誓，而人民才懂得背盟；周人要会盟，而人民才起了疑心。如果心里先没有礼义、忠信、诚实来对待人民，即使用种种方法来团结人民，难道人民就不会离散吗？"

丧不虑居[1]，毁不危身。丧不虑居，为无庙也[2]；毁不危身，为无后也。

今注

1 虑居，郑玄谓"卖舍宅以奉丧"，孙希旦以为是谋居处之安。

2 无庙，谓新主尚未入庙。

今译

办丧事花钱的时候，不要打出卖祖居的主意，为丧事而憔悴也不能危害到健康。前者是担心祖宗的神灵没有依托之处；后者是担心断了香火，所以不敢毁伤自己的身体。

延陵季子适齐[1]，于其反也，其长子死，葬于嬴博之间[2]。孔子曰："延陵季子，吴之习于礼者也。"往而观其葬焉[3]。其坎深不至于泉[4]，其敛以时服。既葬而封，广轮揜坎[5]，其高可隐也[6]。既封，左袒，右还其封且号者三，曰："骨肉归复于土，命也。若魂气则无不之也，无不之也。"而遂行。孔子曰："延陵季子之于礼也，其合矣乎。"

今注

1 季子，是吴公子季札，延陵是他的封邑，因以为号。

2 嬴、博，是齐国二邑名，可能在他聘齐时，带了长子同行，所以才会葬在齐地。

3　往而观其葬，可能是孔子去观葬，但王夫之说是"使人观之"。

4　不及泉则不很深。

5　广，是阔；轮，是长；揜，就是掩。

6　隐，是垂手。

今译

延陵季子到齐国聘问，在回程之中，他的长子死了，就在嬴邑和博邑之间下葬。孔子说："延陵季子是吴国最懂礼的人。"于是前往参观他办的葬礼。只见那口圹的深度，还没掘到有泉水处；在敛时用的，也只是日常穿着的衣服；下葬以后还在墓上堆了土堆，其长宽和坎的长宽相当，其高度可以让个普通人垂手按住坟顶；堆好以后，他袒露左臂，向右边绕着土堆走，还哭喊了三遍，说："骨肉又回到土里去，这是命该如此。至于你的精神却无所不在，无所不在。"喊完就上路。孔子说："延陵季子所行的礼是很合理的。"

邾娄考公之丧[1]，徐君使容居来吊含[2]，曰："寡君使容居坐含进侯玉[3]，其使容居以含。"有司曰："诸侯之来辱敝邑者，易则易，于则于[4]，易于杂者未之有也。"容居对曰："容居闻之：事君不敢忘其君，亦不敢遗其祖。昔我先君驹王西讨济于河[5]，无所不用斯言也。容居，鲁人也[6]，不敢忘其祖。"

今注

1　邾娄，国名，见上篇注。考公，郑玄说是隐公益的曾孙，但考公时，徐国已被吴国所灭，所以顾炎武以为当作"定公"。

2　徐，国名，僭称王。容居，徐国的大夫。

3　寡君使容居坐含进侯玉，这大概是套用夫子派人为诸侯吊含的词句。坐，古人的坐法像现在跪的姿势。

4　易，是简略的意思。于，是迂，繁曲的意思。易则易，是说诸侯派大夫来，其礼已简，邾娄就用简略的礼仪。于则于，如果诸侯亲自来，郑重其事，邾娄就用隆重的礼仪。

5　驹王西讨济于河，其时徐国强大。

6　鲁，是鲁钝的意思。

今译

邾娄人在办考公的丧事时，徐君派容居来慰问，而且代表行含礼，他说："敝国的国君派我来跪着行饭含礼，致送侯爵所含的玉璧，现在请让我行饭含之礼。"邾娄的官吏说："劳驾各国诸侯，来到敝国，如果以大夫为代表，我们也就采取简略的礼节；如果国君亲自光临，我们就得用隆重的礼节。至于不按规矩而胡乱行礼，我们可没做过。"容居答道："我听说，代表君主做事，就不敢忘记君主的身份，作为子孙也不敢忘掉他的祖先。以前我国的先君驹王向西扩张领土，还越过了黄河，他向来就是用这种口气讲话的，我的脑筋虽很呆板，但是不敢忘记祖宗是怎么讲话的。"

子思之母死于卫，赴于子思，子思哭于庙。门人至曰："庶氏之母死[1]，何为哭于孔氏之庙乎？"子思曰："吾过矣，吾过矣。"遂哭于他室。

今注

1　子思的母亲后来改嫁，和原来的家族已断绝关系。庶氏，郑玄说是后夫的姓氏，王夫之说庶氏犹言他家。

今译

子思的母亲改嫁后，死在卫国，有人向子思告丧，子思就到宗庙里去哭。他的弟子见到了，说："别人家死了母亲，为什么您却跑到孔氏的宗庙里哭呢？"子思说："我错了！我错了！"就跑到别的房间里去哭。

天子崩，三日祝先服，五日官长服，七日国中男女服，三月天下服[1]。虞人致百祀之木[2]，可以为棺椁者斩之，不至者，废其祀，刖其人。

今注

1　天下，是指诸侯及其大夫。

2　虞人，掌山泽之官。百祀，畿内百县之神社。神社的树木平时受到保护，所以长得高大成材。

今译

天子逝世以后，三天，襄助丧礼的祝先成服；五天，百官成服；七天，王畿内的庶民成服；三个月，天下诸侯及其大夫成服。掌管山泽的官吏要负责罗致王畿内各地神社的木材，凡是够得上做棺椁的树木就砍伐来用，不肯献上木材的地方，就把当地的神社废掉，杀掉当地的长官。

齐大饥，黔敖为食于路[1]，以待饥者而食之。有饥者蒙袂辑屦贸贸然来[2]。黔敖左奉食，右执饮，曰："嗟来食[3]。"扬其目而视之，曰："予唯不食嗟来之食，以至于斯也。"从而谢焉；终不食而死。曾子闻之曰："微与[4]？其嗟也可去，其谢也可食。"

今注

1　食，是饭。

2　袂是袖子，古人的袖子长而大。蒙袂，旧说都以为是以袖蒙面，不愿意人家认出他。王夫之却以为是"手垂而不能举，袂覆蔽手"。辑，是敛的意思。贸贸然，眼睛看不清的样子。

3　嗟来食，孔颖达解作"嗟乎来食"，但《庄子·大宗师》就有以"嗟来"成词的例子，所以俞樾认为"来"是语助词。"嗟来"是叹词，"嗟来食"的口气，郑玄以为表示怜悯而已，并非敬辞。

4　微，郑玄说是"无"的意思，俞樾说是"非"的意思。

今译

齐国发生严重的饥荒，黔敖在路边造饭，以备过路的饥民充饥。那时，来了一个饥民，无力地垂着衣袖子拖着鞋子，迷迷糊糊地走过来。黔敖左手端着饭，右手拿着汤，满怀怜悯地喊道："喂！来吃吧。"那个饥民瞪起眼睛望着他说："我就是不愿意吃这受气的饭，才落到这样子。"黔敖听了连忙向他道歉，但他还是不肯吃，因而饿死了。曾子听到这件事情，就说："这恐怕不大对吧？别人没有好声气地施舍，当然是可以拒绝的，但在道歉之后，就可以吃了。"

邾娄定公之时[1]，有弑其父者。有司以告，公瞿然失席曰[2]："是寡人之罪也。"曰："寡人尝学断斯狱矣：臣弑君，凡在官者杀无赦；子弑父，凡在宫者杀无赦。杀其人，坏其室，洿其宫而潴焉[3]。盖君逾月而后举爵。"

今注

1　邾娄，见前注。定公，名貜且，鲁文公十四年即位。

2　瞿然，惊视貌。

3　洿，音乌，掘地为池的意思。潴，是蓄水的意思。洿其宫而潴，是不使该处再有建筑为屋舍的可能。

今译

邾娄定公在位的时候，有个儿子杀了父亲。主管刑狱的官吏向定公报告，定公惊惶直瞪着眼，离开了席位说："我教民无方，这是我的罪过。"然后又说："我曾经学过判决这类罪行的原则：弒君的臣子，凡政府的官员都可以执而杀之，不能宽贷；弒父的儿子，凡当时在场的人都可以执而杀之，不能宽贷。除了把凶手处死，还要把凶手的房子拆除，把地基挖成池子，灌满水。而国君也得过了这个月以后，才能举杯喝酒。"

晋献文子成室[1]，晋大夫发焉[2]。张老曰[3]："美哉轮焉，美哉奂焉[4]！歌于斯，哭于斯，聚国族于斯[5]。"文子曰："武也得歌于斯，哭于斯，聚国族于斯，是全要领以从先大夫于九京也[6]。"北面再拜稽首。君子谓之善颂善祷[7]。

今注

1　文子，是赵武。献，郑玄以为是贺的意思，陈澔以为献文都是赵武的谥号，王夫之以为是衍文。

2　发，王夫之说是启的意思。

3　张老，是晋国的大夫，姓张名老。

4　轮，是高大的意思。奂，郑玄以为是众多的意思；王肃说是文章之貌；王引之以为奂即焕字，焕是明的意思。

5　歌，是指祭祀作乐而言。哭，是指居丧哭泣而言。聚国族，是和国中僚友宗族聚会饮食的意思。

6　要，就是腰；领，就是头。全腰领，是未受刑戮而善终。九京，就是九原，晋国卿大夫的墓地都在九原。

7　颂，是赞美；祷，是祈福。因为张老在赞美之余，又寓有规劝赵武要适可而止以避祸趋福的意思，所以一个"善颂"，一个

"善祷"。

今译

晋国献文子的新屋落成，晋大夫都去参加启用典礼。张老致辞说："多么壮丽呀！多么漂亮呀！今后主人就要在这里祭祀奏乐，在这里居丧哭泣，在这里和僚友宗族聚会饮食了。"文子说："我能够在这里祭祀奏乐，在这里居丧哭泣，在这里和僚友宗族聚会饮食，这就表示我将来能得到善终，跟先人合葬九原。"然后他向北面再拜叩头表示感谢。知礼的人都说他们善于赞美，善于祈福。

仲尼之畜狗死[1]，使子贡埋之，曰："吾闻之也，敝帷不弃，为埋马也；敝盖不弃，为埋狗也。丘也贫，无盖；于其封也，亦予之席，毋使其首陷焉。"路马死，埋之以帷[2]。

今注

1　古代的狗可分为猎狗、看家狗和食用狗三种。畜狗，是看家的狗。

2　路马死，埋之以帷，这不是孔子的话，而是记录者的附记。

今译

仲尼的看家狗死了，叫子贡拖去埋掉，还吩咐说："我听说，破旧的帷幔不要丢掉，为了可以用来埋马。破旧的车盖也不要丢掉，为了可以用来埋狗。我很贫困，连车盖都没有，可是在把狗放进坑里的时候，也得用张席子裹着，不要让它的头直接埋在泥土里面。"至于国君驾车的马死了，是用帷幔裹好了再掩埋的。

季孙之母死，哀公吊焉，曾子与子贡吊焉，阍人为君在，弗内也。曾子与子贡入于其厩而修容焉。子贡先入，阍人曰："乡者已告矣。"曾子后入，阍人辟之。涉内霤[1]，卿大夫皆辟位，公降一等而揖之[2]。君子言之曰："尽饰之道，斯其行者远矣。"

今注

1 内霤，最里面一进的屋檐。

2 君在阼阶上，降一级，作揖，请曾子、子贡就位。

今译

季孙的母亲死了，哀公前往吊丧。曾子和子贡也去吊丧，因为国君在里面，所以门房不肯通报。曾子和子贡先到马房里把仪容修饰一番。子贡就先走进去，门房说："刚才已经通报过了。"曾子随后进去，门房也让开路。走到寝门的檐下，卿大夫都让开位置，哀公就从阼阶上走下一级，作揖，请他们就位。明礼的君子评论这件事情："整肃仪容是行得长远的事。"

阳门之介夫死[1]，司城子罕入而哭之哀[2]。晋人之觇宋者，反报于晋侯曰："阳门之介夫死，而子罕哭之哀，而民悦，殆不可伐也。"孔子闻之曰："善哉觇国乎！《诗》云：凡民有丧，扶服救之[3]。虽微晋而已，天下其孰能当之？"

今注

1 阳门，是宋国门名。介夫，是披甲的卫士。

2 司城，就是司空，宋国以武公讳，称司空为司城。

3 引诗见《邶风·谷风》。扶服，《毛诗》作匍匐。救，是助的意思。

今译

宋国阳门有个卫士死了，司城子罕进至灵堂，为他哭得很伤心。当时，潜伏在宋国的晋国谍报人员打报告给晋侯说："阳门有个卫士死了，而子罕哭得很伤心，人民都受他感动，恐怕还不能去讨伐他们。"孔子听到这件事情就说："这个刺探情报的人，真会观察国情呀！《诗》云：'凡是邻里有了丧事，我都尽力去帮助他们。'不单是晋国，天下哪有国家敢和同心协力的宋国作对为敌呢？"

鲁庄公之丧，既葬，而绖不入库门。士大夫既卒哭，麻不入[1]。

今注

1　鲁庄公在位三十二年而薨，世子般立而被弑，庆父作乱，闵公八岁而立。当时局势动荡不安，所以丧礼也失了常规。庄公十一月才下葬，延迟了半年，二十二月吉禘，又提早了大约一年。这章是记除服的变态。绖，王夫之说是宾客吊服所加的绖，而麻则是绖带。库门是公室最靠外边的门。

今译

鲁庄公去世的那次丧事，在下葬以后，宾客就不再戴着绖进入库门了，而士、大夫也在卒哭以后就不再戴孝进入公门。

孔子之故人曰原壤，其母死，夫子助之沐椁[1]。原壤登木曰[2]："久矣予之不托于音也。"歌曰："狸首之斑然，执女手之卷然[3]。"夫子为弗闻也者而过之，从者曰："子未可以已乎[4]？"夫子曰："丘闻之，亲者毋失其为亲也，故者毋失其为故也。"

今注

1　沐，是治的意思。椁，是椁材。

2　登木，郑玄说是叩木的意思，王夫之以为是倚树的意思。

3　狸首之斑然，谓椁材的纹理像狸首一般。卷音拳。孔颖达云："孔子手执斤斧，如女子之手，卷卷然而柔弱。"刘氏曰："言沐椁之滑腻。"（见孙希旦《礼记集解》引）但皆不如俞樾将"女"解作"汝"为当。

4　已，郑玄说是止的意思，孔颖达引申为停止为他治椁，孙希旦以为是绝交的意思。

今译

孔子有个老朋友叫原壤，他的母亲死了，夫子去帮他整修椁材。原壤敲着木头说："我好久没有把我的心意寄托在歌声里了。"于是就唱起歌来，歌词的意思是："这椁材的纹理就像狸首一般，我真想握着你的手来表达我内心的喜欢。"孔子装作没听见的样子，就也过去了。但孔子的随从却说："此人这般无礼，您还不和他绝交吗？"夫子说："我听说，亲人总归是亲人，老朋友总归是老朋友。"

赵文子与叔誉观乎九原[1]。文子曰："死者如可作也，吾谁与归[2]？"叔誉曰："其阳处父乎？"文子曰："行并植于晋国，不没其身[3]，其知不足称也。""其舅犯乎[4]？"文子曰："见利不顾其君，其仁不足称也。我则随武子乎[5]，利其君不忘其身，谋其身不遗其友。"晋人谓文子知人。文子其中退然如不胜衣[6]，其言呐呐然如不出诸其口[7]；所举于晋国管库之士七十有余家，生不交利，死不属其子焉。

今注

1　赵文子，见前注。叔誉，就是叔向。九原，是晋国卿大夫的墓地。

2　作，是起的意思。归，是从的意思。

3　阳处父，是晋襄公的太傅。并，陈澔说是身兼众事而专权的意思；王引之以为并就是兼的误字，而兼古通廉。植，陈澔说是刚强自立的意思，王引之以为植就是直的意思，王夫之则解为树立。没，是终的意思。阳处父为狐射姑所杀，不得善终。

4　舅犯，见前注。

5　随武子，就是士会。

6　中，是身。退然，柔和的样子。

7　呐呐，口齿迟钝的样子。

今译

　　赵文子和叔向一同到晋国卿大夫的墓地九原去巡视。文子说："死人如能复活，我赞成谁呢？"叔向说："阳处父好吗？"文子说："他专权而刚直，不得善终，他的智慧我还不敢恭维。"叔向说："那么舅犯好吗？"文子说："见到自己的利益时，就不顾君主，他的仁爱我还不敢恭维。我还是跟随武子吧！他能为国君谋福利，却又能顾全自己的利益；既为自己打算，又不忘记朋友。"晋国人因此说文子很了解人的个性。文子的身体柔弱得像穿不起衣服，讲起话来迟钝得像说不出口，可是他推荐了七十几人为政府管仓库，而他在生前并不同他们有钱财的来往，死的时候也不把孩子托付给他们。

　　叔仲皮学子柳[1]。叔仲皮死，其妻鲁人也[2]，衣衰而缪绖[3]。叔仲衍以告[4]，请繐衰而环绖[5]，曰："昔者吾丧姑姊妹亦如斯，末吾禁也[6]。"退，使其妻繐衰而环绖[7]。

今注

　　1　叔仲皮，鲁叔仲彭生之后。子柳，郑玄以为是叔仲皮之子，王夫之则以为是鲁贤人泄柳。学，郑玄以为是教的意思，王夫之则解作"从之学"。

　　2　其妻，孔颖达说是子柳之妻，王夫之以为是叔仲皮之妻。

鲁，是钝的意思。

3　衣衰，郑玄以为衣字是齐字的坏字，衣衰就是齐衰，王夫之以为衣衰是衣斩衰的意思。缪是樛的通假字，樛是结的意思。樛绖，是用一条麻绳从额圈向后脑勺，再打个结。环绖则首尾相连如环，可以戴在头上。

4　叔仲衍，是叔仲皮的弟弟。

5　繐衰，繐的纱数是四升半，和齐衰相近，但其缕轻细。

6　曰字以下的语句，郑玄以为是叔仲衍答子柳的话，王夫之以为是叔仲皮之妻拒绝叔仲衍的建议所讲的话。

7　其妻，孙希旦以为是子柳之妻，王夫之以为是叔仲衍的妻子。

今译

叔仲皮教子柳学习。叔仲皮死了，子柳的妻子是个老实人，就服了斩衰，头上的绖也用打结的樛绖。叔仲皮的弟弟叔仲衍就把这种情形告诉子柳，要求子柳的妻子改服质地较细的繐衰，头上戴的也改成环状的绖，并说："以前我为姑姑姊妹都服这种丧服，并没有人禁止我。"子柳回去后，就要他的妻子改服繐衰和环绖。

成人有其兄死而不为衰者[1]，闻子皋将为成宰，遂为衰。成人曰："蚕则绩而蟹有匡，范则冠而蝉有緌[2]，兄则死而子皋为之衰。"

今注

1　成，是鲁国的邑名。衰，兄死，弟当齐衰。

2　蚕则绩，蚕吐丝如绩；蟹有匡，蟹壳像筐。筐，可以贮丝，可是蚕丝、蟹筐却各不相干。范是蜂，蜂头像冠；蝉喙在腹下，像冠缨打结后垂下剩余的部分，可是蜂冠、蝉绫也各不相干。

今译

成邑有个人，兄长死了而不肯为他齐衰，但听到子皋要来任邑宰，怕受处分，就服了齐衰。于是成邑人就有了歌谣说："蚕儿会吐丝而螃蟹有筐子，蜂儿戴帽子而'知了'也有帽带垂着。有个人死了哥哥，却要等子皋来了才肯挂孝。"

乐正子春之母死[1]，五日而不食[2]。曰："吾悔之，自吾母而不得吾情，吾恶乎用吾情？"

今注

1　乐正子春，见前。

2　礼，三日不食。

今译

乐正子春的母亲死了，他五天不吃东西。后来他说："我后悔这么做，我的母亲还不能得到我的真情，我还能向谁表达我的真情呢？"

岁旱，穆公召县子而问然[1]，曰："天久不雨，吾欲暴尪而奚若[2]？"曰："天久不雨，而暴人之疾子，虐，毋乃不可与？""然则吾欲暴巫而奚若[3]？"曰："天则不雨，而望之愚妇人，于以求之，毋乃已疏乎？""徙市则奚若？"曰："天子崩，巷市七日；诸侯薨，巷市三日。为之徙市，不亦可乎[4]？"

今注

1　然，是语助词，犹言"焉"。

2　暴，是晒的意思。尪，是赢病的人。

3　巫，能沟通于神人之间，和神有交情，把他捉去晒太阳，也是希望天神怜悯他而下雨。

4 徙市，就是罢市以后，民间有所必需，就在里巷里交易，叫巷市。有丧事时才罢市，以丧礼自居，多少有点自责的意思。

今译

年岁干旱，穆公请县子来，向他请教说："天很久没下雨了。我打算把赢病的人拿来晒太阳，祈求上天怜悯他而下雨，你看怎样？"答道："天不下雨，而把病人捉去晒太阳，这是很残酷的事情，怕是不可以吧？"又问："那么把巫婆捉来晒太阳，怎样？"答道："天不下雨，而将希望寄托在这些愚昧的妇人身上，用这种方式求雨，不是太离谱了吗？"再问："那么罢市怎么样？"答道："天子逝世，罢市七天；诸侯逝世，罢市三天。为了求雨而罢市，这还差不多。"

孔子曰："卫人之祔也 [1]，离之 [2]；鲁人之祔也，合之，善夫 [3]。"

今注

1 祔，是附葬。

2 离，是分为二圹下葬。

3 善夫，是称赞鲁人合在一圹的方式。

今译

孔子说："卫人附葬的方式，是分为两圹下葬；鲁人附葬的方式，是两副棺葬在同一圹里。鲁人的方式很好。"

第五　王制

　　《史记·封禅书》载"（汉文帝）使博士诸生刺六经中作王制"，东汉卢植以为即是本篇。汉代初年，有些学者鉴于秦朝的灭亡，想另拿出一套建国的纲领来替代秦朝的暴政，这当是其中之一。名曰"王"制，显然欲以"仁政"为标榜。篇首始于"王者之制禄爵"，继而分官设职，把一年的政事，大体都提到了，至"成岁事，制国用"句止，本是很完整的一篇施政大纲。但因后儒引经据典加以疏解，而那些疏解用的文句，后来又与原文相混杂，大概在郑玄做注时，本篇即是这个样子了。

　　王者之制禄爵[1]，公侯伯子男，凡五等。诸侯之上大夫卿、下大夫、上士、中士、下士，凡五等[2]。天子之田方千里[3]，公侯田方百里，伯七十里，子男五十里。不能五十里者[4]，不合于天子，附于诸侯曰附庸[5]。天子之三公之田视公侯[6]，天子之卿视伯，天子之大夫视子男，天子之元士视附庸。

今注

　　1　"禄"指薪俸；"爵"是爵位。

　　2　此文略同于《孟子·万章》所记，但不以"王"者当一等，故析子男为二，共成五等。贾谊《陈政事疏》云：汉当"士"

德，数用"五"。与此五等之设计，不无关系。《白虎通·爵》亦载此文，但"上大夫"下无"卿"字。

3 王先谦《尚书孔传参正》云："天子之甸。"甸，是收取租税供给衣食之地。

4 《荀子·正名》云"能有所合谓之能"，这"能"字是"相当"的意思。

5 "庸"即"墉"字，指城墉，《汉书·王莽传》写作"附城"。

6 视，当"比照"讲。

今译

王者规定俸禄爵位，以"五"为数。在爵位上，分为公侯伯子男五级；上大夫或卿，连同下大夫、上士、中士、下士，亦共五级。在俸禄方面：天子的禄田一千方里，公和侯的禄田一百方里，伯爵的禄田七十方里，子男同为五十方里。如果不能相当于五十方里的，则不直辖于天子，而属于诸侯之国为附城。至于天子的三公，其禄田可比照公侯；卿，比照伯；大夫，比照子男；而元士则比照附庸，在五十方里以下。

制：农田百亩。百亩之分[1]：上农夫食九人，其次食八人，其次食七人，其次食六人；下农夫食五人[2]。庶人在官者[3]，其禄以是为差也。

今注

1 分，《孟子》书作"粪"字，是"比率"的意思。

2 "其次食七人"，《孟子》书作"中食七人"。食，养活。陈澔说："肥饶者为上农，硗瘠者为下农。"此处从上农至下农亦分为五等。盖百亩之单位虽相同，而土地之肥瘠则不一样，故区分为五等，每一等以其足够供养的人数多寡为比率。

3　庶人在官者，指平民没有田而服公务的。

今译

规定农田以百亩为一单位，单位分配的比率：头等的田，以能养活九个人为度，二等养活八人，三等七人，四等六人，五等五人，以此五等，区分为上农夫、中农夫、下农夫三级。凡是平民为公家服务者，他们的俸禄，亦比照等级分配。

诸侯之下士视上农夫（禄足以代其耕也[1]）。中士倍下士，上士倍中士，下大夫倍上士；卿，四大夫禄；君，十卿禄[2]。次国之卿，三大夫禄；君，十卿禄。小国之卿，倍大夫禄，君十卿禄。

今注

1　"禄足以代其耕也"，此句似是疏解之语。

2　以上指大国君卿大夫的俸禄。下士之禄足供养九人，中士十八人，上士三十六人，下大夫七十二人，卿二百八十八人，君二千八百八十人。

今译

大国诸侯的下士，比照上农夫，应给予足够养活九人的俸禄，俸禄足够补偿他因服公务不能从事耕种的损失。中士的俸禄多于下士一倍，上士多于中士一倍，下大夫又较上士多一倍。卿的俸禄，四倍于大夫，国君则十倍于卿的俸禄。至于次国之卿的俸禄，则三倍于大夫，而国君亦十倍于本国之卿。至于小国之卿，仅比其大夫多一倍，而国君亦十倍于本国之卿的俸禄。

次国之上卿，位当大国之中[1]，中当其下，下当其上大夫。小国之上卿，位当大国之下卿，中当其上大夫，下当其下大夫[2]，其有中士下士者，数各居其上之三分[3]。

今注

1　卿位有上中下，大国次国小国之间，各降一等，故次国的上卿，仅等于大国的中卿。

2　大夫仅有上下二等，故小国之下卿，依次排列之，仅等于大国之下大夫。

3　此二句，历来解说不一。或云当在后文，为"天子：三公，九卿……"一章的末句，错简在此。是说中士下士的人数，应占其上（上士人数）三分之几（见后文注）。但这一段讲的是"职位"高低，"数"字或为"位"字之误，其下"分"字当是衍文。原文应作"其有中士下士者，位各居其上之三"。因为士有上中下三等，由于大国次国小国之间，士的级位皆降一等。所以次国之中士，相等于大国的下士；小国的中士，相等于次国的下士。所以下国下士的等级只居于上国的第三位，故曰其上之"三"。

今译

次国的上卿，职位相当于大国的中卿，而中卿相当于下卿，下卿相当于上大夫，各降一等。小国的上卿，职位相当于大国的下卿，中卿相当于大国的上大夫，下卿相当于大国的下大夫，亦各差一等。至于士的职位，次国的上士相当于大国的中士，而中士仅相当于大国的下士。小国亦如此，故凡次国小国之有"中士""下士"者，其位只等于其上之第三位。

凡四海之内九州，州方千里。州，建百里之国三十，七十里之国六十，五十里之国百有二十，凡二百一十国；名山大泽不以封[1]，其余以为附庸闲田[2]。（八州，州二百一十国）天子之县内[3]，方百里之国九，七十里之国二十有一，五十里之国六十有三，凡九十三国；名山大泽不以盼[4]，其余以禄士，以为闲田。凡九州，千七百七十三国。天子之元士，诸侯之附庸不与⁵。

今注

1　名山大泽，如五岳四渎，是天子巡狩祭拜之地，故不能封给诸侯，而隶属天子。

2　不足五十里的封地称为墉，而未封之地用以禄士者，则为闲田。

3　"八州，州二百一十国"，依下文"凡九州"，则此八州上或脱一"凡"字。这句亦当是疏解语，用以补充说明每州有二百一十国者，是九州中的八州如此，尚有一州，是"天子之县"。按：《史记·绛侯世家》称天子为"县官"。郭嵩焘谓：以"王畿"称为"天子之县"，疑是汉时语。

4　盼，分给。封地，受封者有世袭的所有权。地，受盼者只有使用权，享用当地的赋税（并见下文"天子之县内诸侯，禄也；外诸侯，嗣也"注）。

5　不与，不算在内。

今译

总计四海之内有九个州，每一个州一千方里。其中八个州，每一个州内封建百里之国三十个，七十里之国六十个，五十里之国一百二十个，一共有二百一十国。其中名山大川，则不封与诸侯，剩下的土地可作为诸侯的附城，或供给没有封地的士人俸禄用的闲田。这样的八个州，每州都是二百一十国。至于另外一州，则是天子的畿辅之区，其中分配给公卿大夫的国土，方百里者九国，七十里者二十一国，五十里者六十三国，共计九十三国。在那些国内，如有名山大川，亦不能分配给公卿大夫。至于分配剩余的，则用作供给士人俸禄的闲田。这样九州共有一千七百七十三国，而天子的元士以及诸侯的附庸没有计算在内。

天子百里之内以共官[1]，千里之内以为御[2]。千里之外，设方伯[3]。五国以为属，属有长。十国以为连，连有帅。三十国以为卒，卒有正。二百一十国以为州，州有伯（八州八伯，五十六正，百六十八帅，三百三十六长[4]）。八伯各以其属，属于天子之老二人，分天下以为左右，曰二伯[5]。千里之内曰甸，千里之外，曰采曰流[6]。

今注

1　"共"读为"供"，是供给之意。官，郑玄说是官府的文书财用。

2　御，天子日用器物称为"御"。

3　千里之外，指"天子之甸"以外，亦即八州之地。方伯，即指下文的八州八"伯"。

4　自"八州八伯"句起，至"三百三十六长"句止，当是疏解语。原文"八伯各以其属，属于天子之老二人"一句，当接于"二百一十国以为州，州有伯"之下。

5　此"二伯"即是"天子之老"，异于方伯。

6　甸，出租税供天子服用的地方。曰采曰流，是举要而言。依距离远近，或称"甸""侯""绥""要""荒"，或称"侯""甸""男""卫""采"。

今译

天子之甸方千里，以百里之内的田赋收入供应文书财用；以千里之内的田赋收入，供给天子日常生活费用。在这王畿千里之外，最高长官，便是"方伯"。其组织是：五国为一"属"，属有"属长"。十国为一"连"，连有"连帅"。三十国为一"卒"，卒有"卒正"。二百一十国为一"州"，州有"方伯"（共八个州，八个方伯，五十六个卒正，一百六十八个连帅，三百三十六个属长）。

八个方伯各以所统辖的地方，直属于天子之老二人。这就是说，分天下为左右，那二人便是左右二伯。千里以内供御的地方曰甸。千里以外，近者曰采，远者曰流。

天子：三公，九卿，二十七大夫，八十一元士。大国：三卿，皆命于天子[1]；下大夫五人[2]，上士二十七人。次国：三卿，二卿命于天子，一卿命于其君；下大夫五人，上士二十七人。小国：二卿[3]，皆命于其君；下大夫五人，上士二十七人[4]。

今注

1 由天子直接任命。

2 孔颖达说：这里只有大夫五人而没有上大夫者，是三卿中之下卿，即相当于上大夫。

3 郑玄疑此"二卿"字上有脱误，应作"小国三卿，二卿皆命于其君"。

4 徐师曾说：前文"其有中士下士者，数各居其上之三分"二句当接于此句之下。孙希旦解"各居其上之三分"为各比其上多出三倍的人数。

今译

天子的属下，有三公，九卿，二十七大夫，八十一元士。至于其他八州内，大国只有三卿，而且都是由天子直接任命的。此外有下大夫五人，上士二十七人。次国亦有三卿，但只有二人是由天子直接任命，其余一人，则由其国君选用，至于下大夫和上士的人数，则与大国相同。小国亦该有三卿，不过其中只有一人由天子任命，余二人则皆由其国君选用。至于下大夫和上士的人数，亦同于次国。

天子使其大夫为三监，监于方伯之国[1]，国三人（天子之县内诸侯，禄也；外诸侯，嗣也[2]）。

今注

1 方伯之国，即一州之长所在地。

2 "天子之县内诸侯，禄也；外诸侯，嗣也"二句，似是前文"名山大泽不以盼，其余以禄士，以为闲田"句下的疏解语，本意在说明"封地"与"盼地"之不同性质。禄，指俸禄；嗣，是承继。这是说天子县内的诸侯，可以食用盼地的租税，但其地权是属于天子的。至于县外的诸侯，不但可以食用当地的租税，而且子孙可以继承。

今译

天子派遣其大夫为三监，监察各方伯的国内行政，每一国三个人（天子县内的诸侯，由盼地供给其俸禄，而县外诸侯的封地，则是世代承继的）。

制：三公，一命卷[1]；若有加，则赐也[2]。不过九命[3]。次国之君，不过七命[4]；小国之君，不过五命[5]。大国之卿，不过三命[6]；下卿再命，小国之卿与下大夫一命[7]。

今注

1 卷，读为"衮"，天子的礼服。此"一命"二字，意谓拜爵为"公"，是最高的一次命服。

2 赐，指特赐之服，亦称为襄衣。襄衣不是正式的命服。命服至衮衣为止，不可以复加了。

3 命，是加爵服的名称，有一定的制度，最多到九命为止，九命则服衮衣。

4 七命服鷩衣。

5　五命服毳衣。

6　三命服黻衣。

7　一命服玄衣。

今译

制服的规定，官拜三公，到了最高一级的命服，服衮衣，就没有再加的了。如有再加，只能算是赐服，而不是命服。大国的国君，至多只有九命；次国的国君，至多是七命，服用绣有鷩鸟的制服；小国的国君，不过五命，服用绣有华虫之类的毳衣。至于大国之卿，则不过三命，服用画有斧纹图案的黻衣。下卿二命，小国之卿和下大夫都只有一命，服用玄衣。

凡官民材，必先论之[1]。论辨然后使之[2]，任事然后爵之[3]，位定然后禄之[4]。爵人于朝[5]，与士共之。刑人于市，与众弃之。是故公家不畜刑人，大夫弗养，士遇之涂弗与言也[6]；屏之四方，唯其所之，不及以政[7]，亦弗故生也[8]。

今注

1　论之，考试衡量才德如何。

2　论辨，评定能力高下。

3　任事，担得了所分派的业务。爵之，正式授以品位。

4　俸禄依品位而定。以上数语，当属"司马"官职。

5　自"爵人于朝"至"亦弗故生也"，似疏解语。

6　畜，养育的意思。涂，道途。

7　不及以政，就是褫夺公权。

8　亦，或本作"示"。弗故生也，王念孙说："故"当是"欲"字。

今译

凡是选用人才，须先考试。考定才能品德之后，才分派工作。担负得了工作之后，才铨定品位。品位铨定之后，才给予俸禄。铨定品位要在朝廷和士人前公开举行，就像判罪要当众举行一样。这样可使大众知道赏罚都是公正无私的。所以公家不养育犯罪的人，大夫士人亦不供养犯罪的人，在路上遇见犯罪的人亦不与谈话。把他驱逐出境，褫夺他的公权，表示不要他活在世上。

诸侯之于天子也，比年一小聘[1]，三年一大聘，五年一朝[2]。天子五年一巡守：岁二月，东巡守至于岱宗，柴而望祀山川[3]；觐诸侯；问百年者（就见之[4]）。命大师陈诗以观民风，命市纳贾以观民之所好恶（志淫好辟[5]）。命典礼考时月，定日，同律[6]，礼乐制度衣服正之。山川神祇，有不举者，为不敬；不敬者，君削以地[7]。宗庙，有不顺者，为不孝；不孝者，君绌以爵[8]。变礼易乐者，为不从；不从者，君流。革制度衣服者，为畔，畔者君讨[9]。有功德于民者，加地进律[10]。五月，南巡守至于南岳，如东巡守之礼。八月，西巡守至于西岳，如南巡守之礼。十有一月，北巡守至北岳，如西巡守之礼。归，假于祖祢，用特[11]。

今注

1　比年，是每岁。小聘，派遣大夫为代表。

2　大聘，以卿为代表。朝，是诸侯亲自朝见天子。

3　柴，亦写作紫，是燔柴祭祀上帝之礼。望祀，遥望而祭山川。

4　觐诸侯，接见诸国之君。"就见之"三字，似为疏解语。《白虎通·巡狩》引，无此三字。

5　贾，读为"价"，纳贾是缴上物价指数。"志淫好辟"四字亦似疏解语，说明"好恶"二字之意。

6 同律，郑玄说，"同"是阴律，十二律：阳六为律，阴六为吕，六吕亦称六同。但宋儒解此"律"为法律，同律则是齐一其律法。

7 君削以地，减削国君的封地（下同）。

8 绌，亦写作"黜"，是降级。

9 制度衣服关系社会的组织。畔，亦写作"叛"。上"君流"，是流放其国君，则此"君讨"，当解释为讨伐其国君。

10 律，旧注：律是法度。俞樾说：进法度，义不可通，律当指乐则，谓有功者，天子赐以乐则。但是"赐乐"不宜说作"进律"，疑此"律""禄"声近而误。"进禄"即后文"诸侯之有功者，取于闲田以禄之"的意思。

11 假，作"至"字讲；特，指特牲，亦即用特选的一头牛供祭祀。

今译

诸侯对天子，每年派大夫去聘问一次，每三年派卿去聘问一次，每五年诸侯亲自去朝见一次。天子五年出外一次，巡察诸侯的职守。那一年，二月出发，东巡至于东岳泰山，在山上举行柴祭，遥望其他名山大川而礼拜之。同时接见诸国的国君，问候退休的老年人（但要就其住处问候）。一面命大师之官展览当地的民谣歌曲，用以考察人民的精神生活情形；一面命令管理市场的官，提供当地物价，以考察人民的物质生活（是否过于奢华或奇怪的东西）。再命典礼之官，校定当地的季节、月份，以及每日的时辰；划一度量衡等一切法度：如礼数、乐则、文物制度以及衣服样式等，使之标准化、规律化。当地山川神祇的礼拜，有该举行的，而没有举行，这就是不敬。如有不敬者，则削减国君的封地。

宗庙之祭，各有辈分，倘或变乱辈分，就是不孝。如有不孝者，则贬降国君的爵位。变改礼俗音乐，就是不服从。如有不服从者，流放其国君。还有，敢于推翻制度或社会组织者，就是叛逆。如有叛逆者，讨伐其国君。此外，如果有功德施于人民的，则视其情形，或加封以土地，或加赐田禄。到了同年五月，巡守至于南岳，所有施为，如同东巡守之礼。到八月巡守至于西岳，其施为，有如南巡守之礼。十一月，巡守到了北岳，亦如西巡守之礼。这样，一年之中，巡察周遍，回来则用特牲祭告于父祖之庙。

天子将出，类乎上帝[1]，宜乎社，造乎祢[2]。诸侯将出，宜乎社，造乎祢。

今注

1　天子不言"出"。唯出巡或出征则有之。类乎上帝，是告祭于天。类，或写作禷，是祭祀的名称，其礼无考。

2　宜乎社，是祭地，"宜"亦为祭祀名称，其礼亦无考。造，是告祭；祢，指宗庙。

今译

天子将要出巡，先举行祭天祀地和告宗庙之礼。诸侯不得祭天，故将出行，但有"宜""造"二礼。

天子无事与诸侯相见曰朝[1]，考礼正刑一德[2]，以尊于天子。天子赐诸侯乐，则以柷将之，赐伯子男乐，则以鼗将之[3]。

今注

1　无事，非关祭祀或用兵的事。

2　一德，维持善良风俗行为，见后文"司徒"官职之下。

3　以上四句，旧注疏本皆如此断读。俞樾说，当读为"天子赐诸侯乐则，以柷将之。赐伯子男乐则，以鼗将之"。"则"字属上，与"乐"字合为"乐则"，是一个名词。九赐之礼，第五是乐则，即此物。所见卓矣。但"乐则"本为"乐县"二字的坏字，今应作"乐悬"解。乐悬，指整套的乐器。四面悬有钟鼓者，曰宫悬，三面曰轩悬，二面曰判悬，一面曰特悬。柷形状如漆桶，其中有椎，将奏乐时，先击之。鼗，是两旁有耳坠的小鼓，乐章终了时，摇之以止乐。二者都是指挥作乐用的，所以赐乐县，则以此物为代表，有如"献车马者执策绥""献米者操量鼓"的意思。

今译

天子非举行祭祀和动用甲兵时，与诸侯相见，统称为"朝"。彼此考论礼仪，校正刑书，整齐风俗行为，使之一一遵从于天子。天子赏赐公侯乐悬，以"柷"为代表物；赐伯子男，则以"鼗"为代表物。

诸侯，赐弓矢然后征 [1]，赐铁钺然后杀 [2]，赐圭瓒然后为鬯 [3]（未赐圭瓒，则资鬯于天子 [4]）。天子命之教然后为学。小学在公宫南之左，大学在郊。天子曰辟廱 [5]，诸侯曰頖宫 [6]。

今注

1 《周礼》："一命受职，再命受服，三命受位，四命受器，五命赐则，六命赐官，七命赐国，八命作牧，九命作伯。"《礼含文嘉》："九锡，一曰车马，二曰衣服，三曰乐器，四曰朱户，五曰纳陛，六曰虎贲之士百人，七曰斧钺，八曰弓矢，九曰秬鬯。"大抵自受国之后至八命九命，诸侯可以专杀伐，主祭祀。

2 铁就是"斧"。钺，大斧。

3 圭瓒，玉爵之一种，用以盛鬯酒。鬯，秬黍酿造的酒。

4　此二句，似疏解语。资，"取给于"的意思。天子之"爵"，用圭瓒，酒用鬯。

5　廱，亦写作雍。郑玄《毛诗》注云：筑土雍水之外，圆如璧，称为辟雍，亦曰泽宫。古之国立大学。

6　频宫，亦写作泮宫。郑玄《毛诗》注云：泮宫半水，东西门以南通水，而北无之。

今译

有国的诸侯，要得到天子赐以弓矢，表示可以代表天子讨伐叛逆之后，才能主动地举兵。天子赐以斧钺，表示可以代表判决死刑之后，才能动用诛杀之刑。天子赐以盛秬鬯的玉爵（圭瓒），表示可以代表敬神，才能自行酿造秬鬯的酒（在未受赐圭瓒之前，诸侯要用鬯酒，必取于天子。因为这些杀伐和主祭之权，操于天子。天子未交付这些权力，诸侯要杀伐主祭，都得预先报告天子）。天子命令诸侯办理教育文化事业，然后诸侯国得设立学校。小学应设在国君的办公处南方的左边，大学设在郊外。天子设的大学称"辟雍"，诸侯设的称为"泮宫"。

天子将出征，类乎上帝，宜乎社，造乎祢，祃于所征之地[1]。受命于祖[2]，受成于学[3]。出征，执有罪，反，释奠于学[4]，以讯馘告[5]。

今注

1　祃，是出兵时举行的祭祀。

2　受命，诸侯出征，是受命于天子；而天子出征，则是受命于祖庙，故于出征时要祷告于祖庙。

3　受成，是决定战争谋略。

4　释奠，"释"亦写作"舍"，是释菜之祭。释菜者，不用荤腥的祭品，但以蘋藻供祭。此处"奠"，指奠币；奠币者，用纺织品供祭。这是大学里祭祀先师礼。

5　馘，亦写作聝。古代打仗，杀死敌人之后，割取其左边的耳朵用以报功。

今译

天子将出发征讨叛逆时，要祭告天地神祇及宗庙。抵达战地要举行祃祭。出征之前，要在祖庙中祷告受命，在大学里筹划并决定计策。出征以后，逮捕罪犯回来，亦要在大学里举行释奠之礼，报告俘虏的情形。

天子诸侯，无事，则岁三田[1]。一为干豆[2]，二为宾客，三为充君之庖[3]。无事而不田，曰不敬；田不以礼，曰暴天物[4]（天子不合围[5]，诸侯不掩群。天子杀则下大绥，诸侯杀则下小绥[6]，大夫杀则止佐车。佐车止，则百姓田猎[7]。獭祭鱼[8]，然后虞人入泽梁。豺祭兽[9]，然后田猎。鸠化为鹰[10]，然后设罻罗。草木零落，然后入山林。昆虫未蛰，不以火田。不麛，不卵，不杀胎，不殀夭[11]，不覆巢）。

今注

1　田，指打猎。此据《公羊传·桓公四年》传文。三田者：春曰苗，秋曰蒐，冬曰狩。

2　"豆"字象形，为古代盛肉之器。干豆是盛干肉的豆，用于祭享。

3　庖是厨房，意指家常食用。孔颖达引范宁之说，猎所获，分为三等：一曰上杀，是射中心脏而死之兽，其肉可做干豆，供祭祀。二曰中杀，是射中髀骼而死之兽，其肉可供宴会宾客之用。三曰下杀，是中肠污泡之兽，其肉则留为家常食用。

4　暴，虐害。

5　自此句以下，当是疏解语，故杂引《曲礼》《月令》诸篇所记以说明"田不以礼"之"礼"。不合围，犹如"网开一面"，不要悉数猎取。

6　绥，孙希旦说：大绥是天子田猎所建之旌，用以指麾。小绥就是小的指挥旗。放下旌麾，表示暂停打猎。

7　佐车是协助驱赶野兽的车。停止佐车，亦即表示诸侯不打猎了，那时，老百姓可打猎。

8　此句以下多掇取《月令》之文。《月令》和《夏小正》皆曰正月獭祭鱼。

9　豺祭兽，《月令》记在九月，《夏小正》记在十月。

10　鸠化为鹰，《月令》无此语，其二月记有"鹰化为鸠"，孔颖达说：八月"鸠化为鹰"。但《夏小正》记此于正月。

11　殀，断杀。夭，刚出生的鸟兽。

今译

天子诸侯于国无大事之时，每年要行猎三次，将最完全的猎获物晒干了，充作祭享鬼神的干豆，其次则用以宴请客人，再其次则用作家常食用品。如果没有大事而又不去打猎，那就是不敬。打猎不依一定的礼节，那就是暴殄天物。打猎的礼节，原则上，天子不可以一网打尽所有的禽兽，应留一处让它们逃生。诸侯打猎亦不可整群而袭杀之。射杀野兽之后，天子要放下指挥用的大旗，诸侯要放下指挥用的小旌。天子诸侯停止捕杀之后，大夫接着打猎；大夫捕杀野兽之后，就命令协同搜捕的佐车停止；大夫的佐车停止之后，老百姓就可以打猎了。打猎的季节：正月獭祭鱼之后，渔人可以进入湖泊地带做活；九月豺祭兽之后，可以举行田猎；八月鸠化为鹰之后，可以张设罗网捕鸟；九月草木凋落之后，可以入山林砍伐树木；到了十月以后，昆虫蛰藏在草里，那时可以焚草肥田。因为这是顺从自然界的生杀时期，来取得人们的生活资料。而且在田猎时，还不要捕杀幼兽，不攫取鸟卵，不残害胎儿，不杀刚出生的鸟兽，不捣毁鸟巢。

冢宰制国用，必于岁之杪（五谷皆入然后制国用[1]），用地小大，视年之丰耗[2]。以三十年之通制国用[3]，量入以为出，祭用数之仂[4]（丧，三年不祭，唯祭天地社稷为越绋而行事[5]）。丧用三年之仂。丧祭，用不足曰暴，有余曰浩[6]。祭[7]，丰年不奢，凶年不俭。国无九年之蓄曰不足，无六年之蓄曰急，无三年之蓄曰非其国也。三年耕，必有一年之食；九年耕，必有三年之食。以三十年之通，虽有凶旱水溢，民无菜色，然后天子食，日举以乐[8]。

今注

1 此一句当为疏解语，说明必于岁杪制国用的理由。

2 耗，指凶歉之年。

3 三十年之通，是三十年平均所得之数。

4 仂，当是"劦"字。《说文》，段玉裁注此字云：十取一为劦。用数之劦，是三十年平均所得的十分之一。

5 越，逾越。绋，是拉棺车的绳索。孔颖达说，未葬以前，系此绳索于棺车以防火灾。此处作为既殡迄于埋葬一段时期的代用语。越绋，意指可以不为丧事所拘限。此上数句亦似疏解语。

6 暴，是耗费；浩，是饶足。此二句似是疏解下文"丰年不奢，凶年不俭"之语。

7 此处"祭"字之上，疑脱漏一"丧"字。

8 自"国无九年之蓄曰不足"至"日举以乐"，当是杂引古书，用以疏解上文"以三十年之通制国用"的理由。按其所引古书，并见于《墨子·七患》《淮南子·主术训》《贾谊新书》等。
日举，是盛馔以食；以乐，是食时有乐队演奏。

今译

冢宰负责国家的总预算。编制预算，必于年终时举行。这是
说，必须等到收成之后，岁入有了着落时，才始编制明年岁出的
预算。编制预算要看国土的大小、年成的好坏，再以三十年的平
均数作为根据，在岁收的范围内，编制岁出的预算。一年中，祭
祀的费用，以三十年平均数的十分之一为准。遇到父母之丧，虽
三年不亲自赴祭，但祭祀天地和社稷之神，则不受丧期的拘限。
因为天地社稷之神尤崇高于父母。至于丧事，则用三年平均数的
十分之一。丧与祭，如果费用不够，称为"暴"；用的有余，则称
为"浩"。因为丧事和祭祀的费用，在原则上，丰年不可浪费，凶
年亦不可苟简。一个国家如果没有九年的储蓄，可说是不够充裕；
如果没有六年的储蓄，则可说是很窘迫了；如果连三年的储蓄都
没有，则已不成其为国了。古语说：耕三年，才能积下一年的食
用；耕九年，才有三年的食用。上面规定以三十年的平均数来调
剂盈亏而分配预算，故虽遇到饥荒和水旱的年头，老百姓仍不至
于挨饿。那时，天子才得安心享受，每日听乐。

天子七日而殡，七月而葬。诸侯五日而殡，五月而葬。大夫、
士、庶人，三日而殡，三月而葬[1]。三年之丧，自天子达，庶人县
封，葬不为雨止，不封不树[2]，丧不贰事[3]，自天子达于庶人。丧
从死者，祭从生者[4]。支子不祭[5]。

今注

1 《左传·隐公元年》："天子七月而葬，同轨毕至；诸侯五
月，同盟至；大夫三月，同位至；士逾月，外姻至。"这可作为此

处所规定的理由。

2　"庶人县封"至"不封不树"三句，当为疏解"三月而葬"之添注语，阑入正文。因使其上"自天子达于庶人"之"于庶人"为抄写者所漏略，故此三句，当移在"三月而葬"之下。此处原文当为"三年之丧，自天子达于庶人；丧不贰事，自天子达于庶人……"县，即"悬"字，悬空而下。封，郑玄说：当是"窆"，是下棺入土。

3　丧不贰事，丧期内，一心守孝，不做他事。《论语·宪问》云"君薨，百官总己以听于冢宰三年"，意思是天子国君三年不贰事。后文云"父母之丧，三年不从政"，意思是大夫士三年不贰事。

4　治丧之礼，应否隆重？依死者生前的身份、地位而定。但到祭祀时，则依生者的身份、地位而定。《中庸》云："父为大夫，子为士：葬以大夫，祭以士。父为士，子为大夫：葬以士，祭以大夫。"便是此意。

5　见《曲礼下》注。

今译

天子死七日，始移置其棺于殡宫，七月而后举行葬礼，其空出时日，以备远道的人前来奔丧。诸侯则为五日而殡，五月而葬。大夫、士、庶人则为三日而殡，三月而葬。因地位愈低，交游的范围愈狭，来参加丧葬的人，亦不需太多时日。埋葬庶人，悬而下棺，不用引绋。埋葬之事不因下雨而停止。埋葬之处不堆土为坟，亦不植树。三年的丧期，自天子通于庶人；丧期之内，不做居丧以外之事，亦是天子通于庶人，没有两样。丧事的礼节应依死者的身份、地位行之，至于祭祀之礼，则依主持祭礼者的身份、地位行之。不是嫡系的子孙，不能主持祭祀。

天子七庙，三昭三穆，与太祖之庙而七[1]。诸侯五庙，二昭二穆，与太祖之庙而五[2]。大夫三庙，一昭一穆，与太祖之庙而三。士一庙，庶人祭于寝[3]。

今注

1　此处及下文，计数昭穆与太祖之庙者，皆似疏解之语。其数多寡，昔人记载不同，因而后人的议论亦甚多。兹但依文为训：昭穆，是古宗庙的伦序。自太祖，亦即一族的始祖之后，父庙曰昭，子庙曰穆，孙之庙又曰昭，曾孙之庙又曰穆（余亦仿此）。唯是天子七庙之下，虽世代益增，亦不复更置新庙，仅将第一"昭"或"穆"庙中的神主迁入太祖之庙，并将第二"昭"或"穆"庙的神主迁入第一庙中，如此递迁不已，而庙数始终维持七个。

2　诸侯五庙，其昭、穆之庙比天子少一层，除太祖庙之外，仅有父、祖、曾祖、高祖四世。若是诸侯身死，亦不更立新庙，但将高祖迁入太祖庙内，曾祖以上，则随之递迁。至于空出的庙，则为新死的诸侯神主所祔入（诸侯以下仿此）。

3　寝，指嫡子起居之处。庶人没有庙，祖宗神位皆设在嫡子起居处，故曰祭于寝。

今译

天子宗庙有七所，三所昭庙，三所穆庙，连及太祖之庙共七所。诸侯宗庙五所，二所昭庙，二所穆庙，连及太祖之庙共五所。大夫宗庙三所，一昭一穆与太祖之庙而三。士只有一庙，庶人则连一庙亦没有，其祭祀合并于嫡子之家举行。

天子诸侯宗庙之祭：春曰礿，夏曰禘，秋曰尝，冬曰烝。天子犆礿，祫禘，祫尝，祫烝[1]。诸侯礿则不禘，禘则不尝，尝则不烝，烝则不礿[2]。诸侯礿，犆；禘，一犆一祫；尝，祫；烝，祫[3]。

今注

1 自"天子犆祫"至"尝，祫；烝，祫"，本在下一章之后，兹因顺其叙次，特移于此。祫禘之说，自古聚讼不已，兹但依文为训。礿、禘、尝、烝，是《王制》所规定的四时祭礼之名。犆是特祭，为天子所单独举行的，而祭于最亲近之庙。祫是合祭，为遍祭诸庙之主，诸侯且得参加的。如此，一年祭宗庙四次。

2 诸侯一年只祭宗庙三次，其中一次当是参加天子的合祭。故曰礿则不禘，禘则不尝云云。

3 "诸侯礿，犆；禘，一犆一祫；尝，祫；烝，祫"此数语，当是说明诸侯一年缺一祭之疏解语。诸侯礿犆，是说诸侯只有春礿是自己单独举行的，其余夏禘、秋尝、冬烝，都可以参加天子的时祭之礼。其中唯有夏禘：一年自己单独举行，一年合于天子举行。汉高祖改变秦朝制度而恢复封建，其诸侯王皆属宗亲，故其合祭，便是亲族聚会，而汉初学者的设计，或即循此而来。不然，证以其他经典颇多不符，徒滋后人议论。

今译

天子诸侯的宗庙祭礼，一年四季举行四次，春祭曰礿，夏祭曰禘，秋祭曰尝，冬祭曰烝。天子的犆祭是特祭，其余夏、秋、冬三祭，皆为合祭。诸侯自己举行过春祭，则不举行夏祭；举行过夏祭，则不举行秋祭；有秋祭，则不行冬祭；有冬祭则不行春祭。总之，一年少举行一次祭礼。诸侯春祭是特祭，夏祭则一年特祭一年合祭；至于秋冬二祭，都是合祭。

天子祭天地，诸侯祭社稷，大夫祭五祀[1]。天子祭名山大川：五岳视三公，四渎视诸侯[2]。诸侯祭名山大川之在其地者。天子诸侯祭因国之在其地而无主后者[3]。

今注

1　见《曲礼下》注。

2　视三公，是比照三公宴飨时所用的牲币粢盛笾豆爵献的数量，上公九献，侯伯七献。四渎，《尔雅·释水》云："江河淮济为四渎。"

3　前已覆亡而又没有子孙继承之古国。

今译

天子祭天地，诸侯祭社稷，大夫祭五祀。天子祭名山大川：祭五岳，可比照三公宴飨行九献；祭四渎，可比照诸侯宴飨行七献。诸侯可以祭祀在其境内的名山大川。天子诸侯，还要祭祀其境内已灭绝之国的祖先。

天子社稷皆大牢，诸侯社稷皆少牢[1]。大夫士宗庙之祭，有田则祭，无田则荐[2]（庶人春荐韭，夏荐麦，秋荐黍，冬荐稻。韭以卵，麦以鱼，黍以豚，稻以雁[3]）。祭天地之牛，角茧栗；宗庙之牛，角握；宾客之牛，角尺[4]（诸侯无故不杀牛，大夫无故不杀羊，士无故不杀犬豕，庶人无故不食珍[5]）。庶羞不逾牲，燕衣不逾祭服[6]，寝不逾庙。

今注

1　社，祭地神；稷，祭谷神。太牢用牛、羊、豕三牲，少牢用羊、豕。

2　荐，是供献。其礼稍降于祭。士荐用小猪，大夫以上用小羊。有田地者，既祭且荐；无田地者但有荐。

3　自"庶人春荐韭"至"稻以雁"句，似为疏解语。郑玄说：庶人之荐，不常用牲，韭麦黍稻配以卵鱼豚雁者，但取时鲜之物。

4　角茧栗，小牛初长角，如茧栗状。角握，牛角的长度仅满一握。角尺，牛角仅及一古尺的长度。愈是大祭飨，用的牛愈小（详见《礼器》《郊特牲》二篇）。

5　"诸侯无故不杀牛"以下句，似为疏解"庶羞不逾牲"之语。故，指祭飨之事。珍，指珍美的食物。庶人荐用时鲜之物，故平日不食珍。

6　庶羞不逾牲，牲是祭祀用者，庶羞指日常食品。日常食用不可超过祭品。燕衣，亦是日常便服。

今译

天子祭社稷皆用牛、羊、豕三牲，诸侯祭社稷，则用羊、豕。大夫与士，有田的则祭宗庙，没有田的则行荐礼。庶人的荐礼，春献韭，夏献麦，秋献黍，冬献稻。荐韭，配以卵；荐麦，配以鱼；荐黍，配以小豚；荐稻则配以鹅。天子祭天地所用的牛，要选刚始长角的，牛角像蚕茧栗子。祭宗庙所用的牛，牛角有一握之长。宴飨宾客所用的牛，牛角可长到一古尺。诸侯，倘非大祭飨，不可宰牛。大夫不因祭飨，亦不可宰羊。士，不因祭飨，不可杀犬宰猪。一般的民众，不因荐礼，不食时鲜的东西。所以日常食品，再好亦不超过祭祀用的牲牢；日常穿的衣服，再好亦不超过祭祀用的礼服；日常起居的堂屋，再好亦不超过祖庙的殿堂。

古者[1]：公田，藉而不税[2]。市，廛而不税[3]。关，讥而不征[4]。林麓川泽，以时入而不禁。夫圭田无征[5]。用民之力，岁不过三日[6]。田里不粥，墓地不请[7]。

今注

1　自"古者"至"墓地不请"似为后文分官设职之疏解语，杂厕在此。本篇既为王者制定仁政的纲领，似不宜又引古以薄今。

2　藉，《孟子》书中作"助"字，是殷代制度：人民助耕公田，以劳力抵充租赋。"助"或"藉"，便亦等于一种用劳力代替租税的方式。

3　廛，郑玄说是公家建筑的店铺，商人缴纳店租，便不再缴纳营业所得税。因此，"廛"亦含有租税的意义。

4　关，是水陆的关口。讥，是稽查。征，是课税。

5　此句旧注未审，今按：《孟子·滕文公》云："卿以下必有圭田。"赵岐注曰："余夫圭田皆不出征赋也。"许慎《说文》云："田五十亩为畦。"孙兰《舆地隅说》云：圭即畦所从出之字。前文"制：农田百亩"，盖百亩为一农夫所耕之田，五十亩则为余夫所耕之田，而属于卿大夫之禄田。耕此禄田者，亦不须纳税。

6　此句依文当在下一章"兴事任力"句下。

7　粥，即鬻字。请，申请取得。

今译

在古代，助耕公家之田，则不需再缴私人的田税。租用公家的店铺，则不需再缴营业税。水陆关口，负责稽查出入境的旅客，亦不抽关税。丛林山麓，江河湖泊地带，只要依前文规定的时期，即可随便进去伐木或捕鱼。农夫家人耕作大夫们的圭田，不再征收其田赋。公家征召民众服务劳动，一年不超过三天。公家分配给人民的田宅，不许私自买卖。人民需用葬地，自有公墓，不须申请购置。

司空执度度地[1]，居民山川沮泽，时四时[2]。量地远近，兴事任力[3]。凡使民：任老者之事，食壮者之食[4]。

今注

1　前一"度"字是名词，泛指测量土地之用具。后一"度"

是测量的意思。

2 "居"字作"安置"讲。沮泽，卑湿湖荡区域。时四时，前一"时"字是动词，测定季候。

3 量地远近，测量距离面积，布置城乡市镇。兴事，兴土木；任力，视民力之多寡为定。

4 "凡使民"此句，似为上章"用民之力，岁不过三日"之疏解语。而"用民之力，岁不过三日"又当在"兴事任力"句下。盖此数语，互相补足。食壮者之食，前一"食"是供养的意思。

今译

司空的职责是使用工具测量土地，安置人民，观测山野河川沼泽等的地势，测定各地四季不同的气候。斟酌其距离之远近及民力之多寡，而营建大小城乡市镇。凡是使民劳役，如对待老者一样，活不能太累，至于给养，则仍照壮者的标准。

凡居民材[1]，必因天地寒煖燥湿，广谷大川异制。民生其间者异俗[2]：刚柔轻重迟速异齐，五味异和，器械异制，衣服异宜。修其教，不易其俗；齐其政，不易其宜[3]。中国戎夷[4]，五方之民，皆有其性也，不可推移。东方曰夷，被发文身，有不火食者矣[5]。南方曰蛮，雕题交趾[6]，有不火食者矣。西方曰戎，被发衣皮，有不粒食者矣[7]。北方曰狄，衣羽毛穴居，有不粒食者矣。中国、夷、蛮、戎、狄，皆有安居、和味、宜服、利用、备器，五方之民，言语不通，嗜欲不同。达其志，通其欲：东方曰寄，南方曰象，西方曰狄鞮，北方曰译[8]。

今注

1 民材之"材"，郑玄说是"材艺"，卢植释为"材性"。郭嵩焘说这一段是申述上文"居民山川沮泽"之意。材是营建民居的材料。当以卢说为是。

2　异俗，孙希旦说即下文异齐、异和、异制、异宜等。

3　"修其教"是保存美俗，使成为有意义的行为习惯。"齐其
政"是使人民生活达到同一水平。

4　自此句下至"北方曰译"句止，似又是申述上文"异俗"
的疏解语。

5　被发文身，"被"本是覆盖的意思；下文"被发衣皮"的
"被"是此意。但此"被"又读为 pī，《淮南子・原道训》"被发
文身"注云"剪也"。此处从后说。不火食，是吃生的鱼虾之类
食物。

6　题，额头。雕题，是额上刻有花纹。交趾，是两足趾向内
走路。

7　不粒食，是以奶酪、兽肉为粮，不食五谷。

8　寄、象、狄鞮、译皆指通译言语的人。此等于《周礼》总
称为"象"，自汉以后，皆称为"译"。

今译

凡为人民部署城邑居处，必须依据当地气候之寒冷或温暖、
环境之高燥或潮湿使人民习惯与其相适应。大盆地或大河流区
域，人民生活于此不同地区，风俗亦各不一样，比如刚柔轻重迟
速的性格各有不同，口味各有不同，使用的器具各有不同，衣服
的材料样式亦各有不同。只用施以礼义的教育，而不必改变其生
活的方式；统一其公共设施，而不要妨害其生计的便利。因为中
原和边远地区，五方之人，都有其不同的习性，而且不可互换。
东方曰夷人，剃光头，身上刺着花纹，食物不用火煎。南方曰蛮
人，脸上刻花纹，两足趾相向着走路，食物亦不用火煎。西方曰
戎人，头覆毛发，身披兽皮，不食五谷。北方曰狄人，以羽毛为

衣，住在雪窖里，亦不食谷类食物。像这样，住在中原的、东夷的、南蛮的、西戎的、北狄的，他们各自有其安乐的家、可口的食物、适宜的服饰、便利的生活、完备的工具。五方之人，言语不相通，嗜好不一样，但他们要传达心意，交换有无，于是有各种通译语言的人，这样的人在东方曰寄，南方曰象，西方曰狄鞮，北方曰译。

凡居民，量地以制邑，度地以居民。地、邑、民、居，必参相得也 [1]。无旷土，无游民，食节事时 [2]，民咸安其居，乐事劝功 [3]，尊君亲上，然后兴学 [4]。

今注

1　参相得也，是指地形之广狭、城邑之大小、人民之多寡，三者互相配合得宜。

2　无旷土，是地尽其用，不使荒废。食节，是节省消费；事时，是及时努力生产。

3　乐事，是喜爱工作；劝功，是奋勉立业。

4　自"凡居民"至此句，亦皆似申述前文"度地，居民"之疏解语。

今译

凡是安置人民，必先测量地方的形势来决定城邑的大小，并估量地方之多少来决定安置人民的数量，必使土地之广狭、城邑之大小和人民的数量互相配合。做到没有一块荒废的土地，没有一个游手好闲的人，大家省吃俭用，努力生产，每个人皆安居乐业，喜爱工作而奋勉于事业，拥护国君而爱戴官长，然后兴办学校。

司徒修六礼以节民性，明七教以兴民德，齐八政以防淫，一道德以同俗，养耆老以致孝，恤孤独以逮不足，上贤以崇德，简不肖以绌恶[1]。

今注

1 此章言司徒的职责，与前言司空的职责一样，原文皆甚扼要。其有支碎之辞，当是附入的疏解语。唯此章的疏解语多数散厕本篇之末（如六礼、七教、八政、一道德、养耆老、恤孤独等），仅余"上贤以崇德，简不肖以绌恶"二句的疏解语尚附于此。兹因六礼七教等句，另详注于篇末，不再重复。

今译

司徒之官的职责是，修习六礼以调节人民的性情，明辨七教以提高社会的伦理道德，整齐八政以防止制度之崩坏，划一行为规范以造成善良的风俗，供养老年人以促进人民的孝心，救济孤独残废使弱者不至于被遗弃，尊重贤能的人以鼓励人人学好，清除邪恶的人以屏退罪恶。

命乡，简不帅教者以告[1]。耆老皆朝于庠[2]，元日，习射上功，习乡上齿[3]，大司徒帅国之俊士与执事焉[4]。不变，命国之右乡，简不帅教者移之左，命国之左乡，简不帅教者移之右，如初礼[5]。不变，移之郊，如初礼。不变，移之遂[6]，如初礼。不变，屏之远方，终身不齿[7]。

今注

1 这一章当是"简不肖以绌恶"的疏解语。乡，指乡老、乡大夫。简，检举。不帅教者，是不服从教导的人。

2 朝，聚会；庠，乡间学校。

3 元日，良日。习射，是行射礼；上功，重视成绩。习乡，是行乡饮酒礼；上齿，重视年老。

4　俊士，指才能优异者。

5　如初礼，行礼如前。

6　遂，指远郊之外。

7　这个"齿"字当"收录"讲。

今译

命令乡官检举一些不遵教训的人报告给司徒。择定一个适当的日子，使乡里有地位的前辈老者都集会于学校中，学习"乡饮酒"和"乡射"之礼，比赛射箭，则以成绩的高低为重；学习乡饮酒之礼，则以年龄辈分为重。其时，大司徒亲自率领国内才能优秀的学生参与服务，做个好的榜样让那些"不帅教者"看。这样做了，他们如果仍不改变，则命国之右乡将不帅教者移到左乡，左乡移到右乡，彼此交换观摩，行的如前回一样的礼。如果再不变，则移到乡外之"郊"，行礼亦如前。如果仍不变，则移到更远的"遂"，行礼亦如前。如果这样仍不变，则是不堪造就的了，只有驱往远方，终其身不再收录。

命乡，论秀士[1]，升之司徒，曰选士。司徒论选士之秀者而升之学[2]，曰俊士。升于司徒者，不征于乡；升于学者，不征于司徒[3]，曰造士。乐正崇四术，立四教[4]，顺先王诗书礼乐以造士。春秋教以礼乐，冬夏教以诗书。王大子，王子，群后之大子[5]，卿大夫元士之适子，国之俊选，皆造焉。凡入学以齿[6]。

今注

1　这一章当是"上贤以崇德"的疏解语。论秀士，考课才德出众者。

2　学，指国学。

3 不征于乡，免除兵役和劳役。不征于司徒，免除国内的兵役劳役。

4 乐正，国学的总教官。孔颖达说：诗书礼乐，四者，以其为人所共由，则曰四术；以其为教于学，则曰四教。

5 群后，指诸侯。

6 入学以后，但以年龄的长幼为序，不以王太子或元士之嫡子身份分高下。

今译

命令乡官，考论杰出的人才而推举给司徒，称为"选士"。司徒又考论选士中之特优者而推举到国学，称为"俊士"。选士可免除乡里的兵役与劳役，俊士可免除国中的兵役与劳役。主持国学的乐正，提倡诗书礼乐四术，而订下四门课程，用的是先圣王流传下来的课本以造就人才。春秋二季，教以礼乐；冬夏二季，教以诗书。王的太子，诸王子，各国国君的世子，卿大夫元士的嫡子，以及国内的俊士选士，都送到国学就学。在国学里，不以身份分高低，但以年龄的长幼为序。

将出学，小胥，大胥，小乐正[1]，简不帅教者以告于大乐正。大乐正以告于王。王命三公九卿大夫元士皆入学[2]。不变，王亲视学。不变，王三日不举[3]，屏之远方。西方曰棘[4]，东方曰寄，终身不齿。

今注

1 此一章当亦为"简不肖以绌恶"的疏解语，但说的是国学，所指不帅教者乃是那些太子、王子等贵族子弟，而与俊选之士无关。将出学，郑玄说是九年大成，毕业。大胥掌学士之版，近似注册主任；小胥掌学士之征令。小乐正，《周礼》书中称乐师，掌国学之政。

2　"入学"之下，倘无脱文，当是省略，意指入学所行亦似乡学之礼。

3　前文"天子食，日举以乐"，此言"不举"，是因贵族子弟的教育失败，感到烦恼，故食不乐。

4　棘，郑玄说当为"僰"，中国西南地区。

今译

将至毕业之时，小胥、大胥、小乐正等检举不循教导的贵族子弟，报告于大乐正，大乐正就报告于王。于是王乃命令三公九卿大夫元士等都集合于学，重新习礼以感化之。如果不改变，王就亲自视察国学。如果仍还不变，则王食时不乐，将这些不听教导的人驱逐到远方——西方曰僰，东方曰寄——终其一生亦不再收录。

大乐正论造士之秀者以告于王，而升诸司马，曰进士 [1]。司马辨论官材，论进士之贤者以告于王 [2]，而定其论。论定然后官之，任官然后爵之，位定然后禄之。

今注

1　这一章当亦为"上贤以崇德"的疏解语，而说的是国学。在学为"造士"，升于司马则是"进士"。进士遂为由学而仕之重要历程。

2　论进士之贤者，此"贤者"是指其人之专长。

今译

大乐正考论那些应届毕业的学生，将其特别优异者推举于司马，那是进士。司马再分别考论诸进士的工作能力，而将所发现的专长报告于王，做最后的决定。决定之后，则派以工作；

能胜任其工作，然后铨叙其官秩；官秩铨定之后，则发给相当的俸禄。

大夫废其事，终身不仕，死以士礼葬之[1]。有发，则命大司徒教士以车甲[2]。凡执技论力[3]，适四方，赢股肱，决射御[4]。凡执技以事上者：祝史射御医卜及百工。凡执技以事上者：不贰事，不移官，出乡不与士齿[5]。仕于家者，出乡不与士齿。

今注

1　吴澄说此三句是疏解上文"任官然后爵之"。废其事，是不胜任。以士礼葬，是指被免职的大夫，不是指告老退休的大夫。

2　教士以车甲，王闿运说：士指国学之士。按此当是上文"不征于司徒"句下的疏解语。

3　此下三记"凡执技"，当是补记造士以外的人才，论力，即不论其德行。

4　赢股肱，是打赤膊。决射御，是以射箭驾驶的技术决定其技艺。

5　不贰事，不移官，是不兼他职亦不改换行业。出乡不与士齿，意谓在本乡同族之中尚可与士人论年辈，适四方，则不与士人齐等。

今译

大夫不能胜任他的职务，则终其身不能再当官，死后但以士礼葬之。国学里的士子，遇到国家有征召时，则命司徒另加以军事训练。凡是靠技艺谋生的人则但考论技艺如何。这种人往来各处，要裸露身体，用射击驾驶等技术来考定能力。以技术为主人服务的，如祝、史、射、御、医、卜，以及各种手工艺人。这些手工艺人，既不可兼做他事，亦不能改变行业，一旦离其本土，就不配和士人叙年辈。而服务大夫家里的，亦是这样。

司寇正刑明辟以听狱讼，必三刺[1]。有旨无简不听[2]。附从轻，赦从重[3]。凡制五刑，必即天论，邮罚丽于事[4]。凡听五刑之讼，必原父子之亲，立君臣之义以权之。意论轻重之序，慎测浅深之量以别之。悉其聪明，致其忠爱以尽之。疑狱，氾与众共之；众疑，赦之[5]。必察小大之比以成之[6]。

今注

1 正刑明辟，是正定刑书，明断罪法。三刺，旧注以刺为杀，似未允。三刺当谓三度侦讯。

2 焦循说：此句出自《尚书·吕刑》"唯貌有稽，无简不听"，观此文字似有讹脱。王闿运说：简是刑书，无简是律无明文。今从此说。

3 附，是引用律文。轻、重，指量刑的轻重。

4 必即天论，郑玄说或本此句作"必则天伦"，当是原文如此。故下文有"凡听五刑之讼，必原父子之亲，立君臣之义以权之"。父子君臣，正是"天伦"，而"以权之"，正是"必则"之意。邮罚，汉朝人书写"邮""尤"二字通用，尤罚就是訧罚，是认罪科刑之意。丽，是附。

5 自"凡听五刑之讼"至此句，当是上文的疏解语。以权之，是衡量轻重，慎测浅深。致其忠爱，忠指君臣义，爱指父子之亲。氾与众，与大众公开审理。

6 此句似当接于"邮罚丽于事"之下。比，是比照律文；成，是判决定谳。

今译

司寇之官要负责审定刑书，明断罪法，受理一切诉讼，必行三度侦讯。如果看似有罪而律无明文规定者，则不起诉。至于引用律文必取其罚轻者；如要赦免，则取其罚重者。凡是制定五等轻重的刑罚，必须考虑到天伦关系，同时认罪科罚必须配合事实。查明罪行之大小，以之比照律文的规定来定谳。凡是受理五等刑的罪案，必须体谅到父子的亲情和君臣的关系，考虑其是否为着忠爱而犯法，以心证其情节轻重的层次，仔细探查其罪行浅深的分量，而不可一概而论。竭其耳闻目见的能力，加以忠爱的同情心来穷究罪案。如有可疑而不能决，则公开给大众共同审判；如果大众亦疑而不能决，则只好赦免之。

成狱辞，史以狱成告于正[1]，正听之。正以狱成告于大司寇，大司寇听之棘木之下[2]。大司寇以狱之成告于王，王命三公参听之。三公以狱之成告于王，王三又[3]，然后制刑。凡作刑罚，轻无赦[4]（刑者侀也，侀者成也，一成而不可变，故君子尽心焉[5]）。

今注

1　史，书记官。正，郑玄说：秦置有正平丞，汉仍沿用，似是地方法院的审判官。

2　孤卿大夫之位，列九棘，此言"听之棘木之下"，当是把罪案提到大司寇的公堂审理。

3　郑玄说："又"当作"宥"。宥，是宽减其罪。三宥者，一为无知而犯罪，二为偶然的而非预谋的犯罪，三为精神错乱而犯罪。

4　此言触犯刑章，虽属最轻者亦不能赦免。

5　自"刑者侀也"至此句，当是疏解语。刑者侀也，侀是定式。

今译

写成判决书之后，"史"以之报告于"正"，"正"又审理一遍，以其判决书报告于大司寇。大司寇则在孤卿大夫的陪审下调此全案亲自审理，之后，再以其判决书报告于王。王先命三公共同审理，之后，三公以其判决书报告于王。王再审查一下，案件是否适用三宥，如果没有，最后始裁定其刑罚。既已动起刑罚，虽属五刑之末等，亦必须执行而不赦免（因为"刑"字便含有"定型"的意思，既已定型，则无可变更。好心的人，知道刑之不可以变，故在定刑之前，必须尽心尽力审理狱讼）。

析言破律，乱名改作，执左道以乱政[1]，杀。作淫声、异服、奇技、奇器以疑众，杀。行伪而坚，言伪而辩，学非而博，顺非而泽以疑众[2]，杀。假于鬼神、时日、卜筮以疑众，杀。此四诛者，不以听[3]。凡执禁以齐众[4]，不赦过。

今注

1　自"析言破律"至"此四诛者，不以听"句止，似为下文"凡执禁以齐众，不赦过"的疏解语。析言破律，是分散律文，任意曲解。乱名改作，是变易名称，擅改规格。左道，是邪术。

2　坚，影响甚深。辩，是有条有理。顺，当为"训"字，当"教导"讲。

3　此四者既属于杀无赦，故亦不以听。

4　齐众，是统一民心。

今译

凡是分散律文、曲解法律，假冒名义擅变法度，操邪术扰乱政令者，杀之。制作靡靡之音、奇装异服、诡幻技术以及特别的器械以摇动民心者，杀之。行为虚伪而使人坚信不渝，说话虚伪而又有条有理，所学陷于异端而自以为博闻，言辞谬误而讲得冠冕堂皇以摇动民心者，杀之。假借鬼神、时日吉凶、卜筮祸福以迷惑大众者，杀之。触及这四种刑罚，皆不须审理。凡是执行禁令，旨在统一民心，虽轻罪亦所不赦。

有圭璧金璋，不粥于市 [1]。命服命车 [2]，不粥于市。宗庙之器，不粥于市。牺牲不粥于市。戎器不粥于市 [3]。用器不中度，不粥于市。兵车不中度，不粥于市 [4]。布帛精粗不中数 [5]，幅广狭不中量，不粥于市。奸色乱正色 [6]，不粥于市。锦文珠玉成器，不粥于市。衣服饮食，不粥于市。五谷不时，果实未孰，不粥于市。木不中伐，不粥于市。禽兽鱼鳖不中杀，不粥于市。关执禁以讥 [7]，禁异服，识异言。

今注

1 此一章疑亦疏解上文刑禁之语。圭璧金璋，皆尊贵之物。

2 命服命车，皆有功而得之物。

3 戎器，即车器。

4 古者丘乘（乡区之名）出车赋，故戎器不鬻而兵车中度则可鬻。

5 数，织布所需的升数，有如今言"若干支纱"之数。

6 奸色，不红不绿，其色不正者。

7 讥，见前注。

今译

凡是圭璧金璋等贵重的物品皆不准在市上买卖。其他如酬劳有功的车服，祭祀宗庙用的器皿、牺牲，亦不准在市上买卖。军器或不合规格的日用品以及兵车，亦不准在市上买卖。布帛之类，如果质料、幅度、色彩不够标准，亦不准在市上买卖。手工制作的锦文珠玉以及现成的衣服和饮食品，亦不准在市上买卖。未到时的五谷、未成熟的水果、未成材的树木以及幼小的禽兽鱼鳖，亦皆不准在市上买卖。关卡上执行禁令的人员要随时稽查，禁止奇装怪服，辨识不同的言语。

大史典礼，执简记[1]，奉讳恶[2]。天子齐戒受谏。

今注

1 简记，指策书之类。

2 讳恶，指忌讳的日子、名称以及日食、月食等灾异之事。按这一章言太史的官职特别简略，没有附文和疏解语，因疑其本为前文之提纲而错简在此。

今译

太史的官，主管一切礼仪，执掌文书，并记载许多应须忌讳的时日、名字，以及日食、月食、地震、山崩、海啸等灾异，以进于天子。天子斋戒身心接受劝告。

司会以岁之成，质于天子，冢宰齐戒受质[1]。大乐正、大司寇、市，三官以其成，从质于天子[2]。大司徒大司马大司空齐戒受质，百官各以其成，质于三官[3]。大司徒大司马大司空，以百官之成，质于天子，百官齐戒受质[4]。然后，休老劳农[5]，成岁事，制国用[6]。

今注

1 郑玄说：司会是冢宰的部属。成，是成绩。质，是考核。冢宰齐戒受质，协同天子考核。

2 大乐正主管教育，大司寇主管刑罚，市主管货财。孔颖达说这三个官所管之事少，故从司会而质于天子。

3 大司徒、大司马、大司空，总主百官万民，故又特行考核。

4 三官考核之后，转呈天子，然后再以天子的考语转示百官，故百官齐戒受质。

5 休老劳农，皆宴会之事。

6 《王制》本文，似止于此，自下文"凡养老"句起，皆为前文司徒之官的疏解语。

今译

司会之官把一年来行政的成绩报请天子考核，冢宰亦要斋戒，协同天子考核政绩。大乐正、大司寇和市之官，即亦于此时以各自的成绩附于司会的报告而请天子考核。大司徒、大司马、大司空斋戒以后执行考核，他们所统属的全国百官都得以其成绩呈与这三个大官。这三个大官又以百官的成绩转呈天子，然后百官斋戒，听候天子的考语。考绩过了，即举行款待老人的宴会，全国举行慰劳农民的集会。到了这时，即已完成一年的政事，接着开始计划明年的行政纲要以及经费预算。

凡养老：有虞氏以燕礼，夏后氏以飨礼，殷人以食礼，周人修而兼用之[1]。五十养于乡，六十养于国，七十养于学[2]，达于诸侯。

今注

1 自"凡养老"以下至终篇，皆为前文言司徒官职的疏解语。燕礼，设宴于寝，行一献，坐而饮酒至醉，其礼数较简单。飨礼，设宴于朝，依尊卑为献，其礼数最隆重。食礼，设酒不饮，以食为主。按《月令》《文王世子》《郊特牲》及《乐记》《祭义》等篇皆言养老，而行礼的时间不同。皇侃说：人君养老有四种，一养三老五更，二养死国难者之父祖，三养致仕之老，四养引户校年之庶老。或用燕，或用飨，或用食礼（分见诸篇注）。修，当为"循"字，汉朝人写"修""循"二字形状相近而致误。

2 郑玄说：国，指国中的小学；学，是大学。

今译

凡设宴款待老人之礼：有虞氏用燕礼，夏后氏用飨礼，殷代的人则用食礼。到了周代，仍循行之，但一年之中，则兼用燕礼、飨礼、食礼。人到了五十岁就有资格受设宴款待于乡，六十岁受设宴款待于国，七十岁则受设宴款待于太学。这办法，自天子到诸侯国，皆是一样。

八十拜君命，一坐再至，瞽亦如之。九十使人受¹。五十异粻，六十宿肉，七十贰膳，八十常珍；九十，饮食不离寝，膳饮从于游可也²。六十岁制，七十时制，八十月制，九十日修，唯绞紟衾冒³，死而后制。五十始衰，六十非肉不饱，七十非帛不煖，八十非人不煖，九十，虽得人不煖矣。五十杖于家，六十杖于乡，七十杖于国，八十杖于朝，九十者，天子欲有问焉，则就其室，以珍从⁴。七十不俟朝，八十月告存，九十日有秩⁵。五十不从力政，六十不与服戎，七十不与宾客之事，八十齐丧之事弗及也⁶。五十而爵，六十不亲学，七十致政。唯衰麻为丧⁷。

今注

1 君命，郑玄说是指国君致送养礼。一坐再至，坐就是今之"跪"。至，俯首至地，亦即"稽首"。此言一跪二叩首。瞽者无目，起坐不便，故仅用"一坐再至"之礼，免其三跪九叩。九十岁，筋力尤衰，不亲跪拜，故使别人代为接受。

2 粻，食米。宿肉，预储肉食。贰膳，双份佳肴。珍，见前注。膳饮从于游，饮食之物，随其所在而供应之。

3　孔颖达说：岁制，指棺木。时制、月制，皆指殓葬之衣物，较难完成者须时制，较易制作者则月制。日修，指临时赶制者。绞，敛尸用的交束布。给，单被，用以垫尸体。衾，大被。小敛用一衾，大敛用二衾。冒，敛后韬尸者，上截曰质，下截曰杀（参见《檀弓》）。

4　汉代，赐老者以杖，曰王杖。乡国的人见之，皆当以礼相待。今其文犹见武威出土之汉简。

5　存，问候。秩，供应品。

6　齐，读为斋。祭祀之前须斋戒。

7　"唯衰麻为丧"一句当是上文"齐丧之事弗及也"句下之旁注语，错厕于此。

今译

　　人到了八十岁，筋力已衰，不能多跪拜，所以，若有君命到来，只要一跪再叩首。盲人，亦如此优待。到了九十岁，即使有君命，不必亲自拜迎，只要派人代为接受。五十岁的人，可食较精美的粮；六十岁有常备的肉食；七十岁有另外的一份膳食；八十岁可以常食时新的食品；九十岁，饮食之物常设于其居室，即或出游，亦随供于左右。六十岁应预备棺木之类需长时间置办的丧具，以备不时之需；七十岁应预备一季始能置办的丧具；八十岁应置办一月内可以制成的丧具；到了九十岁则应置办随时可成的丧具，其中唯有绞、给、衾、冒等，可俟其死时开始缝制。一个人到了五十岁即开始衰老，六十岁非肉食就不够营养，七十岁非有丝绵就不能保持体温，八十岁则须取暖于人，到了九十岁就连有人亦不暖了。五十岁可以杖于家；六十则杖于乡；七十岁有赐杖，行于国内；八十岁如果还要上朝廷，可以扶杖而往；到了九十岁，如果朝廷有事，天子则须亲至其家请教，去时，且要随带时鲜的食品。大夫到了七十岁可以不在朝里伺候，八十岁时天子按月要派人问候，到了九十岁更要每天馈送食物。五十岁的人可以不服力役，六十岁不服兵役，七十岁不参加宾客应酬，到了八十岁有丧祭之事亦不需参与，只有披戴孝服而已。大夫五十岁得封爵位，六十岁就不能亲往学校备弟子之礼，七十岁则应告老致仕。

有虞氏养国老于上庠，养庶老于下庠。夏后氏养国老于东序，养庶老于西序。殷人养国老于右学，养庶老于左学。周人养国老于东胶，养庶老于虞庠：虞庠在国之西郊[1]。有虞氏皇而祭，深衣而养老。夏后氏收而祭，燕衣而养老。殷人冔而祭，缟衣而养老[2]。周人冕而祭，玄衣而养老。凡三王养老皆引年[3]。

今注

1　这一章似全为前文"五十养于乡"一节的疏解语。王闿运说：国老是国子师，庶老是造士师。庠、序、学，郑玄说是四代同实而异名的学校。上庠、右学是大学，在西郊；下庠、左学是小学，在国中王宫之东。东序、东胶亦为大学，西序、虞庠亦为小学。西郊，孙志祖说：当是"四郊"，"西"字有误。

2　"皇"当写作"翌"，是画有羽饰的冠。深衣，古礼服，详见《深衣》。收，夏代的冠名。燕衣，便礼服。孙希旦说：前文云"凡养老：有虞氏以燕礼，夏后氏以飨礼"。此不宜反用燕衣，疑或有误。冔，殷代的冠名。缟衣，白衣。

3　引年，引据校定的年龄。故五十、六十、七十者，给赐各有差别。

今译

有虞氏的时代，在大学里设宴款待国老，在小学里设宴款待庶老。夏代、殷代亦同，但称上庠为东序、右学，称下庠为西序、左学。周代设宴款待国老于东胶，设宴款待庶老于虞庠。虞庠在国之西郊。有虞氏时代，祭祀用皇冠，设宴款待老人穿深衣。夏后氏则戴着名为"收"的冠而祭，穿便服而设宴款待老人。殷人祭用冔冠，设宴款待老人穿缟衣。周人祭用冕，设宴款待老人穿玄色的礼服。夏殷周三代举行的设宴款待老人会，那些老人皆依据年龄而定。

八十者一子不从政[1]，九十者其家不从政，废疾非人不养者一人不从政。父母之丧，三年不从政。齐衰大功之丧，三月不从政。将徙于诸侯，三月不从政。自诸侯来徙家，期不从政[2]。

今注

1　从政，王引之说："政"读为"征"，公务的征召。

2　期，满一年。孙希旦说：这一章，首二句是附言优待老者家属的免除役，自"废疾非人不养"之下，则又因"不从政"之事而附及的。

今译

家里有八十岁的老人，应留一子不赴征召。有九十岁的老人则全家皆不赴征召，留着照顾老人。家里有残疾的人，病人必须有他人侍候的，亦应留一人不赴征召。遇有父母之丧，因须守孝，可以免征三年。齐衰大功之丧，免征三月。将要迁居于诸侯国者，亦免征三月，让其有时间备办行装。至于从诸侯国迁来的人，因人地生疏，可以一年不赴征召。

少而无父者谓之孤，老而无子者谓之独，老而无妻者谓之矜，老而无夫者谓之寡。此四者，天民之穷而无告者也[1]，皆有常饩[2]。

痦、聋、跛、躃、断者、侏儒，百工，各以其器食之³。

今注

1　矜，亦写作鳏。"天民之穷而无告者"，《孟子·梁惠王》作"天下之穷民而无告者"。

2　饩，粮饷。

3　痦，不能说话。躃，亦写作躄，不能走路。断者，肢体不全的人。侏儒，躯干矮小的人。百工，旧说指一些低等工人。俞樾云：百工二字当连下读，谓手艺人须供养残废者。此似非王政，兹故依旧说。器，是人的材器。按：这一章当是前文"恤孤独"的疏解语。

今译

年幼失去父亲的人曰"孤"，年老没有子女的人曰"独"，到老而无妻室的人曰"矜"，到老而没有丈夫的人曰"寡"。这四种都是世上可怜而得不到安慰的人，应经常接济以粮食。不能说话的，不能听闻的，瘸着腿的，不能走路的，肢体不全的，身躯矮小的，以及各种手艺人，这些人都靠干点力所能及的工作由国家养活他们。

道路：男子由右，妇人由左，车从中央。父之齿随行，兄之齿雁行，朋友不相逾¹。轻任并，重任分，斑白不提挈²。君子耆老不徒行³，庶人耆老不徒食。大夫祭器不假。祭器未成，不造燕器⁴。

今注

1　父之齿，是比自己年长一倍者。兄之齿，是比自己年长十岁以上者。不相逾，不可互相超过。

2　任，是负担。斑白，头发半白。

3 君子，指士大夫。

4 孙希旦说：这一句是他篇的脱简。今按：这一章当是前文"一道德以同俗"的疏解语。

今译

道路上，男的靠右走，女的靠左走，路当中让车辆通行。遇见相当于父亲年龄的，应让其先走。相当于长兄年龄的，可以并行而稍后之。至于同辈朋友走路亦不可争先。老年人和年轻人都挑着轻的担子，年轻人对于老年人轻的担子可以合并挑起，重的担子应分担一些。遇见头发半白的人，不可让其提物，应有人代劳。士大夫阶级的老者，出门必有车马，不至于徒步；平民阶级的老者亦不至于食无肉。士大夫应自备祭祀用器而不向他人借用。祭器未成之前，不制生活用器。

方一里者为田九百亩。方十里者，为方一里者百，为田九万亩。方百里者，为方十里者百，为田九十亿亩。方千里者，为方百里者百，为田九万亿亩[1]。自恒山至于南河，千里而近。自南河至于江，千里而近。自江至于衡山，千里而遥。自东河至于东海，千里而遥。自东河至于西河，千里而近，自西河至于流沙，千里而遥。西不尽流沙，南不尽衡山，东不尽东海，北不尽恒山，凡四海之内，断长补短，方三千里，为田八十万亿一万亿亩[2]。方百里者为田九十亿亩：山陵林麓川泽沟渎城郭宫室涂巷，三分去一[3]，其余六十亿亩。

今注

1 自"方一里者"至此句，当为前文"天子之田方千里"之疏解语。用开方算法，计得此数。郑玄云：亿，今之十万。孔颖达云：九万亿亩，若以亿言，当云九千亿亩；若以万言，当云九万万亩。

2 "自恒山至于南河"至此句，当为前文"凡四海之内"之疏解语。千里而近，不及千里；千里而遥，超过千里。八十万亿一万亿亩，孔颖达云：一州方千里，为田九万亿亩，九州当为田八十一万亿亩。"八十"下"万亿"二字当属衍文。

3 三分去一，指山林陵麓等约占三分之一，不以为田，故须除去。

今译

一方里的土地，折合为田是九百亩。十方里的土地，依开方算法，则等于一百个一方里的土地，折合为田是九万亩。一百方里的土地，则又等于一百个十方里的土地，其田当为九十个的"十万"（亿）亩，亦即九百万亩。依此推算，则为方千里的土地，相等于一百个百里之地，当有田九万万亩。自北岳恒山至于南河（河南西部的黄河段），将近一千里的距离。自南河至于长江，亦将近一千里的距离。自长江至于南岳衡山，其距离则在一千里以上。自东河至于东海，其距离亦在一千里以上。自东河至西河的间隔，不及千里，但自西河至于西域沙漠地带则超过一千里的距离了。现在，西边不算沙漠以外之地，南边不算衡山以南之地，东边不算东海以外之地，北边不算恒山以北之地，这样总计四海之内，把那多余的部分割下填补那不足的部分，分成三方，每方千里，应共有田八十一万亿亩。唯是每方百里之国，虽有田九十亿亩，其间须除去高山森林、峻阪斜坡、江河湖泊、沟渠水道、城坊宫室等建筑及道路用地，约占三分之一，则其余应为六十亿亩。

古者以周尺八尺为步，今以周尺六尺四寸为步[1]。古者百亩，当今东田百四十六亩三十步[2]。古者百里，当今百二十一里六十步四尺二寸二分。

今注

1　此以"周尺"计算古今"步"之长短，则今之步实短于古之步。

2　东田，孙希旦说：汉初儒者皆齐鲁人，自据其地言之，故曰东田。按这一章当为细计田亩尺度之附述。

今译

古时用周代的尺，八尺算作一步。现在则以周尺六尺四寸为一步。因为现在的步短于古代，所以古代的一百亩地，等于现在一百四十六亩又三十步。古代的一百里，等于现在一百二十一里又六十步四尺二寸二分。

方千里者，为方百里者百。封方百里者三十国，其余，方百里者七十[1]。又封方七十里者六十——为方百里者二十九，方十里者四十。其余，方百里者四十，方十里者六十；又封方五十里者百二十——为方百里者三十——其余，方百里者十，方十里者六十。名山大泽不以封，其余以为附庸闲田。诸侯之有功者，取于闲田以禄之[2]；其有削地者，归之闲田。

今注

1　这一章当是前文"九州，州方千里。州，建百里之国三十，七十里之国六十，五十里之国百有二十"一段之疏解语。"其余"皆指封地除外剩下的土地。

2　取于闲田以禄之，即前文所谓"加地进律"之禄。

今译

前文所谓"州，建百里之国三十"云云，今计数之如下：所谓方千里者，实包括有一百个方百里者。如果分去三十个方百里者，则尚余七十个方百里者，亦即百分之七十。以此七十个方百里者又分去六十个方七十里者，则相等于占去了二十九个的方百里者，四十个方十里者（亦即百分之二十九点四）。故尚余四十个方百里者及六十个方十里者。今再以这余数分为一百二十个方五十里者，亦即相等于三十个方百里者，最后则剩十个方百里者，六十个方十里者。名山大泽不作封地用，其中尚有余地，则划作诸侯的附城或"闲田"。诸侯有功，则用闲田的禄赋奖赏之；有罪的诸侯，则削其封地而归之为闲田。

天子之县内¹：方千里者为方百里者百。封方百里者九，其余方百里者九十一。又封方七十里者二十一——为方百里者十，方十里者二十九——其余，方百里者八十，方十里者七十一。又封方五十里者六十三——为方百里者十五，方十里者七十五——其余方百里者六十四，方十里者九十六。

今注

1　自此以下，皆为前文"天子之县内，方百里之国九"一节的疏解语。

今译

前文云"天子县内"的封域情形，今计数之如下：一个一千方里的土地，等于一百个方百里的土地。现在以这一千方里，封给方百里的国九个，则应余下九十一个方百里的土地。再以这余下的土地封给二十一个方七十里的国——这即等于十个方百，又二十九个方十里的土地——所以尚余八十个方百里，七十一个方十里的。现在再把这余下的土地封给六十三个方五十里的国——亦即等于减去了十五个方百里和七十五个方十里的土地。这样，所余下的则为六十四个方百里和九十六个方十里的土地。

诸侯之下士禄食九人¹，中士食十八人，上士食三十六人。下大夫食七十二人，卿食二百八十八人。君食二千八百八十人。次国之卿食二百一十六人，君食二千一百六十人。小国之卿食百四十四人，君食千四百四十人。次国之卿，命于其君者，如小国之卿。

今注

1　这一章当是前文"诸侯之下士视上农夫"一段的疏解语。九人，因前文有言"上农夫食九人"。

今译

诸侯的下士，其俸禄相当于上农夫，足够养活九个人，中士足够养活十八个人，上士则加一倍。下大夫食七十二人之禄，卿则增加四倍。大国的国君则又十倍于卿的俸禄，足够养活二千八百八十人。次国之卿（命于天子者），只得下大夫的三倍，是二百一十六人，其国君十倍于他，应得二千一百六十人。至于小国之卿，仅有下大夫之一倍，食一百四十四人，其君十倍于他，食一千四百四十人。此外，次国三个卿，其中有一个是国君委任的，他的俸禄该比照小国之卿，食一百四十四人。

天子之大夫为三监，监于诸侯之国者，其禄视诸侯之卿，其爵视次国之君，其禄取之于方伯之地¹。方伯为朝天子，皆有汤沐之邑于天子之县内²，视元士。诸侯世子世国，大夫不世爵。使以德，爵以功，未赐爵，视天子之元士，以君其国。诸侯之大夫，不世爵禄³。

今注

1 自"天子之大夫为三监"至此句,当为前文"天子使其大夫为三监,监于方伯之国"的疏解语。

2 汤沐之邑,郑玄说,诸侯朝见天子,给予斋戒沐浴的地方,或称"朝宿邑"。

3 自"诸侯世子世国"至此句止,当为前文"内诸侯,禄也;外诸侯,嗣也"的疏解语。

今译

天子的大夫被派到诸侯国去做监察的,其俸禄比照大诸侯国的卿,其爵位比照中等诸侯国的国君,其俸禄从方伯那里支取,方伯为了朝见天子,在王畿内部都有供其斋戒沐浴的土地。汤沐邑的大小,和天子元士的禄田一般多。有功为诸侯,故得封国。有封国,故其太子得世袭之。有德者使之为大夫,但其子未必亦有德,故不得世袭其爵。然而,诸侯的太子虽得世袭,但在未赐以爵之时,仍仅等于天子之元士,以元士的身份统治其国。至于诸侯的大夫,则其爵位与俸禄,皆不得世袭。

六礼:冠、昏、丧、祭、乡、相见[1]。七教:父子、兄弟、夫妇、君臣、长幼、朋友、宾客[2]。八政:饮食、衣服、事为、异别、度、量、数、制[3]。

今注

1 此为前文"司徒修六礼以节民性"之疏解语。此六者,今尚残存于《仪礼》一书中。

2 此为前文司徒"明七教以兴民德"的疏解语。《孟子·滕文公》云:"契为司徒,教以人伦:父子有亲,君臣有义,夫妇有别,长幼有序,朋友有信。"是为五教。这里则从长幼中分出"兄弟"，朋友中分出"宾客"，乃成七教。

3 此为前文司徒"齐八政以防淫"的疏解语。事为，指百工技艺。异别，指五方的用器不同。制，指布帛幅度的广狭。

今译

前文所谓六礼，是包含冠礼、婚礼、丧礼、祭礼、乡饮酒礼及士相见礼。所谓七教，是指父子、兄弟、夫妇、君臣、长幼、朋友、宾客。所谓八政，是指饮食的方式、衣服的制度、工艺的标准、器具的品类，以及尺寸、升斗、数码、规格八项。

第六　月令

　　"月令"兼记"月"与"令"。"月"是天文,"令"是政事。先秦有一派学者认为王者必须承"天"以治"人",故设计这一套依"天文"而施行"政事"的纲领,其实仍似一种"王制"。唯是,古代的天文知识,曾被应用于阴阳五行说,故此月令亦可视为依据阴阳五行说而设计的王制,不过重点是放在天子身上。施行这种王制的天子,必居于明堂以施政,故此月令,又可称为"明堂月令"或"王居明堂礼"。明堂月令的构想,早见于《管子》书中的《幼官图》,而详于《吕氏春秋·十二月纪》,本篇则似转辑那《十二月纪》而成的。

　　孟春之月,日在营室,昏参中,旦尾中[1]。其日甲乙[2]。其帝大皞,其神句芒[3]。其虫鳞。其音角。律中大蔟[4]。其数八[5]。其味酸,其臭膻[6]。其祀户,祭先脾[7]。

今注

　　1　古人不知地球绕日而行,但见北斗星的斗柄(招摇星)之随时移转,恰于一年又移至原位置,遂据之区分一年为四季十二月。又以十二支之名搭配于十二月。孟春之月,《夏小正》及《淮南子·时则训》皆称为"正月",斗柄所指在十二支之"寅"位,故亦称"招摇指寅"（《淮南子》）。营室，亦称"定星"，为古人所定二十八宿之一，今属于飞马星座。日在营室，由中原视之，其位偏南。昏"参"中，参星亦二十八宿之一，今属于猎户座。尾星亦为二十八宿之一，今属天蝎座。"中"指南方之中，但皆据当时肉眼所见而大概言之。

2　十个天干分配于五行，甲乙属"木"，丙丁属"火"，戊己属"土"，庚辛属"金"，壬癸属"水"。又以五行播于四时，春为木，夏为火，秋为金，冬为水，中央属土。故甲乙为春。王夫之云：称曰"其日"者，以为择日之用。凡春，以甲乙之日为王而吉利。

3　大皞，上古五帝名，亦配于五行。句芒，句是勾曲，芒即萌芽，木之萌芽其形蜷曲。此与大皞为晨曦景色，皆具有象征的意义。

4　动物之属皆曰虫。鳞、介、毛、羽、倮虫，五者又为动物之代表，分配于五行，鳞属木，为春之虫。宫商角徵羽，五音分配于五行，角属木，为春之音。律是候气之管，以铜为之。中即气候与律管相应，正月应在大蔟之管。大蔟是十二律之一。

5　五行生数之次序：水一火二木三金四土五，这是天生之数。地为土，故五行各加土之数，亦即木三加土五，其数八（其他皆准此）。

6　在口为"味"，在鼻为"臭"，郑玄说：木之臭味为酸膻。然《郊特牲》"萧合膻芗"注云："膻当为馨，声之误也。"此处以膻为馨，似尤合于木臭。

7　五行配于建筑物：木为户，火为灶，金为门，水为行（宜为井字），土为中霤。故春天则祀户。五行配于五脏，木为脾，火为肺，金为肝，水为肾，土为心。故春祭以脾为上（按以上五行之搭配，各书所载不尽相同，兹据《月令》)。

今译

正月孟春，太阳的位置在飞马座附近，黄昏时可以看见参星在南方天中，向晓时尾星在南方天中。春之日于天干为甲乙，万物开始破壳而探首出来。这时的主宰是太皞，神名句芒。动物以鳞族为主，音是清浊中和的角音，十二律应于大蔟。数为土加木之"八"。口味为酸，臭味为膻。祭祀以户为对象，祭品以脾脏为上。

东风解冻，蛰虫始振[1]，鱼上冰[2]，獭祭鱼[3]，鸿雁来[4]。

今注

1　振，活动。

2　《夏小正》作"鱼陟负冰"。"陟"与"上"同。盛寒之时，鱼潜水底；正月鱼游而上近于冰。

3　高诱说：獭祭鲤鱼于水边，四面陈之，谓之"祭鱼"。

4　《吕氏春秋》作"候雁北"，万斯大说，当从吕书。

今译

正月里，东风吹散了严寒，冬眠的蛰虫开始在土穴里活动，沉潜在水底的鱼儿游近了水上的薄冰下面，吃鱼的獭行鱼祭，而鸿雁亦随着温暖北来了。

天子居青阳左个[1]。乘鸾路，驾苍龙，载青旂，衣青衣，服仓玉[2]。食麦与羊，其器疏以达[3]。

今注

1　青阳左个，是明堂的一部分。明堂依五行而构筑，分东西南北中五部分：东曰青阳，西曰总章，南曰明堂，北曰玄堂，中曰太庙太室。除当中的太庙只有一个太室之外，其余四者又各有左右中三室：左曰左个，右曰右个，中亦曰太庙。天子循五行之周转，每月换居一室。

2　春为木，其色青苍。故凡御用品物皆顺应此种颜色。鸾，是铃。路，亦写作"辂"，车。高大的马（八尺以上）称为"龙"。

3　"器"指用具，"疏"是粗疏，"达"是通达，指刻镂洞孔之器。

今译

春天，天子居住在明堂东边名为"青阳"的部分，正月则住在青阳的左个。为着顺应时气，乘的是系有鸾铃的车，驾的是苍龙之马，打起青色旗号，穿着青色衣服，佩着青色玉佩。食物以麦与羊为主，用的器皿都要粗疏而容易透气的。

是月也，以立春。先立春三日，大史谒之天子曰：某日立春，盛德在木。天子乃齐。立春之日，天子亲帅三公九卿诸侯大夫以迎春于东郊。还反[1]，赏公卿诸侯大夫于朝。命相布德和令[2]，行庆施惠[3]，下及兆民。庆赐遂行，毋有不当。

今注

1　《吕氏春秋》作"还乃"，"还"字断句，"乃"字属下句。王念孙说当从吕书。

2　《公羊传·隐公五年》云："三公者何？天子之相也。"故郑玄说："相"指三公。和，亦写作咊。王引之云：咊令就是宣令。

3　行庆，是褒扬好人好事；施惠，是周济贫乏困穷。

今译

这一个月定立春的节气。在立春之前三日，太史谒见天子，报告某日立春，为木德当令。于是天子开始斋戒，到了立春那一天，亲自领导三公、九卿、诸侯、大夫往东郊举行迎春之礼。礼毕回来，乃在朝中赏赐公卿、诸侯、大夫。同时命三公发布恩德命令：褒扬好人好事，周济贫乏困穷，普及于全民。实行褒扬赏赐，要事事做得恰当。

乃命大史守典奉法[1]，司天日月星辰之行，宿离不贷[2]，毋失经纪，以初为常[3]。

今注

1　郭嵩焘说：此处"典"字应指容成调历之式，"法"字应指畴人推步之方。兹依其说。

2　宿，指日之所在，如前云"日在营室"之类；离，指月之所历，如《诗》云"月离于毕"之类。贷，《吕氏春秋》作"忒"，差误的意思。

3　经纪，是指日月星辰运行的轨迹。以初，照旧。

今译

乃命太史之官，依据探测天文的方法和技术，从事推算日月星辰运行的工作，务使其运行的位置度数以及轨道，没有一点差错，务使一切都和往常一样。

是月也，天子乃以元日祈谷于上帝[1]。乃择元辰[2]，天子亲载耒耜，措之参保介之御间[3]，帅三公九卿诸侯大夫，躬耕帝藉[4]。天子三推，三公五推，卿诸侯九推[5]。反，执爵于大寝[6]，三公九卿诸侯大夫皆御，命曰劳酒。

今注

1　古代以干支纪日，郑玄说：元日是指上辛之日。王闿运说：上辛是指那个月之第一个辛日。

2　元辰，孔颖达说：天干之甲乙丙丁谓之日，地支之子丑寅卯谓之辰。耕用亥日，故云元辰。

3　耒，古代用以起土的犁。耜，是耒端的铁器，今称"犁头"。郑玄说：人君之车，必使勇士衣甲，居右参乘，是谓参保介。御间是御者和参保介之中间位置。

4　藉或写作耤，是借助的意思。蔡邕云：天子藉田千亩，以供祭天用的粢盛，借助人力以成其功，故曰帝藉。

5　推，是推耜入土。三推五推九推，皆聊以表示耕作之意。

6　大寝，天子居住的殿堂。

今译

正月里，天子在第一个辛日举行祭天之礼，祈祷丰收。并于亥日，亲自载着耒耜，放在车右和御者之间，率领了三公、九卿、诸侯、大夫，在藉田里耕作。行推耜入土之礼，天子推三下，三公推五下，卿诸侯推九下，礼毕而返。天子在大寝殿举行欢宴，三公、九卿、诸侯、大夫全体参加，这宴会称为"劳酒"。

是月也，天气下降，地气上腾，天地和同，草木萌动。王命布农事，命田舍东郊[1]，皆修封疆，审端径术[2]。善相丘陵阪险原隰土地所宜[3]，五谷所殖，以教道民，必躬亲之。田事既饬，先定准直[4]，农乃不惑。

今注

1　命田之"田"，指"田畯"，是古代主农之官。

2　审是审查，端是修正。"术"亦写作"遂"，是小沟，沟上小路曰"径"。

3　土高曰丘，大阜曰陵，斜坡曰阪，低地曰隰。

4　孙希旦说：准是平均；平均直线，是指种植禾苗的方法。今用其说。

今译

这一个月，天气下降，地气上升，天地之气互相混合，草木便开始抽芽。天子乃发布农事的命令，派遣农官住在东郊，把冬天荒废下来的耕地疆界全部修理起来，把小沟及小径重新查明，修理端正。好好地斟酌地形，如高地应种植适宜于高地的作物，低地应种植适宜于低地的作物，还要把各种农作物的培植方法，教给农民。等到田土皆已清理整齐，则预定平均的直线，使农民依照这标准种植而不至于混乱。

是月也，命乐正入学习舞。乃修祭典。命祀山林川泽牺牲毋用牝[1]。禁止伐木。毋覆巢，毋杀孩虫、胎、夭、飞鸟。毋麑、毋卵[2]。毋聚大众，毋置城郭[3]。掩骼埋胔[4]。

今注

1　春为生育之时，而正月是首春，故禁止用母牛、母羊为祭牲。

2　以上见《曲礼》《王制》注。

3　聚众，则妨害人民耕种。春天宜疏散通达，故亦不于此时置城郭。

4　骨枯曰骼，肉腐曰胔。

今译

这个月里，命乐正进入国学教练舞蹈。修订一年祭祀的典则。命令祭祀山林川泽时的牺牲不可用牝的。禁止砍伐树木。不许捣鸟巢，残害有益农作物的幼虫及未出生的或已出生的幼兽和刚始学飞的小鸟。不准捕杀小兽和掏取鸟卵。不可在这个月聚合群众，亦不要在此时增置城郭。遇见枯骨腐肉，皆掩埋之。

是月也，不可以称兵，称兵必天殃[1]。兵戎不起，不可从我始。毋变天之道，毋绝地之理，毋乱人之纪[2]。

今注

1 称兵就是举兵。举兵是发动战争，战争必杀戮，有违春天生育之道，故曰必有天殃。

2 朱轼云："变道，绝理，乱纪，俱就称兵言。"王夫之云：这三句是发例之语，统论十二月之令，皆当顺天道、据地理、依人纪而行。因为是总论，故记之于孟春。今依后说。

今译

在这个月里，不可以举兵杀伐，举兵者必遭到天殃。所以不可发动战争，尤其是主动挑起战争。总之，十二月中所行的政令，不可变天之道，绝地之理，乱人之纪。

孟春行夏令，则雨水不时，草木蚤落，国时有恐[1]。行秋令则其民大疫，猋风暴雨总至，藜莠蓬蒿并兴[2]。行冬令则水潦为败，雪霜大挚，首种不入[3]。

今注

1 按此处所谓"令"，乃指每月所发布的命令。倘违"月"而行"令"，将有种种灾害。《月令》本文，尚有"顺令"的记载，但此篇已全佚去，仅余这些"逆令"的记载。高诱说，春属木，夏属火，春行夏令，则火焚木，而草木早落叶。郑玄说，"有恐"是指火灾的恐慌。

2 猋，是大旋风。并兴，即是"并生"。高诱说，秋属金，木仁金杀，故行秋令则民大疫。

3 陆德明云：挚是伤折。但首种未入，何由伤折？挚，当是"至"。首种，指头番播种的谷物。

今译

如果在正月里发布夏天的命令，将有风雨不时、草木早落、国时有恐等祸事出现。如果发布了秋天的命令，则有大瘟疫、疾风暴雨、藜莠丛生等祸事出现。如果发布了冬天的命令，则有洪水泛滥、霜雪大至、头番的种子无法播下的祸事出现。

仲春之月，日在奎，昏弧中，旦建星中[1]。其日甲乙，其帝大皞，其神句芒。其虫鳞。其音角，律中夹钟[2]。其数八。其味酸，其臭膻，其祀户，祭先脾。始雨水，桃始华，仓庚鸣，鹰化为鸠[3]。

今注

1 奎星为二十八宿之一，今属仙女座。弧，二十八宿无此名，唐石经《月令》改为"昏东井中"。郑玄说：弧在"舆鬼"南。东井，即二十八宿之井宿，今属双子座。舆鬼即二十八宿之鬼宿，今属巨蟹座。旦建星中，唐《月令》作"晓南斗中"。建星非二十八宿之名，而斗则为二十八宿之一，今属人马座。

2 夹钟，十二律之一。

3 雨水，二十四节气之一，郑玄说，汉改"雨水"为二月节。桃始华，《吕氏春秋》作"桃李华"，《淮南子》作"桃李始华"。仓庚，即黄鹂。鸠，俗称布谷鸟。

今译

二月仲春，太阳的位置在仙女座附近，天将黑时，井宿在南方天中；天将晓时，斗宿在南方天中。其日为春，属于天干之甲乙。主宰是太皞，神是句芒。动物以"鳞"当令。其音为角，律应夹钟。数为八。口味为酸，臭味为膻，祀户，祭品以脾为上。这是雨水的节气，桃李始着花，黄鹂啭声，鹰鸟变形为布谷鸟。

天子居青阳大庙，乘鸾路，驾仓龙，载青旂，衣青衣，服仓玉。食麦与羊。其器疏以达。是月也，安萌芽，养幼少，存诸孤[1]。择元日，命民社[2]。命有司省囹圄，去桎梏[3]，毋肆掠，止狱讼[4]。

今注

1 存是抚恤，诸孤指士大夫的遗族。

2 社，祭土神，此为春社。

3 囹圄，就是牢狱。省，减去之。桎梏，是枷锁，在足曰桎，在手曰梏。

4 郑玄说：肆是死刑暴尸于市。但春不行死刑，何来暴尸？《淮南子》此句作"毋笞掠"，笞掠是拷问。狱讼，《周礼》郑注云：争罪曰讼，争财曰狱。

今译

天子居于青阳之太庙。出则乘鸾车，驾苍马，载青旗。穿青衣，佩苍玉。食麦与羊。用粗疏通达的器皿。这一月，保护植物刚开始萌出的幼芽，对于人，亦特别要保养幼小者，抚恤遗族子弟。选择第一个甲日，命人民举行社祭。使司法之官减少拘系的囚徒，除去其脚镣手铐，亦不可拷问，并停止民刑诉讼。

是月也，玄鸟至[1]。至之日，以大牢祠于高禖[2]。天子亲往，后妃帅九嫔御[3]。乃礼天子所御，带以弓韣，授以弓矢[4]，于高禖之前。

今注

1　玄鸟，燕子。

2　禖是主婚嫁之神。

3　九嫔，指全部宫眷。御，当如前文"诸侯大夫皆御"之"御"。

4　天子所御，这是指怀孕的宫眷。韣，弓的套子。弓矢是男子用的，今以此为礼，希望生的是男。

今译

这个月，燕子又来了。燕子来的时候，就备牛、羊、豕三牲礼拜于尊贵的禖神。那日，天子要亲自参加，由后妃率领全体女眷同去。并且要向怀孕的女眷行礼，即在禖神面前把弓韣、弓矢交她们带着，希望她们生的都是男孩。

是月也，日夜分[1]。雷乃发声，始电，蛰虫咸动，启户始出。先雷三日，奋木铎以令兆民曰：雷将发声，有不戒其容止者[2]，生子不备，必有凶灾。日夜分，则同度量，钧衡石，角斗甬，正权概[3]。

今注

1　日夜分，指"春分"时，白天与黑夜的时刻均等。

2　戒是警惕检点，容止指私生活。

3　度量，丈尺曰度，升斗曰量。衡，定秤身，石是担。角，朱骏声说，同"校"字。甬，《吕氏春秋》作"桶"字。权是秤锤，概是升斗用的平尺。

今译

这月里，白天和黑夜的时刻渐渐扯平。可听到打雷、见到闪电。蛰虫蠕动，开始从土洞里爬出。在打雷之前三日，先摇动着木舌的铃，警告天下万民说：快要打雷了，大家的私生活必须检点，不然，将会生下残缺不全的小孩，而且父母亦将遭灾。在那日夜平分的日子，可以校正日用的各种度、量、衡。

是月也，耕者少舍[1]。乃修阖扇[2]，寝庙毕备。毋作大事，以妨农之事。

今注

1　少舍，郑玄说：舍是止息。高诱说：舍指舍间。少舍是在家之时少，在田里之时多。今从前说。

2　阖扇，用木的门曰阖，用竹苇者曰扇。

今译

二月里，农夫们稍得休闲，就用此时，修理门窗户扇，使家里庙里齐备。但不可大兴土木，怕会妨害农耕之事。

是月也，毋竭川泽，毋漉陂池[1]，毋焚山林。天子乃鲜羔开冰[2]，先荐寝庙。上丁，命乐正习舞，释菜。天子乃帅三公九卿诸侯大夫亲往视之。仲丁，又命乐正入学习舞。是月也，祀不用牺牲，用圭璧，更皮币[3]。

今注

1　漉，干涸。陂池，蓄水曰陂，穿地通水曰池。

2　郑玄说："鲜"当为"献"字。二字声音相近而写错了。开冰，古无冷藏设备，故冬天则贮藏冰块，至二月开冰为献。

3　《孔子家语》云：齐大旱，春饥，孔子请祈以币玉。币是皮币，玉是圭璧。盖于春天祈祀，不用牲。更，替换。

今译

这个月，不可戽干河川、湖泊之水，不可使陂池干涸，亦不可用火来焚烧山林。天子先在寝庙举行荐礼，以小羊和新发的冰为献。在第一个丁日，命乐正领导学生练习舞蹈，举行祭祀先师的释菜之礼。那日，天子亲自率领三公、九卿、诸侯、大夫，同往国学里参观。第二个丁日，又命乐正往国学里练习乐舞。这个月祭祀皆不用牺牲，改用圭璧和皮币来替代。

仲春行秋令，则其国大水，寒气总至，寇戎来征[1]。行冬令，则阳气不胜，麦乃不熟，民多相掠。行夏令，则国乃大旱，煖气早来，虫螟为害[2]。

今注

1　秋为金，动金气则有刀兵。

2　动火气，故有此现象。

今译

仲春而行秋令，则国内将有大水，寒气统统迫来了，而且有敌人侵犯边境。仲春而行冬令，则阳气抵不住阴气，麦子不会结穗，引起饥荒，人民乃至相掠夺。行夏令，则火气太大，国内将干旱，热浪早来，植物发生病虫害。

季春之月，日在胃[1]，昏七星中，旦牵牛中。其日甲乙。其帝大皞，其神句芒。其虫鳞。其音角，律中姑洗[2]。其数八。其味酸，其臭膻，其祀户，祭先脾。桐始华，田鼠化为鴽，虹始见，萍始生[3]。天子居青阳右个，乘鸾路，驾仓龙，载青旂，衣青衣，服仓玉。食麦与羊。其器疏以达。

今注

1　胃，二十八宿之一，今属白羊座。

2　姑洗为十二律之一。

3　鴍，是鹌鹑之类的鸟。萍，是浮萍。

今译

（上略）季春三月，桐树开花，田野的土老鼠变作鹌鹑。这时候阴晴不定，可看到彩虹。池塘里开始生浮萍。……（余同孟春之月，不重译。）

是月也，天子乃荐鞠衣于先帝[1]。命舟牧覆舟，五覆五反[2]。乃告舟备具于天子焉，天子始乘舟。荐鲔于寝庙[3]，乃为麦祈实[4]。

今注

1　郑玄说：鞠衣是黄桑色的衣服，为祈蚕时用。先帝指太皞等古帝王。

2　舟牧是主管船只的官。五覆五反，是翻来覆去检验五次。

3　鲔，王鲔，似鳣而小。

4　此句，《夏小正》作"祈麦实"。

今译

这个月，天子献黄桑色的礼服于先帝，作为祈蚕的准备。命主管船只的人翻看船只，必须船面船底反复检验五遍，没有一点罅漏之处，乃报告于天子，天子这才乘船。同时用王鲔在宗庙中祭献，并祈祷麦之结实良好。

是月也，生气方盛，阳气发泄，句者毕出，萌者尽达。不可以内[1]。天子布德行惠，命有司发仓廪，赐贫穷，振乏绝[2]，开府库，出币帛，周天下。勉诸侯，聘名士，礼贤者。

今注

1　句，拳曲的嫩芽。萌，芒尖的嫩芽。内，高诱读为"纳"，不可以内，是不征收财货。

2 乏绝，暂时缺少曰乏，无以为继曰绝。

今译

这个月是生气最盛的时候，阳气直往外发散，拳曲的或尖锐的萌芽皆发出了。为着顺应季节，不可以收纳财货，只可散放财货。所以天子布德行惠，命主管官员打开囷仓把粮食赐给贫民，赈济那无米为炊和三餐不继的人们；同时打开贮存货物和金钱的府库，普施于天下。并勉励诸侯多多礼聘有名的学者和才德兼优的人们。

是月也，命司空曰：时雨将降，下水上腾，循行国邑，周视原野，修利堤防，道达沟渎¹，开通道路，毋有障塞。田猎置罘罗网毕翳馁兽之药²，毋出九门³。

今注

1　道达，就是导达。

2　置罘，是捕兽用的。罗网，是捕鸟用的。毕，长柄的小网。翳，是射鸟时用的掩体。馁兽之药，是毒药。

3　九门，指天子皇城的九处城门。因这时是长养动物的时候，这些捕杀禽兽的东西皆不准携带出门。

今译

这个月，命司空之官，说：雨季即将来临，地下水开始往地上涌，赶快巡视各地，看看原野的形势，必须修整的堤防立即赶修，淤塞的沟渠立即疏导，并开通道路，使路路相通，没有障碍。同时，擒捕鸟兽用的器具和毒害野兽的药物，一概不许携出城门。

是月也，命野虞毋伐桑柘¹。鸣鸠拂其羽，戴胜降于桑²。具曲植籧筐³。后妃齐戒，亲东向躬桑⁴。禁妇女毋观，省妇使以劝蚕事⁵。蚕事既登，分茧称丝效功⁶，以共郊庙之服⁷，毋有敢惰。

今注

1　野虞，是看守田野及山林的人。桑柘之叶可以饲蚕。

2　鸣鸠，是斑鸠。拂其羽，是拍翅膀。戴胜，一名戴𫛛，此鸟头上有羽毛如华胜。

3　曲，是蚕薄。植，是搁蚕薄的木架。方形曰筐，圆形曰篚，亦写作"𥫱"。

4　躬桑，亲手采桑。

5　观，指观瞻。毋观，就是不要化妆得太好看。省妇使，减少妇女们的杂务。

6　分茧，分配蚕茧使妇女缫丝。称丝效功，称量缫丝之轻重以表明其成绩。

7　共，供给。郊，指祭神。庙，指祭祖。

今译

这个月，命看守田野山林的官，禁止任何人斫伐桑条柘条。这时斑鸠拍着翅膀，戴胜鸟都落在桑林里。就要开始筹备蚕薄、木架和盛桑叶用的筐篮。天子的后妃，此时亦须亲自采桑。禁止妇女们过分妆扮，并减少她们的杂务，使其专心于饲蚕的工作。待至蚕事完成，就分派蚕茧，大家一齐动手缫丝，并称量缫丝的斤两多少来决定其成绩之高低。用此蚕丝制成祭神祭祖的礼服，不许怠惰。

是月也，命工师令百工审五库之量¹：金铁，皮革筋，角齿，羽箭干，脂胶丹漆，毋或不良。百工咸理，监工日号：毋悖于时，毋或作为淫巧以荡上心²。

1 五库，指金铁皮革筋等材料仓库。量，计较其质料与数量。

2 日号，是每日发号，其号令，一曰毋悖于时，一曰毋作淫巧。郑玄说：毋悖于时者，例如：春液角，夏治筋，秋合三材，冬定体。淫巧，是徒事美观，不合实用。

今译

这个月，命工人的领班，带领百工检查材料库里的储藏，如金铁、皮革筋、角齿、羽箭干、脂胶丹漆等，要保证质量良好。然后各种工匠从事制作，而监工的，每日发出号令提醒他们：一切应按照制造程式，不得颠倒耽误，而且不可徒事美观，讨人欢喜。

是月之末，择吉日，大合乐，天子乃率三公九卿诸侯大夫亲往视之。是月也，乃合累牛腾马，游牝于牧[1]。牺牲驹犊，举，书其数[2]。命国难，九门磔攘，以毕春气[3]。

今注

1 累牛，亦写作㹀牛。累牛腾马，都是殖种用的公牛公马。《夏小正》还记有"羝羊"，羝，《说文》写作"㺲"，又写作"羬"，羬字又写作"积"。积、累、腾，皆牝牡相叠之意。

2 举，生下小牛小马。

3 难，《吕氏春秋》写作"傩"，是驱除恶鬼邪魔疫疠之祭。磔，是斫碎牲体。

今译

这个月末，择定吉日，举行联合大舞会。天子率领三公九卿诸侯大夫亲往参观。同时，在这个月，把许多好的种牛种马都找来，把母牛母马散放在牧场上，让其交配。生下了小牛小马以及纯色的备作祭祀用的牛羊，都要记载其数量。于是全国举行傩祭，在各个城门砍碎牲体以驱除邪恶之气，以阻止春时的不正之气。

季春行冬令，则寒气时发，草木皆肃，国有大恐[1]。行夏令，则民多疾疫，时雨不降，山陵不收[2]。行秋令，则天多沉阴，淫雨蚤降，兵革并起。

今注

1　肃，是缩栗。大恐，指水火之警。

2　山陵不收，是高地没有收成。

今译

季春施行冬令，则寒气时时发作，草木皆萎缩不长。国内有大水大火的恐慌。行夏令，则人民多疾病，该下雨的时候没有雨，高地的农作物没有收成。行秋令，则这个月多阴沉的天气，雨季早到，而且各地都有战争。

孟夏之月，日在毕，昏翼中，旦婺女中[1]。其日丙丁。其帝炎帝，其神祝融[2]。其虫羽。其音徵，律中中吕[3]。其数七。其味苦，其臭焦。其祀灶，祭先肺。蝼蝈鸣[4]，蚯蚓出，王瓜生，苦菜秀[5]。天子居明堂左个，乘朱路，驾赤骝，载赤旂，衣朱衣，服赤玉。食菽与鸡[6]。其器高以粗。

今注

1　毕、翼、婺女，皆二十八宿星名。毕星，今属金牛座。翼星，为二十八宿中星数最多者，今分属巨爵座及长蛇座。婺女，即女宿，今属宝瓶座。

2　炎帝，古帝号。《左传·僖公二十五年》记其曾与黄帝战于阪泉之野，依《月令》：六七月之交，为炎帝、黄帝相交战时，或与此传说有关。祝融，火神之号。

3 徵，五音之一。中吕，十二律之一。

4 蝼蝈，郑玄说是蛤蟆。

5 王瓜，《吕氏春秋》写作"王菩"，郑玄引今《月令》作"王萯"，菩与萯古音相近。黄以周说：王萯是栝楼。苦菜，蔡邕说是"荼"。

6 菽，荳实。

今译

四月为孟夏，太阳的位置在金牛座附近。傍晚，翼星出现于南天正中。清早，婺女星出现在南方正中。夏季属于丙丁火。炎帝为其主宰，其神曰祝融。夏季的动物为羽类。五音合于徵音，十二律应于中吕。其数是火之生数二，合土之生数五，为七。口味是苦的，臭味是枯焦的。祭祀以灶神为对象，祭品以肺为上。这个月，青蛙鸣叫，蚯蚓出土，栝楼结实，苦菜长大。天子应时而居于明堂之南一部分，四月则居于明堂之左个。顺应夏火之色，车、马、旗帜以及服饰皆用赤色。吃羽类的鸡和荳实。用的器皿是高而粗糙的。

是月也，以立夏。先立夏三日，大史谒之天子曰：某日立夏，盛德在火。天子乃齐。立夏之日，天子亲帅三公九卿大夫以迎夏于南郊。还反，行赏，封诸侯[1]。庆赐遂行，无不欣说[2]。乃命乐师，习合礼乐。命太尉[3]，赞桀俊，遂贤良，举长大[4]，行爵出禄，必当其位。

今注

1 封诸侯，孙希旦曰：孟夏顺阳气之发宣，故多作"付出"之事，而封土与诸侯，则为付出之尤大者，故于此时行之。

2 欣说，亦即欣悦。

3 太尉，郑玄说：三王之官有"司马"无"太尉"。太尉，秦时官名。今俗人皆云的"周公作《月令》"，是一句不通于古之言。

4 赞，是辅导。桀俊，当指孔武有力者。后文，孟秋有"简练桀俊"之语可证。长大，《淮南子》作"举孝弟"。赞、遂、举，都是推荐的意思。

今译

立夏定在这个月里。立夏前三天，太史谒见天子，报告某日立夏，从此交到五行的火运。天子便即斋戒。到了那天，亲率三公九卿大夫往南郊迎夏。礼毕回来，乃大行赏赐，便定此时进封诸侯以爵位土地。切实施行庆赐，大众无不欢喜。命乐师联合诸国学的学生练习礼乐。又命太尉之官，推出特别优秀者，引进贤德善良者，并选择魁梧高大的人，依其爵位授以俸禄，使人才爵禄，配合恰当。

是月也，继长增高，毋有坏堕[1]，毋起土功，毋发大众，毋伐大树。是月也，天子始絺。命野虞出行田原，为天子劳农劝民，毋或失时。命司徒巡行县鄙，命农勉作，毋休于都[2]。

今注

1 堕，《吕氏春秋》写作"隳"，毁坏。

2 毋休于都，"休"字，《吕氏春秋》及今《月令》皆写作"伏"；郑玄引《王居明堂礼》云：此句作"毋宿于国"。

今译

这个月，一切生物都在继续生长增高，不可有毁坏的行为。不要在此时举办大工程，征召群众，亦不要砍伐大树。这不但是顺应"继长增高"的天时，亦怕妨害人民耕作。这个月，天子开始换上夏季的衣服。命令主管田野山林的官员到各处田地上，代表天子慰劳农民，勉励其努力生产，不可错过农作的季节。又命司徒到处巡视，安排民众勤劳耕作，不要停留在都市里。

是月也，驱兽毋害五谷[1]，毋大田猎。农乃登麦，天子乃以彘尝麦，先荐寝庙。是月也，聚畜百药。靡草死，麦秋至[2]。断薄刑，决小罪，出轻系。蚕事毕，后妃献茧。乃收茧税，以桑为均[3]，贵贱长幼如一，以给郊庙之服。是月也，天子饮酎[4]，用礼乐。

今注

1 《淮南子》此句作"驱兽畜毋令害谷"。盖此时，麦将登场，恐鸡羊啄食践踏谷实。

2 靡草，指荠菜葶苈之属。麦秋，麦子成熟之时。蔡邕说：百谷各以其初生时为春，成熟时为秋。

3 以桑为均，是依据各人所用桑叶的多寡，匀摊其应献出蚕茧的多寡。

4 酎，重酿的酒。

今译

这个月，要常常驱赶家禽野兽，不使之伤害五谷结实，亦不可举行较大规模的田猎。农官献上新麦，天子乃配合以猪，先献于寝庙为尝新麦之礼。同时，要积储各种药物，预防疾疫。这时荠菜之类野生的植物皆已老死，而为麦子成熟的季节。在司法方面，凡是应科以轻微体罚的或罪行不太严重的，以及短期拘留的犯人，这时悉予释放。饲蚕的工作既已结束，后妃们就举行献茧之礼。无论贵贱长幼之人，皆依照其所用桑叶之多寡作为比例而抽取茧税，使纳茧于公家，以备缫成丝绸，以备祭天祭祖的礼服之用。这个月，天子在宗庙举行"饮酎"，用乐伴奏着行礼。

孟夏行秋令，则苦雨数来，五谷不滋，四鄙入保[1]。行冬令，则草木蚤枯，后乃大水，败其城郭。行春令，则蝗虫为灾[2]，暴风来格，秀草不实[3]。

今注

1　保，亦即堡垒。入保，躲进堡垒，亦即有了寇患。

2　蝗虫，王引之说：当作"虫蝗"，按《淮南子》作"螽蝗"。螽色赤，蝗色青，皆害虫。

3　来格，来到。秀草不实，《淮南子·时则训》作"草木不实"，今从之。

今译

孟夏之月倘行秋令，则苦雨频来，五谷不能繁殖，而且四方边境有寇盗侵犯，人民要避入堡垒里。如果行冬令，则草木早枯，以后又有洪水，冲坏了城墙。行春令，则有螽蝗之灾，风暴时时来到，草木都不能结实。

仲夏之月，日在东井，昏亢中，旦危中[1]。其日丙丁。其帝炎帝，其神祝融。其虫羽，其音徵，律中蕤宾[2]。其数七。其味苦，其臭焦，其祀灶，祭先肺。小暑至，螳螂生。鵙始鸣，反舌无声[3]。天子居明堂大庙，乘朱路，驾赤骝，载赤旂，衣朱衣，服赤玉，食菽与鸡。其器高以粗。养壮佼[4]。

今注

1　东井宿，注见前。亢，二十八宿之一，今属室女座。危，二十八宿之一，今分属宝瓶座与飞马座。

2　蕤宾，十二律之一。

3　鵙，亦称"伯劳"，即百舌鸟。反舌，蔡邕说是蛤蟆。

4　佼，健美。姜兆锡说"养壮佼"三字当在下文"挺重囚，益其食"句下。按：此句上宜有"是月也"三字，今错简在"农乃登黍"下。

今译

仲夏五月，太阳的位置在东井宿。黄昏亢星，清晓危星，现于南方天中。日属丙丁火行。炎帝为其主宰，祝融为神官。虫为羽类，音属徵，律应十二律之蕤宾。以七为数。味主苦，臭主焦。祀，祭品以肺为上。节气交到小暑，螳螂生长，百舌鸟开始鸣叫，而蛤蟆却不作声了。（中略）仲春养幼小，顺时到了仲夏就养壮佼。

是月也，命乐师修鼗鞞鼓[1]，均琴瑟管箫，执干戚戈羽，调竽笙笆簧[2]，饬钟磬柷敔。命有司为民祈祀山川百源，大雩帝，用盛乐。乃命百县，雩祀百辟卿士有益于民者[3]，以祈谷实。农乃登黍。是月也，天子乃以雏尝黍，羞以含桃，先荐寝庙[4]。

今注

1　鼗，亦写作"鞀"或"鼗"。郑玄说：似鼓而小，持其柄摇之，两耳还自击。鞞，是大鼓旁之小鼓，亦写作"鼙"。

2　笆，亦写作"篪"，七孔的横笛。簧，小型的笙。

3　雩，是吁嗟求雨之祭。百辟卿士，指古代的官员。

4　"是月也"似在"养壮佼"上，错简在此。含桃，樱桃。

今译

这个月，命乐师整修各式的小鼓大鼓，清理所有的弦乐器管乐器。试执那些文舞武舞用的道具，调和许多吹的管乐并揩抹钟磬和柷敔等物，以备大雩祭于上帝时使用。于是命典礼的官员替老百姓向那山川百源祷告，举行大雩之祭，用隆盛的音乐。同时又命各地方官民举行雩祭，祭祷于古昔有功德在民间的百官卿士，而祈求好的收成。这时农官献上新熟的黍。天子乃配以小鸡，先献于寝庙，并进樱桃果实。

令民毋艾蓝以染[1]，毋烧灰，毋暴布[2]。门闾毋闭，关市毋索[3]。挺重囚，益其食[4]。游牝别群，则执腾驹，班马政[5]。

今注

1　蓝是制靛青的原料，此时蓝草尚未长成，故不许采割。

2　"烧灰"二字，《吕氏春秋》作"烧炭"。孙希旦说：烧灰是用来和布一起煮的，称为"涑帛"。暴，读为曝，既不曝布，故亦不烧灰。

3　索，是搜索。

4　挺重囚，是宽缓重囚的刑。

5　别群，是区分牝牡，不再使之同群。执，蔡邕《月令章句》写作"絷"，拘系之。班，是公布。

今译

命令人民不要刈割蓝草来染布，不要烧灰来煮布，亦不要在这阳气最盛之月晒布。同时顺着阳气的发散，不要关闭门闾，亦不要搜索关市。重囚给予缓刑，增加其食物。散在外面的母牛母马此时已怀孕，得把公马系在另外的地方，并公布训练马匹的办法。

是月也，日长至，阴阳争，死生分[1]。君子齐戒，处必掩身，毋躁[2]。止声色，毋或进。薄滋味，毋致和[3]。节嗜欲，定心气。百官静事毋刑，以定晏阴之所成[4]。

今注

1　日长至，昼最长。此时阳极盛，阴欲起，故曰"争"。阳气生物，阴气杀物，一生一杀在此分界。

2　郑玄说：今《月令》"毋躁"二字作"欲静"。按：《吕氏春秋》此句作"居必掩身欲静毋躁"。今依吕书。

3　毋致和，和指调味。

4　晏，安静，阴主静，故曰"晏阴"。王引之据《小尔雅》云：晏，同"阳"字。晏阴即阳阴。今从之。

今译

这个月，到了夏至，是一年里最长之一天，阳气达到极点，阴气接着起来，恰成阴阳互争的局面。阳气生物，阴气杀物，阴阳互争之时，亦是万物死生之界。这时大人们必须斋戒，在家里亦不可裸露身体，安静而不可急躁。停止声色娱乐，不再讲究口味，节嗜欲而平心静气。百官亦各静谋所事，毋动刑罚，以稳定阴阳的分野。

鹿角解[1]，蝉始鸣。半夏生，木堇荣[2]。是月也，毋用火南方。可以居高明，可以远眺望，可以升山陵，可以处台榭。

今注

1　解，脱下。

2　半夏，药草。木堇，即木槿，俗称扶桑花。

今译

这时，鹿将脱角，而夏蝉开始鸣叫。半夏草生，扶桑花开得最茂盛。这个月，不可用火于南方，因南方属火，再用火，则火气过旺，妨害阴气成长。人们可以住在高爽的地方，可以远望，可以上山避暑，亦可以住在高敞的台榭上。

仲夏行冬令，则雹冻伤谷 [1]，道路不通，暴兵来至。行春令，则五谷晚熟，百螣时起 [2]，其国乃饥。行秋令，则草木零落，果实早成，民殃于疫。

今注

1　雹，是天降冰块。

2　螣，吃苗叶的小虫。百螣，指各种伤害庄稼的虫。

今译

倘于仲夏之月行冬令，则天雨雹，冻坏了田里的谷物。而且道路不通，盗贼横行。行春令，则五谷不能按时成熟，各种害虫发作，造成当地的饥荒。倘行秋令，则草木都跟着零落，果实早熟，人民为时疫所伤害。

季夏之月，日在柳，昏火中，旦奎中 [1]。其日丙丁。其帝炎帝，其神祝融。其虫羽。其音徵，律中林钟 [2]。其数七。其味苦，其臭焦。其祀灶，祭先肺。温风始至，蟋蟀居壁，鹰乃学习 [3]，腐草为萤 [4]。

今注

1　柳，二十八宿之一，今属长蛇座。火，五行星之一，即火星。奎，见仲春注。

2　林钟，十二律之一。

3　按：二月鹰化为鸠，此时复有鹰者，当指雏鹰。习，是练习飞翔。

4　《吕氏春秋》此句作"腐草化为蚈"。刘师培云："化"是古之"为"字，此言"为"而不言"化"，则亦知萤非腐草变来的了。

今译

（上略）季夏六月，温风吹来了。这时，蟋蟀还只躲在墙罅里，雏鹰开始学飞，腐草堆里生出萤火虫。

天子居明堂右个，乘朱路，驾赤骝，载赤旂，衣朱衣，服赤玉。食菽与鸡，其器高以粗。命渔师伐蛟取鼍，登龟取鼋[1]。命泽人纳材苇[2]。是月也，命四监大合百县之秩刍，以养牺牲[3]。令民无不咸出其力，以共皇天上帝名山大川四方之神，以祠宗庙社稷之灵，以为民祈福。

今注

1　郑玄说：鼋鼍物贱，故言"取"；蛟有鳞甲，故言"伐"；龟最灵，尊之，故言"登"。

2　泽人，看管湖荡之官。材苇，蒲苇之类，用以编制草器。

3　四监，郑玄说是监督山林川泽之官。秩刍，是经常供应的刍秣。

今译

（上略）命渔师打蛟捕鼍，登龟捉鼋。命看管湖荡的人缴收可用的蒲苇。这个月，命那监督山林之官征集各地经常应缴的刍秣，用以饲养祭祀的牺牲，并使人民各自努力采刈，以供应祭祀皇天上帝、名山大川、四方神祇以及宗庙社稷之灵，而为人民祈求福利。

是月也，命妇官染采[1]，黼黻文章，必以法故[2]，无或差贷。黑黄仓赤，莫不质良，无敢诈伪，以给郊庙祭祀之服，以为旗章，以别贵贱等级之度。

今注

1　妇官，掌管妇女工作者。染，染色，属"染人"之职。采，彩绘，属"缋人"之职。

2 青与赤相配曰文，赤与白相配曰章，白配黑曰黼，黑配青曰黻，五色皆备曰绣。法故，法是方法，故是习惯。

今译

这个月，命令掌管妇女工作的人从事染色彩缋。各种颜色的配合，必须依循习惯的老法子，不得有一点差错。黑是黑，黄是黄，青是青，红是红，必用真材实料，不许有一点诈伪。因为这些布料，将来是用作祭天祀祖的礼服和旗帜，人人可从那颜色样式上区别出贵贱不同的等级。

是月也，树木方盛，乃命虞人入山行木[1]，毋有斩伐。不可以兴土功，不可以合诸侯，不可以起兵动众，毋举大事，以摇养气[2]。毋发令而待，以妨神农之事也[3]。水潦盛昌，神农将持功，举大事则有天殃。是月也，土润溽暑，大雨时行，烧薙行水，利以杀草，如以热汤[4]。可以粪田畴，可以美土疆。

今注

1 行木，巡视森林。

2 毋举大事，即指"兴土功""合诸侯""起兵动众"等大事。养气，指土气。《淮南子·时则训》《史记·天官书》《汉书·天文志》皆以季夏属"土"，"土"上有大行动，则摇荡土气。观《吕氏春秋》此句原作"以摇荡于气"可证。旧说似皆不明。

3 毋发令而待，《吕氏春秋》作"毋发令以干时"，干时是与时节相侵犯，故曰以妨神农之事。郑玄说：神农是土神。

4 "如以热汤"应在"利以杀草"句上。先薙其草，草干则烧之，至此月，水潦盛昌，淳渍其上，加以烈日所照，有如热汤，则草不能复生了，故曰利以杀草。

今译

这个月，是树木长得最茂盛的时候，乃命虞人往森林里巡查，不许有盗采滥伐的事情发生。同时不可铲地挖沟，亦不可会合诸侯或兴兵动众，因为地上有这些大规模的行动，会摇荡土气。亦不可乱发悖时的命令，来妨害土神的工作。因为这时，水潦方盛，土神正在水潦的协助下竭力培养万物，如果举大事而摇荡土气，妨害土神的工作，就要受到上天的责罚。这个月，泥土很润湿，天气又很热，时刻下着大雨，如果先薙掉野草，让其晒干，等到大雨来时，淹没那些野草，烈日晒水潦，如同热汤一样，草根泡在那样的热汤里，使得斩草除根的工作甚为便利。因为这是属于土的月份，所以应对土壤施肥，并修整耕地。

季夏行春令，则谷实鲜落[1]，国多风欬，民乃迁徙。行秋令则丘隰水潦[2]，禾稼不熟，乃多女灾[3]。行冬令，则风寒不时，鹰隼蚤鸷[4]，四鄙入保。

今注

1　孔颖达说：鲜落是鲜少堕落或鲜洁而堕落。高诱说：一本作"散"。今从一本。

2　丘，是高地。隰，是低地。

3　女灾，郑玄说是妊娠之灾。按：《史记·天官书》云："填星主季夏，当居而不居，其国失土，不，乃失女。"与郑说不同。

4　隼，鸟名，小于鹰。鸷，当"凶猛"讲。

今译

如果在季夏之月施行春令，则谷实散落，境内多患风寒咳嗽，人民多迁徙流散。行秋令，则高地低地常遭水淹，庄稼不得成熟，还常有失女之灾。行冬令，则热天而时有风寒，鹰隼之鸟，早就开始搏杀，而边境亦时被敌寇侵掠。

中央土[1]。其日戊己，其帝黄帝，其神后土。其虫倮[2]，其音宫，律中黄钟之宫。其数五[3]。其味甘，其臭香。其祀中雷[4]，祭先心。天子居大庙大室。乘大路，驾黄骝，载黄旂，衣黄衣，服黄玉。食稷与牛。其器圜以闳。

今注

1　本篇与《吕氏春秋·十二月纪》，同以"中央土"列于季夏之后、孟秋之前。既无日躔星中物候之记载，亦无当月应行政令之规定，可谓对于天时、人事，皆无所记，甚失"月令"之本意。《淮南子·时则训》《史记·天官书》《汉书·天文志》，皆谓天上有五星，地上有五行，故以五行配五星，而五星中之填星居中央，适配中央土，并以中央土列于季夏。于是春木、秋金、冬水，各居三月，唯夏火仅居两月，而以季夏别配与"土"，虽曰"中央"，亦殊不中。按：《礼运》云："播五行于四时"，原来的构想，当出于"五时令"，其遗文尚见于《管子·幼官》《淮南子》的《天文训》和《时则训》等篇。五时者，以七十二日为一时，每时各以木火土金水为纪，五时共为三百六十日。其不足之日数，乃置闰于其末，与古人所谓日行周天之数略相等，是为一年。这样以一年分五时，五时配以五行；春木、夏火、中央土、秋金、冬水，各七十二日。归余于终，乃合三百六十四日有余之数。对于五行之安排、明堂之建构，适相契合。但是，《月令》既改变五时为十二月，每月限以三旬，以不足之数，归余于季夏季冬之末（见《吕氏春秋·季夏季冬纪》），虽亦得三百六十四日有余之数，然而"中央土"则失其凭依，仅虚位于夏秋之间。此实由于纪时方法改变，而五行思想未改变，强以五时之五行配合于不相称的十二月，乃发生此等圆凿方枘的现象。汉世儒者为之弥缝，而谓"土分寄于四时"（见《白虎通·五行》），似为后起之说。

2　倮虫，以人类为首。

3　土之生数本为五，五数本居一至九之中央。

4　中霤，上古的房屋，中央开天窗取明，亦为雨溜所入处，故曰中霤。后世乃为室中央的意思。

今译

一年之中央属土行，其日亦居天干之中央为戊己。土色黄，故以黄帝为主宰，其神曰后土。动物为倮虫。五音比于宫，律应十二律之黄钟。其数五。口味甘，嗅味香。祀则中霤，祭品以心脏为上。此时，天子居于明堂中央之大室。乘大路之车，驾黄色之马，载黄色之旗，穿的黄袍，佩的黄玉。食稷与牛，用的器皿要圆而宽大。

孟秋之月，日在翼，昏建星中，旦毕中[1]。其日庚辛。其帝少皞，其神蓐收[2]。其虫毛[3]。其音商，律中夷则[4]。其数九[5]。其味辛，其臭腥。其祀门，祭先肝。凉风至，白露降，寒蝉鸣。鹰乃祭鸟，用始行戮[6]。天子居总章左个，乘戎路，驾白骆，载白旂，衣白衣，服白玉，食麻与犬，其器廉以深[7]。

今注

1　翼，建星。毕，见前仲春孟夏注。

2　孔颖达云：西方收敛，元气便少，故西方之帝，谓之少皞。蓐收，言秋时万物摧蓐而收敛。

3　虫毛，指兽类。

4　夷则，十二律之一。

5　金之生数四，益土之生数五，则为九。

6　高诱云：鹰挚杀鸟，于大泽之中，四面陈之，世谓祭鸟。按：此情形与獭祭鱼相似。

7　廉，指平直有边角者。

今译

大意如前春夏所译，今略去，以免复赘。

是月也，以立秋。先立秋三日，大史谒之天子曰：某日立秋，盛德在金。天子乃齐。立秋之日，天子亲帅三公九卿诸侯大夫，以迎秋于西郊。还反[1]，赏军帅武人于朝。天子乃命将帅，选士厉兵[2]，简练桀俊，专任有功，以征不义，诘诛暴慢，以明好恶，顺彼远方[3]。

今注

1　还反，亦当依《吕氏春秋》作"还乃"，乃字属下句。

2　选士，是简择士卒。厉兵，是砻淬武器。

3　顺彼远方，顺，是使之驯服；远方，《淮南子》作"四方"。

今译

（上略）秋为金行，寓有肃杀之气，天子顺此时气，乃命军队的长官，挑选战士，磨淬刀枪，提调精锐的干部，全权付与曾有战功的人，使之出征不义之人，责罚暴虐悖慢之人，辨清好恶，然后远方的人民始能闻风敬服。

是月也，命有司修法制，缮囹圄，具桎梏，禁止奸，慎罪邪，务搏执[1]。命理瞻伤，察创，视折，审断[2]。决狱讼，必端平。戮有罪，严断刑。天地始肃，不可以赢[3]。

今注

1　禁止奸，慎罪邪，《吕氏春秋》作"禁奸止邪"。搏执，当是"捕絷"之讹。

2　理，是治狱之官。蔡邕说：皮曰伤，肉曰创，骨曰折，肉皆绝曰断。

3　郑玄说："肃"是严急；"羸"是"懈怠"。高诱说："羸"是"骄盈"。今并用之。

今译

这个月，命司法人员研修法制，修理牢狱，置备镣铐，禁绝奸慝邪恶的行为，有罪则立即逮捕拘囚之。同时令治狱之官，检查那些受过轻重刑罚而或伤或创或折或断的囚徒。凡是判决罪案，必求正直公平。这时正值严急的天气，不可骄盈懈怠。至于杀戮有罪，则须谨慎定刑。

是月也，农乃登谷。天子尝新，先荐寝庙。命百官，始收敛[1]。完堤防[2]，谨壅塞，以备水潦。修宫室，坏墙垣[3]，补城郭。是月也，毋以封诸侯，立大官。毋以割地，行大使，出大币[4]。

今注

1　始收敛，开始结束庶政。

2　完堤防，是修补堤防。

3　坏，读如"培"字，《吕氏春秋》作"坿"，皆借音为之。培墙垣，是增筑墙垣。

4　割地、行大使、出大币，都是赏赐诸侯之有功者。秋政在收敛，故不可行此等付出的事。

今译

这个月，农官报告百谷收成。天子尝时鲜的东西，必先进于寝庙。此时，命令百官开始行收敛之政。修补堤防，细检堵塞之处，以防备水潦之泛滥。修理宫室，增筑墙垣，补葺城郭。在这个月里，不可以封诸侯，立大官。因为顺天时，可收入而不可付出，故凡割地、出使、赐币之事，皆不宜。

孟秋行冬令，则阴气大胜，介虫败谷[1]，戎兵乃来。行春令，则其国乃旱，阳气复还，五谷无实[2]。行夏令，则国多火灾，寒热不节，民多疟疾[3]。

今注

1 介虫，就是甲虫。

2 阳气能生而不能成，故五谷不能结实。

3 疟疾，即寒热之疾。

今译

如果孟秋行冬令，则阴气太重，甲虫害稼，没有收成，有盗贼之警。行春令，则天干不雨，而阳气乘之又来，使五谷不能结实。行夏令，则境内时有火灾。寒热亦失去调节，人民多患疟疾。

仲秋之月，日在角，昏牵牛中，旦觜觽中[1]。其日庚辛，其帝少皞，其神蓐收。其虫毛。其音商，律中南吕[2]。其数九。其味辛，其臭腥。其祀门，祭先肝。盲风至，鸿雁来[3]，玄鸟归。群鸟养羞[4]。天子居总章大庙，乘戎路，驾白骆，载白旂，衣白衣，服白玉，食麻与犬。其器廉以深。

今注

1 角，二十八宿之一，今属室女座。牵牛星见前注。觜觽，即觜宿，二十八宿之一，今属猎户座。

2 南吕，十二律之一。

3 盲风，郑玄说是疾风。高诱说：亦称为阊阖风。此处"鸿雁来"应异于孟春之鸿雁来。孟春是自南返北，此处则自北回南。

故孟春之月，当依《吕氏春秋》作"候雁北"。

4　玄鸟归，此为燕子南归。群鸟养羞，《夏小正》作"丹鸟羞白鸟"。

今译

大意如前，今略去。

是月也，养衰老，授几杖，行糜粥饮食[1]。乃命司服，具饬衣裳，文绣有恒，制有小大，度有长短[2]。衣服有量[3]，必循其故，冠带有常。乃命有司，申严百刑，斩杀必当[4]，毋或枉桡。枉桡不当[5]，反受其殃。

今注

1　行，施赐。糜粥，烂稀饭。

2　司服，掌管衣服之官。具饬，条具而整饬之。文，画的花纹。郑玄说：祭服之制，画衣而绣裳。

3　衣服，指日常衣服。量，即大小长短之分限。

4　申，是重申前令。严，慎重。高诱云：军刑斩，狱刑杀。

5　枉桡，皆为屈曲。枉则内屈，桡则外屈。

今译

这个月，顺天时而养护衰老的人。授以几杖，扶助其坐立，并赐以糜粥，调节其饮食。此时命司服之官，条具所有的祭服而整饬之。上衣用缋画，下裳用刺绣，其花纹以及大小长短，皆有一定的制度。其他日用的衣服尺寸、冠带样式，亦皆须依循以往的情形。同时又命司狱之官，重申戒令，使属下之人谨慎用刑，或斩或杀，必求至当，不可使有丝毫枉曲。倘有枉曲不当之处，司法者就要反坐其罪。

是月也，乃命宰祝[1]，循行牺牲，视全具，案刍豢[2]，瞻肥瘠，察物色。必比类[3]，量小大，视长短，皆中度。五者备当，上帝其飨。天子乃难[4]，以达秋气。以犬尝麻，先荐寝庙。

今注

1 宰祝，指太宰太祝，都是主管祭祀的官。

2 全，是纯色。具，是整体。饲以草曰刍，饲以谷曰豢。

3 类，指祭之种类。

4 难，见季春注。

今译

这个月要派遣太宰太祝察看祭祀用的牺牲，察看其毛色是否纯一，肢体是否完整，所食的草谷等饲料是否足够，还要看它肥瘦的情形及颜色之为黄或黑。然后预计祭祀的种类及用牲的种类，二者必求相当。量度其大小长短，以期合乎标准。亦即，必使其体型、肥瘠、物色、小大、长短，五者皆合，始可献于上帝。此时，天子举行傩祭，以通达秋气，并尝新熟的芝麻，配以犬，先进于寝庙。

是月也，可以筑城郭，建都邑，穿窦窖，修囷仓[1]。乃命有司，趣民收敛[2]，务畜菜，多积聚。乃劝种麦，毋或失时。其有失时，行罪无疑[3]。

今注

1 椭圆曰窦，方形曰窖。囷仓，储稻草谷物之所。圆曰囷，方曰仓。

2 趣，亦写作"趋"，是催促之意。

3 行罪，行罚。

今译

这个月，可以修筑内外城墙，建造通都聚邑。挖掘椭圆的或四方形的地洞。修葺草囷和谷仓。命令司农之官，催促人民收藏谷物，存储干菜，多多准备过冬的粮食，并鼓励种麦，不可荒误时日。如有误时的，必科以应得之罪。

是月也，日夜分，雷始收声[1]。蛰虫坏户，杀气浸盛[2]，阳气日衰，水始涸。日夜分，则同度量，平权衡，正钧石，角斗甬[3]。

今注

1 此与仲春同，日夜时刻均等，不再打雷。

2 坏，通"培"字，增添土洞的泥土。浸，是"渐"字。

3 见仲春注。

今译

这个月，白天和黑夜的时刻均等，不再有雷声了。昆虫增添洞口的泥土预备蛰藏。这时肃杀之气渐渐加深而阳气一天比一天减少。河水日渐干涸。当这日夜相等之时，正好校正度量衡的器具。

是月也，易关市，来商旅[1]，纳货贿，以便民事。四方来集，远乡皆至，则财不匮，上无乏用，百事乃遂。凡举大事，毋逆大数[2]，必顺其时，慎因其类[3]。

今注

1 易，是给予便利。来，是招徕之。

2 大数，《吕氏春秋》作"天数"。高诱说：天数即天道。

3 类，与时事相合。

今译

这个月，应宽减关口的稽查与市廛的租税，以招徕各地的商人和旅客，引进他们携带的财物，使人民日用充裕。因为四方的人来集，远方的人都来观光，则财用不至缺乏。天子用钱不缺，什么事情都可以办成。凡是举行劳民动众的大事，不可违反天道，必须顺时行事，而且要找适当的时机举行类似的大事。

仲秋行春令，则秋雨不降，草木生荣，国乃有恐[1]。行夏令，则其国乃旱，蛰虫不藏，五谷复生。行冬令，则风灾数起，收雷先行[2]，草木蚤死。

今注

1 《管子·幼官》云：仲秋"行春政，华"，是说草木又再开花。有恐，与孟春行夏令同。

2 收雷，指收声之雷。先行，是提早发生。

今译

仲秋行春令，则该下的秋雨没有下，草木又复开花，国内常发生叫百姓惊恐的事。行夏令，则国内干旱，昆虫不蛰藏入土，五谷又复发芽，败坏谷实。行冬令，则常起风灾，雷声提前消失，草木早死。

季秋之月，日在房，昏虚中，旦柳中[1]。其日庚辛。其帝少皞，其神蓐收。其虫毛，其音商，律中无射[2]。其数九。其味辛，其臭腥。其祀门，祭先肝。鸿雁来宾。爵入大水为蛤[3]。鞠有黄华，豺乃祭兽戮禽[4]。天子居总章右个，乘戎路，驾白骆，载白旂，衣白衣，服白玉。食麻与犬，其器廉以深。

今注

1　房，二十八宿之一，今属天蝎星座。虚，亦为二十八宿之一，今分属宝瓶座、小马座。柳，见前注。

2　无射，十二律之一。

3　来宾，郑玄说：宾是客止而未去。爵，即"雀"字。大水，指海水。《夏小正》云："雀入于海为蛤。"

4　鞠，《吕氏春秋》作"菊"字。豺，乃祭兽，犹如獭之祭鱼。"禽"是鸟兽之总称。戮禽，即是杀兽。

今译

大意如前，今略去。

是月也，申严号令。命百官贵贱无不务内[1]，以会天地之藏，无有宣出[2]。乃命冢宰，农事备收，举五谷之要，藏帝藉之收于神仓[3]，祗敬必饬。

今注

1　内，是纳。务内，即从事于收敛。

2　会，是符合。宣出与收入相反。

3　帝藉之收，指天子所耕藉田的收成。神仓，贮藏粢盛以供祭祀的仓廪。

今译

这个月，重申加紧的号令，命令大小百官皆从事于收缴的工作，以配合天地即将入藏的季候，不得再有宣出的行为。同时命冢宰，于农作物全数收齐之后，登记五谷收入总簿，并以天子所耕藉田的收获贮藏于神仓，但要特别谨慎而严肃。

是月也，霜始降，则百工休。乃命有司曰：寒气总至，民力不堪，其皆入室。上丁，命乐正入学习吹¹。是月也，大飨帝，尝，牺牲告备于天子²。合诸侯，制百县，为来岁受朔日³，与诸侯所税于民轻重之法、贡职之数，以远近土地所宜为度，以给郊庙之事，无有所私。

今注

1　习吹，练习吹乐，《周礼·籥师》：掌教国子舞羽吹籥。

2　大飨帝，尝，郑玄说：大飨，遍祭五帝，尝谓尝群神。

3　郑玄说：秦以十月为岁首。此云受朔日，即以次月为来岁了。

今译

这个月，始有霜，百工手艺人皆休息。皇上命有司，告以寒气猝然将至，人们体力有所不耐，该离开田舍而回到家里。第一个丁日，命乐正到国学里教习管乐。这个月，举行大享五帝及遍祀群神的"尝祭"。所用的祭牲完备，则以告于天子。天子乃命群诸侯以及畿内的县官，颁布新年的朔日。同时，诸侯国内税率之轻重、贡献物品之多寡，应依其距离的远近和土地大小的情形而制定其等差，这些贡品是用以供祭神祭祖，不得由个人妄作主张。

是月也，天子乃教于田猎，以习五戎¹，班马政。命仆及七驺咸驾²，载旌旗，授车以级，整设于屏外³。司徒搢扑，北面誓之⁴。天子乃厉饰，执弓挟矢以猎，命主祠祭禽于四方⁵。

今注

1　五戎，五种兵器，弓矢、殳、矛、戈、戟。

2　"命仆及"三字，唐石经作"命仆夫"。驺，喂马兼驾御者。皇侃云：天子之马有六种，各有驺，则是六驺；又有总管的人，则是七驺。

3　级，等别。整设，整队排列。

4　摺，插在腰间。扑，是教鞭。

5　厉饰，全副武装。挟矢以猎，"猎"字，《吕氏春秋》作"射"。主祠祭禽于四方，高诱说：主祠是掌祭祀之官，祭始设禽兽者，报其功，不知其神所在，故求之于四方。

今译

这个月，天子举行田猎之礼，好借此机会教人民以战阵之法，操练各种兵器，以及驭马养马的规则。命令戎仆及御者将七种马车都驾出来，车上竖起旗帜，然后依职位的高低而分派车辆，整队排列于猎场的屏障之外。司徒把鞭子插在腰间，朝着北面发誓。这时，天子披戴盔甲，执弓挟矢开始田猎，猎毕命主祭者用猎得的鸟兽祭祀四方之神。

是月也，草木黄落，乃伐薪为炭。蛰虫咸俯在内，皆墐其户¹。乃趣狱刑，毋留有罪²。收禄秩之不当，供养之不宜者³。是月也，天子乃以犬尝稻，先荐寝庙。

今注

1　墐，涂闭。

2　趣狱刑，毋留有罪，催促清理积压的讼案。

3　禄秩不当，是不按照薪级的开支。供养不宜，是无功而受的俸禄。

今译

这个月，百草枯黄而树木落叶，可以砍伐为木炭。昆虫蜷屈在土洞中而泥封了洞口。于是加紧清理积压的狱刑案件，凡是有罪的皆加以断决。收缴浮报的薪俸及无功而受禄者之所得。这个月，晚稻登场，天子乃以犬尝稻，先进之于寝庙，孝敬祖先。

季秋行夏令，则其国大水，冬藏殃败，民多鼽嚏[1]。行冬令，则国多盗贼，边境不宁，土地分裂。行春令则暖风来至，民气解惰，师兴不居[2]。

今注

1　鼽，鼻塞。嚏，打喷嚏，《吕氏春秋》作"窒"。

2　解惰，即懈惰。不居，没有止息。

今译

如果在季秋施行夏令，则国内有大水，冬藏的东西都将败坏，而且人民常患伤风鼻塞。行冬令则国内多盗贼，边境时受侵扰，且为敌人所侵占。行春令则暖风重来，人民感到困倦，并且时有战争，不得安宁。

孟冬之月，日在尾，昏危中，旦七星中[1]。其日壬癸[2]。其帝颛顼，其神玄冥[3]。其虫介[4]。其音羽，律中应钟[5]。其数六[6]。其味咸，其臭朽。其祀行，祭先肾。水始冰，地始冻。雉入大水为蜃[7]。虹藏不见。天子居玄堂左个，乘玄路，驾铁骊，载玄旂，衣黑衣，服玄玉。食黍与彘。其器闳以奄[8]。是月也，以立冬。先立冬三日，大史谒之天子曰：某日立冬，盛德在水。天子乃齐。立冬之日，天子亲帅三公九卿大夫以迎冬于北郊，还反，赏死事，恤孤寡[9]。

今注

1　尾、危、七星，见前注。

2　壬癸属水。

3　颛顼，传说中古帝王。玄冥，传说为少皞之子。

4　虫介，即甲壳类的动物，以龟为首。

5　应钟，十二律之一。

6　水之生数一，加上土之数五，乃成为六。

7　蜃，大蛤。《国语·晋语》云：雉入于淮为蜃。

8　奄，即"掩"，指有覆盖的器皿。

9　死事，为国捐躯者。孤寡，指死事者之妻子。

今译

大意如前，今略去，以免重复。

是月也，命大史衅龟策，占兆审卦吉凶，是察阿党，则罪无
有掩蔽¹。是月也，天子始裘。命有司曰：天气上腾，地气下降，
天地不通，闭塞而成冬。命百官谨盖藏。命司徒循行积聚，无有
不敛²。坏城郭，戒门闾，修键闭，慎管籥，固封疆，备边竟，完
要塞，谨关梁，塞徯径³。饬丧纪⁴，辨衣裳，审棺椁之薄厚，茔
丘垄之大小高卑厚薄之度⁵，贵贱之等级。

今注

1　孙希旦读此句为："占兆审卦，吉凶是察，阿党则罪，无
有掩蔽。"按：《吕氏春秋》此文作"命太卜祷祠龟策，占兆审卦
吉凶。于是察阿上乱法者则罪之，无有掩蔽"。又《淮南子》"占
兆审卦吉凶"作"审卦兆，以察吉凶"。今依后者。阿，是逢迎上
意。党，是朋比为奸。

2　积聚，指禾稼之露积者。敛，收藏于仓窖。

3　孔颖达说：城郭要牢厚，故言"坏"；门闾御非常，故
言"戒"；键闭门栓或有损坏，故言"修"；管籥锁匙不可妄开，
故言"慎"；封疆是国防所在，故言"固"；边境防有侵犯，故言
"备"。高诱说：要塞所以固国，关梁所以通途。邪道曰徯，步道
曰径。

4　丧纪，丧事的规格。

5　荃,《吕氏春秋》及《淮南子》皆作"营"字。按:"营"与"审"对文,当为营造之意。

今译

这个月,命太卜之官祭祷龟与策,并审查龟所表示的"兆"和策所布列的"卦",视其为吉或凶。于是检举朝里是否有逢迎上意或朋比为奸的人,使其不能有所蒙蔽。这个月,天子开始穿皮裘。命主管官员说,这时天气上腾,地气下降,上下不相关联,各自闭塞而成为冬。因此命百官小心盖藏的工作。命司徒出外巡查,见有堆积在外的禾稼,应使其收藏于仓廪。并须增筑城郭,警戒门闾,修理门闩,当心锁匙,巩固封疆,防备边境,完缮要塞,谨慎关梁,堵塞小径。同时整饬丧事的规格而备辨衣裳,察看棺的厚薄,以及营造坟墓之大小高低的度数,务使其合乎贵贱的等级。

是月也,命工师效功[1],陈祭器,按度程。毋或作为淫巧以荡上心。必功致为上[2]。物勒工名,以考其诚。功有不当,必行其罪,以穷其情。是月也,大饮烝[3]。天子乃祈来年于天宗,大割祠于公社及门闾,腊先祖五祀[4],劳农以休息之。天子乃命将帅讲武,习射御角力[5]。是月也,乃命水虞渔师,收水泉池泽之赋。毋或敢侵削众庶兆民,以为天子取怨于下。其有若此者,行罪无赦。

今注

1　效功,呈缴成绩。

2　功致,工夫细致。

3　大饮烝,郑玄说:十月农功毕,天子与其诸侯群臣饮酒于大学以正齿位,谓之大饮。"烝"本为"肴"字,是以牲体盛于俎上。

4　天宗，指日月星。大割祠，《吕氏春秋》作"大祷祠"，无"割"字。腊，郑玄云：荐田猎之兽谓之腊。但《吕氏春秋》及《淮南子》皆作"飨"，无"腊"字。

5　角力，较量膂力。

今译

这个月，命百工之长呈验工作成绩，陈列祭器，考案其样式法度，不准以淫巧讨好在上者的欢心，必以工夫细致为佳。制作的器物皆刻着工匠的姓名，用以考验其真功夫。如果成绩不合格，必科以应得之罪，而追究其责任。这个月举行大饮烝之礼。天子向天宗祈求来年，祷祠于公社门间及先祖五祀诸神祇，并行大宴会，慰劳农民的辛苦，而让其休息。同时，天子命诸将帅讲究武功，操练射御并较量勇力。这个月，命主管湖泊的人及渔师，收取水泉池泽的租税。如有敢于侵削人民的利益，因而使人民归怨于天子者，必加以责罚，决不宽贷。

孟冬行春令，则冻闭不密，地气上泄[1]，民多流亡。行夏令，则国多暴风，方冬不寒，蛰虫复出。行秋令，则雪霜不时[2]，小兵时起，土地侵削。

今注

1　上泄，《吕氏春秋》及《淮南子》皆作"发泄"。

2　不时，是该下霜雪而没有霜雪。

今译

孟冬如行春令，则冻闭不得完密，而地气随而发泄，人民亦多流散。行夏令则国内时时起风暴，到了冬天仍不寒冷，蛰虫又复出土。行秋令则雪霜都下得不及时，并且有刀兵之警，国土时被侵削。

仲冬之月，日在斗，昏东壁中，旦轸中[1]。其日壬癸。其帝颛顼，其神玄冥。其虫介。其音羽，律中黄钟。其数六。其味咸，其臭朽。其祀行，祭先肾。冰益壮，地始坼[2]。鹖旦不鸣，虎始交[3]。天子居玄堂大庙，乘玄路，驾铁骊，载玄旂，衣黑衣，服玄玉。食黍与彘，其器闳以奄。

今注

1　东壁，二十八宿之一，今分属仙女座及飞马座。轸，二十八宿之一，今属乌鸦座。

2　坼，地面冻裂。

3　鹖旦，山鸟名，亦称曷旦、盖旦、鸱鸣。交，指交尾。

今译

同前月，今略去。

饬死事[1]。命有司曰：土事毋作，慎毋发盖，毋发室屋，及起大众，以固而闭。地气沮泄[2]，是谓发天地之房，诸蛰则死，民必疾疫，又随以丧。命之曰畅月[3]。

今注

1　《吕氏春秋》无此三字。朱熹说这三字是多余的衍文。

2　孔颖达云：沮泄是指泄漏阳气。按：《吕氏春秋》此句作"发盖藏，起大众，地气且泄"，是承上文而言。今依吕书。

3　《吕氏春秋》无"命之曰畅月"一句。郑玄说：畅是"充"是意思。孔颖达云：充实之月，当使万物充实不发动。

今译

命诸主管人员说：凡属土地之事，不可兴作；有盖藏的地方以及房屋宫室皆不可揭开其覆盖，亦不可调集大批劳工干活。如果揭开盖藏，调集大批劳工干活，则地气即将泄漏，那就是"发天地之藏"，因而诸多蛰虫皆因泄气而死。渗气泄出传染于人，则成瘟疫乃至死亡。应名之为"畅月"。

是月也，命奄尹[1]，申宫令，审门间，谨房室，必重闭。省妇事毋得淫[2]，虽有贵戚近习[3]，毋有不禁。乃命大酋[4]，秫稻必齐，麴蘖必时，湛炽必洁[5]，水泉必香，陶器必良，火齐必得，兼用六物[6]。大酋监之，毋有差贷。天子命有司祈祀四海大川名源渊泽井泉。

今注

1　奄尹，阉人之长，亦即太监头子。

2　省妇事，减省女工。淫，指淫巧的女工。

3　近习，亲昵的人。

4　酒熟曰酋。大酋，主管制酒者。

5　秫稻，制酒的原料。必齐，指纯熟的秫稻而不杂秕稗者。麴蘖，酿酒的酵母。必时，必须达到适度的发酵时间。湛炽，《吕氏春秋》作"湛饎"，《淮南子》作"湛熺"。湛是渍米，炽是炊蒸，皆属酿造之事。

6　火齐，指火候，亦即温度的调节。六物，即上列必齐必时必洁必香必良必得等六事。

今译

这个月，命宫中的太监头目重申宫里的法令，稽查门间的开合。房室内的封闭情形，必须达到严密的程度。同时，减少妇女们的劳动，不要从事奢华的工作，以保养阴气。哪怕是高贵的戚属或亲昵的嬖人，都得遵从这禁令。命令酿酒的大酋，监督酿造过程的六个项目：第一，选择秫米必须纯净；第二，混合曲蘖必须适度；第三，沉渍炊蒸必须清洁；第四，使用的泉水必须甘洌；

第五，装贮酒瓮必须完好；第六，酿造的时间必须充分。这六项由大酋负责监察，不可有一点差错。天子命典礼的官分别祭祀四海、大川、河源、深泽以及井泉的神祇。

是月也，农有不收藏积聚者，马牛畜兽有放佚者，取之不诘[1]。山林薮泽，有能取蔬食，田猎禽兽者，野虞教道之[2]，其相侵夺者，罪之不赦。

今注

1　诘，是追究。

2　高诱说：无水曰薮，有水曰泽。草木之实为蔬食。教道，是指示其所在。

今译

这个月，如果农民仍有不收藏积聚的谷物，或仍让马牛畜兽散放在外面者，则任人取之而不追究。山林薮泽之中，倘有可以摘取的菜蔬果物，或是可以围猎野鸟野兽的地方，主管田野事务的人应指示人民任意猎取；但若因而发生互相侵夺的事，则各科以其应得的罪。

是月也，日短至。阴阳争，诸生荡[1]。君子齐戒，处必掩身[2]。身欲宁，去声色，禁耆欲。安形性，事欲静，以待阴阳之所定。芸始生，荔挺出[3]，蚯蚓结，麋角解[4]，水泉动。日短至，则伐木，取竹箭。是月也，可以罢官之无事，去器之无用者。涂阙廷门闾[5]，筑囹圄，此以助天地之闭藏也。

今注

1　高诱说：荡是摇动。郑玄说：荡是物动萌芽。

2　处必掩身，与“仲夏”之月的规定相同。但《吕氏春秋》

及《淮南子》此句皆无"身"字，而言"居必掩"者，是指闭藏其居处，而不是以衣遮体的掩身。今从吕书。

3　郑玄说：芸是香草，《史记·天官书》称为兰根。荔挺，是马薤。

4　麋，生长于草潭地带的小鹿。熊安生说：鹿是山兽，夏生，得阴气而角解。麋是泽兽，故冬至得阴气而解角。

5　郭嵩焘云：《易》曰，先王以至日闭门，商旅不行。此处言涂塞门间，意或近之。

今译

这个月，白昼最短，正是阴阳互为消长的时候，各种生物因而动荡，将要发芽。君子要斋戒，居住深密的地方，休息身体，摒除声色的娱乐，禁止一切嗜好欲望。稳定身心，不妄动作，听候阴阳之消长。这时节，芸草始生，马薤抽芽，蚯蚓蜷曲于土中，麋角脱落，水泉流动。日短至之时，可以伐木，取竹箭。这个月里，可以罢免无事可做的冗官，废除没有用处的器物。关闭涂塞宫阙以及门间，修筑牢狱，用以助成天地闭藏之气。

仲冬行夏令，则其国乃旱，氛雾冥冥，雷乃发声。行秋令，则天时雨汁[1]，瓜瓠不成，国有大兵。行春令，则蝗虫为败，水泉咸竭[2]，民多疥疠。

今注

1　郑玄云：雨汁，是雨雪杂下。

2　咸竭，《吕氏春秋》作减竭。

今译

如果仲冬行夏令，则国内将有大旱，雾气沉冥，时或打雷。行秋令，则雨雪交下，瓜瓠不得结实，国内有大战役发生。行春令，则蝗虫毁坏庄稼，水泉枯涸，人民多患皮肤病。

季冬之月，日在婺女，昏娄中，旦氐中[1]。其日壬癸。其帝颛顼，其神玄冥。其虫介。其音羽，律中大吕。其数六。其味咸，其臭朽。其祀行，祭先肾。雁北乡，鹊始巢。雉雊，鸡乳[2]。天子居玄堂右个。乘玄路，驾铁骊，载玄旂，衣黑衣，服玄玉。食黍与彘，其器闳以奄。

今注

1　娄，二十八宿之一，今属白羊座。氐，二十八宿之一，今属天秤座。

2　雊，雉鸣。鸡乳，高诱说：乳，卵也。按：《夏小正》作"鸡桴粥"。"桴"与"乳"或"卵"皆同，亦写作"孵"，是鸡抱蛋。姜兆锡说：此句之下，应有"征鸟厉疾"四字，今错简在下文。

今译

同前，略。

命有司大难，旁磔，出土牛[1]，以送寒气。征鸟厉疾[2]。乃毕山川之祀，及帝之大臣，天之神祇[3]。是月也，命渔师始渔，天子亲往，乃尝鱼，先荐寝庙。冰方盛，水泽腹坚[4]。命取冰，冰以入。令告民，出五种[5]。命农计耦耕事，修耒耜，具田器[6]。命乐师大合吹而罢[7]。乃命四监收秩薪柴，以共郊庙及百祀之薪燎[8]。

今注

1　难，《吕氏春秋》作"傩"，见前"季春之月"注。旁磔，磔牲于国门之旁。出土牛，制作泥牛。

2　征鸟，郑玄云：齐人谓之"击征"，或名曰"鹰"。厉疾，严猛迅捷。按：此句当在前"雊雉，鸡乳"之下。

3 帝之大臣，郑玄说：是句芒祝融之属。高诱说：是指有功于人民之前世卿大夫。天之神祇，指雨师风伯之属。

4 水泽，指有水之处。腹坚，《吕氏春秋》但有"复"字，无"坚"字。高诱注云："腹"或作"复"，是重厚之意。

5 五种，五谷的种子。

6 耒耜，注见"孟春之月"。古代用耒耜犁田，必两人合作，谓之"耦耕"。

7 大合吹，是年终的联合大演奏。

8 收秩薪柴，此与季夏之"收秩刍"同。秩刍用以养牲，秩薪柴则用为薪燎。

今译

命官员举行大傩，磔牲于国门之旁，并制土牛以送寒气（鹰鸟变得凶猛而矫捷）。于是结束一年中之山川神鬼的祭祀。这个月，命掌渔的官打鱼，天子亲自出发，在始尝鱼之时，先供献于宗庙。这时天寒地冻，凡是有水的地方皆凝结很厚的冰。天子乃命取冰，而窖藏之。待至仲春之月，献羔开冰。同时命农官布告人民，拣出五谷的种子，计度耦耕之事，修缮耒耜，备办耕田的用具。这时在学校里，命乐师举行一次大演奏，然后放学。并命监管山林川泽的官，收缴人民应供之薪柴，以充祭天祭祖以及各种祭典所用的薪燎。

是月也，日穷于次，月穷于纪，星回于天[1]。数将几终，岁且更始[2]。专而农民，毋有所使[3]。天子乃与公卿大夫，共饬国典，论时令，以待来岁之宜。乃命大史次诸侯之列，赋之牺牲[4]，以共皇天上帝社稷之飨。乃命同姓之邦，共寝庙之刍豢。命宰历卿大夫至于庶民土田之数⁵，而赋牺牲，以共山林名川之祀。凡在天下九州之民者，无不咸献其力，以共皇天上帝社稷寝庙山林名川之祀⁶。

今注

1 次，是经过的所在。地球绕日一周，此时又见其回到原来的位次，故曰日穷于次。日月相会，乃有圆缺，一圆一缺，名之曰纪。日回至原位，而可纪的月会亦已告终，故曰月穷于纪。早晚（昏旦）所见的二十八宿，至此月亦完毕一周。过此以后，则又是孟春之"昏参中，旦尾中"，故曰星回于天。

2 几，是"将近"的意思。去年季冬至今年季冬，三百六十四日，将满三百六十五日，故曰数将几终。且，将要。更始，又从头开始。

3 专而农民，"而"同"尔"字，即指农民。

4 次，是序次等级。列，指其国之大小。以国之大小为供给牺牲多少的依据。

5 历，与次诸侯之"次"字同。

6 自"凡在天下九州之民者"至此句，是复述上文。

今译

到了这个月，日月星都运行了一周，而一年的日数即将告终，接着就是新年的开始。专任你们农民，不使你们更有别的劳役。此时，天子和公卿大夫检讨国家的法典，论次四时的政纲，使能适合来年的运用。命太史之官序次大小诸侯，而使其如数献上牺牲，以供给皇天上帝和社稷之祭。并命同姓之国，供给祭祀宗庙所用的牺牲。又命小宰序次卿大夫的禄田以及百姓土田多寡之数，使其供给祭祀山林名川所用的牺牲。总之，在一年中祭祀皇天上帝社稷宗庙以及山林名川所用的物品，天下九州之人，都得竭力奉献。

季冬行秋令，则白露早降，介虫为妖[1]，四鄙入保。行春令，则胎夭多伤，国多固疾[2]，命之曰逆。行夏令则水潦败国，时雪不降，冰冻消释。

今注

1 介虫，指蟹之类。

2 国多固疾，蔡邕《月令问答》作"民多蛊疾"。固疾，指不易痊愈的病患。

今译

如果季冬之月行秋令，则白露早降，各种带壳的动物会作怪，而且边鄙地方时有盗警，人民要躲在堡垒中过活。如果行春令，则怀孕在腹中的动物都要伤败，而国民亦多患染难治的病症，这叫作"逆"。如果行夏令，则有水灾，该降雪而雪不降，连冰冻亦融化了。

第七　曾子问

旧说以为本篇出于《曾子》书，记常礼所未及载之变例，供礼家参考取据。但为自重其说，多托孔子或老聃之言，而异于《大戴礼记》所辑的《曾子》书，且篇中时用汉世公羊学者遗说，故亦可疑为汉儒杂剟古记，间又渗以当时议礼的文章自成者。按其编次，似本从世子出生、命名、冠昏、朝聘迄于丧祭而顺序论列，但因重编时，简次紊乱，今所见者则已不成统纪。校以《白虎通》等所引《曾子问》，今或不见于此，是又可知本篇不特已失原样，且非全帙。

曾子问曰：君薨而世子生，如之何[1]？孔子曰：卿大夫士从摄主[2]，北面，于西阶南。大祝裨冕，执束帛[3]，升自西阶尽等[4]，不升堂，命毋哭。祝声三[5]，告曰："某之子生[6]，敢告。"升，奠币于殡东几上，哭，降。众主人卿大夫士，房中[7]，皆哭不踊。尽一哀，反位。遂朝奠。小宰升举币。三日，众主人卿大夫士，如初位，北面。大宰大宗大祝皆裨冕。少师奉子以衰[8]；祝先，子从，宰宗人从。入门，哭者止，子升自西阶。殡前北面。祝立于殡东南隅。祝声三，曰："某之子某[9]，从执事，敢见。"子拜稽颡哭。祝、宰、宗人、众主人、卿大夫士，哭踊三者三[10]，降，东反位，皆袒，子踊，房中亦踊三者三。袭衰，杖，奠出。大宰命祝史[11]，以名遍告于五祀山川。

今注

1　此处记国君死后，停柩于殡宫，而世子始生，举行"告殡"之礼。孔子的回答分为两段：前段是始生之日的告殡，后段是生后三日的告殡。

2　摄主，《丧大记》云：丧事必须有主人，但丧者或无子嗣，以他人权充主人的，称为"摄主"。江永云：此处是假定以"大宰"为摄主。

3　裨冕，此处所言仪式，多仿《尚书·顾命》，《顾命》作"麻冕"，故郑玄注云：裨冕，缔冕也。与他处以裨衣玄冕为"裨冕"者稍异。束帛，制币。

4　尽等，走到台阶的最高一级。

5　声三，作噫歆之声三次。毛奇龄云：噫歆，当是唉呵之声。

6　某之子生，"某"指国君的夫人某氏。

7　房中，指房中的妇女。

8　子，指始生的世子。衰，孝服。以下言子从、子拜哭、子踊等，皆指少师捧着世子行礼。

9　某之子某，上一"某"字是指国君的夫人某氏，下一"某"字是指世子之名。

10　哭踊三者三，是三哭三踊的动作三遍。

11　大宰命祝史，此一"太宰"本为摄主。至三日，世子自为丧主而告殡，不用摄主，故仍为大宰。

今译

曾子问：国君死后，停柩于殡宫，其时，世子始生，当如何行礼？孔子说：于世子始生之日，卿大夫士都得跟随着"摄主"，站在西阶之南，面朝北。一边，太祝戴着麻冕，手里端着束帛，登上西阶，到了阶的尽头，不即登堂，先吩咐大家停止哭泣，然后，长喊三声，向灵柩报告说："夫人某氏已经生了世子，敢以奉告。"然后登堂，把束帛放在灵柩东边的灵几上，哭泣着退下。同时，死者的亲人、卿大夫士，以及房中的妇女们皆号啕大哭，只是不顿足。哭过一阵之后，返至平常朝夕哭奠的位置，举行朝奠之礼。礼毕，小宰就把灵几上的束帛，埋于台阶间。到了第三日，死者的亲人卿大夫士等，又在西阶之南，面北而立。这时，权充摄主的太宰、太宗和太祝，皆戴着麻冕，由少师抱着世子和孝服前来，太祝走在前面，少师走在后面，太宰和宗人们跟随在后面。进了殡宫之门，停止哭泣，由少师抱着世子登上西阶，站到灵柩之前，脸朝北，而太祝则站在灵柩的东南隅。太祝长喊三声，报告说："某夫人生的世子某某，跟随诸执事来见。"接着，少师抱着世子向灵柩叩头哀哭，同时，太祝、太宰、宗人、众主人、卿、士大夫，皆三哭三踊，如此哭踊三次，然后退到灵堂下面，回至东边原位上。大家皆袒露左臂，少师抱着世子跺脚，房中的妇女们亦三哭三踊三次，然后替世子穿上孝服，拿着哭丧棒，正式成为丧主，举行朝奠之礼。礼毕，走出殡宫，太宰乃命祝史之官，以世子的名字遍告于五祀及山川神祇。

曾子问曰：如已葬而世子生，则如之何？孔子曰：大宰大宗从大祝而告于祢[1]。三月，乃名于祢，以名遍告及社稷宗庙山川[2]。

今注

1　祢，孔颖达云：指殡宫中的神主。因已葬故无灵柩，殡宫但有神主在。

2　以上孔子答语，但言其不同于前节者，仅有"殡"与"祢"、"三日"与"三月"之异，余无不同，故略而不书。

今译

曾子又问：如果国君的灵柩已埋葬，其时世子始生，则当如何行礼？孔子说：大致和前面说的一样，只是此时殡宫但有神主，所以世子始生之日，太宰、太宗跟着太祝，要向殡宫的神主报告。再过三月，乃又拜见那神主并为世子取名，并以其名遍告于社稷宗庙山川诸神。

孔子曰：诸侯适天子，必告于祖，奠于祢[1]。冕而出视朝，命祝史告于社稷宗庙山川。乃命国家五官而后行，道而出[2]。告者，五日而遍，过是，非礼也。凡告，用牲币[3]。反，亦如之。诸侯相见，必告于祢，朝服而出视朝。命祝史告于五庙所过山川[4]。亦命国家五官，道而出。反，必亲告于祖祢。乃命祝史告至于前所告者[5]，而后听朝而入。

今注

1　祖，太祖。凡"告"皆有"奠"，此言"告"或"奠"，其意同。

2　五官，郑玄云：治理国家事务的五大夫。按：五官之名，见于《曲礼》《大戴礼记·千乘》《管子·大匡》《墨子·节葬》《商子·君臣》等篇，然所指不一，兹依郑注。道而出，"道"是"祖道"之祭，祓除不祥，使旅途平安。

3　告，亦写作祰。诸侯出而朝聘，往返时皆行告祭。牲币，郑玄云："牲"字当为"制"字。制币即束帛。

4　五庙，诸侯五庙，见《王制》。

5　告至，返时告祭，言已返至国。

今译

孔子说：诸侯要去朝见天子，必须奠告于祖祢之庙。然后服裨冕视朝，命祝史之官告祭于社稷宗庙山川诸神，才又交托国事于五大夫，然后出发。出发之时，先行祖道之祭，祈求旅途平安。凡举行袚祭，必须在五日内结束，如果超出，则是不合礼了。凡是袚祭，皆用束帛为献。出去时如此，回来时亦如此。犹如人子之礼：出必告，反必面。至于诸侯互相聘问，亦须奠告于父庙，然后穿上朝服以视朝，并命祝史之官把自己所要经历的山川，祭告五祖之庙；同时亦须把国事委托五官，然后举行祖道之祭再出发。回来时，诸侯必须亲自奠告五庙，然后命令祝官史官向出发前曾祭告过的众神举行告归之祭，然后才回朝处理国事。

曾子问曰：并有丧[1]，如之何？何先何后[2]？孔子曰：葬，先轻而后重；其奠也，先重而后轻[3]；礼也。自启及葬，不奠[4]，行葬不哀次[5]；反葬奠，而后辞于殡[6]，遂修葬事。其虞也，先重而后轻，礼也。

今注

1　并有丧，谓父母或其他亲人同月死。

2　先后，以恩礼之厚薄为准。

3　葬，是夺情，故以轻者为先。奠，是供养，故使轻者居后。

4　启，将移柩以葬，先请启期。《仪礼·既夕礼》提到，请启期，夙兴迁于祖，有奠；请祖期，有奠；厥明请葬期，有奠。此言"不奠"，盖指先葬轻者。因尚有重者在后，故暂不设奠。

5　哀次，见《檀弓下》注。此云行葬不哀次，是说移殡赴葬时，径直出去，不在大门外举行踊袭受吊。此亦因有重者在后未葬。

6　殡，郑玄云："殡"当为"宾"。辞于宾，亦即《既夕礼》所谓"既夕哭请启期，告于宾"，然后陈葬事。

今译

曾子问：如果同时有两位亲人同月而死，这丧事怎么办？谁该在先，谁该在后？孔子说：葬事，以恩轻者为先；祭奠，则以恩重者为先。这是正礼。先葬恩礼较轻者，故从启期移殡至于埋葬，都不设奠。移殡时直自殡宫发引，经过殡宫大门外亦不踊袭举哀，这是因重者尚在殡宫未葬，到了葬毕回来，则祭请启期，然后告诉宾客说将移殡（重者）赴葬。葬毕回来，举行安"神"的虞祭，祭时，则重者居先而轻者居后，这是正礼。

孔子曰：宗子虽七十，无无主妇[1]；非宗子，虽无主妇可也。

今注

1　宗子主祭祀而统其族，祭必夫妇躬亲。无主妇则无以为祭，而族人之妇亦无所统了。孔颖达云，此谓宗子无子孙及有子而年幼者，若有子，则传家事于子孙；《曲礼》云，"七十曰老，而传"是也。依孔氏之意，则有子孙之宗子，七十可以无主妇。实则，此仅为"主中馈"之重要而示例，不然，则是为宗子老犹娶妻者创例。郝敬有说，见《续集说》三十二引。

今译

孔子说：嫡系的宗子，虽则年至七十岁，还得有个主妇。如果不是宗子，则老而无妻亦可。

曾子问曰：将冠子，冠者至[1]，揖让而入，闻齐衰大功之丧，如之何？孔子曰：内丧则废[2]，外丧则冠而不醴，彻馔而扫[3]，即位而哭。如冠者未至，则废。如将冠子而未及期日，而有齐衰大功小功之丧，则因丧服而冠⁴。除丧不改冠乎⁵？孔子曰：天子赐诸侯大夫冕弁服于大庙，归设奠，服赐服，于斯乎有冠醮，无冠醴⁶。父没而冠，则已冠扫地而祭于祢⁷；已祭，而见伯父叔父，而后飨冠者⁸。

今注

1 冠者，指为子举行冠礼的宾赞。

2 内丧，指同姓之丧。废，作罢。冠礼是吉事，于宗庙中举行；若使同一宗庙的人有丧事，怕将吉礼凶礼混在一处，故停止冠礼。

3 外丧，指异姓之丧。冠礼有醮有醴。醮用清酒，醴用醴酒。用醴酒则较为隆重。馔，是陈设。彻馔，是除去冠礼的陈设，如瓺醴勺觯角柶脯醢之类（见《仪礼·士冠礼》）。扫，扫除而更换为丧事的布置。

4 冠礼，加冠三次，一为缁布冠，二为皮弁，三为爵弁，皆吉服。今遇丧事，则不用吉服而加以丧冠。因为成人挂孝才有丧冠，故加以丧冠亦表示其已成人。

5 此复问丧期已过了，是否仍须补行冠礼而改吉服。

6 此处盖引天子赐爵弁之事以推论是否须补行改之礼。既曰"无冠醴"，则是不设醴；不设醴，则是不复行冠醴了。

7 已冠扫地，是行过冠礼之后重新布置礼堂。

8 冠者，亦即指宾赞之属。

今译

曾子问：将为儿子举行成人的冠礼，而主持及赞者皆已到了，并且还延请他们进入礼堂了，这时，忽得到亲人的讣告，该怎么办？孔子说：那要看是什么亲人。如果是属同一宗庙的亲人，他们有丧事，则不可同时行吉礼，那只好作罢，不举行冠礼。如果不是亲族的人，则为表示哀悼起见，可以将冠礼简单化，不再宴请宾客，行礼之后，将一些陈设的礼器和食品收拾起来，依自己和死者的关系就位而哭。不过，遇到这种情形，倘若主持和赞者尚未到达，那就干脆不举行冠礼。又如，举行冠礼的日子未到，先就有了齐衰大功或小功的丧事，那就要依自己该服的丧服，加以丧冠，丧冠是成人所戴的。加丧冠，和举行冠礼以表示成人的意义相等。曾子接着又问：那么，到了服丧的期间终了，是否仍须补行冠礼？孔子说：依据天子赐诸侯大夫以冠冕的情形来看，似乎无须补行。因为天子赐冠服，亦是在庙中，受赐者领到冠服，要奠告于家庙，然后穿戴起来，在那时，只用清酒而没有醴酒，如同冠礼而不醴宾，亦等于不行冠礼了。至于父亲已死而始行冠礼，则于加以成人之冠以后，则需撤除冠礼的排场而换上告祭于亡父之礼。告祭完了，始出而拜见伯父叔父，然后宴请参加冠礼的执事人等。

曾子问曰：祭如之何则不行旅酬之事矣[1]？孔子曰：闻之，小祥者，主人练祭而不旅[2]，奠酬于宾，宾弗举[3]，礼也。昔者，鲁昭公练而举酬行旅，非礼也；孝公大祥[4]，奠酬弗举，亦非礼也。

今注

1　郑玄说：丧事奠祭，不用"尸"；虞祭，不用"致爵"。小祥之祭，没有"旅酬"；大祥之祭，不行"无算爵"。服丧满一年，行小祥之祭，再一年则行大祥之祭，以逐渐除去丧服。旅是"众"的意思，酬是互相劝饮。大抵下一辈的人向其长辈交错劝酒，是为"旅酬"。

2　练，是指练冠。服丧满一年，至十三月改服练冠而祭，曰练祭。练祭时，哀思尤甚，众不交酬劝饮。

3　奠酬，奠是"置"的意思。主人洗盏斟酒以酬客人，客人接受而置之；后以所置的酒盏以旅酬长兄弟，是为"奠酬"。此处说客人但置盏而不行酬，亦即不以劝饮为欢。

4　大祥，已是丧期终了，虽不即举盏无数，以相劝酬，但已可行奠酬。此言昭公太随便而孝公又太拘谨，二者，过犹不及，皆非礼。

今译

曾子问：哪一类的祭礼才不行"旅酬"？孔子说：依我所知，小祥，主人除首服服练冠而祭，但不行旅酬。至于向客敬酒，客只搁置酒杯亦不向别人敬酒，这是正礼。听说从前鲁昭公在练祭时即行旅酬，这是失礼的；但鲁孝公到了大祥之祭，仍然不行奠酬，这亦是失礼的。

曾子问曰：大功之丧，可以与于馈奠之事乎[1]？孔子曰：岂大功耳！自斩衰以下皆可，礼也。曾子曰：不以轻服而重相为乎[2]？孔子曰：非此之谓也。天子诸侯之丧，斩衰者奠；大夫，齐衰者奠；士，则朋友奠[3]；不足，则取于大功以下者；不足，则反之[4]。曾子问曰：小功可以与于祭乎[5]？孔子曰：何必小功耳！自斩衰以下与祭，礼也。曾子曰：不以轻丧而重祭乎？孔子曰：天子诸侯之丧祭也，不斩衰者不与祭；大夫，齐衰者与祭；士，祭不足，则取于兄弟大功以下者。曾子问曰：相识，有丧服可以与于祭乎[6]？孔子曰：缌不祭，又何助于人[7]。曾子问曰：废丧服[8]，可以与于馈奠之事乎？孔子曰：说衰与奠[9]，非礼也；以摈相可也。

今注

1　与，参与。馈奠，灵柩在殡宫时的祭奠。

2　轻服，轻视自己所服的丧服。重相为，重视参加别人的丧事。

3　古者，天子诸侯之丧，其臣下皆为之服斩衰，故虽斩衰，可以与于馈奠。大夫之臣为大夫之丧，因避免与天子之丧相同，故降低一等，服齐衰。此即齐衰可与于馈奠。士无家臣，故使朋友为之奠。

4　不足，是执事的人数不够，则取于异姓大功之亲；又不足，则更迭往返，使一人而兼数职。

5　在殡之祭曰"奠"，出殡之后之奠曰"祭"，此泛指虞祭、卒哭之祭、练祭、大祥之祭而言。

6　相识，指泛泛之交。有丧服，指自己在丧期中。

7　此言：身有缌麻之服，尚不得自祭于家庙，更何论助他人之祭？

8　废丧服，指三年丧毕，已除丧服。

9　说，读为"脱"，说衰，是脱去衰麻孝服。亦即刚始除丧，不可以参与他人馈奠之事。

今译

曾子问：身穿大功的丧服，可否参加殡宫的祭奠之事？孔子说：那要看什么样的情形。要说参与馈奠，还不只是大功，就连身有斩衰以下的丧服者都可以参加，而且还是合于礼的。曾子听着不懂，又问：那样做，岂不是太轻忽自己的丧服而太重视参与馈奠的事了吗？孔子说：不是这个意思！例如：天子诸侯之丧，臣下皆为之服斩衰。丧主不自馈奠，而服斩衰的臣下为之馈奠，这岂不是斩衰参与馈奠了？大夫之丧，其臣下为之服齐衰，参与馈奠；士，没有臣下之人，则由朋友为之奠。若使人数不够，还可以取大功以下的戚属为之奠，如果还不够，则一人可以往返助其祭奠。这岂不是自斩衰以下皆可参与祭奠了吗？曾子又问：在殡的既已如此，但在出殡以后所举行的诸祭，小功之丧可以参加吗？孔子说：何止小功！自斩衰以下皆可以与祭，这亦是合于礼的。曾子又不懂，问曰：那样岂不轻忽丧服而偏重于祭吗？孔子说：话不能这样讲。例如：天子诸侯之丧，不服斩衰者就没有资格参与丧祭；大夫之丧，亦是服齐衰者才得参与；只有士的阶级，没有臣下，才取于兄弟大功以下者举祭。因为丧"奠"之事，主人哀痛方甚，不能躬亲主持，至于丧"祭"，则主人亲与其事，他人特助其执事而已。曾子听了又问：如果身有丧服，亦可以协助相识之人的丧祭吗？孔子说：这又错了！如果自身有丧服，哪怕是缌麻之服，亦不参加相识者的丧祭，更不要说助祭了。曾子又问：那么丧期终了，脱除丧服之后，总该可以参加馈奠之事了吧？孔子说：刚刚脱去衰麻之服就参加别人的馈奠，这是不合礼的，勉强作为傧相则可。

曾子问曰：昏礼既纳币，有吉日[1]，女之父母死，则如之何？孔子曰：婿使人吊。如婿之父母死，则女之家亦使人吊。父丧称父，母丧称母[2]。父母不在，则称伯父世母。婿，已葬[3]，婿之伯父致命女氏曰："某之子有父母之丧，不得嗣为兄弟[4]，使某致命。"女氏许诺，而弗敢嫁[5]，礼也。婿，免丧，女之父母使人请，婿弗取[6]，而后嫁之，礼也。女之父母死，婿亦如之。

今注

1　纳币，亦称"纳征"。古婚礼手续：一纳采，二问名，三纳吉，四纳征，五请期，六亲迎。有吉日，即是请期，已定迎娶日期。

2　称父称母，是用父或母的名义往吊。

3　已葬，指婿家既葬其死者。

4　嗣为兄弟，谓联两姓婚姻。

5　嫁，另嫁他人。

6　取，即娶字，后文同。

今译

曾子问：婚礼已进行至定聘之后，而且男女两家都已择定迎娶的日子了，这时，女方遇到父亲或母亲之丧，那该怎么办呢？孔子说：那时婿家就要派人去吊丧。如果是婿家的父亲或母亲死了，女家同样也要派人去吊丧。不过，如果这一方死的是父亲，那方得用父亲的名义往吊。如果死的是母亲，就得用母亲的名义往吊。如果没有了父母，得用伯父或世母的名义。婿家到了葬事已毕，则由其伯父出面向女家致意说："某人的儿子因有父或母之丧，不能和府上联结姻亲，特使我（某名）申明此意。"女家虽则同意了，仍不敢把女儿改配他人，这是正礼。再到了婿家已经除丧，女家的双亲亦派人到婿家请其择定婚期，如果婿家仍不肯娶，那时女家把女儿改嫁，亦是合于礼的。至于女家的父母之丧，婿家对之，亦适用同样的礼节。

曾子问曰：亲迎，女在涂，而婿之父母死，如之何？孔子曰：女改服布深衣，缟总以趋丧[1]。女在涂，而女之父母死，则女反。如婿亲迎，女未至，而有齐衰大功之丧，则如之何？孔子曰：男不入，改服于外次；女入，改服于内次[2]；然后即位而哭。曾子问曰：除丧则不复昏礼乎？孔子曰：祭，过时不祭，礼也；又何反于初[3]？

今注

1　缟，白绢。总，束发的带子，长八寸。

2　次，是临时止息处，或则搭盖帷幕为之。冠礼聘礼之"次"，皆在大门外。唯丧礼之外次，在大门外；内次，在大门内，为丧家妇女所止处。

3　何反于初，即是"不复"之意。

今译

曾子问：迎亲之日，新娘已迎到半路上了，而新郎忽有父亲或母亲的丧事，那该怎么办？孔子说：新娘要改换衣服，穿起布的深衣，用白绢带子束发，赶往婚家参加丧礼。如果在半路上遇到的是新娘的父母之丧，新娘就得回娘家去守孝。曾子又问：如果新郎迎娶时，新娘未至而有齐衰大功之丧，又该怎么办？孔子说：若在那情形之下，新郎就不入大门，就门外的丧次改穿其所应穿的孝服；至于新娘，则迎入内次，改服孝服，各就其位而哭。曾子接着又问：那么，除丧之后，是否还要补行婚礼呢？孔子说：譬如祭礼，过了时日就不再祭，那又何须补行？

孔子曰：嫁女之家，三夜不息烛[1]，思相离也。取妇之家，三日不举乐，思嗣亲也[2]。三月而庙见，称来妇也[3]。择日而祭于祢，成妇之义也。曾子问曰：女未庙见而死，则如之何？孔子曰：不迁于祖，不祔于皇姑，婿不杖不菲不次[4]，归葬于女氏之党，示未成妇也。

今注

1　不息烛，则通宵不成寐。

2　嗣亲，接续宗裓。因父母及己身皆有死亡之日，故须娶妇生儿以接续宗裓。念及人世代谢，则娶妇本为可悲之事。

3　旧说此处读为"三月而庙见，称来妇也"，于是解说纷纷。今按：《韩诗外传》卷二引此作"三月而庙见称，来妇也"。称，即下文"择日而祭于祢"之"祢"。来妇，谓来此为媳妇，亦即下文"成妇之义也"。《仪礼·士昏》云："若舅姑既没，则妇入三月，乃奠菜……祝曰：某氏来妇……"云云，此处即申其义。

4　不迁于祖，迁是出殡迁柩，迁柩须先朝见祖庙而后葬。此言其生前未行庙见之祖，死后迁柩亦不须朝见祖庙。不祔于皇姑，是不以其神主祔于祖姑。此就舅姑尚存者言。次即哀次，见前注。

今译

孔子说：嫁女的人家，一连三夜不息蜡烛，为着思念亲骨肉就要分离了。娶妇的人家，亦一连三日不作乐，为着思念生死无常所以要娶妇来传宗接代。新娘进门之月，要备礼祭祀公婆的亡灵，称为庙见，新娘在祝词中称"来做媳妇"。这样做了才算是正式成为这家的媳妇。曾子问：如果新娘尚未行庙见之礼而亡故，那该怎么办？孔子说：那样死了，出殡时亦不须朝于祖庙，她的神主亦不附于祖姑，她的丈夫亦不须为她执丧棒、穿丧履、居丧次；而把她的灵柩归葬于娘家的坟山，以表示她并未成为男家的媳妇。

曾子问曰：取女，有吉日而女死，如之何？孔子曰：婿齐衰而吊，既葬而除之。夫死亦如之[1]。

今注

1　此言：请期之后将及亲迎而夫死，女亦服齐衰。但郑玄云当服"斩衰"。服齐或斩之辩，后人为说不一，今从本文。

今译

曾子问：已经择定日期迎娶，而女的死了，该怎么办？孔子说：那时已有夫妻的名分，只差夫妻的恩爱，所以做丈夫的要服齐衰之服往吊，不过，只要等到她下葬之后，即可除服，不必戴孝一年。如果在同一情形之下，而死者是那做丈夫的，那么女的亦当如是。

曾子问曰：丧有二孤，庙有二主[1]，礼与？孔子曰：天无二日，土无二王，尝禘郊社，尊无二上[2]。未知其为礼也。昔者齐桓公亟举兵，作伪主以行[3]。及反，藏诸祖庙。庙有二主，自桓公始也。丧之二孤，则昔者卫灵公适鲁，遭季桓子之丧[4]，卫君请吊，哀公辞不得命，公为主，客人吊。康子立于门右，北面；公揖让升自东阶，西乡；客升自西阶吊。公拜，兴，哭；康子拜稽颡于位，有司弗辩也[5]。今之二孤，自季康子之过也。

今注

1 孤，指丧主。主，指庙中神主。

2 此言所祭虽众，而所尊者则一而已。尝与禘，合祭群主，唯以太祖为上；郊祭众神，唯上帝为上；社祭及四方，唯后土为上。

3 亟，屡屡。伪主，假主。古代出兵战伐，必载迁庙之主（见下章）同行，表示这是奉着先王之命。

4 卫灵公卒于鲁哀公二年夏，季桓子卒于三年秋，不会遭遇桓子之丧。郑玄说，当为卫出公之误。但出公适鲁，《春秋经》没有记载，此处当是假托之辞。鲁桓公的后嗣分为三家：仲孙、叔孙、季孙。季孙氏自鲁文公之后，世世执国政。季桓子名斯，是季康子（名肥）的父亲。

5 丧礼拜宾者唯丧主一人。此言哀公既拜，季康子又拜，好像有两个丧主。有司，指司仪的人。辩，驳正之。

今译

曾子问：丧事有两个主人，庙里有两个神主，这是合于礼的吗？孔子说：天上没有两个太阳，一国没有两个君主，宗庙天地之祭，亦没有两个主神，以此例推，没听说那是合于礼的。但是，从前有个齐桓公，他时常出兵，转战南北，来不及回到祖庙告祭，所以载着假的神主同行。到了得胜回来，又把那假主藏于宗庙中。要说"庙有二主"，当是齐桓公起头的。至于丧有二孤，则是由于卫灵公有一次来鲁国，刚好遇到执政大夫季孙斯的丧事。卫公请吊，鲁哀公推辞不得，于是由哀公为主。客人来吊时，季桓子的儿子季孙肥反而站在门右边，面朝北；而哀公则与客人揖让，从东阶升堂，登上主人的台阶，面朝西站着，客人从西阶上来作吊，之后，哀公拜客人，起立，又哭泣，而季孙肥亦在丧主的位上拜而又叩头，当时司仪的人也不加纠正，就好像这场丧事有两个丧主似的。所以要说"丧有二孤"，这错误当是季孙肥造成的。

曾子问曰：古者师行，必以迁庙主行乎[1]？孔子曰：天子巡守，以迁庙主行，载于齐车[2]，言必有尊也。今也，取七庙之主以行，则失之矣。当七庙五庙无虚主[3]；虚主者，唯天子崩，诸侯薨与去其国，与祫祭于祖，为无主耳。吾闻诸老聃曰：天子崩，国君薨，则祝取群庙之主而藏诸祖庙，礼也。卒哭成事而后，主各反其庙。君去其国，大宰取群庙之主以从，礼也。祫祭于祖，则祝迎四庙之主。主，出庙入庙必跸[4]；老聃云。曾子问曰：古者师行，无迁主，则何主？孔子曰：主命[5]。问曰：何谓也？孔子曰：天子诸侯将出，必以币帛皮圭告于祖祢[6]，遂奉以出，载于齐车以行。每舍，奠焉而后就舍。反必告，设奠卒，敛币玉，藏诸两阶之间，乃出。盖贵命也。

今注

1　迁庙之主，吴澄云：此谓祔祢时所迁昭穆最上之庙之一主。按：天子之庙，三昭三穆及太祖之庙为七庙。当其父的神主祔入于庙时，则原先在庙的祖父神主当依昭穆的次序往上递迁，其最高之一庙主，遂至于无庙。此一无庙之主迁于太祖之"祧"。故"祧"即迁庙，而祧内之主即迁庙之主，亦即其嫡系祖先之最尊者。

2　齐车，亦写作斋车，亦即祭祀时所乘的金辂车。

3　虚主，亦即"无主"。

4　跸，排列禁卫兵，禁止通行。

5　无迁主，是指建国不及七世或五世的天子或诸侯，其祖先的神主尚不至于无庙可迁。主命，指告祭时用币玉所象征的祖先之命。

6　币帛皮圭，王夫之云：祭告无用皮者，"皮"字衍。王闿运云：币即皮也。按：前文之祫祭用制币，制币即束帛，证以下文，此处亦当云"币玉"或"币圭"。

今译

曾子问：古代行军，必载迁庙之主吗？孔子说：本来天子出巡狩，要以迁庙之主，载在金辂车上，那是表示有崇拜的对象在。现在行军，竟把七庙的神主全搬着走，就大错特错了。本来天子七庙，诸侯五庙。每一庙不能空着没有神主，而空着没有神主，那只有在天子驾崩、诸侯逝世或出国，要不，就是在祫祭时，庙之主合祭于太祖，那时各庙才没有神主。我还听老聃说过：天子崩，国君薨，则由太祝把许多昭穆庙内的神主藏到太祖的庙里，表示祖先们为天子或国君之丧而会于一处。那是正礼。等到安葬举行卒哭之祭后，才又把那些神主搬回各自的庙内。如果是诸侯出国，就由太宰取群庙的神主同行，表示祖先们永远和他在一起，这亦是正礼。至于"合祭"时，则由太祝迎接二昭二穆的神主合祭于太祖之庙，当然那时四庙亦算是无主了。凡是迎接神主出庙或回庙，都得排列仪仗，不许闲人行走，这亦是老聃说的。曾子接着又问：古时行军，如果不载迁庙之主，则用什么神主呢？孔子说：那得用祖先赋予的使命。曾子听着不懂，又问：什么叫作祖先赋予的使命？孔子回答说：天子诸侯将要出门的时候，必须用制币和圭玉告祭于祖先之庙；祭告完毕，就捧着那币玉而出，把它载在金辂车上。每到一个停息的地方，就要对那币玉祭奠一番才停息。回来的时候，亦以此裖祭于祖先；等到祭奠完毕，则收拾那币玉，藏于两阶之间，然后出去。所以这样做，是为着尊重祖先所赋予的使命。

　　子游问曰：丧慈母如母[1]，礼与？孔子曰：非礼也。古者，男子外有傅，内有慈母，君命所使教子也，何服之有？昔者，鲁昭公少丧其母[2]，有慈母良，及其死也，公弗忍也，欲丧之，有司以闻，曰：古之礼，慈母无服，今也君为之服，是逆古之礼而乱国法也；若终行之，则有司将书之以遗后世。无乃不可乎？公曰：古者天子练冠以燕居。公弗忍也，遂练冠以丧慈母[3]。丧慈母[4]，自鲁昭公始也。

今注

　　1　慈母，依下文及《内则》所言，乃是保姆之属。然"慈母如母"一语，载于《仪礼·丧服》，且为之解释曰："慈母者何也？妾之无子者；妾子之无母，父命为之母子。"是则《丧服传》所言之"慈母"，颇异于本篇及《内则》所谓"慈母"。名同实异，今从本篇。

2　鲁昭公，齐归所生。郑玄云：鲁昭公三十，齐归始薨（见《左传·昭公十一年》），不得云"少"。后之解者，对此亦多质疑。但本篇所言，多与史书不合，兹仍其旧。

3　《丧服记》云："公子为其母，练冠麻衣縓缘，既葬除之。"昭公为慈母练冠，是丧慈母如母也。

4　"丧慈母"三字之下，《孔子家语》载有"如母"二字。又，"鲁昭公"《孔子家语》皆作"鲁孝公"。按：此句宜作"丧慈母如母"，正对子游所问者。

今译

子游问：为慈母如同为母亲一样的挂孝，这合礼吗？孔子说：不合礼。因为自古以来，男孩子在外有师傅，在家有慈母，慈母是君命管教孩子的人，没有为她挂孝的必要。唯是从前鲁昭公早年丧母，而慈母待他很好，所以到了慈母死时，昭公舍不得她，要为她挂孝。当时典礼的官员报告说：古礼规定，慈母之死不用孝服，现在要为她挂孝，则是违背古礼而变乱国家的法度。如果实行起来，则掌礼者将记上一笔，流传后世，这是不可行的。昭公说：没有关系！古代天子亦有戴着练冠而不改日常生活的。昭公就是不忍，结果就为慈母而戴上练冠。所以要说为慈母挂孝的，该由鲁昭公开始。

曾子问曰：诸侯旅见天子[1]，入门，不得终礼，废者几？孔子曰：四。请问之。曰：大庙火，日食，后之丧，雨沾服失容，则废。如诸侯皆在而日食，则从天子救日，各以其方色与其兵[2]。大庙火，则从天子救火，不以方色与兵。曾子问曰：诸侯相见，揖让入门，不得终礼，废者几？孔子曰：六。请问之。曰：天子崩，大庙火，日食，后夫人之丧[3]，雨沾服失容，则废。

今注

1 旅见，是众诸侯会同朝见天子。

2 如东方青，南方赤，中央黄，西方白，北方黑之类。兵，武器。《淮南子·时则训》：东矛，南戟，西戈，北铩。孔颖达引《隐义》云：东戟南矛西弩北循中央鼓。今依前说。

3 依上文所谓六种，则此句当作"后之丧""夫人之丧"。倘据前后文皆言"后之丧"，则此处"后"字下似脱"之丧"二字。

今译

曾子问：众诸侯会同觐见天子，进入宫门，忽因某些事故而不得行礼完毕，请问，那是一些什么事故使它临时停止？孔子说：共有四种。曾子又问：是哪四种？孔子说：例如太庙失火、日食、皇后之丧，或则大雨淋湿了衣服不能行礼。如果是诸侯齐集在一起而遇到日食，就得跟随天子去抢救日，并且要看日食所在的方向，东方以青衣，执矛；南方以赤衣，执戟；西方以白衣，执戈；北方以黑衣，执铩。如果遇到的是太庙失火，则跟从天子去救火，但太庙有一定的方向，并且不许携带武器，所以在穿衣颜色与所执兵器方面没有要求。曾子又问：倘在诸侯相见的时候，彼此揖让而进入宫门，请问遇到几种事故，不待行礼完毕就停止了呢？孔子说：这有六种。曾子更问那六种是什么。孔子说：一是天子驾崩，二是太庙失火，三是日食，四是皇后之丧，五是国君夫人之丧，六是大雨淋湿衣服不能行礼。

曾子问曰：天子尝禘郊社五祀之祭，簠簋既陈，天子崩，后之丧，如之何？孔子曰：废。曾子问曰：当祭而日食，大庙火，其祭也如之何？孔子曰：接祭而已矣[1]。如牲至，未杀，则废[2]。天子崩，未殡，五祀之祭不行；既殡而祭，其祭也，尸入，三饭不侑，酳不酢而已矣 ³。自启至于反哭，五祀之祭不行 ⁴；已葬而祭，祝毕献而已 ⁵。

今注

1　接祭，捷祭。郑玄云：接祭不迎尸。但以祭礼一接于神，以致其祭祀之意。

2　杀牲以降神，未杀牲，则神未降临，可停止。

3　饭，食。侑，劝。酳，食毕以酒漱口。酢，尸饮卒爵，回敬主人。

4　启，即请移殡（见前注）。反哭，葬毕返哭于庙。《荀子》云：丧礼之凡：变而饰，动而远。自崩而未殡，为"变而饰"阶段；自启至反哭，为"动而远"阶段。二者皆人情之至痛，故未遑外祭。

5　祝毕献而已，言裁减礼节，但有主人代表者向太祝敬酒而不献佐食之人。

今译

曾子问：天子举行宗庙之祭、天地之祭、五祀之祭，许多祭品都已陈列出来了，忽遇天子驾崩或皇后之丧，该怎么办？孔子说：那只有停止。曾子又问：正在祭祀的时候，忽遇日食或太庙失火，又该怎么办？孔子说：那只好简捷地祭，如果尚未杀牲降神，还可以停止不祭。不过这里面，如果天子之丧，在其始死至于移柩于殡，七日之间，皆不可举行五祀之祭。至停殡期间，七个月中虽可以祭祀，但仪式亦须简化，尸仅三食而止，不再劝侑，尸受敬酒而酳，但亦不回敬主人。到了葬日已定，启请出殡至于葬毕返哭于庙，这期间亦不得举行五祀之祭。葬事完了，虽可以祭，但亦只行至献祝的阶段就算礼毕。

曾子问曰：诸侯之祭社稷，俎豆既陈，闻天子崩，后之丧，君薨，夫人之丧，如之何？孔子曰：废。自薨比至于殡，自启至于反哭，奉帅天子[1]。曾子问曰：大夫之祭[2]，鼎俎既陈，笾豆既设，不得成礼，废者几？孔子曰：九。请问之。曰：天子崩，后之丧，君薨，夫人之丧，君之大庙火，日食，三年之丧，齐衰，大功，皆废。外丧自齐衰以下，行也[3]。其齐衰之祭也，尸入，三饭不侑，酳不酢而已矣；大功酢而已矣；小功、缌，室中之事而已矣[4]。士之所以异者，缌不祭[5]，所祭于死者无服则祭[6]。

今注

1　奉帅，遵循。"遵奉天子"者，谓遵循上章所言，自崩至殡，自启至反哭，皆不祭。

2　祭，指宗庙之祭。

3　外丧，不同门之丧。

4　自齐衰、大功、小功至于缌麻之亲，亲情相去愈远者，则其祭仪愈完备。室中之事，按《少牢馈食礼》，主人主妇宾长，献尸皆在室中，既祭，则在堂中行宾尸之礼。今此不行宾尸，故云"室中之事而已"。孔颖达云：尸十一饭讫，主人酳尸。尸卒爵，酢主人。主人献祝及佐食，毕。主妇献尸，尸酢主妇。主妇又献祝及佐食，毕。宾长献尸及祝与佐食。至此为止。

5　缌不祭，因士不同于大夫。大夫为缌麻之亲者犹行室中之祭，士则不行。

6　所祭于死者无服，指舅、舅之子、从母的兄弟等。

今译

曾子问：诸侯举行社稷之祭，一切祭品都陈设了，忽听到天子驾崩，或是皇后、国君、君夫人之丧，该怎么办？孔子说：那就停止祭祀。都可遵照天子的例子，一在始死至殡的阶段，二自启殡至出葬返哭的阶段，皆不举行。曾子又问：大夫举行庙祭，既已陈设许多祭器、祭品，然而不得成礼，请问其中有多少种原因使得祭事停止？孔子说：有九种。曾子问是哪九种，孔子说：一天子崩，二后之丧，三国君薨，四君夫人之丧，五国君之太庙失火，六日食，七父母丧，八伯叔父之丧，九堂兄弟之丧等，皆要停止举行。至于门外之丧，其服属自齐衰以下，皆可继续举行，但要稍减仪节。例如，外丧属于齐衰之亲者，在祭祀时，自尸进门，三食即止，不再劝侑；献酒酳尸，尸不回敬主人，即告礼毕。如属大功之亲，可以添上"尸酢主人"一个节目；如属小功、缌麻之亲，则可以于尸酢主人之后，进行至主妇及宾长献尸、献祝及佐食等节目为止。但是，士的阶级，稍又不同此者，只是缌麻之亲不举祭，如果所祭的于死者没有服属关系，则仍可以举行祭祀。

曾子问曰：三年之丧，吊乎？孔子曰：三年之丧，练¹，不群立，不旅行²。君子礼以饰情，三年之丧而吊哭³，不亦虚乎？

今注

1　练，指服丧期年至小祥练祭之时。

2　群、旅，皆从众的意思。

3　吊哭，指为他人伤心。

今译

曾子问：身上挂着三年的孝服，可以到人家吊唁吗？孔子说：三年之丧，即使满了一年到改服练冠的时候，仍不和大家站在一起、走在一起。本来礼仪是情感的表现，三年之丧方且自哀不暇，哪里还有心情哀哭别人？如果没有心情而哀哭，那哀哭岂不是成了装模作样？

曾子问曰：大夫士有私丧¹，可以除之矣，而有君服焉²，其除之也如之何？孔子曰：有君丧服于身，不敢私服，又何除焉？于是乎有过时而弗除也。君之丧，服除而后殷祭³，礼也。曾子曰⁴：父母之丧，弗除可乎？孔子曰：先王制礼，过时弗举，礼也⁵；非弗能勿除也，患其过于制也，故君子过时不祭，礼也。

今注

1　私丧，家门内丧。

2　君服，为国君挂孝。

3　殷祭，盛大之祭。此对丧祭言之。

4　"曾子"下脱一"问"字。

5　礼以饰情，情随时变，故过时则其情已非旧，无其情则亦无须虚行其礼。故曰"过时弗举，礼也"。

今译

曾子问：为国君的臣子，如大夫、士，他们为亲人之丧而挂孝，到了规定可以渐次脱除孝服之时，刚巧又遇到国君之丧，依规定又须为国君挂孝。请问，遇到此种情形该如何脱除孝服？孔子说：如果有了国君的丧服在身，就不应该再服私人的孝服了，那就没有除服一说了。亦正因此，大夫、士常有逾期仍挂着孝服的。必待脱除了国君的孝服，然后才能为私亲举行小祥大祥等盛大之祭，这是合于礼的。曾子又问：为父母挂孝，可以不除服吗？孔子说：先王制定礼仪，时过境迁，而礼亦随以变除，这是合于礼的。例如，先王不是不能规定一种永不除服之礼，只是顾虑到人们不能做到，既然做不到，还是规定个时限的好。所以，君子过时不祭，是合于礼的。

曾子问曰：君薨，既殡，而臣有父母之丧，则如之何？孔子曰：归居于家，有殷事 [1]，则之君所，朝夕否 [2]。曰：君既启，而臣有父母之丧，则如之何？孔子曰：归哭而反送君 [3]。曰君未殡，而臣有父母之丧，则如之何？孔子曰：归殡，反于君所，有殷事则归，朝夕否。大夫，室老行事 [4]；士，则子孙行事。大夫内子 [5]，有殷事，亦之君所，朝夕否。

今注

1　殷事，每月初一、十五，进献食品的祭奠，因其事较早晚二次的祭奠为盛大，故曰殷事。

2　朝夕，即指早晚两次的祭奠。

3　此言服国君的孝服而回家亲视含敛哭踊，又返而送国君出殡。即上文所谓"有君丧服于身，不敢私服"，亦即"君丧"重于"私丧"。其义盖有取于"率土之滨，莫非王臣"。虽父母亦为君之属下。

4　室老，大夫家中的总管，旧称"家相"。行事，指朝夕祭奠。

5　内子，大夫的嫡妻。

今译

曾子问：国君逝世，已经停柩在殡宫了，那时，其臣下（包括大夫士）有父母之丧，该怎么办？孔子说：该回家料理丧事，遇到初一、十五两次举行祭奠的时候，到国君的殡宫参加行礼；至于父母每天早晚的祭奠，则可以不回去。曾子又问：如果父母之丧是在国君的灵柩将要出殡的时候，那又该怎么办？孔子说：那就要回去亲视含敛哭踊，之后，仍须再去送国君出殡。因为出殡之事，是送死之大者，必须为君义而掩私情。曾子又问：若使国君死尚未殡，而臣下遇到父母之丧，又该怎么办？孔子说：因为国君五日而殡，大夫士皆三日而殡，国君由死至移殡的日子较长，大夫士可以回去料理丧事至把父或母的灵柩移至殡宫，然后回到国君的殡宫守丧。遇到朔望，则回家祭奠；其余每日早晚的祭奠则不回去。而早晚的祭奠，在大夫家的，则由总管代办；在士人家的，则由他们的子孙代办。还有，大夫嫡妻亦要到国君的地方去参加朔望的祭奠，只是不参加早晚祭奠。

贱不诔贵[1]，幼不诔长，礼也。唯天子，称天以诔之[2]。诸侯相诔，非礼也[3]。

今注

1　诔，与"累""类"音相近，是比类而累列生平行谊，用作其人谥号的参考。诔文须由尊长辈来写。

2　天子至尊，无人能为之诔，故称"天"以诔之。《白虎通·谥》云："天子崩，臣之南郊告诔之。"

3　《曲礼下》："既葬，见天子曰类见。言谥曰类。"类亦即诔。诸侯须请诔于天子，故相诔为非礼。

今译

卑贱者不能为尊者作诔，小辈不能为长辈作诔，这是合于礼的。只有天子最尊，无人能为之诔，故由臣下于南郊告天，用"天"的名义来诔他。至于诸侯辈分相同，互相为诔，便失礼了。所以诸侯于既葬之后，请诔于天子，读诔以作谥。

曾子问曰：君出疆以三年之戒，以椑从[1]。君薨，其入如之何？孔子曰：共殡服[2]，则子麻，弁绖，疏衰，菲，杖[3]。入自阙，升自西阶[4]。如小敛，则子免而从柩[5]，入自门，升自阼阶。君大夫士一节也[6]。

今注

1　三年之戒，三年是君之丧，戒是预备。诸侯之棺三重，其内者曰椑，木材最坚实，必须早做准备。余见《丧大记》。

2　共，指全体。殡服，是大敛至于移枢殡宫时所服的丧服。郑玄说是布深衣，苴绖，散带垂。苴是已经结实的粗麻。绖有二，披在头上者曰首绖，挂在腰间者曰腰绖。此为首绖。

3　疏衰，粗恶的麻衣。菲，菅蒯制的草履。杖，孝棒。

4　阙，旧说以为空缺，谓毁门侧宫墙而入。郭嵩焘云：周无毁墙之礼（见《檀弓》），此阙当指诸侯宫门外的阙门。西阶是宾客上下的台阶。此由宾阶，表示其已成宾客。

5　如小敛，是说死时去国不远，仅加以小敛即运回来。子，孝男。免，见《檀弓上》注。郑玄说此处服免不括发者，因其随枢而来，途中须略为打扮。其实亦表示未正式成服。

6　孔颖达云：从枢之仪，更无尊卑之异。一节，犹言一律。

今译

曾子问：国君离开自己的国境，要随带附身的棺木以及丧敛用物。如果国君真的死了，则当如何运椟回来呢？孔子说：全体皆服殡服，而孝子则披麻戴孝，执着孝棒，迎椟入阙门，从庙内的西阶抬上去。假若去国不远，尚未大敛，孝子就只服免服而随椟，进入宫门，从阼阶抬上去，如同他生前一样。凡是随椟之仪，君、大夫、士，其运椟回国的礼数是一样的。

曾子问曰：君之丧既引[1]，闻父母之丧，如之何？孔子曰：遂。既封而归，不俟子[2]。曾子问曰：父母之丧既引，及涂，闻君薨，如之何？孔子曰：遂。既封，改服而往。

今注

1 引，是出殡时牵引柩车。

2 既封，郑玄说："封"当为"窆"，是下棺入土。下文"既封"之"封"字同此。子，指孝男。

今译

曾子问：参与国君的丧事，到了国君的灵柩发引之时，忽闻父母之丧，该怎么办？孔子说：那就要送葬送到底，但等到棺木入土之后，可以不等候孝男完成葬礼，尽先赶回去。曾子又问：如果是父母之丧，已经出殡，走在路上，听到国君之丧，又该怎么办？孔子说：那亦要送到底，等到棺木入土之后，改服括发，徒跣，布深衣，赶往国君的地方。

曾子问曰：宗子为士，庶子为大夫，其祭也如之何？孔子曰：以上牲祭于宗子之家[1]，祝曰：孝子某为介子某荐其常事[2]。若宗子有罪，居于他国，庶子为大夫，其祭也，祝曰：孝子某使介子某执其常事。摄主不厌祭，不旅[3]，不假，不绥祭，不配[4]。布奠于宾，宾奠而不举，不归肉[5]。其辞于宾曰：宗兄宗弟宗子在他国，使某辞。

今注

1 上牲，指少牢，用羊豕。士祭用特牲，大夫用少牢。

2 孝子某，即宗子名某。介，是"副贰"的意思。庶子不祭，故变其名称为副子，然祝词仍以宗子名义行之。常事，指通常的祭祀。

3 厌，亦写作"猒"或"餍"，是以食品直接供奉祖先，不用尸做代表。平常祭礼，行于尸至之前曰阴厌，行于尸到之后曰阳厌。但祭殇没有尸，亦行阴厌阳厌，见后文。旅，旅酬，见前注。

4　不假，即不用嘏辞。嘏辞是尸代表祖宗祝福主人之语。此处是摄主而非主人，故不祝福。绥祭，"绥"字或写作"堕"或"挼"，是减省的意思。绥祭有二：一为尸绥祭，是尸取黍稷肺羹，减去若干而置于俎；一为主人绥祭，是尸于回敬（酢）主人之后，取黍稷等物授主人。此处指后者。不配，谓祝词中但言"荐岁事于皇祖伯某"而不言"以某配某氏"。郭嵩焘云：此处以摄主代行常事，不得以主妇助祭，故曰不配。今但从前说。

5　布奠，谓主人酬宾置厄于宾俎之北。宾奠，则取厄置于俎南。不举，不行旅酬。不归肉，孔颖达云："归"即"馈"。肉，指俎上肉。亦即不馈宾以俎。

今译

曾子问：宗子为士，庶子为大夫，则其祭礼当如何举行？孔子说：用大夫的少牢祭于宗子的家庙，其祝词应云："孝子某为介子某进其常事。"若是因宗子获罪而居外国，庶子为大夫，则于祭时，祝曰："孝子某使介子某代行其常事。"凡是代替主人祭祀，皆不用厌祭，亦没有旅酬，尸亦无祝福语，尸亦不分食与主人，其祝词亦不言以某配某氏。虽酬宾以酒，宾但置而不旅酬，亦不用馈肉与宾。其向宾致辞，但曰："主人宗兄（或宗弟、宗子）某某，今在他国，使某代行常祭，敢以报告。"

曾子问曰：宗子去在他国，庶子无爵而居者，可以祭乎[1]？孔子曰：祭哉！请问：其祭如之何？孔子曰：望墓而为坛，以时祭[2]。若宗子死，告于墓而后祭于家[3]。宗子死，称名不言孝，身没而已[4]。子游之徒，有庶子祭者以此，若义也[5]。今之祭者，不首其义，故诬于祭也[6]。

今注

1　居，指其居住国内。祭，为摄主而代宗子祭。

2　望墓，望所祭者之墓。为坛，则不在庙中举行。时，指四时。

3　郑玄云：祭于家者，或因其无庙。孔颖达云：宗子无罪而去国，则以庙从，故于本国不复有庙。孙希旦云：去国以庙从，其说不可信。此云"家"者乃对"墓"而言。庙寝皆在家，此但言其祭于家庙或寝。今按：前文"祭于宗子之家"，不言庙而庙已在内，此处与彼，义不相远。

4　前文"祝曰：孝子某使介子某执其常事"，此言宗子已死，则但祝曰"子某使介子某执其常事"。身没，指庶子死后。

5　以此，因此例。若，当"顺"字讲。

6　首其义，原本其意义。诬于祭，妄行祭祀。徐师曾说：自"子游之徒"以上，皆后人所记，非孔子语。按：子游小孔子四十余岁，子游方壮，孔子已没，无由见及"子游之徒"。由此可知全文皆是假托的。

今译

曾子问：宗子去了他国，庶子无大夫的爵位，但仍住在国内，是否可代宗子祭祀？孔子说：当然可以。曾子又问：那该怎么举行呢？孔子说：望着死者坟墓所在筑坛，春夏秋冬，按时在那里举行。若使宗子已死于他国，则要先告于祖祢之墓而后在家里举行祭祀。因为宗子已死，所以祝词不称"孝子某使介子"但称"子某使介子某"云云。这等称呼，亦只用到庶子死时为止，后人不得沿用。听说子游一派的人，有以庶子身份举行祭祀，他们亦顺从这义理。目前举祭的人，根本不讲义理，简直把祭礼来胡闹。

曾子问曰：祭必有尸乎？若厌祭亦可乎¹？孔子曰：祭成丧者必有尸，尸必以孙²。孙幼，则使人抱之。无孙，则取于同姓可也³。祭殇必厌，盖弗成也⁴。祭成丧而无尸，是殇之也。孔子曰：有阴厌，有阳厌。曾子问曰：殇不祔祭⁵，何谓阴厌阳厌？孔子曰：宗子为殇而死，庶子弗为后也。其吉祭，特牲⁶。祭殇不举肺，无肵俎，无玄酒，不告利成⁷，是谓阴厌。凡殇，与无后者，祭于宗子之家，当室之白，尊于东房⁸，是谓阳厌。

今注

1　厌祭无尸，但以饮食供神。

2　尸代表祖辈之鬼以受祭餍，祖与孙，昭穆相同，故"尸必以孙"。然而《祭统》云"孙为王父尸，父北面而事之，所以明子事父之道"，此又为义理的作用。

3　同姓的孙子一辈，亦与其祖父同昭或穆，故亦可为尸。

4　弗成，指殇子尚未成人。

5　殇不祔祭，孔颖达云：《丧服小记》有"殇与无后者从祖祔食"，此言"不祔"，是与《小记》文相乖谬，故郑玄云此"祔"当"备"字。不备祭者，因祭殇不用尸，是不完全的祭礼，近乎"阴厌""阳厌"之祭。

6　吉祭，指未成人而死者既葬，举行卒哭祔庙之祭后即不复祭，其祭属吉礼而异于丧祭。特牲，用一豚。

7　举，《特牲馈食礼》：尸将食，举肺脊。又云：佐食设肵俎。又云：无算爵，祝告利成。盖三者皆为有尸之祭。无玄酒因其非隆重祭礼。祭殇既不备礼，故亦无此等节目。肵是恭敬的意思，主人敬尸之俎曰"肵俎"。利，供养。成，完毕。

8　凡殇，指未成人而死的并非宗子。室之白，白指亮光，亦指室西北隅漏光处，或称"屋漏"。尊于东房，谓设樽在东房。

今译

曾子问：凡是祭祀都必须有尸吗？像"厌祭"那样不可以吗？孔子说：成人而死，祭必有尸，以寄托其精神。尸必以同"昭"或同"穆"的孙辈为之。如果孙儿的年龄太小，则使人抱之以为尸。如果没有孙儿，则可选取同姓的孙儿一辈来充任。至于祭"殇"，必用厌祭之礼，因为不能把他当作成人看待。所以，祭成人之鬼而没有尸，就等于把他当作"殇"了。孔子说：厌祭有二，一为祭于幽阴者曰阴厌，一为祭于露阳者曰阳厌。曾子接着又问：祭殇既不用完备的礼节，为什么还有阴厌阳厌呢？孔子说：宗子尚未成人而死，庶子不能做他的后嗣。当其举行最后一次卒哭祔于祖庙的吉祭时，用特豚。因为祭时没有尸，所以亦没有尸举肺脊、主人献肵俎，亦不设玄酒，祝亦不用说"供养完毕"等。这叫作"阴厌"。此外，殇者不是宗子，或其他没有后嗣的，当其举行祔于祖庙之祭时，只因庙在宗子之家，所以亦在宗子家庙举行，祭之于室的西北隅透光之处，唯是不能在那里设樽，而设樽于东房。这叫作"阳厌"。

曾子问曰：葬引至于堩[1]，日有食之，则有变乎？且不乎？孔子曰：昔者，吾从老聃助葬于巷党[2]，及堩，日有食之，老聃曰：丘！止柩，就道右，止哭以听变。既明反而后行[3]。曰：礼也。反葬，而丘问之曰：夫柩不可以反者也，日有食之，不知其已之迟数[4]，则岂如行哉？老聃曰：诸侯朝天子，见日而行，逮日而舍，奠[5]；大夫使，见日而行，逮日而舍。夫柩不蚤出，不暮宿[6]。见星而行者，唯罪人与奔父母之丧者乎？日有食之，安知其不见星也[7]。且君子行礼，不以人之亲痁患[8]。吾闻诸老聃云。

今注

1　葬引，王引之云：当作"葬既引"，中脱"既"字。"引"即发行，见前注。埏，道路。

2　巷党，里党之名。

3　明反，恢复光明。

4　其已之迟数，数，读为速，谓日食停止之慢或快。

5　逮日，天还没有黑。舍奠，诸侯出行，载有行主，止宿时须祭奠（见前注）。

6　不蚤出、不暮宿，即是"见日而行"，要求出处光明。

7　日既食，有如黑夜。

8　痁，王引之云：痁读为阽。痁患，近于患害。

今译

曾子问：出葬，既已发引，柩车到了路上，遇到日食，那时，要有所改变，还是不变呢？孔子说：从前我跟老聃在巷党助葬，刚巧逢到日食，老聃就喊着我说：丘！把灵柩停下，靠着路右边，大家停止哭泣，静候那自然的变化。不久，太阳又复明亮，才又行进。老聃说：那是合乎礼的。到了葬毕回来，我就问他说："灵柩既已出殡，是抬不回来的。遇到日食，谁也不知它要多久才能停止，如果等着耽误了时间，还不如继续行进的好。"老聃说："诸侯朝见天子，一早见到太阳就出发，傍晚没等到太阳落山就歇息，同时祭奠那载以俱来的庙主。大夫出使，亦是如此，其行其止，都得在光天化日之下。出葬时，更是这样。既不可以在天未亮就出殡，亦不可以在天黑后才止宿。披星戴月而夜行，怕只有逃犯或奔父母之丧的人吧！遇到日食，不见阳光，岂不与夜行一样。再说君子行礼，总不能让别人的亲人有遇上患害的危险啊！"这是我听到老聃亲口说的。

曾子问曰：为君使而卒于舍，礼曰：公馆复[1]，私馆不复。凡所使之国，有司所授舍，则公馆已，何谓私馆不复也？孔子曰：善乎问之也！自卿大夫之家，曰私馆；公馆与公所为[2]，曰公馆。公馆复，此之谓也。

今注

1　复，始死招魂之礼。

2　公馆，指公家的招待所。公所为，指国君指定招待宾客的地方。

今译

曾子问：奉国君之命而出使，死于旅舍，依《礼经》的记载，说是死于公家招待所，可行招魂之礼，倘死于私人家里的则不举行。然而，既是出使到那一国，而那一国当然要派员招待，所住的地方，当然是公家的地方，所谓"私馆不行招魂之事"怎么解释呢？孔子说：真是问得好！不过你得知道，自卿大夫以下的人家，都叫作"私馆"；至于公家的招待所或是国君指定的旅舍，才叫作"公馆"。所谓"公馆复"，就指的是在那种地方。

曾子问曰：下殇[1]，土周葬于园，遂舆机而往[2]，途迩故也。今墓远，则其葬也如之何？孔子曰：吾闻诸老聃曰：昔者史佚有子而死，下殇也。墓远，召公谓之曰：何以不棺敛于宫中？史佚曰：吾敢乎哉？召公言于周公，周公曰：岂不可？史佚行之。下殇用棺衣棺[3]，自史佚始也。

今注

1　《仪礼·丧服传》：年十六至十九岁，未成人而死曰"长殇"；十二至十五，曰"中殇"；八至十一岁曰"下殇"。

2 土周，即《檀弓》所谓"堲周"，烧土为砖，周附于棺，不用椁。舆机，如车床，用以载尸体。

3 用棺衣棺，用棺木及衣衾以成殓。

今译

曾子问：八岁至十一岁的孩子死了，只在园里用砖砌成圹坑，然后用车床抬着小棺埋葬其中，这是路途近便之故；倘若路途遥远，则下殇的埋葬当又如何？孔子说：我听老聃说过，在西周之初，史佚死了儿子，那孩子只算是"下殇"，他的葬地距离很远，当时召公奭就跟史佚说："为什么不先在家里用棺木收敛了再抬去？"史佚说："那不是埋葬下殇之礼，我不敢那么做。"召公就把这事告诉周公旦。周公说："那有什么不可以？"于是史佚就那样做了。后来埋葬下殇而用棺木衣衾成殓的规矩，是从史佚开始的。

曾子问曰：卿大夫将为尸于公，受宿矣[1]，而有齐衰内丧，则如之何？孔子曰：出，舍于公馆以待事[2]，礼也。孔子曰：尸弁冕而出，卿大夫士皆下之，尸必式，必有前驱[3]。

今注

1 宿，亦写作"肃"或"速"。受宿，受命斋戒。

2 祭前三日卜尸，既卜其吉，乃宿之。既受宿，则没有时间改卜他人。故为尸者虽有齐衰内丧，亦必出而应命。唯因祭为吉事，丧为凶事，吉凶不同处，故舍于公馆以待事。

3 前驱，在前面驱赶路上闲杂的人。

今译

曾子问：卿大夫将为国君祭祀的尸，已经受命斋戒了，忽遇家门中有齐衰之亲的丧事，该怎么办？孔子说：那是要去的，不过住在公馆里等待行礼，这是合于礼的。孔子说：为尸者出来时，服弁，或服冕，皆视其所代表之祖先身份而定。卿大夫在路上遇见他，都得下车致敬，而他亦须凭轼答礼。尸者出行，一定有在前开道的人。

子夏问曰：三年之丧卒哭，金革之事无辟也者[1]，礼与？初有司与[2]？孔子曰：夏后氏三年之丧，既殡而致事[3]，殷人既葬而致事。记曰：君子不夺人之亲，亦不可夺亲也[4]，此之谓乎？子夏曰：金革之事无辟也者，非与？孔子曰：吾闻诸老聃曰：昔者鲁公伯禽有为为之也[5]，今以三年之丧，从其利者[6]，吾弗知也！

今注

1　金革之事，指军旅战伐。无辟，不可避免。

2　初有司，孔颖达说是"原由主管兵役者迫他从军"的意思。按：《丧大记》云："既卒哭，金革之事无辟也。"则似本有如此规定，不必有司迫他从军。郭嵩焘云：初有司，是先因某种成例，故后有此规定的意思。今从后说。

3　致事，退役。

4　亲，谓亲子的恩情。上句言不剥夺他人之亲情，下句言自己亦不可剥夺亲情。

5　郑玄云：周公的儿子伯禽，封于鲁国。其时徐戎作乱，伯禽于卒哭之后，举兵伐之。《尚书·费誓》所书，即其事。有为，是为着兴兵征伐。

6　从其利者，谓贪图利益而从事战争。

今译

子夏问：听说，父母之丧，到了卒哭阶段，就不能逃避兵役，这是合于礼的呢，还是沿着某种成例而规定下来的呢？孔子说：

三年之丧，在夏朝是既殡之后就退役，殷朝是既葬之后就退役。所以古记有言，君子不能剥夺别人亲子的恩情，亦不可剥夺自己的亲情，大概就是指此而说的。子夏说：难道"金革之事无辟"这种规定不对吗？孔子说：我听老聃说，从前鲁国伯禽曾于卒哭之后出兵讨伐徐夷，那是在特殊情况下不得已而为之。如今许多人放着父母之丧不理，但为着贪利而从事战争，我就不知其原因何在了！

第八　文王世子

　　本篇是辑合若干篇而成。大别之，有文王世子、周公践阼、教世子、庶子正公族之法、天子视学、世子之记等。其原标题，尚有残存于篇中者，可据而推知之。倘就文体考察，篇首"文王之为世子"一段，当为篇末"世子之记"的仿制品。旧说以之属于"世子法"。实则其中"庶子正公族"一段，既称"庶子治之"，显与"世子"无关，但因其同为诸侯族属，乃连类及之而已。谓为"世子法"，固未尽合。唯其主旨，重视子弟教育，则不无可取之处。又，篇中章节错杂，昔方苞尝为之考正，载于《望溪文集》卷一，可资参考。

　　文王之为世子，朝于王季，日三。鸡初鸣而衣服，至于寝门外，问内竖之御者曰[1]：今日安否何如？内竖曰：安。文王乃喜。及日中，又至，亦如之。及莫[2]，又至，亦如之。其有不安节[3]，则内竖以告文王，文王色忧，行不能正履[4]。王季复膳，然后亦复初。食上，必在，视寒煖之节[5]，食下，问所膳；命膳宰曰：末有原[6]！应曰诺，然后退。

今注

1　内竖，太监。御者，值班者。

2 莫，即"暮"字。

3 安节，俞樾云：是"安适"的意思。

4 正履，平常的步法。

5 食上，必在，郑玄说"在"是"察"的意思。按：篇末"世子之记"云："世子必在"，陆奎勋云："在"不能训为"察"，当以"视寒燠之节"的"视"字训为"察"。"节"是程度。

6 末有，无有。原，指原来的饭菜。

今译

文王做太子的时候，每日要省视他的父亲王季三次。每早，鸡才叫出第一声，他就起来梳洗穿衣，来到父亲的寝门外，向值勤的太监问道：昨晚上我父亲睡得好吗？太监说：睡得好。文王听了就很高兴。这样，到了中午又来请安一次，傍晚又来请安一次。如果觉察到王季有点不舒服，太监们赶紧报告文王，文王听了满脸忧愁，连走路的步子都慌乱了。等到王季的饮食恢复正常，他才恢复平日的态度。三顿饭，送上的时候，文王必在，察看冷热的程度，吃过后，文王还要察看菜肴吃得多少，同时吩咐太监说：不要老是这几样菜肴！太监回答说：是！他才离开。

武王帅而行之，不敢有加焉[1]。文王有疾，武王不脱冠带而养[2]。文王一饭，亦一饭；文王再饭，亦再饭。旬有二日乃间[3]。

今注

1 帅，遵循。不敢有加，不敢胜过父亲。

2 不脱冠带，侍候在侧。

3 间，郑玄训为"瘳"，当为"松闲"之意。

今译

武王完全遵循文王的孝行，亦不敢求其更好。他遇到文王害病，便日夜不脱冠带侍候在侧。如果文王胃口不好只吃得下一口饭，他亦即吃一口，文王能吃两口，他亦吃两口。直到十二日文王病愈，这才松闲下来。

文王谓武王曰：女何梦矣？武王对曰：梦帝与我九龄[1]。文王曰：女以为何也？武王曰：西方有九国焉，君王其终抚诸？文王曰：非也。古者谓年龄，齿亦龄也。我百尔九十，吾与尔三焉。文王九十七乃终，武王九十三而终[2]。

今注

1　龄，按：下文，"武王曰：西方有九国"，又"文王曰……齿亦龄也"，疑此字本作"齿"，故武王误解为"九国"，而文王又为之解释为"龄"。

2　按：此一章，《论衡·气寿》云出于"儒者之说"，其《感类》又引以解释《尚书·金縢》，疑其说出于纬书，杂编于此。

今译

文王对武王说：你做过什么梦没有？武王回答说：我曾梦见上帝给我九个牙齿。文王说：你以为那是什么意思呢？武王说：西方有九个国，我想迟早要受您的保护了。文王说：不是这样，古时称年齿为年龄，齿亦即是龄的意思。你梦见九齿，当获寿九十。我寿百岁，我再给你三龄吧！果然，后来文王活到九十七岁，武王活到九十三岁。

成王幼，不能莅阼[1]，周公相，践阼而治[2]。抗世子法于伯禽[3]，欲令成王之知父子君臣长幼之道也；成王有过，则挞伯禽，所以示成王世子之道也[4]。文王之为世子也[5]。仲尼曰[6]：昔者周公摄政，践阼而治，抗世子法于伯禽，所以善成王也。闻之曰：为人臣者，杀其身有益于君则为之，况于其身以善其君乎？周公优为之！是故知为人子，然后可以为人父；知为人臣，然后可以为人君；知事人，然后能使人。成王幼，不能莅阼，以为世子，则无为也，是故抗世子法于伯禽，使之与成王居，欲令成王之知父子君臣长幼之义也。周公践阼[7]。

今注

1　莅，视事。阼，指天子之阶。

2　践阼，意指履行天子之事。

3　抗，举。伯禽非世子，此举"世子法"用于伯禽，盖欲以伯禽为模范以教成王。

4　以上数语，本有解说，今错杂于"教世子"一章之后。

5　此一句，当为篇首第一句，而篇首第一句本是标题，今错厕于此。

6　自"仲尼曰"以下至"周公践阼"，本分厕在"教世子"章后、"庶子正公族"章前，皆为解说周公"抗世子法于伯禽"，及"挞伯禽所以示成王世子之道"之语，今移于此，以便照应。

7　此四字是本章的标题。

今译

周成王小的时候，不能执行天子的职务，由周公辅相，暂居天子之位而统治天下。当时周公把做太子的规则施于自己的儿子伯禽身上，要以伯禽为模范，使成王懂得父子君臣长幼的道理。因此，成王做错了事，周公就挞伯禽，使成王看了懂得如何做个太子。

孔子说：从前周公代替成王为天子，暂居天子之位而统治天下，他当时把太子的规则用于伯禽，目的是要成王做好。我曾听说：为人的臣子，只要有益于君王的事，虽则丧了身，仍然值得做，何况不必杀身而能有益于君王的事？而周公却是做得最好的了。因此要懂得怎样做儿子，然后才懂得怎样做父亲；懂得怎样做臣子，然后才懂得怎样做君主。亦就是说：晓得替别人服务，然后才晓得怎样差使别人。成王年纪小，不能践阼为主，倘把他当作太子，那就无须这样做了。只因成王是个王，所以要把太子的规则施于伯禽，而使成王和伯禽住在一起，这样，成王就能亲自体会到为父为子、为君为臣、为长为幼的道理。

凡学世子及学士[1]，必时。春夏学干戈，秋冬学羽籥[2]，皆于东序。小乐正学干，大胥赞之。籥师学戈[3]，籥师丞赞之。胥鼓南[4]。春诵夏弦，大师诏之。瞽宗秋学礼[5]，执礼者诏之；冬读书，典书者诏之。礼在瞽宗，书在上庠。

今注

1 《尚书·盘庚上》，疏引此文，"学"字皆写作"敩"，是古"教"字。下文同。

2 孔颖达云：大舞用干戚，小舞用干戈，皆武舞。

3 籥师学戈，郭嵩焘云，《周礼·籥师》："掌教国子舞羽吹籥"，此"教戈"当是"教籥"二字之误。

4 按：此句之上，疑当有"大乐正学舞干戚"一句，今误厕于后文。意谓大乐正教武舞，由大胥掌鼓为节拍。南是乐名。

5 旧说周代并用虞夏殷的学校制度："上庠"为虞时学名，在周为北学；"东序"为夏时学名，在周为东胶；"瞽宗"为殷时学名，在周为西学。周的太学曰成均，为南学。

今译

凡是教太子及教太学生，必须因时制宜。春夏二时，教以干戈武舞；秋冬二时，教以羽籥文舞，教学皆在东序。小乐正教授干戈之舞，由大胥协助；籥师教授羽籥之舞，由籥师丞协助；大乐正教授武舞，则由大胥掌鼓节以《南》乐。春天背诵乐诗，夏天则以弦乐伴奏，都由大师指导。秋天在瞽宗学行礼，由司仪者提调之。冬天则在上庠读书，由典书者指导。学礼在瞽宗，学书在上庠。

凡祭与养老，乞言，合语之礼[1]，皆小乐正诏之于东序。大乐正学舞干戚，语说[2]，命乞言，皆大乐正授数，大司成论说在东序[3]。凡侍坐于大司成者，远近间三席，可以问。终则负墙[4]，列事未尽，不问。

今注

1　乞言，从老者乞取善言，疑似今之来宾演说。合语，于宴会中行"旅酬"时互相讨论乐舞中的含义。

2　大乐正学舞干戚，指教武舞。此句当在前文"胥鼓《南》"之上。语说，即上文"合语"之说。

3　命乞言，即上文养老乞言，此盖重申上文，谓小乐正诏之，大乐正则授数，大司成则论说。江永云：数，指仪文器物；论说，则言其义理。王夫之云："数"是指程式，"论说"是总评。今从后者。

4　负墙，背墙而立。

今译

凡是学校举行祭典及养老乞言合语之礼，由小乐正在东序中指导之。合语及乞言，则由大乐正授以进行的程式，并由大司成加以总评，亦在东序中举行。凡是陪坐大司成，其座位远近要距离三席（亦即一丈），以便发问。问过后，则退，背墙而立。如果大司成的话没有说完，不可发问。

凡学，春官释奠于其先师[1]，秋冬亦如之。凡始立学者，必释奠于先圣先师，及行事，必以币。凡释奠者，必有合也，有国故则否[2]。凡大合乐，必遂养老。凡语于郊者[3]，必取贤敛才焉。或以德进，或以事举，或以言扬[4]。曲艺皆誓之，以待又语[5]。三而一有焉，乃进其等，以其序[6]，谓之郊人。远之于成均以及取爵于上尊也[7]。始立学者，既兴器用币[8]，然后释菜，不舞不授器，乃退。傧于东序，一献，无介语可也[9]。

今注

1　此以下数节，皆似补充前文之解说语。春官，指春时主持教学的人。释奠，设置祭品，为学校祭典之名。祭用脯醢及蔬菜，荐馔酌酒于筵。先师，指传道授业之创始者。后世始以孔子当之。

2　合，是合乐。国故，指丧荒战争之事。

3　郊，依下文所谓"郊人"之义，此当指外县的学校。

4　德、事、言：有如孔门之德行、政事、言语三科。

5　曲艺，指祝史卜医射御之属。誓，戒饬其进修。又语，另行考试。

6　三有一，指"德""事""言"，三者有一可取。等，学校大小的等级。序，名次高下的顺序。

7　远之于成均，成均是周的太学，言此种人才不是太学生。取爵于上尊，举行乡饮酒时被邀请当为"宾""介"者向主人敬酒，此谓不能充任宾介。

8　兴器，陈设释奠用的器物。币，即上文"行事必以币"。

9　傧，敬宾之礼。介，傧相之属。凡饮酒，有介以辅宾，至旅酬则合语，此云"无介语"，盖指此。

今译

凡是开学之后，春夏秋冬各学期的主持者都要先向先师举行释奠之祭。凡是开学举行释奠以祭先圣先师，在行礼时必用束帛。凡是举行释奠，必有大合乐，亦即乐舞联合演奏，但遇到国家有灾难则免。凡是大合乐，必同时举行养老之礼。凡是乡郊学校的考试必选录贤者和有才能的人。这些人或以德行方正而录取，或以通达律法而录取，或以擅长言语而录取。至于技艺，亦皆训勉其学习，以备另日考试。德行政事言语，三者有一可取，则按其名次准予升学，称为"郊人"，以区别于太学生可以充任乡饮酒之"宾""介"职位者。诸侯国新建立的学校，布置释奠的器物及制币，接着就举行释奠礼。如果不用歌舞，则不须分发舞具。散会后，于东序举行敬宾之礼，以一献为度，亦可以不用傧相及合语等。

教世子[1]。凡三王教世子必以礼乐。乐，所以修内也；礼，所以修外也。礼乐交错于中，发形于外，是故其成也怿[2]，恭敬而温文。立大傅少傅以养之，欲其知父子君臣之道也。大傅审父子君臣之道以示之，少傅奉世子，以观大傅之德行而审喻之。大傅在前，少傅在后；入则有保，出则有师，是以教喻而德成也。师也者，教之以事而喻诸德者也；保也者，慎其身以辅翼之而归诸道者也。记曰：虞夏商周，有师保，有疑丞[3]，设四辅及三公。不必备，唯其人[4]。语使能也。君子曰德，德成而教尊，教尊而官正，官正而国治，君之谓也[5]。……君之于世子也，亲则父也，尊则君也。有父之亲，有君之尊，然后兼天下而有之。是故，养世子不可不慎也。行一物而三善皆得者，唯世子而已[6]。其齿于学之谓也。故世子齿于学，国人观之曰：将君我而与我齿让何也？曰：有父在则礼然，然而众知父子之道矣。其二曰：将君我而与我齿让何也？曰：有君在则礼然，然而众著于君臣之义也。其三曰：将君我而与我齿让何也？曰：长长也，然而众知长幼之节矣。

故父在斯为子，君在斯谓之臣，居子与臣之节，所以尊君亲亲也。故学之为父子焉，学之为君臣焉，学之为长幼焉，父子君臣长幼之道得，而国治。语曰：乐正司业，父师司成，一有元良，万国以贞，世子之谓也[7]。……

今注

1　此三字当是原有的标题。

2　怿，愉快。

3　《尚书大传》："天子必有四邻：前曰疑，后曰丞，左曰辅，右曰弼。"疑者，有问必答，是天子用以决疑之官，如智囊团。丞，善应对，能记事，是天子的史官，如秘书长。王莽曾为太子设置此等官员。

4　此言三公四辅是看人才的有无而设置，倘无其人，则虚其位，不必尽设。

5　此一段原为"周公践阼"之事，今已移置于前文。

6　一物，即一事。三善，即下文所言父子、君臣、长幼。此段极言世子的身份特殊，身当父子君臣长幼之间。因为说他是子，但不久即为父；说他是君，但其上又有君在；说他是长，但又年幼。因其身份特殊，故世子的教育亦为极有意思的教育。

7　此处原有"周公践阼"四字标题，今已移于前。

今译

三王的时代，无不用礼乐教导世子。因为乐是精神的教育，礼是行为的教育。礼乐的道理涵养在心而表现于外，所以既愉悦又恭敬，合成一种温和而端庄的人格。教育世子，要有太傅少傅之官来培养他，使他了解做父亲做儿子做君王做臣子的道理。太傅的责任是把父子、君臣之道讲明白，并且身体力行地做出榜样。少傅侍候世子，把太傅做人的好榜样分析讲给他听，使他明白。太傅在前，少傅在后。太子回到后宫，有太保卫护；出就宫外，有老师教管，所以教导分明而能养成其伟大人格。所谓老师者，是列举具体的事实来比况各种德行；所谓太保者，是谨慎言行来辅导他，使他生活行为合乎正轨。古书说过，虞夏商周四代，皆设有师保、疑丞，设置有四辅及三公。这些职位要看人而设，没有适当的人选，可以不设。这就是说，要用能干的人充任那重要的职位。君子说道德很重要，道德养成后则教导尊严，教导尊严后做官就廉正，做官廉正那么国家大治。这是针对国君来说的。……以国君来说，他对于世子，亲则为父子的关系，尊则为君臣的关系。有父之亲，有君之尊，然后才能君临天下爱抚百姓。所以教养世子，不可不谨慎。世上能有行一事而兼有三种好处的，似乎只有世子的教育了。这种教育，就在于他进学校时学到以年龄论尊卑而不以身份论尊卑的事。所以，太子在学校讲年龄，而全国的人看见了都要说：他不久就是我们的国君了，为什么还对我们那样客气呢？这可以说：因为他之上还有父亲在，礼应如此。就这一点，已使人人都懂得父子之道了。其二，人们说：他不久就是我们的国君了，为什么还对我们那样客气呢？这可以说：因为他之上还有国君在，礼应如此！就这一点，已使人人都懂得君臣的意义了。其三，人们说：他不久就是我们的国君了，为什么还对我们那样客气呢？这可以说：因他之上还有长辈在，礼应如此。然后人人都懂得长幼的次序了。因为有父在上，所以他只是子；有君在上，他只是臣。他居于子与臣的地位，所以还要尊敬其国君而亲爱其父母。所以世子的教育，是要他学习为父为上、为君为臣、为长为幼，如果掌握了父子君臣长幼的道理，则社会上人与人的关系就清楚了，而社会亦随而安定了。古语有言，乐正负责书本的教育，司成负责品格的教育，为国家造就一位贤良的国君，则天下亦随而太平了。这正是教世子的意义所在。

庶子之正于公族者[1]，教之以孝弟睦友子爱，明父子之义，长幼之序。其朝于公：内朝[2]，则东面北上；臣有贵者，以齿。其在外朝，则以官，司士为之[3]。其在宗庙之中，则如外朝之位。宗人授事[4]，以爵以官。其登馂献受爵，则以上嗣[5]。

今注

1　庶子，是司马的官属。正，政事。此言庶子掌管国君族人的政事。

2　内朝，指在宫内朝见国君。

3　外朝，指在朝廷之上的朝见。司士，亦司马的官属，掌管朝廷礼仪。

4　宗人，掌礼及宗庙之事。授事，谓祭祀时分派职务。

5　登馂，是登堂分食祭后的食品，其次序见于《祭统》。献，郑玄云："举奠洗爵酌入。"但据后文，似无此"献"字。受爵，是登堂献尸，并举尸之奠酌，受而饮之。上嗣，指嫡长子。

今译

庶子主管国君族人的政事，是要教导他们懂得孝弟睦友慈爱，了解为父为子的道理、为长为幼的秩序。族人朝见国君，倘在宫廷之内，其位置在西，朝东而靠北。朝臣中如有地位尊贵者，其位置顺序也只按年龄大小而分上下。倘在朝廷之上，则以官爵的贵贱分为上下。这由司士之官掌理。至于在宗庙中，则依照朝廷上的位置。祭祀时，宗人分派职务，先以爵位的高下为等差。同爵位的，则以官职大小为等差。至于登堂而馂，献尸受奠爵之事，皆由嫡长子行之。

庶子治之，虽有三命，不逾父兄[1]。其公大事，则以其丧服之精粗为序[2]。虽于公族之丧亦如之，以次主人[3]。若公与族燕，则异姓为宾，膳宰为主人，公与父兄齿。族食，世降一等[4]。

今注

1　治之，"之"指公族礼节。三命，《周礼·地官·党正》云："一命齿于乡，再命齿于父族，三命不齿。"是说：官拜一命，见乡人仍须以年龄分上下；官拜二命，见乡人可不论年龄，但见到父族之人仍须以年龄分上下；官拜三命，则可不按年齿，以其官贵，但对于父兄，则仍属低辈。此三语，孔颖达说是错简，应移入前文"臣有贵者，以齿"之下。

2　公大事，指国君丧事。亲者服粗恶，疏者服精细。以丧服精粗为序，即是以亲疏的关系为序。

3　以次主人，位次于主人之后。

4　族食，国君与族人聚餐。世降一等，一世同父，最亲；二世，同祖；三世同曾祖；四世同高祖。同祖者一年聚餐四次，同曾祖者一年三次，同高祖者二次，同太祖者则一次，如此递降一等。

今译

庶子所主管的公族礼节，虽有官拜三命，可以不和族人叙齿辈之大小，但仍不能逾越父兄之辈，使得人人知道长幼之序。遇到国君的丧事，则按丧服精粗所表明的亲疏关系为其次序。同姓中有丧事，亦准此办理。关系再亲的人也要次于主人之后。如果是国君宴会族人，则异姓的人算是宾客。因国君尊贵，不亲自劝酬，故以主厨的人为主人以行酒把盏。不过，国君对于父兄之辈，仍须按辈分年龄高下而就位。至于国君与族人聚餐，则以其亲疏关系，每一世递降一等。

其在军，则守于公祢[1]。公若有出疆之政，庶子以公族之无事者守于公宫，正室守大庙[2]，诸父守贵宫贵室[3]，诸子诸孙守下宫下室[4]。五庙之孙，祖庙未毁，虽为庶人，冠、取妻，必告；死，必赴；练祥则告。族之相为也，宜吊不吊，宜免不免，有司罚之。至于赗赙承含[5]，皆有正焉。

今注

1 公祢，此指军中的"行主"，即《曾子问》所言"迁主"。

2 正室，指公族之嫡子。

3 王引之云："贵宫"二字为衍文。贵室，国君的宫殿。

4 郑玄云：下宫指亲庙，下室皆燕寝。按后文复述，仅有"贵室""下室"，且称其有"让"道。则"贵室"当指亲庙，而"下室"乃是私人居处。

5 赗，赠丧家以车马。赙，赠丧家以财帛。承，郑玄云：当为"赠"字。孔颖达云：承即襚，赠死者以衣服。含，塞在死者口中之物，上古用贝壳，后世用珠玉。

今译

公族之人，在军中时，要守卫"行主"。遇到国君因公出国，庶子之官当挑选无事的族人守卫公宫，其嫡子守卫太庙，诸父辈守卫贵室，诸子孙辈守卫下室。五世的子孙，倘其祖庙尚未迁毁的，尽管他只是个平民，但遇到举行冠礼或是娶妻，都要报告，死时亦必须发讣闻，至丧满一年练祭，两年大祥之祭，亦皆须报告。公族间之相互往来，倘若须往吊丧而不去吊丧，须为挂孝而不挂孝，则主管公族事务的人都要责罚他们。至于致哀赠死的东西，亦皆有定规。

公族其有死罪，则磬于甸人[1]。其刑罪，则纤刳[2]，亦告于甸人。公族无宫刑³。狱成，有司谳于公⁴。其死罪，则曰某之罪在大辟⁵；其刑罪，则曰某之罪在小辟。公曰：宥之。有司又曰：在辟。公又曰：宥之。有司又曰：在辟。及三宥，不对，走出，致刑于甸人。公又使人追之曰：虽然，必赦之⁶。有司对曰：无及也！反命于公，公素服不举，为之变，如其伦之丧⁷。无服，亲哭之⁸。

今注

1　磬，郑玄云：悬缢杀之曰"磬"。甸人，犹《周礼》甸师之官，主行刑者。

2　郑注：纤读为"针"，是"刺"的意思。刭，割。

3　亦告于甸人，"告"字，郑玄训为"鞠狱"之"鞠"，后人非之，但亦无的解。俞樾云："告"当为"造"，作"押到"讲。无宫刑，不毁害其生殖器官。

4　朱彬云："谳"字当作"灉"，《说文》云"议罪"，其字从水旁，与"法"同义。

5　辟，罪。下同。

6　必赦之，"赦"字，《后汉书·张酺传》注，引作"宥"。

7　不举，食不举乐，表示哀悼。变，改变生活常处。如其伦，依亲疏的关系。

8　无服，不为之挂孝。亲哭之，当是为位而哭之于异姓之庙。

今译

国君的族人倘犯了死罪，则交与甸师吊死他。倘犯的是刑罪，则或刺或割，亦皆押赴甸师处执行。公族不用宫刑，罪案判决之后，法官要呈请国君复议。如果属于死罪，则说是某人所犯的罪在大辟。刑罚，则说是罪在小辟。国君说：且宽减吧！法官说：罪有应得，不可宽减。国君又说：还是宽减吧！法官又说：有罪不可宽减。这样，国君三请，法官终不答应，走出，把罪人交给甸师行刑。国君又派人追去，说：虽然有罪，但他是我的亲人，必须宽免一死。法官则说：已经来不及了。于是把全案报告国君，国君为之改穿素服，食不举乐，并依照亲疏之丧的规定，为之改变日常生活。但因其有辱家门，故不为之挂孝，而亲哭之于异姓之庙。

　　公族朝于内朝，内亲也。虽有贵者以齿，明父子也。外朝以官，体异姓也[1]。宗庙之中，以爵为位，崇德也。宗人授事以官，尊贤也。登馂受爵以上嗣，尊祖之道也[2]。丧纪以服之轻重为序，不夺人亲也。公与族燕则以齿，而孝弟之道达矣。其族食世降一等，亲亲之杀也[3]。战则守于公祢，孝爱之深也。正室守大庙，尊宗室，而君臣之道著矣。诸父诸兄守贵室，子弟守下室，而让道达矣。五庙之孙，祖庙未毁，虽及庶人，冠、取妻必告，死必赴，不忘亲也。亲未绝而列于庶人，贱无能也。敬吊临赗赙，睦友之道也。古者，庶子之官治，而邦国有伦。邦国有伦，而众乡方矣。公族之罪，虽亲不以犯有司，正术也，所以体百姓也。刑于隐者[4]，不与国人虑兄弟也[5]。弗吊，弗为服，哭于异姓之庙，为忝祖远之也。素服居外，不听乐，私丧之也，骨肉之亲无绝也。公族无宫刑，不翦其类也[6]。

今注

1　体异姓，是体贴异姓的人。

2　尊祖，指上嗣是祖宗的嫡系。

3　杀，言虽亲而有等差。

4　公族不肆于市朝，而甸人在野外行刑，故曰"刑于隐"。

5　不与国人虑兄弟，旧解为"不与国人谋虑兄弟"，意思不明。当云"不使国人联想到残杀兄弟"。

6　翦其类，是断绝其后代。以上自"公族朝于内朝"句起至此，皆为前文的解说，当是西汉儒者的"章句之学"。

今译

"公族朝于内朝"，是说亲人可以留侍宫内。"虽有贵者以齿"，是表示父子昭穆的恩谊。"外朝以官"，是体贴到异姓的人，不使其处处落后。"宗庙之中，以爵为位"，是为着尊重德行。"宗人授事以官"，则是尊重才能。"登馂受爵以上嗣"，是重视祖先的系统。"丧纪以服之轻重为序"，是要使人亲其所亲。"公与族人燕则以齿"，是推行孝弟；"公与族人会食则世降一等"，是要区别亲爱的差等。"战则守于公祢"，表示孝敬祖先的深切。"正室守太庙"，是尊重嫡系的子孙，而君臣的道理亦于是显明。"诸父诸兄守贵室，子孙守下室"，这表示做到了谦让。"五庙之孙，祖庙未毁，虽及庶人，冠、娶必告，死必赴"，是不忘血统之亲。血统之亲尚未断绝，本不应列之于庶人，而列之于庶人者，则是表示看不起无能之辈。至于"族人互相敬吊赙赗"，正是为着睦友之故。从前，庶子之官做得好，则社会上人与人的关系有秩序，社会有秩序，则人人都能循规蹈矩了。公族之人犯罪，尽管是亲人，但不以此侵害司法权力，这是正当的办法，亦以此体贴平民，使他们不至于处处吃亏。公族之人，要在隐僻的地方行刑，是为着不使人民联想到残害自己的手足。犯大罪的族人死了，不去吊问，不替他挂孝，却在异姓的庙里哭他，这是因为他给祖宗丢了面子。但又为他服素服，不住在日常的住处，不听音乐，这是表示私下的悼念，因他毕竟还是有血统关联着的。至于公族的人犯罪而不动用官刑，则是为着不使其绝嗣。

天子视学，大昕鼓征[1]，所以警众也。众至，然后天子至。乃命有司行事。兴秩节²，祭先师先圣焉。有司卒事，反命。始之养也³：适东序，释奠于先老，遂设三老五更群老之席位焉。适馔省醴，养老之珍，具⁴；遂发咏焉，退修之以孝养也。反，登歌《清庙》，既歌而语⁵，以成之也。言父子君臣长幼之道，合德音之致，礼之大者也。下管《象》⁶，舞《大武》。大合众以事，达有神，兴有德也⁷。正君臣之位，贵贱之等焉，而上下之义行矣。有司告以乐阕，王乃命公侯伯子男及群吏曰：反！养老幼于东序⁸。终之以仁也。是故，圣人之记事也，虑之以大，爱之以敬，行之以礼，修之以孝养，纪之以义，终之以仁。是故古之人一举事，而众皆知其德之备也。古之君子，举大事，必慎其终始，而众安得不喻焉？《兑命》曰：念终始典于学⁹。

今注

1　大昕，天始亮。征，征召。

2　秩，经常。节，礼节。郭嵩焘云：秩指"礼"言，节指"乐"言。

3　之，往。养，行养老礼。

4　适馔省醴，亲自检视肴馔及酒醴。珍，美食。具，完备。

5　歌者在堂，故曰"登"。《清庙》，《诗·清庙之什》。语，合语（见前注）。《乐记·魏文侯章》"始奏以文，复乱以武。君子于是语，于是道古"，盖于歌舞之后，宾主各有合语，是古礼。

6　下管，管乐队在堂下。象，金文写作"钀"。郑玄说是模仿武王伐纣之事以扮演为乐舞。然则，《象》即《大武》了。但《明堂位》及《祭统》皆云"下管《象》，朱干玉戚而舞《大武》"，则《象》似指音乐，而《大武》乃是舞蹈。《大武》之舞，详见《乐记》。

7　达有神，郑玄说是天授命周家有神。兴有德，美文王武王有德，众乐为之用。

8　养老幼，郑注无"幼"字，当是衍文。

9　《兑命》，《尚书·说命》文。典于学，经常注重教学。

今译

天子视学之礼：大清早，国学里便敲起召集的鼓号，这是要大家准备。全体齐集之后，天子驾到，乃命令诸执事开始工作。把行礼和奏乐的用具全数搬出，先祭先师先圣。诸执事行过"释奠"之礼，报告天子，然后进行养老礼：天子到达东序，向先代的耆宿灵位释奠，接着就布置当日邀请的三老五更以及庶老的席位。等到检视肴馔，省察酒醴，以及供养诸老的珍美食物全都齐全，乃始奏乐迎接诸老入席。乐阕，则正式举行孝养之礼。献食敬酒之后，诸老返至席位，此时乐正领导合唱队登堂，歌唱《清庙》之诗。歌毕，诸老互相评述，以补充歌词的含义。所评述者是把父子君臣长幼的道理，配合于那古乐的韵致。这是养老礼中最重要的环节。接着，堂下的管乐队开始演奏那模仿武王伐纣之事的乐章，同时舞者进场表演《大武》之舞。这是表演武王联合诸侯起事发兵，发扬文王受天明命，有德当兴。明定君臣的名分、贵贱的差等，使得有上有下而秩序井然了。到了乐正报告乐舞完了，天子乃嘱咐在场的公侯伯子男以及文武百官说：大家回去，照样举行养老之礼于各国学里。这就是天子之仁，始于此而终则普及于天下。所以圣人记事，要从大处着眼，以恭敬存心，以礼节行事，修之以孝养，说之以义理，而团结以仁恩。所以，古之明王，只要举行一次典礼，而大众莫不明见其德行之完美。古之君子，举大礼，无论起头与结尾，莫不极其敬慎，这样，大众怎能不明白呢?《说命》中有言，要记住自始至终，常常注意教学。

世子之记曰[1]：朝夕至于大寝之门外，问于内竖曰：今日安否何如？内竖曰：今日安。世子乃有喜色。其有不安节，则内竖以告世子，世子色忧不满容[2]。内竖言：复初，然后亦复初。朝夕之食上，世子必在，视寒煖之节。食下，问所膳羞。必知所进[3]，以命膳宰，然后退。若内竖言疾，则世子亲齐玄而养[4]。膳宰之馔，必敬视之。疾之药，必亲尝之。尝馔善，则世子亦能食；尝馔寡，世子亦不能饱；以至于复初，然后亦复初。

今注

1 郑玄云：世子之礼亡，此存其记。今按：此记当为篇首"文王为世子"一章之所本。

2 不满容，言其气色不充。

3 必知所进，预拟下次所进之膳食为何物。

4 齐玄，服斋戒之服，玄衣玄冠。

今译

世子之记云：世子要一早一晚到君主的大寝门外，问太监说：今日安否如何？太监说：很安好。世子乃有喜色。若有不安适，则由太监报告世子，世子便忧愁满面。等到太监报告已复原，世子这才恢复平日的神色。早晚送上膳食，世子必在，亲自检视冷热的程度。食毕撤出，便问所食的是哪一味食品。必须预知大厨子所送上的菜肴，所以要嘱咐清楚了才退去。如果太监们说君主有点不舒服，世子就要改穿祈祷时的服装伺候君主。大厨子送来的食品，必仔细检视；治病的药物，必先口尝。君主吃食的胃口好，世子的胃口亦跟着好起来。如果君主的胃口不好，吃食不多，而世子亦跟着吃得很少。总要等到君主恢复原状，世子才亦恢复原状。

第九　礼运

郑玄云：本篇记载"五帝三王相变易，阴阳旋转之道"。今按其内容，确实如此。故其名"礼运"。"运"字可有二义：一为演变，一为旋转。演变者，是就时代生活的沿革而言；旋转者，是就五行四时之更迭而言。四时更迭，周而复始，礼治依此而行，故一年一周转。以此观察《礼运》，则本篇有似《月令》的说明文。但是篇中既言大同小康乱世的演变，又言桧巢营窟的生活变为宫室台榭的生活等，这都是随时沿革而非周而复始的。二者基本的观念不同，今混为一篇，乃不能不分割"礼"为内容与形式，内容即礼之"义"，形式即礼之"数"，数是演变的，义是旋转的，所以在后起的礼数中，仍可找到原始的礼义。这种思想，好像是荀子学派和邹衍学派的调和，疑其写作时代当在西汉，古文学渐起而替代今文学，遂出现了这样不相干的调和论。

昔者仲尼与于蜡宾[1]，事毕，出游于观之上[2]，喟然而叹。仲尼之叹，盖叹鲁也[3]。言偃在侧曰：君子何叹？孔子曰：大道之行也，与三代之英[4]，丘未之逮也，而有志焉[5]。

今注

1　与，参加。蜡，周代十二月索飨鬼神之祭（详见《郊特牲》）。宾，是以国中有地位的人物充任。

2　观，亦称"巍阙"，是宫殿或宗庙前面的大门楼。游于观，旧说是在大门楼上游览。

3　"仲尼之叹，盖叹鲁也"二句，似为后人旁注夹入正文，并非记录者之语。因言偃在侧，尚且未知孔子"何叹"，记录者何由而预知其叹鲁？特因后文有叹鲁之语，故后人预为之注解。《孔子家语·礼运》所载，无此二句。

4　"大道之行也"，《孔子家语》所载无"也"字。盖"大道之行"，指尧舜以上大同的时代；"三代之英"，指禹、汤、文武成王周公等小康之治。合两种不同时代，故用"与"字。

5　志，《孔子家语》作"记"字。旧说以为记事之书。《集说》以为"志愿"，有此志愿而不及见太平盛世，所以喟然而叹。今从前说。

今译

从前，孔子曾被邀请参加蜡祭，充任来宾。祭事完毕，他出游于大门楼上，不觉唉声叹气。仲尼的叹气，大概是在叹鲁国吧。当时子游随伴在侧，问道：老师干吗叹气？孔子说：大道实行的时代和夏商周几位英明的领袖当政的时代，我都来不及看到，所看到的只剩一些记载了。

大道之行也，天下为公。选贤与能，讲信修睦，故人不独亲其亲，不独子其子，使老有所终，壮有所用，幼有所长，矜寡孤独废疾者，皆有所养。男有分，女有归[1]。货恶其弃于地也，不必藏于己；力恶其不出于身也，不必为己。是故，谋闭而不兴，盗窃乱贼而不作，故外户而不闭，是谓大同[2]。今大道既隐，天下为家，各亲其亲，各子其子，货力为己，大人世及以为礼[3]。城郭沟池以为固，礼义以为纪；以正君臣，以笃父子，以睦兄弟，以和夫妇，以设制度，以立田里，以贤勇知，以功为己。故谋用是作，而兵由此起。禹汤文武成王周公，由此其选也 [4]。此六君子者，未有不谨于礼者也。以著其义，以考其信，著有过，刑仁讲让 [5]，示民有常。如有不由此者，在埶者去，众以为殃，是谓小康。

今注

1 分，职分。归，家室。

2 《吕氏春秋·有始览》"天地万物，一人之身也，此之谓大同"，指一种大团结大和谐的世界。后文有"圣人耐以天下为一家，以中国为一人"之语，似与此相应。

3 大人世及以为礼，则与"选贤与能"的办法不同。

4 选、僎、俊，都是最优秀的意思。此言夏商周三代并不全是太平盛世，如夏桀、商纣及周之幽厉，皆不足数，而可数者唯有六人是最优秀的。

5 刑，即"型"，刑仁，以"仁"为模式。

今译

大道实行的时代，是以天下为天下人所共有。选举贤能者共治之，人人心口如一，彼此合作，于是人们不独爱护其所亲，不独施慈于儿女，更能推广其慈爱，使社会上的老者各得安享天年，壮者各能贡献才力，儿童得到良好的教育，鳏寡孤独以及残废的人都得到丰厚的供养。男的各尽自己的职务，女的各有自己的家庭。既不愿以大好的资源委弃于无用之地，但亦不可放进自己的荷包；既嫌恶有力不肯出力，但亦不以能为私人出力才算是效劳。人人皆能竭诚相处，就不会再有钩心斗角损人利己的阴谋发生，亦不会再有劫夺偷窃杀人越货的勾当出现。纵有门窗的设置，但那只用以阻挡风雨，便利出入，并无须防御歹人。那样的世界才真是大同的世界了。自夏商周三代以来，大道既已隐没，天下便成为一家一姓的财产，各人只管爱自己的亲人、自己的儿女；资源劳力都成为私人所有，而且那所有权还变作世袭的，而别人不得分享。因此，为着保有那些私产，便不能没有城郭沟池等坚固的防守设备，以及仪式理论等纪律的拟订，用以确定君臣的名分，强调父子的慈孝，和合手足的友爱，调和夫妇的恩情。如此设置制度，划分田里，尊重勇力和智能，把功绩作为个人所有。于是欺诈取巧的奸谋就跟着发生，而争夺流血的惨剧亦由是出现了。在这样的时代里面，禹、汤、文王、武王、成王、周公要算是最了不起的人物了。因为这六位英雄，都还能恪遵礼制。据以发扬意义，考验信用，指示错误，且取范于仁爱，讲求礼让，昭示人们以行为的正轨。如果做出越轨或反常的行为，虽有权势，亦必斥逐之，使人人得知其为祸根罪首，这就是小康的时代。

言偃复问曰：如此乎礼之急也？孔子曰：夫礼，先王以承天之道，以治人之情。故失之者死，得之者生[1]。《诗》曰：相鼠有体，人而无礼。人而无礼，胡不遄死[2]！是故夫礼，必本于天，殽于地[3]，列于鬼神，达于丧祭射御冠昏朝聘[4]。故圣人以礼示之，故天下国家可得而正也。

今注

1 旧说：失礼则死，若桀纣；得礼则生，若禹汤。今按：《淮南子·精神训》云："圣人法天顺情，以天为父，以地为母，阴阳为纲，四时为纪。万物失之者死，得之者生。"依司马谈《论六家要旨》之说，此本为阴阳家言。盖天地四时有一定的运行法则，顺之则生，逆之则亡，如《月令》之所记者。

2 《鄘风·相鼠》之诗。遄，迅速。

3　觳，借为“效”字。

4　邵懿辰云：“射御”二字当作“射乡”，即“射礼”及“乡饮酒”之礼。

今译

言偃又问道：礼果真是这样急要的吗？孔子说：礼本来是先世王者用以代表自然法则而控制人类生活行为的。人类既是自然的产物，所以失去这法则便不能生存，得到这法则才不至于消灭。《相鼠》之诗有言：老鼠还有个老鼠的体形，人类怎能没有个像人一样的礼貌？人而不能像人，还不如赶快消灭的好！由此看来，礼必须是根据着天，仿效着地，配合着过去未来，而表现于丧、祭、射、乡、冠、婚、朝、聘等礼仪上。圣人就是用这些礼仪来代表天道和人情，而天下国家才能做到有条有理。

言偃复问曰：夫子之极言礼也，可得而闻与？孔子曰：我欲观夏道，是故之杞，而不足征也；吾得《夏时》焉[1]。我欲观殷道，是故之宋，而不足征也；吾得《坤乾》焉[2]。《坤乾》之义，《夏时》之等[3]，吾以是观之。

今注

1　杞，武王封夏后氏之后于杞。征，证据。《夏时》，旧说以为夏人的历书，今《大戴礼记》中尚存一篇《夏小正》。

2　武王投殷之后于宋。《坤乾》，是殷人所传的阴阳之书。

3　义，指阴阳的作用。等，是历书的节次。

今译

言偃接着又问：依老师说的，礼是那么重要，是否可以告诉我们呢？孔子说：我曾想看看夏代的礼，所以到杞国去考察，但是年代久远，证据差不多都湮灭了，我只得到他们的历书一种，名曰《夏时》。我又想去看看殷代的礼，所以到了宋国考察，但是可看到的东西也不多，我只得到他们流传下来的《坤乾》一书，那是讲阴阳变化的。我所考察到的，就是那《坤乾》书中所发明礼之演变的道理和《夏时》中记载礼之周转的程式。

夫礼之初，始诸饮食，其燔黍捭豚[1]，污尊而抔饮[2]，蒉桴而土鼓[3]，犹若可以致其敬于鬼神。及其死也，升屋而号，告曰：皋！某复[4]。然后饭腥而苴孰[5]。故天望而地藏也，体魄则降，知气在上，故死者北首，生者南乡，皆从其初。

今注

1 捭豚，"捭"字，《盐铁论·散不足》写作"焷"，王念孙云：与燔同为炙烤的意思。

2 污尊，挖地成洼，当作酒樽。抔饮，用手掬水而饮。

3 桴，鼓槌。蒉桴，蒯草扎成的鼓槌。土鼓，筑地为鼓。按：此当为"拊鼓"（见《乐记》）的由来。

4 皋，呼号的声音。复，谓"招魂之礼"。

5 饭，指含敛之含。饭腥，以生的东西塞在死人的口里。苴，草叶。苴孰，用草叶包着熟食以送死者出葬。

今译

本来最原始的礼仪，是从饮食行为开始的。原始人对于饮食，只晓得把粟粒放在火上来爆，把小猪放在火上来烤了吃。把地下挖个窟窿当作酒壶，用两手掬着水当酒杯来喝，用蒯草扎成的鼓槌，筑地当作鼓乐来听。他们自己的生活方式如此，便以为照样可以致其敬爱于鬼神，所以最原始的"祭礼"亦就这样实行着了。到了他们死的时候，活的人就登上屋顶向天空喊叫，他们喊道：啊啊！某人呀你该回来啊！到了死者不复生，他们就用生的稻米或贝壳塞在死者口里，埋葬时又送给死者一些用草叶包着的熟食，使之不挨饥。像这样向天上招魂，在地下埋葬，肉体是降入地下了，灵魂却仍在天上。北向是阴，南乡为阳，故后世所行死人的首向北，活人以南为尊之礼，亦都是从原始时代传下来的。

昔者先王，未有宫室，冬则居营窟，夏则居橧巢[1]。未有火化，食草木之实，鸟兽之肉，饮其血，茹其毛。未有麻丝，衣其羽皮。后圣有作，然后修火之利，范金合土[2]，以为台榭宫室牖户，以炮以燔，以亨以炙，以为醴酪，治其麻丝，以为布帛，以养生送死，以事鬼神上帝，皆从其朔[3]。

今注

1 营窟，郑玄说是累土为窟。居橧巢，是聚柴薪而居其上。
2 范金，用模式铸造金属器皿。合土，和合泥土烧造砖瓦。
3 朔，原始时。

今译

上古时代还没有宫殿房屋一类的建筑物，冬天则住在土窟里，夏天则居在巢上；亦不知道用火来解除腥气，而生吃草木的果实和鸟兽的肉，吸饮鲜血，连毛带骨而生吞；又不知利用苴麻和蚕丝来织布，但披鸟羽兽皮当作衣服。等到圣人出世，才懂得火的种种作用，设计模型铸造金属，和合泥土烧成砖瓦，用来建筑台榭宫室以及门窗；同时又用火来炮、烤、煮、炙各种食品，酿制醴酒和醋浆；同时又能处理丝麻，织成布和丝绸，并用以供应人们日常生活以及料理丧事和祭祀鬼神上帝的需要。虽然古今的用品不同，但为着养生送死，敬事鬼神的意义则和原始时代一样。

故玄酒在室，醴盏在户，粢醍在堂，澄酒在下[1]。陈其牺牲，备其鼎俎，列其琴瑟管磬钟鼓，修其祝嘏[2]，以降上神与其先祖。以正君臣，以笃父子，以睦兄弟，以齐上下，夫妇有所[3]。是谓承天之祜。

今注

1　玄酒，孔颖达云：上古无酒，以水当酒，因其色玄，故称玄酒，亦即最原始的供神饮料。醴、盏，是初酿成的酒，如今之恬酒。粢醍，郑玄说当言"齐醍"，是较恬酒更成熟的浑酒。澄酒，似今已酿成而没有沉淀物的清酒。以上各种酒，依其时代先后言，玄酒最古，清酒最后。"室"是庙中鬼神所在之处，地位最尊。"户"是由室至堂之户，地位次于室。"堂"即是礼堂，地位又次之。"下"指堂下，地位最卑。祭祀时以最古的酒放在最尊之处，而最后成的酒放在最卑之处，这不特是表示祭祀的物品不在乎味道之好坏，而且为着"报本反始""皆从其朔"的缘故，所以要把最原始的东西放在最近神鬼的地方。

2　祝，是替主人传话给上神或祖先的祭告之辞。嘏，是由尸代表上神或祖先向主人祝福之辞。

3　自"正君臣"至"夫妇有所"，皆言祭祀的仪式中有此种种作用。其事散见于各篇，故前人举例亦颇不一。大要言之：在庙内以神主为君，而国君反而为臣，唯其如此，始能使国君易地而处，尝一尝君臣之间的滋味，是"正君臣"。又祭祀的祝词说明儿女之孝事父母；而嘏词则说父母之爱护儿女，是"笃父子"。又，正祭之后，主人洗盏奉敬长兄弟众兄弟，而兄弟亦顺序回敬，是"睦兄弟"。又，祭毕，分食祭品，从上至下的人无不得食，是"齐上下"。又，举祭时，必夫妇躬亲，然而主人在阼而夫人在房，是"各得其所"。其余可参阅《祭统》。

今译

因为事事皆从其朔，所以祭祀时，玄酒反而在室，醴和盏在户，齐醍在堂，而清酒居堂下。同时要陈列供祭的牺牲，齐备鼎俎，安排琴瑟管磬钟鼓，缮写祝词蝦词，用以迎接上神和先祖的降临。而且要在祭祀进行中，辨正君臣的意义，增厚父子的恩情，和睦手足的情谊，沟通上下的声气，而主人主妇各有自己应处的地位。这样的祭祀，则可称为承受了上天的福祉。

作其祝号[1]，玄酒以祭，荐其血毛[2]，腥其俎，孰其殽[3]，与其越席，疏布以幂[4]，衣其浣帛，醴盏以献，荐其燔炙[5]，君与夫人交献，以嘉魂魄，是谓合莫[6]。然后退而合亨，体其犬豕牛羊[7]，实其簠簋笾豆铏羹。祝以孝告，嘏以慈告，是谓大祥[8]。此礼之大成也。

今注

1 祝号，祝词中特别加美的名称，例如称神为"皇天上帝"，称鬼为"皇祖"，称地祇为"后土"，称牛为"一元大武"，称稷为"明粢"，称币为"量币"之类（参阅《曲礼》）。

2 此谓降神之后，杀牲，祝以其血毛告于室。

3 腥其俎，谓祭祀时以"俎盛生肉进于尸"。孰其殽，谓荐熟食，以骨体入汤稍煮，进于尸。

4 越席，翦蒲织成的草席。疏布，粗麻布。幂，覆盖。

5 荐其燔炙，是制祭时。燔，指烤肉。炙，指烤肝。

6 嘉，是使之快乐的意思。以嘉魂魄，犹言以娱魂魄。合莫，"莫"指冥漠世界。祭祀祷告，精神与幽冥相通，是为"合莫"。

7 "然后退而合亨"以下，孔颖达说是行馈食之礼。合亨者，是把前面献尸用的一些半生不熟的牲体合起烹煮。"体"是把牲体按其肥瘠分别割开，肥的作为"上俎"，瘦的作为"下俎"，依参加祭礼者身份的尊卑分配。"犬豕牛羊"，是说或为犬或为豕，或为牛羊。因为大祭小祭，用牲不同。大牢之祭有牛羊豕，少牢用羊豕，特祭只有一豕，再次则用一犬。

8　祝以孝告，嘏以慈告，二者皆指祝嘏之辞。载于《仪礼·少牢馈食礼》，可参阅。大祥，是大善的意思。

今译

作起祝词的名号，设置玄酒以祭神，接着进献刚宰的牲血和毛，再进献生肉之俎，再进献半熟的牲体。行礼时，主人主妇皆要亲践蒲席，端着用粗麻布覆盖的酒樽，穿着新染的绸衣，既献醴酒，又献酏酒；既进烤肉，又进烤肝。主人先献，主妇次献，一前一后，献了又献，使得祖先的灵魂十分愉快，这叫作人神交通。正祭已毕，然后把半生不熟的牲体合在一起烹煮，再区别犬豕或牛羊的肥瘦，盛入大盘小碗中以分敬参加祭礼的宾客兄弟们。祝词写着"孝子孝孙"，嘏词说是"祝福孝子孝孙平安如意"，这才是大吉大祥，亦是礼之最圆满的一种情形。

孔子曰：於呼哀哉！我观周道，幽厉伤之[1]，吾舍鲁何适矣！鲁之郊禘，非礼也[2]，周公其衰矣！杞之郊也禹也，宋之郊也契也[3]，是天子之事守也。故天子祭天地，诸侯祭社稷。

今注

1　此言幽王厉王败坏了周家礼法。

2　郊者，天子代表天下万民以祭天；禘者，嫡系子孙代表全族以祭始祖。鲁乃诸侯，又非宗子，依礼不得举行"郊""禘"。但儒者多鲁人，历来为此事辩护者多。本篇或出于齐人之手，故所言较公正，今据本文。

3 王夫之云：此言"郊也"指郊礼；言"禹也""契也"，指禘礼。禹契是夏杞与殷宋之人的始祖。

今译

孔子说：真是可悲啊！我考察周代的制度，自厉王、幽王以来差不多全破坏了。目前，除了鲁国，几乎再也找不到了。然而，鲁国举行的郊天禘祖之礼，亦是极不适当的。想起制礼的周公后裔竟做出这些事来，更显见周道衰微了！杞国人之郊天祭禹和宋国人的郊天祭契，那都是天子分内事。因为天子才可以祭天地，而诸侯只许祭祀自己国土内的社稷之神。

祝嘏莫敢易其常古，是谓大假[1]。祝嘏辞说，藏于宗祝巫史，非礼也，是谓幽国[2]。醆斝及尸君，非礼也，是谓僭君[3]。冕弁兵革藏于私家，非礼也，是谓胁君。大夫具官，祭器不假[4]，声乐皆具，非礼也，是谓乱国。故仕于公曰臣，仕于家曰仆。三年之丧，与新有昏者，期不使[5]。以衰裳入朝，与家仆杂居齐齿，非礼也，是谓君与臣同国。故天子有田以处其子孙，诸侯有国以处其子孙，大夫有采以处其子孙，是谓制度。故天子适诸侯，必舍其祖庙，而不以礼籍入[6]，是谓天子坏法乱纪。诸侯非问疾吊丧而入诸臣之家，是谓君臣为谑。

今注

1 自这一节以下，前人皆视为孔子杂评诸多失礼之事，故而长叹"呜呼哀哉"。大假，《孔子家语》写作"大嘉"。按：《大雅·假乐》之诗，《中庸》引作"嘉乐"，是嘉假通用。旧说或以"假"为"大"，或以"假"为"至"，或以"假"为"福""乐"。今从后者。

2 幽国，谓幽暗不明之国。因祝嘏辞说本是主人和神明互相说话，倘由祝史等人代笔，则是不诚不敬。孝文帝云："吾闻祠官祝釐，皆归福朕躬，不为百姓，朕甚愧之。"（见《史记·孝文本纪》）盖有同感。

3 郑玄说：戤斝都是先代王者用的酒器，极为贵重。后代诸侯竟用以献尸，大是僭拟天子了。

4 具官，指各种执事皆备。祭器不假，此言没有田禄的大夫，大抵是"支子"，本不该制备祭器，用时须向宗子假借。

5 此二语倘非他处错简在此，当为下文"以衰裳入朝"及"与家仆杂居齐齿"的旁注。因为父母之丧，三年不从政，故不得以衰裳入朝。新有婚者期不使，故不得与家仆杂居齐齿。齐齿，就是没上没下。

6 礼籍，指太史所执掌的典章礼簿，记载其国忌讳恶者。

今译

祝词嘏词皆有一定程式而不敢更改其古制例程，这称为"大嘉"。至于祝词嘏词不藏于宗庙而藏于宗祝巫史之家，这便失礼了，这可叫作暗昧之国。玉盏玉斝，都是先王的重器，诸侯用以献尸，这亦失礼，可叫作僭拟王者。冕弁是国君的礼服，兵革是国君的武卫，倘藏于大夫之家，亦是不合礼的，可叫作威胁主上。没有封地的大夫竟用许多执事官员，祭器且能自备，又有全套声乐，这亦是不合礼的，叫作败乱之国。为国君服务的叫作"臣"，为大夫服务的叫作"仆"。遇到父母之丧，要停职三年，倘是新婚，则给假一年。若使在那期间，披麻戴孝进入公庭，或是仍和家仆杂居一起，不分长幼，这亦是失礼的，那就像公庭就是他的家，可叫作君臣共国了。所以天子有田，诸侯有国，大夫有采邑以安置其子孙，这叫作制度。所以天子到诸侯的国内必止舍于诸侯的祖庙，但于止舍时必依礼典的规定而进入，如其不然，则是天子坏法乱纪。诸侯倘非问疾吊丧，不可胡乱到诸臣家里，如其不然，则是君臣相戏。

是故，礼者君之大柄也，所以别嫌明微，傧鬼神[1]，考制度，别仁义[2]，所以治政安君也。故政不正，则君位危。君位危，则大臣倍，小臣窃[3]。刑肃而俗敝，则法无常。法无常，而礼无列[4]。礼无列，则士不事也。刑肃而俗敝，则民弗归也，是谓疵国。

今注

1　傧，接待宾客。

2　亲其所亲为仁，尊其所尊为义。此言人与人的关系中有亲有尊，皆形见于礼。

3　大臣倍，倍是背叛。小臣窃，窃是盗取。

4　法无常，是朝令夕改。礼无列，是秩序紊乱。

今译

由是说来，礼应为元首所执以治国的把柄。有了它才能判别是非，洞察幽隐。有了它才能接待神祇，孝敬祖先。有了它才能划分等级，规定程式。有了它才能建立伦常，区别尊亲。总之，礼是用来经理政事巩固君权的东西。所以，政事施行不得其道，则君权亦发生动摇了。君权发生了动摇，则大臣们将背叛，小臣们将乘机偷窃。到那时，尽管有严刑峻法来管束他们，然而他们反将利用刑罚的缝隙来取巧作恶，形成了整个贪婪无耻的风气。因为法令顾此失彼，所以要时时变更。法令时时变更，则礼节便亦随着纷乱。礼节纷乱则士大夫将无所措手足，更加以刑罚严急，风气败坏，则人民皆离心离德了。这样的国，可叫作病疵之国。

故政者君之所以藏身也。是故夫政：必本于天，殽以降命¹。命降于社之谓殽地²，降于祖庙之谓仁义³，降于山川之谓兴作⁴，降于五祀之谓制度⁵。此圣人所以藏身之固也。故圣人参于天地，并于鬼神，以治政也。处其所存，礼之序也⁶；玩其所乐，民之治也。故天生时而地生财，人其父生而师教之，四者，君以正用之，故君者立于无过之地也。

今注

1　殽以降命，仿效自然以制礼。

2　孔颖达云：指其神，谓之社；指其形，谓之地。降于社，亦即赋形于地，地有高下的差等，故殽地亦即言礼有差等。

3　祖庙中有亲尊的差等，父母为亲，然而不尊；太祖高祖甚尊，但以年世久远，于己不亲。亲出于“仁”而尊以“义”立。故祖庙之礼含有仁义。

4　兴作，就是建设，为生活资源所在。

5　五祀，为宫室之神，五时所祀者不同，乃生制度。

6　存，体察。

今译

政治行为是一国元首托身之处，而元首的人格表现亦即是那政治的表现。所以，政治的原理必本于天理，仿效那天理来制定律法。律法的条理应用于地上，这叫作效用；应用于祖庙中，叫作仁义；应用于山川，叫作建设；应用于顺时周运，叫作制度。条理愈清楚而缜密，则元首所托身的地位便愈稳固。因此，圣人合同天地而为三，与鬼神并立而为两，以管理众人之事。处理其体察之所得者，则是礼的秩序。鼓励其期望所及者，则是人民的幸福。所以天上有四时，地上有资财，而人的身体发肤受之于父母，但其智识才能则得自老师。上有天时，下有地利，既有其身，又有其智，做元首的不过是结合此四者使其运用得当而已。所以做元首的，应站在最适当的地位，顺天时地利人情以化成天下。

故君者所明也[1]，非明人者也。君者所养也，非养人者也。君者所事也，非事人者也[2]。故君明人则有过，养人则不足，事人则失位。故百姓则君以自治也，养君以自安也，事君以自显也。故礼达而分定，人皆爱其死而患其生[3]。故用人之知去其诈，用人之勇去其怒，用人之仁去其贪。故国有患，君死社稷谓之义，大夫死宗庙谓之变[4]。故圣人耐以天下为一家，以中国为一人者，非意之也，必知其情，辟于其义，明于其利，达于其患，然后能为之。

今注

1　明，郑玄说是"尊崇"的意思。陈澔云：上下文之"明"，皆当作"则"字，是"取则""仿效"的意思。今从后说。

2　事，服役。

3　旧说皆照字面直解，迂曲而不通。今按：爱，是"吝惜"的意思；"患其生"之"患"字，本当作"串"，串即"贯"字，"贯""惯"古通用。

4　变，郑玄读为"辩"，"辩"是正当的意思。

今译

所以作为国君，必须为人人所仰慕仿效，而不是仰慕仿效别人；必须为人人所乐意供养，而不是供养别人；必须为人人所甘心服侍，而不是服侍别人。如果国君仿效别人，就不免有所偏差；供养别人，则不免有所不足；服侍别人，则要失去自己的地位。反之，百姓则要仿效国君来改善自己的行为，供养国君来安定自己的生活，服侍国君来显扬自己的身份。像这样的礼，普及于天下而天下人皆明白自己的职分，使得社会组织完整，人人生活安定，因而人们将习惯于安定幸福的生活而吝惜其死亡。国君要重用人们的智慧，但必须摒弃其诈伪的成分；重用人们的勇气，但必须摒弃其感情冲动；重用人们的仁心，但必须摒弃其贪婪的成分。国家有了外患，国君必与其国土共存亡，这是理所当然；而分掌国家政事的大夫们，为其责任而死，亦是应该的。所以老话说：圣人能把天下当作自己的家，把天下人看作自己一样，并不是主观臆想，而是凭着了解人情，洞晓义理，明白人利，熟知人患，才能做到这个地步。

何谓人情[1]？喜怒哀惧爱恶欲，七者，弗学而能。何谓人义？父慈，子孝，兄良，弟弟，夫义，妇听[2]，长惠，幼顺，君仁，臣忠，十者，谓之人义。讲信修睦，谓之人利。争夺相杀，谓之人患。故圣人所以治人七情，修十义，讲信修睦，尚辞让，去争夺，舍礼何以治之？饮食男女，人之大欲存焉。死亡贫苦，人之大恶存焉。故欲恶者，心之大端也。人藏其心，不可测度也，美恶皆在其心不见其色也，欲一以穷之，舍礼何以哉？

今注

1　自"何谓人情"至"舍礼何以治之"，盖申言前文"知其情，辟其义，明其利，达其患"。

2　听，是"服从"的意思。《左传·昭公二十六年》云"君令臣恭父慈子孝兄爱弟敬夫和妻柔姑慈妇听"，与此大体相同。

今译

要说什么是人情？喜怒哀惧爱恶欲，这七种不学就会的感情，统称人情。要说什么是人义？为父须慈，为子须孝，为兄须良，为弟须悌，为夫者须义，为妇者须服从，为长者须体恤下情，为幼者须听从教训，加以为君须仁，为臣必忠，这十种便是人义。

此外，彼此讲究信用，维持和睦，这叫作人利。至于彼此争夺相杀，则是人患。所以，圣人要协调七情，建立十义，讲信修睦，崇尚谦让，摒弃争夺。要达到这些目的，除开礼教还有什么更好的方法呢？饮食男女之事，是人类最基本的欲望；而死亡贫苦，则又是人类最害怕的事体。前者是人所极力追求的，后者是人所极力避免的，这种爱好与嫌恶，可说是心理上两大强烈的志向。然而人们为着种种原因而隐藏其志向，使别人无从捉摸；爱好和嫌恶皆密藏在心里而不表现于形貌上，现在要使它整个表露出来，好像除了用礼亦没有更好的方法了。

故人者，其天地之德，阴阳之交，鬼神之会，五行之秀气也[1]。故天秉阳，垂日星；地秉阴，窍于山川[2]。播五行于四时，和而后月生也[3]。是以三五而盈，三五而阙。五行之动，迭相竭也[4]。五行四时十二月，还相为本也。五声六律十二管，还相为宫也。五味六和十二食，还相为质也[5]。五色六章十二衣[6]，还相为质也。故人者，天地之心也，五行之端也，食味别声被色而生者也。

今注

1　五行之秀气也，按《孔子家语·礼运》，此句无"气也"二字。《文心雕龙·原道》引，亦无"气"字。五行，金木水火土。此言物体的构造具有五种元素。秀，是最杰出的。

2　窍，郑玄说是"孔穴"，但《孔子家语》此字作"载"。

3　和而后月生也，据郑注，"和"字之上当脱一"气"字。气和而后月生，"气"指节气中气。五日为一"候"，三候为一"气"。一气为三个五日。下文云"三五而盈，三五而阙"。节气和乃见初月，中气和乃见满月。

4　竭，郑玄说是互相负戴。王念孙云："竭"借作"揭"字，犹如春之为木而负戴有水，夏之为火而负戴有木。亦即五行的交替，是渐进的。木已生长而水犹未消灭，须至木最旺之时，水始全消。但水始消而火又从而生长。故火虽已长而木犹未消，直至火最旺之时，木始全消，但同时土又随而生长。其余皆如此类推，是为"相揭"的关系。

5　江永云：此"质"字与下文重复，《五经算术》引此作"滑"字。王引之云：滑为六和之一。此言"旋相为滑"，犹上文之"还相为宫"，宫为五音之一。孔颖达云：酸苦辛咸，益以滑甘，是为六和。今按：倘以此为"六和"，则不免与"五味"重复。姑存其说。

6　六章，郑玄云：天玄、地黄、春青、夏赤、秋白、冬黑，合称六章。今按：以此为"六章"，又不免与"五色"相重复。唯本篇所言，与《月令》之设计关系密切。《月令》即是分配五行五声五味五色于四时十二月，每时各有所主，但除十二月各应"十二律"之外，而"十二食""十二衣"皆无详细之记载。又，自正月"大蔟"迄于十二月"大吕"，其间兼用六律六吕，今此但言"六律"；又，章服所绘者，自日月星辰迄于粉米黼黻，其数亦为十二，今此亦但言"六章"，其意殊不可解。姑依旧说。

今译

所以，人是感于天地之德、阴阳二气交合、形体和精气结合、吸收五行之精华而生。所以，天持阳气，垂示日月星辰的光芒；地持阴气，借山河为孔穴而吞吐呼吸。五行分布于四季，四季顺序分明，日行循轨，月亮才会按时出现。每月有十五日，月亮由残缺而渐趋于圆满；另十五日又由圆满渐趋于残缺。五行的运转，此去彼来，轮流为主。五行四季十二月，依次交替为本始。五声六律十二管，五味六和十二食，五色六章十二衣，亦须轮流为主。

所以说，人是天地的心灵，是由五行构成的万物之首，是一种会讲求口味、辨别声音、服用彩色的动物。

故圣人作则，必以天地为本，以阴阳为端，以四时为柄[1]，以日星为纪，月以为量[2]，鬼神以为徒，五行以为质，礼义以为器，人情以为田，四灵以为畜。以天地为本，故物可举也。以阴阳为端，故情可睹也。以四时为柄，故事可劝也。以日星为纪，故事可列也。月以为量，故功有艺也[3]。鬼神以为徒，故事有守也。五行以为质，故事可复也。礼义以为器，故事行有考也。人情以为田，故人以为奥也[4]。四灵以为畜，故饮食有由也。

今注

1　阴阳为端四时为柄，是以阴阳四时为总纲。

2　量，是区分。根据日躔星中以区别各个月份。

3　艺，胡邦衡说是"极"的意思，亦即程限。

4　郑玄云：奥是主。孔颖达云："人"指圣人。

今译

为着人本于自然而生，所以圣人之制作律法，必以天地为根据，阴阳为大端，四时为总纲，太阳和星的位置为规律，月份为分限，鬼神为伴侣，五行为性质，礼义为工具，人情为工作的对象，四灵为家畜。以天地为本，所以能包罗万物。以阴阳为端，所以相反的情形可见。以四时为柄，所以能随时作业。以日星为纪，所以凡事有条理。月以为量，所以工作有程限。鬼神以为徒，所以不敢失职。五行以为质，所以工作有轮替。礼义以为器，所以行为有标准。人情以为田，所以有主要的对象。四灵以为畜，所以饮食有所取财。

何谓四灵？麟凤龟龙，谓之四灵[1]。故龙以为畜，故鱼鲔不淰[2]。凤以为畜，故鸟不獝[3]。麟以为畜，故兽不狘[4]。龟以为畜，故人情不失[5]。故先王秉蓍龟，列祭祀，瘗缯[6]，宣祝嘏辞说，设制度，故国有礼，官有御，事有职[7]，礼有序。

今注

1 四灵，为诸类动物的代表。走兽类（毛）以麟为长，飞鸟类（羽）以凤为长，介壳类（介）以龟为长，鳞甲类（鳞）以龙为长。《月令》以此配于四时四方，可参阅。

2 鲔，鲟鱼之属。鱼鲔，此处泛指大鱼小鱼。淰，旧说为惊骇闪动的样子。郭嵩焘云：淰之本义为泥淖。此言不至潜伏泥淖之下。今从此说。

3 獝，惊骇乱飞的样子。

4 狘，惊骇窜走的样子。

5 此言龟可预卜而知人情。

6 郑玄说：瘗缯就是瘗帛以降神，为祭祀地祇之礼。按："缯"字，或写作"赠"，掩埋币帛以为赠。

7 御，执行。职，业务范围。

今译

什么叫作四灵？麟凤龟龙，这是毛类羽类介类鳞类诸动物的代表，叫作四灵。所以畜养了龙，则大鱼小鱼便有所统率而不入泥淖。同样的道理，畜养了凤与麟，则鸟兽亦不至于乱飞乱窜。畜养灵龟，可以预卜人情的真伪而不至错误。所以，先世王者秉着卜筮用的蓍龟，安排鬼神的祭祀，埋赠礼品，宣扬祝嘏辞说，订立制度，于是国有礼俗，官有执掌，事有范围，礼有秩序。

故先王患礼之不达于下也，故祭帝于郊，所以定天位也[1]，祀社于国，所以列地利也[2]，祖庙所以本仁也[3]，山川所以傧鬼神也[4]，五祀所以本事也。故宗祝在庙，三公在朝，三老在学。王，前巫而后史，卜筮瞽侑皆在左右[5]，王中心无为也，以守至正[6]。故礼行于郊而百神受职焉，礼行于社而百货可极焉[7]，礼行于祖庙而孝慈服焉，礼行于五祀而正法则焉。故自郊社祖庙山川五祀，义之修而礼之藏也。

今注

1　祀于南郊，定阳位也。此申释前文"天秉阳"之意。

2　地秉阴，载于山川，为物资所自出，故曰列地利。

3　"本仁"下当脱一"义"字。前文"降于祖庙之谓仁义"，下文"行于祖庙而孝慈服焉"，仁义孝慈并举，可证。"仁义"言亲及尊的关系差等，见前注。

4　傧鬼神，是以神道设教。明则有礼乐，可以匡导行为；幽则有鬼神，可以警惕人心。

5　瞽，指乐师。侑，是辅弼，主规谏。

6　正，即前文"以正用之"。

7　百货可极，是百物皆尽其用。

今译

先世王者忧虑到礼之不能普及于天下，所以祭祀上帝于南郊，明定天的阳位。阳为生命的源泉，定此阳位，则使人了解礼之本在于持续生命。次之，祭地于国，有土者皆有此祭，使人了解持续生命所需之物资的来源。次之，祖庙的祭祀是凭亲亲尊尊的原理，使人了解人伦关系所根据的事实。次之祭祀山川以接待鬼神，使人了解冥冥之中实有监察者在。次之祭祀门户井行中霤，使人了解生活项目及其制度。这一切皆以礼行之，所以宗祝在庙，三公在朝，三老在学，彼此分工合作，而王者跟前则有掌理神事的巫，背后则有记载人事的史，乐师和谏官分守左右，王者居中央不以感情用事，只保持其最纯正的态度为万民的模范。像这样，礼行于郊，则天上众神便会承担起各自的职责了；礼行于社，则所有地上的物资都得供献其可用的效能了；礼行于祖庙，则亲亲尊尊的关系都得竭其相爱的情谊了；礼行于五祀，则一切生活项目规则都得其正确的标准了。所以祭祀郊、社、祖庙、山川、五祀，要晓得这许多仪式所内含的意义，而礼就寄托在那意义上。

是故夫礼，必本于大一[1]，分而为天地，转而为阴阳，变而为四时，列而为鬼神。其降曰命，其官于天也[2]。夫礼必本于天，动而之地，列而之事，变而从时，协于分艺[3]，其居人也曰养[4]，其行之以货力、辞让：饮、食、冠、昏、丧、祭、射、御、朝、聘。

今注

1　旧说"大一"为天地未分以前之元气。今按：本篇前后皆言"礼本于天"，或礼以天地为本，此处复于天地之上增入"大一"，则为其形而上的原理。此原理之运用，有"分""转""变""列"等不同，而亦现为"天地""阴阳""四时""鬼神"等不同的事体。

2　其官于天也，郑玄说：官是效法。谓其所降者（曰命）是效法于天。

3　分艺，分际的意思。

4　郑玄说："养"字当为"义"。"义"属于理性的知解行为。《荀子·礼论》以礼为"养"，养是供给人类生活。今依前说。

今译

因此，礼必定源出于太一，太一一分为二，在上者为天，在下者为地，天又转变为阳，地又转变为阴，阳气转变为春夏，阴气转变为秋冬。于是有了四季，于是有了鬼神。圣人制礼，都据此来颁发政令，这是取法于天的。礼一定源出于太一和天，其次效法于地，其次效法五祀，其次效法四时，而且合乎每月行令的规则。礼在人事上也叫作义，具体表现为财货与劳力、恭敬与谦让。这精神和物质的条件并用于饮礼、食礼、冠礼、婚礼、丧礼、祭礼、射礼、御礼，以及朝觐、聘问等行为上。

故礼义也者，人之大端也，所以讲信修睦而固人之肌肤之会、筋骸之束也[1]。所以养生送死事鬼神之大端也[2]。所以达天道顺人情之大窦也[3]。故唯圣人为知礼之不可以已也[4]，故坏国、丧家、亡人，必先去其礼。故礼之于人也，犹酒之有蘖也[5]，君子以厚，小人以薄。故圣王修义之柄、礼之序，以治人情。故人情者，圣王之田也。修礼以耕之，陈义以种之，讲学以耨之，本仁以聚之[6]，播乐以安之[7]。

今注

1　"肌肤之会""筋骸之束"都是譬喻语，说明人类社会的关系全靠有礼来维系，始不至于散乱。

2　养生、送死、事鬼神，是人类生活行为之三大项目。

3　窦，孔穴，用以疏通者。

4　已，废止。

5　蘖，酒曲，此言有礼能使人情醇厚。

6　礼出于理性的行为，严肃而讲究秩序，故须本于爱心以联络，使不至于离异。

7　依据后文此句之下似脱"明顺以达之"。

今译

所谓"礼义"者，是人之所以为"人"之最基本的特征。人类就靠有礼义然后能讲信修睦，使君臣父子长幼贤愚诸色人等能团结在一起生活着，如"肌肤之会""筋骸之束"一样。人们把礼作为养生送死和敬事鬼神的头等大事，把礼作为贯彻天理、理顺人情的重要渠道。所以，唯有圣人知道礼是不可废止的。至于坏国、破家、身败名裂的人，则是由于他们先毁灭了礼。因此，还可以说：礼之于人，就像酿酒用的曲糵。君子求其醇厚，当然要加意于礼；小人薄劣，则不讲礼了。所以，古代圣王要认清理性的根本、礼仪的秩序，用以培育人情。因此，"人情"有如圣王所耕种的土地，用礼为工具以耕之，用义理为种子以种之，用讲解教学以耨之，用仁爱为动机以联络之，用美乐的活动使人人能习惯于理性的行为。

故礼也者，义之实也。协诸义而协，则礼虽先王未之有，可以义起也。义者艺之分[1]，仁之节也[2]。协于艺，讲于仁，得之者强。仁者，义之本也，顺之体也，得之者尊。故治国不以礼，犹无耜而耕也。为礼不本于义，犹耕而弗种也。为义而不讲之以学，犹种而弗耨也。讲之于学而不合之以仁，犹耨而弗获也。合之以仁而不安之以乐，犹获而弗食也。安之以乐而不达于顺，犹食而弗肥也[3]。

今注

1　郑玄云：艺，犹"才"字的意思，指天生的才能。

2　节，亲疏厚薄的节次。儒者言爱有差等，故并言"仁之节"，"仁有数"（见《表记》）。

3　顺，为行礼之终极。犹，不仅使人习惯于理性的行为，甚至能做到"随心所欲而不逾矩"的地步。

今译

所以礼者，可说是理性的果实。凡是比照理性的法则而与之相契合的行为方式，虽则那种方式在前世还没有，但亦可以依据理性的法则来创造。理性是人类天赋的才分，讲究仁心的节次，能做到这个地步的，便无人能与之抗争。至于仁心，一面是理性的根据地，一面又是顺达天理人情的具体表现，能做到这个地步的，则无人不敬服。所以，统治国家而不用礼，就像没有农具而耕田。制礼而不含有意义，就像耕了田而没有播种。虽含有意义而不常加以说明，就像播了种而不去耨草。虽说明其意义而不合于仁爱，就像耨过草而不去收获。合以仁爱而没有置酒备乐犒劳农夫，就像收成了而不去享受其成果。做到了置酒备乐犒劳农夫而不能表现得娴熟自然，则又像享受成果还得不到健康。

四体既正，肤革充盈，人之肥也[1]。父子笃，兄弟睦，夫妇和，家之肥也。大臣法，小臣廉[2]，官职相序，君臣相正[3]，国之肥也。天子以德为车，以乐为御[4]。诸侯以礼相与，大夫以法相序，士以信相考[5]，百姓以睦相守，天下之肥也。是谓大顺。大顺者，所以养生送死事鬼神之常也。故事大积焉而不苑[6]，并行而不缪，细行而不失。深而通，茂而有间。连而不相及也，动而不相害也，此顺之至也。故明于顺，然后能守危也[7]。

今注

1　人之肥，犹言一身之肥。

2　廉，方直。

3　相正，互相勉励匡导。

4　御，推行者。此言以"乐"推行德政。

5　考，成效。成效之有无必信。

6　苑，郁滞。

7　危，许慎云：在高而惧。

今译

　　四肢既已正常而皮肤又复丰满，这是个健康的身体。父子亲厚，兄弟和睦，夫妇相爱，这是个健康的家庭。大官们奉公守法，小官们方正廉洁，百官各守其职而又分工合作，君臣能互相勉励匡正，这是个健康的国度。天子以其德行为车，以音乐为驾车者。诸侯之间皆以礼让相交往，大夫们按照法度排列次序，士人们以信用讲成效，百姓们以睦邻为原则共生活，这是个健康的世界。这可称为大顺。大顺才是养生、送死、事鬼神的正常道理。因此，虽万事丛叠亦不至于郁滞，两事并行亦不至于彼此互错，而微末的小事亦不至于有闪失。尽管深奥，却都可以通而达之；尽管茂密，却都可以找出条理。既互相关联又彼此独立，循规运动而不互相排斥。这才是顺之极致。所以了解"顺"的意义，然后能守高位而不恐惧。

　　故礼之不同也，不丰也，不杀也，所以持情而合危也[1]。故圣王所以顺，山者不使居川，不使渚者居中原，而弗敝也[2]。用水火金木，饮食必时[3]。合男女，颁爵位，必当年德[4]。用民必顺。故无水旱昆虫之灾，民无凶饥妖孽之疾[5]。故天不爱其道，地不爱其宝，人不爱其情[6]。故天降膏露，地出醴泉，山出器车，河出马图，凤凰麒麟皆在郊棷[7]，龟龙在宫沼；其余鸟兽之卵胎，皆可俯而窥也。则是无故，先王能修礼以达义，体信以达顺故，此顺之实也。

今注

1 不同、不丰、不杀，皆依天理人情而定制，故可维持其情而安其危。

2 敝，劳困。

3 用水火木金，饮食必时，此为五行家之遗说，其详见于《管子·幼官》。《月令》犹存其端绪。

4 年德，年龄相当可合男女，德行相称可颁爵位。

5 衣服歌谣草木之怪曰"妖"，禽兽虫蝗之怪曰"孽"。其详见于《汉书·五行志》。

6 以上三"爱"字皆作"吝惜"讲。

7 椒，借作"薮"，指湖泊地带。

今译

礼的最大特点就是讲究区别，该少的不能增加，该多的不能减少，只有这样，才能维系人情，和合上下，而各安其位。因此，先代王者之制礼，必据于地利、天时、人情。据于地利，所以不使居于河川地带的人过着山地的生活，亦不使居住山地的人过着河川地带的生活，唯其如此，才不致使人们的生活感到困难。再据以天时来说：春夏秋冬，使用的水、火、木料和金属，皆有不同；而饮食的品物和口味，亦皆自有别异。再就人情来讲，男大当婚，女大当嫁；有功者赏以爵，贤能者居以位。所以年龄与德行，又是合和男女、安置人才的条件。因为用人能顺应于地利天时人情的条件，自然会凡事顺利，不至于发生水旱昆虫之灾、凶饥妖孽之疾。因此，天不爱惜其道，地不爱惜其宝，人不爱惜其智能了。于是，天降甘露，地出醴泉，山地里时常出宝器和车辆，河水中竟发现龙马驮来河图洛书等神秘的东西。而且凤凰来仪，麒麟亦在郊野，龟供奉在宫里，龙豢养在池中。至于其他的鸟兽亦与人类平安相处，它们的卵和胎，到处都可让人俯瞰。像这样的世界，难道还有别的原因？只是由于先王能修礼以表达天理人情，又极忠实地表达其顺应天理人情。而太平盛世亦即是顺应天理人情的结果罢了。

第十　礼器

　　方悫云："形而上者谓之道，形而下者谓之器。道运而无名，器运而有迹。《礼运》言道之运，《礼器》言器之用。"依此而言，本篇似与《礼运》相表里。但前人亦有疑本篇与《礼运》《郊特牲》三篇，实为一篇者（见邵懿辰《礼经通论》，俞樾《群经平义》）。但今以三篇内容比较观之，《礼运》《郊特牲》皆杂有若干阴阳五行家说，而本篇虽亦引述《礼运》中言语，然与阴阳五行说相去甚远。孙希旦谓："本篇以忠信义理言礼，而归重于忠信；以内心外心言礼之文，而归重于内心。"可见本篇根据心理以解说礼文，与《礼运》根据天理解说礼文者异趣，殊不能合之为一。抑且本篇既引述《礼运》《郊特牲》之文，则其写作时代又当在后，不能与之同时而语。

　　礼器是故大备[1]。大备盛德也。礼释回[2]，增美质。措则正，施则行。其在人也，如竹箭之有筠也[3]，如松柏之有心也。二者居天下之大端矣[4]。故贯四时而不改柯易叶。故君子有礼，则外谐而内无怨[5]。故物无不怀仁，鬼神飨德。

今注

　　1　旧说：此承前篇"修礼以耕之"至"人之肥也"一节而言

礼之作用完备，故曰大备。实则本篇以此句发端而上无所承，当由于简策脱佚。

2　释回，解除邪恶。

3　筲，是竹之青皮。

4　二者，指竹、松。松，内有心，实即"年轮"；竹，外有皮。内外具备，是天下万物所同，故曰大端。

5　旧说内外是指远属和内亲。今按上文，"外"是对人，"内"是对己，这样文义比较连贯。

今译

礼的功用于是完备。功用完备即是德行之最高表现了。礼可以解除邪恶，增进美质。安置起来则稳当，施用起来则圆通。礼之在于人身，犹如竹箭之有青皮、松柏之有圆心。外表和内心，是天下万物的大本。大本既佳，所以历经寒暑，终不改其挺直的枝柯和茂盛的叶子。如果君子有礼，恰亦如是，外既和善，而内无怨恨。因此不但没有人不怀念他的仁慈，即冥冥中，亦在欣赏他的德行。

先王之立礼也，有本有文。忠信，礼之本也；义理，礼之文也。无本不立，无文不行。礼也者，合于天时，设于地财[1]，顺于鬼神，合于人心，理万物者也[2]。是故天时有生也，地理有宜也，人官有能也，物曲有利也[3]。故天不生，地不养，君子不以为礼，鬼神弗飨也。居山以鱼鳖为礼，居泽以鹿豕为礼，君子谓之不知礼。故必举其定国之数[4]，以为礼之大经，礼之大伦。以地广狭，礼之薄厚，与年之上下[5]。是故年虽大杀，众不匡惧[6]。则上之制礼也节矣。

今注

1　王念孙云："设"亦是"合"的意思。

2　王引之云："理"亦是"顺"的意思。

3　人官，指人体五官。物曲，指物之效用。

4　应镛云：定国，犹言"立国"。数，指隆杀之数。如公侯伯子男，其立国或百里七十里五十里（见《王制》）之类。

5　与年之上下，王引之云："与"字即"以"字。其读法当为："故必举其定国之数，以为礼之大经，礼之大伦。以地广狭，礼之薄厚，与年之上下。"方苞云："上下"二字是动词，其上"之"字是衍文，"礼之薄厚与年上下"，意谓礼之薄厚要随年成之好坏而定。但此说使"地之广狭"一语成为赘疣，兹故依前说。

6　匡，亦写作"恇"，恇惧，亦即害怕的意思。

今译

先王所定立的礼，自有其精神基础和形式原则。忠信为礼之精神基础；义理，则是形式原则。如果没有精神基础，则礼不能成立；如果没有形式原则，则礼亦无从实行。再从礼文的实质来看，它是合于天时、设于地财、顺于鬼神、合于人心、理于万物的。唯其如此，所以能因天时而生生不已，因地利而各适其所宜，因人体五官各有其所能，因物宜而各具其效用。因此，凡是天时所不生的、地上所不长的，君子则不用之以为礼，亦不为鬼神所欲享用。例如居山的人用山上所不生长的鱼鳖为礼，或是水滨的人用水滨所不生长的鹿豕为礼，君子都以为"不知礼"。所以礼之原则，必须以其立国的情形为标准。礼之大体，要看其国土之大小而定；礼之厚薄，要看年成的好坏而定。所以遇到十分凶损的年成，而众亦不用担心，因为他们相信在上者之制礼是有分寸的。

礼，时为大，顺次之，体次之，宜次之，称次之。尧授舜，舜授禹。汤放桀，武王伐纣。时也。《诗》云：匪革其犹，聿追来孝[1]。天地之祭，宗庙之事，父子之道，君臣之义，伦也[2]。社稷山川之事，鬼神之祭，体也。丧祭之用，宾客之交，义也[3]。羔豚而祭，百官皆足[4]；大牢而祭，不必有余，此之谓称也。诸侯以龟为宝，以圭为瑞。家不宝龟，不藏圭，不台门[5]，言有称也。

今注

1 《大雅·文王有声》之诗。革，急。犹，谋略。聿追来孝，要追求前烈而勤行孝道。

2 伦，伦理，即上文所谓"顺"。

3 义，即上文所谓"宜"。

4 羔豚而祭，《王制》云："大夫士宗庙之祭，有田则祭，无田则荐。"郑玄云：大夫荐用羔，士荐用豚。按：此指小规模之祭。百官，指祭祀时的诸执事。皆足，谓分配牲体，各有所得。

5 台门，是大门外筑土为台，或谓之"阙"，或谓之"观"。天子诸侯之门，始有之，大夫则无。

今译

制礼之要点，最重大者是根据时代环境，其次是伦理分际，再其次是所祭的对象，再其次是要合于事宜，再其次是要与身份相称。例如尧传位给舜，舜传位给禹，那是禅让的时代。殷汤赶走夏桀，周武王讨伐商纣，那是革命的时代。《文王有声》之诗有言：并非为着急切施展自己的谋略，而是为着追承前世的勋业来显示自己的孝心。因此时代不同，而礼制亦不同。至于天地之祭、宗庙之事、父子之道、君臣之义，则有关于尊敬天地祖先，其中含有尊卑长幼、父子君臣的伦理作用，属于"顺"的。至于社稷山川以及众鬼神的祭祀，因其对象不同，祭亦异等，但要各得其体。再如丧事和祭祀的开支，宾客交际的费用，要合于事宜，这是属于"宜"的。再如小至一羔一豚的祭祀，而参与执事的人们，所分享的不至于落空；大到三牲的祭祀，亦不见得有多余，这是恰当的分配。再如诸侯阶级有宝龟、瑞圭，而大夫们则不能有宝龟、瑞圭，也不能像天子、诸侯那样筑起台门，这亦都是适合身份的。

礼，有以多为贵者：天子七庙，诸侯五，大夫三，士一。天子之豆二十有六，诸公十有六，诸侯十有二，上大夫八，下大夫六。诸侯七介七牢[1]，大夫五介五牢。天子之席五重，诸侯之席三重，大夫再重。天子崩七月而葬，五重八翣[2]；诸侯五月而葬，三重六翣；大夫三月而葬，再重四翣。此以多为贵也。

今注

1　介，指诸侯出聘，代为传话的随从副官。牢，是所在国的国君招待来宾的肴馔。

2　郑玄说此处"重"字指"抗木"与"茵"。"茵"是棺材下面垫的草荐。"抗木"是架设在棺材上面的木。每层三根横木两根直木，用以承当泥土。翣，是障扇。出殡时用以屏障柩车，入土时用以屏障棺椁。

今译

礼仪有的以多为贵。例如天子的祖庙有七所，诸侯只有五所，大夫三所，士一所。又，天子饭食有二十六道菜，公爵十六道，诸侯十二道，上大夫八道，下大夫六道。又，诸侯出门，有七个副官先行传话，其招待来宾有七席荤菜。大夫只有五个副官五席荤菜。又，天子的座席有五重，诸侯三重，大夫两重。又，天子崩，七月而葬，茵席抗木各有五层，障扇有八重。诸侯五月而葬，三重六翣。大夫三月而葬，两重四翣。看这规定，就知道礼仪有的是以多为贵。

有以少为贵者：天子无介[1]。祭天特牲。天子适诸侯，诸侯膳以犊[2]。诸侯相朝，灌用郁鬯，无笾豆之荐[3]。大夫聘礼以脯醢。天子一食[4]，诸侯再，大夫士三，食力无数[5]。大路繁缨一就[6]，次路繁缨七就。圭璋特，琥璜爵[7]。鬼神之祭单席。诸侯视朝，大夫特，士旅之。此以少为贵也。

今注

1　天子为天下所共主，到处都以他为主人。他既非宾客，所以出门亦用不着传话的副官。

2　膳，供应膳食。《郊特牲》云："诸侯膳用犊，……贵诚之义也。"盖彼处以犊为童牛；而此处则以"贵少"为义，谓诸侯所供不能丰盛过于天子之飨客。

3　郁鬯，见前注。灌，奉觞酒。诸侯相聘问，在敬客时亦用此种有香味之酒。脯在笾中，醢在豆中。此言以少为贵，故不用笾豆所盛的脯醢等物。

4　孔颖达云，一食即一餐。

5　食力，以劳力换取衣食之人。无数，每天要吃无数顿饭。

6　繁，古音读如"盘"。繁缨，即盘在马项上的缨。就，读如"匝"，一匝即是一圈。下文"次路繁缨七就"，兹稽以《郊特牲》所载者，似有脱文讹字，当云："先路繁缨三就，次路繁缨五就。"

7　圭璋，贵重的玉器。不用他物陪衬，遂见独特。琥璜，稍劣于圭璋之玉。此言天子或诸侯酬宾时，以琥璜为币，则与爵俱进，不单独使用。

今译

礼仪亦有以少为贵的。例如诸侯出门有七个副官，而天子出门却不用一个副官。社稷之祭用三牲，而最大的郊祭却只用一牛。天子飨诸侯亦有三牲，而诸侯请天子吃饭，亦只用一条小牛犊。天子祭天不用郁鬯，但诸侯相朝聘，彼此互敬却用此酒，而不设脯醢等物，但是大夫相聘问，反而有脯醢之设。又如，天子进食，一饭告饱，诸侯两餐二饭，大夫士则皆三饭；至于劳动者，则可尽量地吃。又如，驾驶祭车的马，只有一圈马缨为饰，其他用车，却有五圈至于七圈的马缨为饰。又如，晋见大人物所献的贵重玉器，如圭璋，皆单独捧出；至于次等的，如琥璜，则以爵为配。又如，天子之席五重，诸侯三重，但祭祀更尊贵的神却只用一席。又如，诸侯临朝听政，大夫可以单独出席，而士人则须随众进退。诸如此类，又可见礼仪有的是以少为贵。

有以大为贵者：宫室之量，器皿之度，棺椁之厚，丘封之大。此以大为贵也。有以小为贵者：宗庙之祭，贵者献以爵，贱者献以散；尊者举觯，卑者举角[1]。五献之尊：门外缶，门内壶，君尊瓦甒[2]。此以小为贵也。有以高为贵者：天子之堂九尺，诸侯七尺，大夫五尺，士三尺。天子诸侯台门[3]，此以高为贵也。有以下为贵者：至敬不坛，扫地而祭。天子诸侯之尊废禁，大夫士棜禁[4]，此以下为贵也。

今注

1　郑玄云：一升曰爵，二升曰觚，三升曰觯，四升曰角，五升曰散。皆饮酒器，而"爵"之容量最小，"散"的容量最大。

2　五献，郑玄说是子爵男爵所行飨礼。郭嵩焘云：门外之缶，与"薮"同量，当十六升。旧说，壶大一石，小于缶。君尊，子男所用的酒樽。瓦瓸，容五斗。孙希旦云即《燕礼》所称之"瓦大"。

3　按天子诸侯"台门"，似无高低之分。此处于"天子"之下或脱"两观"二字。两观高于台门。天子设"两观"，诸侯只有"台门"。故鲁昭公设"两观"，而子家驹谓之非礼（见《公羊传·昭公二十五年》）。

4　禁，是承酒用的托盘，长四尺，广二尺四寸，有足，足高三寸。废禁，谓不用托盘。棜，即是"舆"。无足的"禁"如舆，故称棜禁。

今译

礼仪有的以大为贵，例如：宫室的规模、器皿的尺寸、棺椁的厚度、坟墓的范围等，都是愈贵者愈大。但是又有以小为贵的，例如：宗庙之祭，主人献尸则以小杯，而贱者为献（此礼不可考）则用大杯。尸入，举奠觯，亦是小杯；尸酢主人，则用角，角是大杯。至于子男饮宴，最大的酒缶却置于门外，较大的酒壶则置于门内，而主客互酬却用最小的酒壶。这些都是以小为贵。又有以高为贵的，例如：天子堂高九尺，诸侯七尺，大夫五尺，士人只有三尺。又，天子宫门外有两观，或称双阙，而诸侯门前只有个较低的门楼，这就是显得越高越贵。但又有以低为贵的，例如祭天燔柴，却于坛下扫地而祭。又如，天子诸侯的酒樽不用托盘，而大夫则用无足的托盘，上级比下级为低，这就是以低为贵了。

礼有以文为贵者：天子龙衮，诸侯黼，大夫黻，士玄衣纁裳[1]。天子之冕，朱绿藻十有二旒，诸侯九，上大夫七，下大夫五，士三。此以文为贵也。有以素为贵者：至敬无文，父党无容[2]，大圭不琢，大羹不和，大路素而越席，牺尊疏布鼏，樿杓[3]。此以素为贵也。

今注

1　此皆指礼服。士人的礼服没有文绣，上衣玄色，下裳纁色。纁，亦写作纁，浅绛色。

2　至敬无文，谓祭天之礼用大裘，无文绣。父党无容，王念孙云：党，是"所"的意思。容，指仪态。

3　棳，白理之木。枓，勺子。祭祀用勺，不加采缋。

今译

礼仪有以文采为贵的，例如：天子的礼服是彩绣的龙袍，诸侯则是黼衣，大夫则是黻衣，士人只有上玄下纁不加文绣的衣裳。又如，天子之冠，有朱绿五彩的组带，垂旒十二，诸侯只有九旒，上大夫七旒，下大夫五旒，士的阶级只有三旒。这是文饰愈多者愈贵。但又有以素为贵的，例如：祭天的礼服用大裘而无文饰。又如，在父亲的地方，不须装模作样。又如，最大的圭不加雕琢，大祭的羹汤不须调味，祭车没雕刻但铺以草席，牺尊只有粗布覆盖，而勺子则用本色之木，这又显得愈素愈贵了。

孔子曰：礼，不可不省也！礼不同，不丰，不杀，此之谓也。盖言称也。礼之以多为贵者，以其外心者也；德发扬，诩万物，大理物博[1]，如此，则得不以多为贵乎？故君子乐其发也。礼之以少为贵者，以其内心者也。德产之致也精微，观天下之物无可以称其德者[2]，如此，则得不以少为贵乎？是故君子慎其独也[3]。古之圣人，内之为尊，外之为乐，少之为贵，多之为美。是故先王之制礼也，不可多也，不可寡也，唯其称也。

今注

1　诩，普及。大理物博，谓其所统治的事物极为广泛。

2　称其德，谓配得上其德行。

3　独，指自己内心的虔诚。

今译

孔子说：礼，不可不加以深长思考啊！礼文有不可混同的，
不可以加的，不可以减的，有如上述的种种原则。其目的则是求
其相称。礼之以多为贵者，皆属于内心以外的排场。因为王者的
德行发扬光大而普及于万物，则其所统治的事物亦极为广博，像
这样贵为天子富有四海的人，其行礼排场安能不以多为贵？所以
君子乐其所表现于外者。相反，以少为贵者，则是属于内心的敬
意。因为天生万物，父祖生己身，故天下万物及己身所完成的功
业，没有一件配得上他们的大德。像这样，对崇高伟大者致敬，
又安能不以少为贵呢？外物既少，则只有一点虔敬之心。所以君
子特别注意自己内心的敬意。古代圣人在内心为虔诚，在外面为
欣悦。故，少有少的可贵，多有多的好处。因此，先世王者之制
礼，才有那不可以多，不可以少，但求其相称的原则。

是故，君子大牢而祭，谓之礼；匹士大牢而祭，谓之攘[1]。管
仲镂簋朱纮，山节藻棁[2]，君子以为滥矣。晏平仲祀其先人，豚肩
不掩豆[3]。浣衣濯冠以朝，君子以为隘矣。是故，君子之行礼也，
不可不慎也；众之纪也，纪散而众乱。孔子曰：我战则克，祭则
受福，盖得其道矣[4]。

今注

1　攘，盗窃。

2　簋，盛黍稷之器，其形内方外圆。镂簋，是刻镂花纹的
簋。纮，系冕的组带。山节，借作"栿"，亦称为"柎"，郑玄称
为"欂栌"，即今柱上的斗拱。此言斗拱上雕刻山形。棁，当作
"楶"，梁上的短柱。藻棁，画水草于棁上。《明堂位》："山节藻

棁……天子之庙饰也。"

3　豚肩，今日"猪蹄髈"。

4　盖得其道，此"道"指相称之道。"相称"由于忠信，以忠信之心作战，则无不胜；以忠信之心作祭，则实受其福。

今译

由于凡礼皆须配合身份，所以君子祭用太牢，不嫌其丰，而谓之礼。反之，匹士如果亦用太牢来祭，那就是盗窃的行为了。从前，齐国的宰相管仲，使用雕镂精美的祭器、朱红色的冕组，房屋的梁柱上皆镂绘着山和水藻，几乎与天子诸侯一样。尽管他有功于齐国，但君主仍说他是太过分了。与此相反，另一宰相晏平仲，他祭祀祖先，用的一块猪蹄髈，小到盖不满碗。每次参加朝会，只穿一套洗濯过多少次的旧衣旧帽。尽管他有功于齐国，然而君子仍说他太小气了。所以，君子的行礼，不可以不多多考虑。因为礼是大众生活的纲纪，如果纲纪散漫，则大众的生活行为亦跟着紊乱了。孔子说：我战则胜，祭则受福，即因懂得礼要相称的道理。

君子曰：祭祀不祈，不麾蚤[1]，不乐葆大，不善嘉事[2]，牲不及肥大，荐不美多品[3]。孔子曰：臧文仲安知礼! 夏父弗綦逆祀，而弗止也[4]。燔柴于奥，夫奥者，老妇之祭也[5]，盛于盆，尊于瓶。礼也者，犹体也。体不备，君子谓之不成人。设之不当，犹不备也。

今注

1　麾蚤，陆德明读为"huīzǎo"，郑玄说是"快早"的意思。

2　葆大，高大。嘉事，指冠婚之事。

3　牲不及肥者，因郊祭之牛茧栗，宗庙之牛角握。

4　臧文仲，即鲁庄公文公时代的贤大夫臧孙展。文公二年八月丁卯祭于太庙，依君位传承的次序，该把僖公的神主放在闵公神主之下，但当时的主人是文公，文公是僖公的儿子，执礼的宗伯夏父弗綦，为着讨好文公，乃以"新鬼大、故鬼小"为理由，硬把僖公的神主升在闵公之上。所以说它是"逆祀"。

5 奥，郑玄云：当为爨字，是炉灶。燔柴，是祭火神。

今译

君子曰：祭祀的本意不在于祈祷福报，不可随便赶先提早举行。仪式的规模不贪图高的大的，不可特别偏爱喜庆仪式，祭牲不必等到肥大，进献的物品亦不一定越多越好。孔子说：臧文仲并不是个懂礼的人！当时夏父弗綦把闵公僖公的神主位置颠倒了来祭，而他也不去制止。而且在灶上举行了燔柴之祭，还不知道灶上所供的是老妇之神，祭时只需用盆盛食品，用瓶装酒就够了。所谓"礼"者，就像人体一样。如果人体不完备，君子名之为不成人形的人；而礼安排得不妥当，就和身体不完备的人一样。

礼有大有小，有显有微。大者不可损，小者不可益，显者不可揜，微者不可大也。故经礼三百，曲礼三千¹，其致一也。未有入室而不由户者²。君子之于礼也，有所竭情尽慎，致其敬而诚若，有美而文而诚若³。君子之于礼也，有直而行也，有曲而杀也，有经而等也，有顺而讨也，有摲而播也，有推而进也，有放而文也，有放而不致也，有顺而摭也⁴。

今注

1 经礼，大体是指公共的秩序。曲礼指个人的行为规则。三百、三千，譬喻其多或少。

2 一，指忠信之"诚"，有"诚"然后可以言礼，犹如由户而入室一样。

3 诚，即在于"竭情尽慎"，亦即忠信之行。致其敬，是礼的内容；美而文，是礼的形式。

4 此一节总说形式所据的原则。直而行，"直"是无所考虑。如父母始死，哭踊无节。曲而杀，"曲"是以理性折服感情，如丧礼之有变服除服以及上杀下杀（参看《丧服小记》）。经而等，"经"是常道。常道是相同的，如三年之丧，自天子至于庶人无不同。顺而讨，是顺序减损，如天子十二月，公九，侯伯七，子男五之类。撙，芟除。撙而播，是取于上以推广于下，如祭之有馂，施及贱者（参看《祭统》）。推而进者，由推理而加重，如王者之后，得用天子之礼。放而文者，由仿效而益见其文，如天子之服，仿自日、月、星辰、山、龙、华虫、宗彝、藻、火、黼、黻等，以为极文。放而不致，有如诸侯以下章服皆不得如天子之完备。顺而撜，是顺序而有所取。如君薨，用高粱米汁沐发，大夫用稷而士又用高粱（参看《丧大记》）之类。按：以上九项之解说及举例，诸注解家略有不同，兹从郑注。

今译

礼有全国共行的大礼，亦有个人实行的小礼，有的仪式意义可以一目了然，有的不容易看出它的用意。然而大礼不可减，小礼亦不可增，显著的不可掩盖，隐微的亦不必揭出，必求相称，各合其分际。所以经礼三百，曲礼三千，二者虽大小多寡不同，但必以"忠信"为本，则是一样的。由忠信以行礼，正像入室必由门户。君子之行礼必有忠信，所以竭情尽慎。致其敬爱，要有这种诚意；完成外在的美好文饰，亦要有这种诚意。以仪式来讲，君子之于礼，有直接出于感情的流露，有经过理智裁抑的表示，有以平等为常道的，亦有循序而递降过的。有取于上而广布于下的，有推理而始增进的，有由模仿而增益其文的，亦有模仿不到的，有循序而摭取的种种情形。

三代之礼一也，民共由之。或素或青，夏造殷因[1]。周坐尸[2]，
诏侑武方[3]；其礼亦然，其道一也；夏立尸而卒祭；殷坐尸。周旅
酬六尸[4]，曾子曰：周礼其犹醵与[5]！

今注

1　古五德终始说，谓夏为木德，其时以青居上。殷为金德，
则以白色居上。周为火德，又以赤色居上。郑玄云：素尚白、青
尚黑。变白黑言素青者，始于秦二世时。夏造殷因，谓时代虽异，
礼则相因。

2　郑玄云：夏礼，尸有事乃坐；殷，尸无事犹坐。

3　武方，是"无常"。诏，是告语。侑，是劝食。

4　六尸，天子七庙，祫祭时，六庙之主合食于太祖之庙。庙
各有尸，共为七尸；此言六尸，谓太祖之尸向其余六尸劝酒。

5　醵，大家聚钱饮酒。

今译

夏殷周三个时代的礼，本质上是一样的，而为人民所共同履
行。形式上，或则以素为上或则以黑为上，各有所尚，夏代如此，
殷代亦复如此。周代的尸坐着，听任主人随便告语和劝请饮食。
三代的礼，差不多都是这样，各有不同，但都为着竭情尽慎的道
理。夏代祭礼，为尸者始终站至祭事完毕。殷代的尸，则坐着。
不过周代有旅酬六尸的仪式。曾子说，他们在太祖面前互相劝饮，
就像大伙儿凑份子钱在一块儿喝酒一样。

君子曰：礼之近人情者，非其至者也。郊血，大飨腥，三献
燔，一献孰[1]。是故，君子之于礼也，非作而致其情也，此有由始

也²。是故七介以相见也，不然则已悫³。三辞三让而至，不然则已蹙⁴。故鲁人将有事于上帝，必先有事于頖宫⁵。晋人将有事于河，必先有事于恶池⁶。齐人将有事于泰山，必先有事于配林⁷。三月系，七日戒，三日宿⁸，慎之至也。故礼有摈诏，乐有相步⁹，温之至也。

今注

1　郊血，祭天以牲血。大飨，祫祭先王，用生肉。三献，祭社稷。焖，亦写作"烊"，放在沸水中稍煮即提出来供神的肉。一献，指一些小规模的祭祀。孰，是烹调过的肴馔。此言，献给愈崇高的鬼神，其食品愈不是凡人所喜好的，《郊特牲》云："至敬不飨味而贵气臭也。"

2　作，发作，亦即感情冲动。有由，有所取法，亦即有传统的作用在。

3　悫，老实。

4　蹙，亦写作"戚"，匆促。

5　頖宫，亦写作"郊宫"，是郊外的学校。

6　恶池，即滹沱河。

7　配林，应劭云：在泰山西南五六里。

8　三月系，指祭牲，祭祀用的牛，必先系饲于涤场三月。七日戒，指主人祭前七日散斋。三日宿，宿是"肃"，指祭前三日，主人致斋，过着极虔诚而严肃的生活。

9　摈诏，是替主人和来宾司仪的人。相步，乐工的扶导者。

今译

从前的哲人曾经说道：接近人们常情的礼仪，还不是最崇高的礼。例如祭天用血，大祫祭用生肉，祭社稷用半生不熟的肉，到了小祭祀才用熟肉。熟食是近乎人情的，但不足以致其最崇高的敬意。因此，君子之对于礼，不是单凭冲动便表示其敬意，他多少要依循传统的习惯行事。所以两国的国君见面，必须有七个副官，一而再地传话，然后相见。要不然，就显得太鲁莽了。相见之时，彼此还要三请三邀，然后到府。要不然，就显得太匆促了。所以，鲁国人将要祭祀上帝，必先在郊外学校祭告后稷。晋国人将祭祀黄河，必先祭祀滹沱河。齐国人将祭于泰山，必先在配林地方举行祭礼。凡是大祭，必先养牲三个月，到了祭前七日便要开始散斋，进至祭前三日，还要摒除百念，使心理上有着祭祀的充分准备，然后举祭，这才是敬慎之至。行礼时必用司仪，举乐时必有扶导者，这才温厚从容之至。

礼也者，反本修古，不忘其初者也。故凶事不诏，朝事以乐[1]。醴酒之用，玄酒之尚。割刀之用，鸾刀之贵。莞簟之安，而稿鞂之设[2]。是故，先王之制礼也，必有主也[3]，故可述而多学也。

今注

1　此二句为"反本"举例。凶事，指丧事。丧事不待诏告而后哭，盖本于哀心使然。朝事，指朝廷聚会。本于欢乐，故配以音乐。

2　自"醴酒之用"至此句，皆言修古。王引之云："修"当为"循"。循古，即是遵从传统。例如醴酒可口，但祭时却用玄酒。割刀，即利刀。鸾刀，是祭祀用的古刀。稿鞂，就是草荐。

3　主，是主意。

今译

礼仪有时是为着迎合人之本心，有时是为着顺从传统，追念远古，不忘自己的祖宗。例如，凶丧之事，不必诏告，人们自然会哀痛；而朝廷聚会必举乐，人们自然欢乐。这是返本而做的。又如，甜酒很可口，是人们平常所饮，而大祭却用水；利刃很适用，而主人杀牲却要用古刀；细的席子很舒服，但祭时却用草垫。这些则都是为着循古而做的。由此看来，先王传下的礼仪，其中都含有深意，后人是可加以追述而学习的。

君子曰：无节于内者，观物弗之察矣[1]。欲察物而不由礼，弗之得矣。故作事不以礼，弗之敬矣。出言不以礼，弗之信矣。故曰：礼也者，物之致也[2]。是故，昔先王之制礼也，因其财物而致其义焉尔。故作大事，必顺天时，为朝夕必放于日月，为高必因丘陵，为下必因川泽。是故天时雨泽，君子达亹亹焉[3]。是故，昔先王，尚有德，尊有道，任有能。举贤而置之，聚众而誓之。是故因天事天，因地事地，因名山升中于天[4]，因吉土以飨帝于郊。升中于天，而凤凰降，龟龙假[5]。飨帝于郊，而风雨节，寒暑时。是故圣人南面而立，而天下大治。

今注

1　节，郑玄说是"经验"。有此物之经验，然后见此物乃能辨识。

2　致，极或准则的意思。

3　达，作"皆"字讲。亹亹，亦可写作"娓娓"，热心讲述。

4　中，篆书"册"字隶变为"中"。升册于天，谓天子封禅于泰山，以玉册告天。

5　假，读为"格"，至的意思。

今译

君子说：如果心里没有这种经验，则看到了东西亦不认识。要认识东西而不依循于礼，则其认识亦不会是正确的。因此，不依礼而做事，便不会竭情尽慎；不依礼来说话，则所说的亦未必是真话。所以说，礼这回事，是事物的准则。所以，古代先王之制礼，只不过因现有的生活行为现象而赋以意义而已。因而做大事，必依照现有的天时季节，如同划分早晚必须仿照太阳和月亮的运行，测量高度必凭丘陵情形，测量低度必凭河水湖泊的情形一样。因此，关于天时雨泽，有知识的人莫不娓娓讲述。亦因此，所以古代先王，推崇有德之士，尊敬有知识的人，任用有才能的人。推举杰出的人才而安置以职位，又集合大众而宣誓告诫。因此，又借天生之物以祭天；用地长之物以祭地；借名山，呈上金牒玉册而举行封禅之礼；借向阳的吉土以特牲飨帝于郊。升其玉册于天，是报告成功，于是凤凰下降，龟龙皆至。飨帝于郊，是祈请丰年，于是风调雨顺，寒暑得宜。所以圣人只需南面而立，而天下亦即太平了。

天道至教，圣人至德。庙堂之上，罍尊在阼，牺尊在西[1]。庙堂之下，县鼓在西，应鼓在东[2]。君在阼，夫人在房。大明生于东，月生于西[3]，此阴阳之分，夫妇之位也。君西酌牺象，夫人东酌罍尊，礼交动乎上，乐交应乎下，和之至也。

今注

1　罍尊，绘有云雷的酒樽。牺尊，依下文，此二字似当作"牺象"。牺亦写作"献"或"莎"。牺尊，绘有牛的酒樽。象尊，是绘有象的酒樽。但王肃云：牛形的酒樽为"牺尊"，象形的酒樽为"象尊"。

2　县鼓，大鼓。应鼓，是应鼙。

3　此言每月初见的芽月，出在西天。

今译

天道是礼教最高的法则，而圣人具有最高的德行。庙堂之上，罍尊陈设于阼阶，牺尊、象尊陈设于西阶。庙堂之下，大鼓在西，应鼓在东。国君站在阼阶上，夫人站在东房中。有如太阳出于东方，月亮始见于西方。在天是阴阳之分，在人则是夫妇之位。到了举祭时，国君由东边走向西边在牺尊、象尊中斟酒，夫人则在东边罍尊中斟酒；国君先献，夫人亚献；堂上交互着行礼，而堂下亦应和着奏乐。这可说是和谐之至。

礼也者，反其所自生；乐也者，乐其所自成[1]。是故先王之制礼也以节事，修乐以道志[2]。故观其礼乐，而治乱可知也。蘧伯玉曰：君子之人达[3]，故观其器，而知其工之巧；观其发，而知其人之知。故曰：君子慎其所以与人者。

今注

1 《乐记》云：功成作乐。

2 节事，“节”当如“无节于内”之“节”，是“符验”的意思，礼反其所自生，是为符合其传承的故事。道志，疏导心志。

3 达，是洞晓。观礼可以洞晓古意，听乐可以洞晓人心。

今译

制礼要回溯到原来创礼的本意，作乐则是娱悦其所以成功的心情。因此，先王制礼，是用以符验前事；修乐，则用以疏导人情。由于二者皆有其来历，所以观察其礼乐，便可以知其为治或乱了。卫国贤人蘧伯玉曾经说：君子之人都很明达，他们只要观察那器物，便能判定制作功夫的精巧；观察其表现，便能洞晓其人的智慧。因此，有修养的人莫不谨慎其所做给人看的。

大庙之内敬矣！君亲牵牲，大夫赞币而从[1]。君亲制祭，夫人荐盎[2]。君亲割牲，夫人荐酒。卿大夫从君，命妇从夫人。洞洞乎其敬也，属属乎其忠也，勿勿乎其欲其飨之也[3]。纳牲诏于庭，血毛诏于室，羹定诏于堂[4]，三诏皆不同位，盖道求而未之得也。设祭于堂，为祊乎外[5]，故曰：于彼乎？于此乎？一献质，三献文，五献察，七献神[6]。

今注

1 币，协助国君执币帛。

2 制祭，是杀牲后进血毛，制肝，洗于郁鬯酒中以供于神主。盎，指"盎齐"之酒。

3 洞洞乎，虔敬的样子。属属乎，忠诚的样子。勿勿乎，殷勤的样子。

4 纳牲，是君迎接牲牛进入庭中，用币告神，即上文"君亲牵牲大夫而从"。诏，即是告神。血毛诏于室，即上文所言"制祭"。羹定，亦写作"羹饪"，郑注《特牲馈食礼》云：肉谓之羹；饪，是"熟"的意思。此是"荐熟"。

5 祊，门外之祭，在门旁，故曰祊。

6 一献，祭小祀。三献，祭社稷五祀。五献，祭四望山川。七献，祭先公。

今译

太庙之内真是竭情尽慎了！君王亲自牵着祭牛，进至庭中，而大夫帮着捧制币告神。到了杀牲之后，君王又亲捧着毛血供祭于室中，而夫人献上盎齐之酒。君王亲自宰割牲体，夫人又献酒。在这行礼过程中，卿大夫随伴着君王，而国之命妇则随伴着夫人，大家既虔敬又忠诚，并且殷勤地一献再献，仿佛看到祖先们在享用祭品似的。开始，牵牲进来时，在庭中告神；接着供献毛血时，又在室中告神；后来又进煮熟的牲体，再在堂上告神。三次在三个地方告神，仿佛还没有找到神之所在。因此把祭品供在堂中，又在大门外行了祊祭，故曰：神在这边抑在那边呢？行礼本来只要一献罢了，增为三献，就显得更文了；至于五献，即更清楚了；到了七献，那等于敬之如神了。

大飨其王事与[1]？三牲鱼腊[2]，四海九州之美味也，笾豆之荐，四时之和气也。内金[3]，示和也。束帛加璧，尊德也[4]。龟为前列，先知也。金次之，见情也。丹漆丝纩竹箭，与众共财也[5]。其余无常货，各以其国之所有，则致远物也[6]。其出也，《肆夏》而送之，盖重礼也[7]。祀帝于郊，敬之至也。宗庙之祭，仁之至也。丧礼，忠之至也。备服器[8]，仁之至也。宾客之用币，义之至也。故君子欲观仁义之道，礼其本也。

今注

1　大飨，袷祭先王，天下诸侯皆来助祭，唯王者能有此礼，故曰"王事"。

2　腊，干肉。

3　内金，当为"入门金"。金指金奏钟鼓。谓助祭者入门时奏乐以迎之。此与下文"其出也，《肆夏》而送之"相应，而与"金次之"之金不同。王闿运云：奏《陔夏》以纳之，以示和辑之意。

4　束帛加璧，是诸侯执玉奠于堂上，以玉比德而在堂上，故曰"尊德"。

5　自"龟为前列"至此句，皆指堂下所陈列的贡品，谓之"庭实"。庭实以龟列在最前面，为其能预知吉凶。金次之，贡金列在第二。"见情"是表示和诚之意。与众共财，众之财即天子之财。郑玄据《禹贡》云：荆扬二州贡金三品，荆州纳锡大龟。荆州贡丹，兖州贡漆丝，豫州贡矿，扬州贡筱荡。

6　其余无常货，谓九州以外，视其所有来贡，以招致远方之物。

7　《肆夏》，郑玄云：当读为"陔夏"，亦写作"祴夏"，是欢送诸侯的乐章名。

8　备服器，指明器。明器，见《檀弓》注。

今译

在太祖庙中举行大飨，这是天子之事，因而祭用三牲鱼腊，四海九州的美味，无不皆备。笾豆所献者，则为四时和气所生的食物。各国诸侯来到，则鸣动钟鼓迎之入庙，表示大家合作的意思。诸侯入庙，捧着制币，外加玉璧以献于祭堂之上，表示其崇敬恩德。在堂下则陈列着各地进贡的物品，第一道是宝龟列在前，因它能预知未来。其次是荆扬二州的矿产，表示其诚和。其次是丹砂、油漆、蚕丝、绵絮、竹箭等日用的东西，表示天子与众共有这些财物。其余贡品没有一定，都是各国就其所有而贡献的特产，显示着君主能够招致远物。到了祭事完毕，又奏起《陔夏》的乐章以送别各地的诸侯，则是增重其礼节。天子亲自祭祀上帝于南郊，这是最虔敬的事。宗庙之祭，体现着极端的仁爱。丧礼，体现着极端的忠心。送死以"明器"，而不以生人实物殉葬，则是仁智的事。朝聘所以用币帛，多寡有度，是为合理的事。所以，君子要观察什么叫作仁义，礼是根本的依据。

君子曰：甘受和，白受采；忠信之人，可以学礼。苟无忠信之人，则礼不虚道[1]。是以得其人之为贵也。孔子曰：诵诗三百[2]，不足以一献。一献之礼，不足以大飨。大飨之礼，不足以大旅。大旅具矣，不足以飨帝[3]。毋轻议礼！

今注

1 道，是跟着做的意思。

2 此喻言：只会说不会做。

3 大旅，普祭天上诸神。

今译

君子说，甘味为众味的根本，可以调和百味；白色为众色的基地，可用以承受众色；有如忠信之为一切礼仪的基础。所以有忠信的人，才可以学礼，如果没有忠信的人，那么礼也不会凭空实行。所以说，得到可以实行礼的人是十分可贵的。孔子说：尽管诵得三百篇诗，但没有学过行礼，就不够了解一献的小飨之礼。学得一献之礼，仍还不够了解大飨之礼。学到大飨之礼，仍还不够了解大旅之礼。大旅的规模算是完备了，然而仍不够了解祭祀上帝之礼。所以不要乱说礼长礼短！

子路为季氏宰。季氏祭，逮暗而祭[1]，日不足，继之以烛。虽有强力之容、肃敬之心，皆倦怠矣。有司跛倚以临祭，其为不敬大矣。他日祭，子路与[2]，室事交乎户，堂事交乎阶[3]，质明而始行事，晏朝而退。孔子闻之曰：谁谓由也不知礼乎[4]？

今注

1 逮暗，趁着天尚未明。

2 与，参与。

3 室事，正祭时，尸在室。堂事，正祭毕，邀尸在堂，即"傧尸"之礼。交乎户、交乎阶，是以室之户、堂之阶为界。室外之人取祭品至户，即交与室内之人奉进于尸神；阶下之人取馔具至阶，即交与堂上之人奉进于尸宾。

4 子路姓仲名由，称其名，故曰由。

今译

子路为鲁国大夫季孙氏家里的总管。季孙氏举行庙祭，都是天没亮就开始，进行了一整日没有祭完，夜里还要点烛继续。尽管有强壮的体力、虔诚的精神，但到那时亦要疲惫不堪了。因此，许多执事的人都拖着腿，东倒西歪地来应付那些仪式，实在是大不敬了。另有一次，子路参与祭事。在室内举行正祭时，他们叫人把室外应办的祭品都准备好了，捧到室门口，交与室内的人端着去献尸；到了举行"傧尸"时亦照样由堂下的人，在台阶上，交与堂上的人，送去招待那做尸的。从天亮开始，到了傍晚就什么礼都行过了。后来，孔子听见这回事，便称赞着说：谁说仲由不懂得礼呀！

第十一 郊特牲

篇首记祭天用特牲的意义，以次兼及社祭蜡祭庙飨、冠、婚，诸礼文。章节杂错，有说义之辞，有训故之语。颇似西汉经师所为《礼经》章句之散策而汇辑为一篇者。其名"郊特牲"，但以篇首有此三字而已。今篇中说义之辞，多与《礼器》相重复，然而解释则不尽相同；又特重视"阴阳"的意义，与《礼器》之"忠信"为礼本者相异。其训故之语，多合齐人语音，其出于齐学者之遗说乎？西汉自武帝至于昭宣之世，齐学称盛；其学说多涉及阴阳五行，本篇与《礼运》之所记者，殆颇近之。昔，姚际恒谓本篇出于《礼器》之前，不为无见。

郊特牲，而社稷大牢[1]。天子适诸侯，诸侯膳用犊；诸侯适天子，天子赐之礼大牢；贵诚之义也。故天子牲孕弗食也[2]，祭帝弗用也。大路繁缨一就，先路三就，次路五就[3]。郊血，大飨腥，三献熰，一献孰；至敬不飨味而贵气臭也[4]。诸侯为宾，灌用郁鬯。灌用臭也，大飨，尚腶脩而已矣[5]。

今注

1 此下数节，亦见《礼器》，然而说义不同。郊特牲，即"祭天特牲"，而社稷太牢，倘依《礼器》之说，当是以少为贵。

2　不食怀孕的牛。此解释"贵诚之义"。

3　大路，最原始的车，举行祭祀时用。《左传·襄公二十六年》载郑伯赐子展先路，二命之服。子产次路，再命之服。似大夫用车，亦称先路次路，但其等级有差而已。

4　"郊血大飨腥"等语并见于《礼器》。彼释为"礼之不近人情者"为上，此则释为不贵口味而贵臭味，二者可以相互发明。

5　《礼器》云："诸侯相朝，灌用郁鬯，无笾豆之荐。"与此相同，但彼释为"以少为贵"，此则释为"贵气臭"。大飨，郑玄云：此大飨，是天子宴会诸侯。朒脩，是干脯。尚朒脩，谓宴饮时先进朒脩。

今译

祭天之礼用一牛，而社稷之祭则有牛羊豕三牲。天子至诸侯之国，诸侯奉食，只用一犊；而诸侯朝见天子，天子赐宴则亦用牛羊豕三牲。这是说表达至敬的心，必须专一。因此天子不食怀孕的牛，祭祀上帝亦不用怀孕的牛。祭祀用的大辂之车，其马缨只有一圈，而平常用的先路，则有三圈，次路则有五圈。祭天用血，大祭祖庙用生肉，社稷之祭用半熟的肉，只有小祭祀才用熟肴。这是说表达最崇高的敬意，不必用佳美的滋味，而以食物的强烈气味为贵。诸侯朝见天子，饮宴时天子只敬以郁鬯的香酒，没有脯醢之设。至于行飨礼时，亦先敬以有姜桂香味的干肉。

大飨，君三重席而酢焉[1]。三献之介，君专席而酢焉。此降尊以就卑也[2]。飨禘有乐，而食尝无乐，阴阳之义也。凡饮，养阳气也；凡食，养阴气也。故春禘而秋尝；春飨孤子[3]，秋食耆老，其义一也。而食尝无乐[4]。饮，养阳气也，故有乐；食，养阴气也，故无声。凡声，阳也。鼎俎奇而笾豆偶，阴阳之义也。笾豆之实，水土之品也。不敢用亵味而贵多品⁵，所以交于旦明之义也⁶。

今注

1　郑玄云：此大飨乃诸侯相朝所行饮宴之礼。君三重席，《礼器》云：诸侯席三重。酢，敬酒。此言诸侯互相敬酒，因地位相当，故不撤减三重之席。

2　三献之介，指诸侯宴请来聘的大夫，而向其副使敬酒，则须撤减其三重之席为一重。因副使是士的阶层；士席一重，国君减其三重为一重，是使地位与介相当，得以敬酒，即所谓"降尊以就卑"。

3　孤子，指为国捐躯的烈士遗族。

4　"而食尝无乐"句上，似脱"飨禘有乐"四字。自此以下，盖与上文重出。当是一事两记，复被辑在一处。但因记录者不同一人，故措辞稍异。本篇后文亦多有此种情形。

5　此处旧说有误，"而贵多品"是承上"不敢"而言，亦即一不敢用亵味，二不敢贵多品。"亵味"，是人手烹调的食物。"不敢贵多品"，即《礼器》所言"不美多品"。

6　"旦明"即后文之"神明"。王引之云：古"神"字作"璑"，字坏乃误为"旦"。

今译

诸侯举行大飨宾客之礼。倘是国君敬国君的酒，则坐在原有的三重席上。如果国君向大夫的副使敬酒，则须撤去所坐的三重席，减为一重，使与副使的座席相等，然后敬酒。这叫作"降尊以就卑"。禘祭饮酒兼有音乐伴奏，但尝祭不饮酒，亦不用音乐，这是因为它们所属阴阳不同。因禘祭在春天，尝祭在秋天，春为阳，秋为阴。凡是饮酒，意在保养阳气；而不饮酒的食礼，则是保养阴气。所以春天举行禘祭，而秋天则举行尝祭。春祭以酒食招待烈士遗族，秋祭则但用食礼招待老年之人，其意义亦是一样地在乎阴阳。又：禘有乐而食尝无乐，因为饮酒养阳气，故伴奏以声乐；食礼养阴气，故不伴以声乐。凡是声乐，皆为属于"阳"的。此外，酒席上陈设的鼎和俎，或九或七或五，都是单数的；而笾豆，或二十六或十六或十二，则皆为复数的。这亦是有取于阴阳的意义。至于笾和豆中所盛的，都是水里和陆地生产的食物，对于这些食物，不敢用人们所习惯的口味，亦不要有太多的品类，因为那是供鬼神而不是供人们享受的。

　　宾入大门而奏《肆夏》，示易以敬也[1]。卒爵而乐阕[2]，孔子屡叹之。莫酬而工升歌，发德也[3]。歌者在上，匏竹在下，贵人声也。乐由阳来者也，礼由阴作者也，阴阳和而万物得[4]。旅币无方，所以别土地之宜，而节远迩之期也[5]。龟为前列，先知也，以钟次之，以和居参之也[6]。虎豹之皮，示服猛也。束帛加璧，往德也[7]。

今注

　　1　按：此即《礼器》"内金，示和也"之意。易，和易。

　　2　孔颖达云：自宾至而奏乐，主人献宾，宾受爵啜酒，拜主人，称好酒。此时，恰好音乐奏完一节。接着宾饮毕，回敬主人，主人拜受时，又奏乐；至主人卒爵时，又恰好奏完一节。

　　3　莫酬，主人置杯于前，预备劝酒，其时唱歌的人登堂。发德，是歌者颂扬功德（参看《汉书》景帝元年诏）。

　　4　自"乐由阳来"至此句，似为前文错简夹厕在此。

　　5　旅币，指诸侯助祭所携带来的贡品。贡品要视其国之所有，及路程的远近而定。无方，即是没有硬性的规定。自此以下皆言"庭实"，与《礼器》所载者相同。

6　《礼器》此处作"金次之，见情也"，故郑玄云：钟，金也，献金作器，而钟则是其大者。以金参居庭实中间，表示诚实共处。

7　往德，当作"任德"，是尊重德行。

今译

大飨之礼，宾入大门则奏《肆夏》乐章，表示主人和善的敬意。到了主人卒爵，刚好音乐又奏过一阕。孔子对这样的礼乐配合情形，非常欣赏。到了主人奠酒即将酬宾时，歌者登堂唱歌，那是颂扬德行的。至于唱歌的为什么要登堂，而伴奏的乐队仍在堂下？这则是尊重人声的缘故。因为音乐是发扬的，属阳；而礼仪是稳重的，属阴。以音乐协调礼仪，则是阴阳的配合，阴阳配合乃能使万物得宜。诸侯进贡的物品，没有一定，要看各国出产不同的情形，以及远近运输所需的路程而定。陈列于庭中的许多贡品，要以龟排列最前，是因其能预知祸福；其次陈列钟，因可以铸钟以配合行礼，故以其调和的作用而放在中间。礼物中的虎皮豹皮，是用以表示天子威德足以使人服从。献束帛，上加璧玉，那是以玉比方德行，亦即表示其尊重德行。

庭燎之百[1]，由齐桓公始也。大夫之奏《肆夏》也，由赵文子始也[2]。朝觐，大夫之私觌[3]，非礼也。大夫执圭而使，所以申信也；不敢私觌，所以致敬也；而庭实私觌，何为乎诸侯之庭[4]？为人臣者，无外交，不敢贰君也。大夫而飨君，非礼也。大夫强而君杀之，义也；由三桓始也[5]。天子无客礼，莫敢为主焉。君适其臣，升自阼阶，不敢有其室也。觐礼，天子不下堂而见诸侯。下堂而见诸侯，天子之失礼也，由夷王以下[6]。

今注

1 树于门外曰"大烛",于门内曰"庭燎",都是古人用以照明的。

2 《肆夏》是迎接诸侯的乐章。赵文子,晋大夫,名武。

3 王引之云:"朝觐"二字之下有脱文。大夫之私觌,谓大夫奉命往聘外国,不能以私人名义进见外国之君。

4 庭实,诸侯见天子有此贡品,诸侯之庭不宜有。

5 三桓,鲁桓公之子,庄公之弟,即公子庆父、公子牙、公子季友,后成三族,世掌鲁国政权。王引之云:"自三桓始也"五字,当是后文衍见于此。

6 夷王,周懿王太子燮,在位八年(公元前八八五至公元前八七七年)。

今译

诸侯僭用天子的礼仪,在庭中列烛,多至一百,这是齐桓公创例的。大夫僭用天子的礼仪,在入门时奏以《肆夏》之乐,这是晋大夫赵武创例的。朝觐……大夫私下进见主国国君,这也是不合礼的。本来大夫执着玉圭出使于外,那玉圭是用来证明使命,不敢用私人名义进见主国国君,是敬重自己的国君。如果另外携带贡品而成为诸侯的庭实,又私下相见,那怎能像个诸侯之庭?因为做别人的臣子,不能有自己的外交,倘有自己的外交,则等于服侍两个国君了。诸侯可以请大夫宴会,而大夫请国君宴会,那就不合礼了。照道理,大夫强于国君,国君可以杀他们,这是合于义的。天子没有"客礼",因为他是天下的共主,谁亦不能做他的主人。至于国君到臣子家里,臣子让他走主人的台阶,是因为自己的家亦属于国君的。诸侯觐见天子,天子不下堂迎接。下堂迎接诸侯,乃是天子失礼了。这种失礼之事,是自周夷王以下才有的。

诸侯之宫县，而祭以白牡[1]，击玉磬，朱干设锡[2]，冕而舞
《大武》，乘大路，诸侯之僭礼也。台门而旅树，反坫，绣黼[3]，丹
朱中衣，大夫之僭礼也。故天子微，诸侯僭。大夫强，诸侯胁。
于此相贵以等，相觌以货，相赂以利，而天下之礼乱矣。

今注

1 宫县，四面悬有钟磬，是天子的乐班。诸侯只有三面，曰
轩县。殷代尚白，祭用白的公牛，非天子的后裔，亦不得用。

2 锡，盾牌上装饰的金属。

3 旅树，道上屏障。坫，设在酒樽南边的小土台。诸侯会
饮，献酬完毕，放回酒杯于坫上。绣黼，郑玄读"绣"为"绡"，
说是以绣有图案的红色绸子为中衣之领。中衣，礼服的里衣。

今译

诸侯奏乐有宫悬，祭祀用白牛，敲击玉磬，用金饰的朱盾，
戴冕而舞《大武》，乘大辂之车，这一切，都是诸侯僭用天子之礼
仪。家门口有台门，过道用屏障，堂上设反坫，穿着红绸子绣有
黼文的里衣，这一切，都是大夫僭拟诸侯之礼。所以天子的权势
衰微，诸侯就僭用天子之礼仪了；大夫的权力强大，而诸侯的地
位就受到威胁了。那个时候，诸侯彼此互相拥戴，随便升级为公
为王。彼此互相勾结，随时进贡土仪财物。大夫们则亦贿赂公行，
唯利是图，而天下的礼仪便完全紊乱了。

诸侯不敢祖天子，大夫不敢祖诸侯[1]。而公庙之设于私家，非
礼也，由三桓始也[2]。天子存二代之后，犹尊贤也。尊贤不过二
代[3]。诸侯不臣寓公。故古者寓公不继世[4]。君之南乡，答阳之义

也[5]。臣之北面，答君也。大夫之臣不稽首，非尊家臣，以辟君也。大夫有献弗亲，君有赐不面拜，为君之答己也。

今注

1　此谓诸侯不敢祭天子之祖庙，大夫不敢祭诸侯的祖庙。宗法制度：天子嫡子为天子，支子为诸侯；诸侯嫡子为诸侯，支子为大夫。支子不祭，其祭必请于宗子。

2　郑玄云：鲁之仲孙叔孙季孙，皆立桓公之庙于家。

3　此谓周人封夏代之后于杞，殷代之后于宋，得用天子礼以祭其祖先。如《礼运》所言杞之郊、宋之郊。然而不过二代。

4　寓公，失国的诸侯寄食于他国者。他国之君以平辈视之，但及一代而止。

5　答阳，对着阳位。阳位，指"天"而言。

今译

诸侯不敢祭天子的祖庙，大夫不敢祭诸侯的祖庙。然而大夫之家没有诸侯的祖庙者，是不合礼的，实由鲁之三桓开其端。天子为着尊敬前代的贤者，所以保存前朝天子的祖庙而使其后裔依时祭祀，但亦只限于前两个朝代。对于失国来奔的诸侯，不把他当作臣子。但这只限他本身为止，第二代则不能享受这种优待，所以古代寓公不能传世。君王的位置坐北向南，这是说他臣服于天。臣子朝见君王，皆北面而拜，这是说他臣服于君王。大夫家里的臣仆不要对大夫叩头，这不是尊重家臣，而是他们见到国君亦只叩头，大夫为着回避国君，故免去这一着。大夫有所奉献于国君，可派家里的家臣代送，而不需要亲自出面。遇到国君赏赐，亦不须当面拜谢。这都是为着免使国君答拜。

乡人禓，孔子朝服立于阼，存室神也[1]。孔子曰：射之以乐也，何以听，何以射？孔子曰：士，使之射，不能，则辞以疾。县弧之义也[2]。孔子曰：三日齐，一日用之，犹恐不敬；二日伐鼓，何居[3]？孔子曰：绎之于库门内，祊之于东方，朝市之于西方[4]，失之矣。

今注

1　禓，亦写作"献"或"儺"，古时在家中驱逐瘟疫强鬼的礼俗。室神，家中的守护神。存室神，使室神有所依存。

2　古时，生男则悬弧于门外。故凡男子必须习射，除非害病，不能射。

3　斋戒时，要停止一切乐器不用，今忽而打鼓。何居，居读为"其"。按《孔子家语》所载，此因季桓子将祭，斋戒三日，而钟鼓之声不绝。冉有问孔子，故孔子乃有是语。此处或为残简，语焉不详。

4　绎、祊，同时之祭。库门，第一重大门，停车之处。求神之始，奠而祝祭曰祊，招待尸之祭曰绎。绎祭，求神于庙门外之两室，招待尸则于堂。今于库门内招待尸，于东方求神，犹如朝市宜在东而反在西。此事亦见《孔子家语》，为高子皋问，而孔子答之如此。

今译

乡里人举行驱除疫鬼之祭，孔子曾经为此穿上朝服而站在主阶上。他这样做，是要使家神有所依存。孔子说，射礼用音乐调节，因此听到怎样的音乐，就知道怎样射。孔子说：做一个士人，倘若主人使之射，不可说是不会射，应该说是有负薪之疾。因为男子生下来，家门口就悬挂过弓弧，不会射，岂不枉为一个男子？孔子说：祭前致斋三日以摒除百念，到了祭时还怕不够虔敬，为什么要连日敲钟伐鼓？孔子又说：在库门之内举行绎祭，又向东方求神，这正像早市宜在东方，却设于西方一样是错误的。

社祭土而主阴气也。君南乡于北墉下，答阴之义也。日用甲，用日之始也。天子大社必受霜露风雨，以达天地之气也。是故丧国之社屋之，不受天阳也。薄社北牖，使阴明也[1]。社所以神地之道也。地载万物，天垂象。取财于地，取法于天，是以尊天而亲地也，故教民美报焉。家主中霤而国主社，示本也。唯为社事，单出里[2]。唯为社田，国人毕作[3]。唯社，丘乘共粢盛，所以报本反始也。季春出火，为焚也[4]。然后简其车赋，而历其卒伍，而君亲誓社[5]，以习军旅。左之右之，坐之起之，以观其习变也；而流示之禽，而盐诸利[6]，以观其不犯命也。求服其志，不贪其得，故以战则克，以祭则受福。

今注

1　薄，亦写作"亳"，是殷的故都。北牖，是于阴处受光。

2　单，借为"殚"，"尽"的意思。

3　社田，为祭社而田猎。毕作，全体参加。

4　旧说以"季春出火"，当属春社。但此处明言"社祭土而主阴气"，阴气当指秋社而言。《夏小正》云："九月主夫出火，主以时纵火也。"九月是季秋，故此当云"季秋出火"。

5　誓社，郑玄云：或本作"誓省"。按：写作"誓省"，亦是。《玉藻》"君有黼裘以誓省"，郑玄云："省"当为"狝"。狝是秋天田猎。《月令》季秋云：是月也，天子乃教于田猎，以习五戎。

6　流示之禽，旧说以"流"为"行田"，行田乃驱禽于阵前以示士卒。盐读为"艳"，是贪慕的意思。孙希旦云：盐诸利，是说歆动之以获禽之利。按：歆动贪利之心，似非礼意。唯《淮南子·兵略训》言田猎，有"相为斥阓要遮者，同所利也"之语，盐或为"阓"之假借字。阓是堵塞。堵塞私人贪利之心，故下文接言"以观其不犯命也"。

今译

　　社祭是祭祀土地之神而以阴气为主。行礼时国君南面而立于社坛之北墙下，其意是要对着阴面。社祭的日子用甲日，甲是天干纪日，每十日中之第一日。天子的社坛称为"大社"，上无掩盖，下不架柴，必使其能接触到霜露风雨，这样就可以通达天地之气。因此，亡国之社，必加以上盖下柴，使它得不到天上的阳光。所以殷代灭亡，留下的薄社，只在北面开个小窗以通阴明。社之祭，是尊重大地的神。因为天有日月星辰，而大地能载育万物。人类依日月星辰运行的法则从事耕作，而土地便供应以生活的资料，所以人类尊敬上天而亲爱大地。亲爱大地，故为社祭以教导人们做完美的报答。在个人家中则以中霤为主体，因为有中霤才有家；一国则以社为主体，因为有土地才有国。祭中霤、祭社，这都是教人不忘本。唯有举行社祭，凡出生于里中的里民都得参加。唯有为社祭而举行田猎，凡生长于国中的国民都得参加。亦唯社祭，各个"丘乘"区域的人都得用生产于其区内的资粮来供应祭祀用的饭食，因为这是报答大地养育人们以及纪念自己出生地之"报本反始"的行为。季秋九月，农事已毕，便拿出火种来焚烧田野上的杂草，之后，登记各地应献出兵车的数量，并检阅各地的国民兵车，于是国君亲自参加秋天大田猎，与大众约束之后，便开始军事操练：使他们左驰右突，或跪或起，以观察其是否娴熟于战阵的变化。并驱赶田野上的禽兽，指示以目标，但要堵塞其贪利之心，以观察他们是否都能服从命令。一面要使他们服从命令，一面又不要他们贪图私利。有了这样的训练，所以用之于战伐，则战无不胜；用之于祭社，则又能得其福。

天子适四方，先柴¹。郊之祭也，迎长日之至也²，大报天而主日也。兆于南郊，就阳位也。扫地而祭，于其质也。器用陶匏，以象天地之性也。于郊，故谓之郊。牲用骍，尚赤也³。用犊，贵诚也。郊之用辛也，周之始郊日以至⁴。卜郊，受命于祖庙，作龟于祢宫，尊祖亲考之义也。卜之日，王立于泽，亲听誓命⁵，受教谏之义也。献命库门之内，戒百官也。大庙之命，戒百姓也。祭之日，王皮弁以听祭报，示民严上也。丧者不哭，不敢凶服⁶，汜扫反道，乡为田烛。弗命而民听上。祭之日，王被衮以象天，戴冕，璪十有二旒，则天数也⁷。乘素车，贵其质也。旂十有二旒，龙章而设日月，以象天也。天垂象，圣人则之。郊所以明天道也。帝牛不吉，以为稷牛。帝牛必在涤三月，稷牛唯具⁸。所以别事天神与人鬼也。万物本乎天，人本乎祖，此所以配上帝也。郊之祭也，大报本反始也⁹。

今注

1　适四方，谓巡狩。柴，燔柴告天（参阅《王制》）。《汉书·郊祀志下》引匡衡言"郊柴飨帝之义"，语多同于下文。此处以"柴"与"郊"连言，或亦以此故。

2　长日之至，指夏历夏至，白昼最长的一日。

3　陶匏，瓦器无雕饰。以其自然，故曰"象天地之性"。骍，黄赤色牛，即今黄牛。周尚赤，故用黄牛。

4　用辛，社用甲日，郊用辛日。日以至，王肃说是冬至。冬至节在夏历十一月（周历正月）。前人于此议论颇多。今按：《左传》成公十七年九月辛丑郊，定公十五年五月辛亥郊，哀公元年四月辛巳郊。郊祭之月份不同，而日则多用辛。

5　王立于泽，泽，泽宫。《射义》云："泽者，所以择士也。"故以为名。誓命，旧说是天子聚众而誓。今按文义，此当是卜人定龟的誓命之辞（见《曲礼》）。卜辞有吉有凶，吉则受教，凶则受谏，故曰"受教谏之义"。

6　按：《祭义》云"凶服者不敢入国门"，《孔子家语·郊问》亦有"入国门"三字，此处当据补入。

7　衮，龙袍。袍上绣有日月星辰，故天子之旗同曰"象天"。十二者，指十二月一周天，故曰天数。

8　涤，郭嵩焘云即牛牢，因涤濯清洁，故谓之"涤"。大报天之祭，盖以始祖配天。周人以后稷为始祖，故其祭有二牛，一为帝牛，一为稷牛。稷牛但取其毛色体格完整者，故云"唯具"。

9　前文以社祭为报本反始，而此云"大报本反始"，谓其规模最大。

今译

天子往四方巡狩，先要举行燔柴告天之礼。郊之祭，正迎着白昼最长的日子。因为天体至大，要报答天赐人们许多恩惠，不得不借这最长之日作为崇拜的主体。郊祭要先在国都的南郊划定界域，因为南是属阳的位置。祭时不在坛上，只需扫地来行礼，则是顺其本来的样子。祭时使用陶匏瓦器，则是依着天地自然的本性。因为行礼是在郊外，所以即名为"郊"。祭牲用黄赤色的小牛，则是因为周代崇尚赤色。至于用小牛者，则是珍视其诚一。郊祭要选在辛日，是因为周代第一次举行郊祭是在冬至，那天正是辛日。龟卜郊祭，先受命于太祖之庙，然后在文王的庙里问卜，这是尊重父祖的意见。在卜郊之日，天子站在泽宫，亲自听取卜人命龟之辞，是要受其指导或劝阻的意思。卜辞所决定的，就是祖先的命令了。然后奉这命令，献于公卿停车的库门内，这是用以促使百官准备。要用太庙之命者，是使百姓皆有准备。到了郊祭之日，天子戴着皮弁听取百官报告各项事务的准备情况，以指示人民要尊敬上头的命令。是日，居丧者不哭泣，披麻戴孝的人不敢进入国门。各处皆扫除清洁，人行道上亦翻铺新土，各乡在田里都燃着火炬。因为人民听从，所以不必布告亦做得很好了。祭之日，天子披上龙袍，袍上绣有日月星辰，仿效天的样子；戴冕，垂着玉璪十二旒，仿效十二月之数。乘着没有任何装饰的车子，取其质朴；招展着十二旒的龙旗，上画日月，亦是仿效天文。因为天有日月，而圣人据之以定农历，乃有农业的生活。郊之祭，就是用以发扬天道的。祭用两小牛，一以供祭上帝，一以供祭始祖。供祭上帝的小牛，要用龟卜选择，卜之不吉，则改为供祭始祖后稷之牛；卜之而吉的，则选为供祭上帝之牛。供祭上帝之牛，必须系在洗涤干净的牛舍中饲养三个月，至于供祭后稷之牛，只要注意它的体毛完具。二者不同，亦即是区别"祭天神"和"祭人鬼"之不一样。世上万物皆靠天而生，世上之人亦皆从其祖先繁殖而来。因为祖先有这生生之大德，所以配得上与天帝同时受崇拜。郊之祭，就是这样大报本反始的行为。

天子大蜡八。伊耆氏始为蜡，蜡也者，索也[1]。岁十二月，合聚万物而索飨之也。蜡之祭也：主先啬，而祭司啬也。祭百种以报啬也。飨农及邮表畷[2]，禽兽，仁之至，义之尽也。古之君子，使之必报之。迎猫，为其食田鼠也；迎虎，为其食田豕也，迎而祭之也。祭坊与水庸[3]，事也。曰：土反其宅，水归其壑，昆虫毋作，草木归其泽。皮弁素服而祭。素服，以送终也。葛带榛杖，丧杀也[4]。蜡之祭，仁之至，义之尽也。黄衣黄冠而祭，息田夫也。野夫黄冠；黄冠，草服也[5]。大罗氏，天子之掌鸟兽者也，诸侯贡属焉。

草笠而至，尊野服也。罗氏致鹿与女，而诏客告也 [6]。以戒诸
侯曰：好田好女者亡其国。天子树瓜华 [7]，不敛藏之种也。八蜡以
记四方。四方年不顺成，八蜡不通，以谨民财也。顺成之方，其
蜡乃通，以移民也 [8]。既蜡而收，民息已。故既蜡，君子不兴功。

今注

1　蜡，陆德明读为 chà。俞樾云：当读为 xí，亦写作"禩"。
蜡也者索也，"索"字当写作"索"，入室搜求之意，读音与"蜡"
字相近，故借为蜡。伊耆氏，孔颖达云：即神农。蜡祭八神，由
来解者不一其说，今依本文所列而举其名：先啬一，司啬二，百种
三，农四，邮表畷五，禽兽六，猫虎七，坊与水庸八。

2　先啬，首创稼穑生活者，郑玄说是神农。司啬，主管农业
者，郑玄云即后稷。百种，当是谷神。农，田官之神。邮表畷，
田间庐舍及阡陌之神。

3　坊，堤防。水庸，沟洫。

4　素服，素缯为衣裳。送终，一年农事结束。丧杀，丧服用
麻，杖用竹桐，今此减杀其礼，故用葛及棒。

5　黄冠，草笠。此言庄稼人参与蜡祭之装束。

6　致鹿与女，携鹿及女子登场表演喜好打猎及女色以致亡国
的故事。诏客者，讽示在场的来宾转告他人。

7　瓜华，王引之云即瓜瓟。

8　移民，当读如"移袂"之"移"，亦即"侈"字。谓举行
蜡祭以松弛农民终年劳苦的生活。

今译

天子举行大蜡，祭祀八神。蜡祭起源于伊耆氏的时代。"蜡"
的定义是寻找。周历每年十二月（夏历十月），合聚万物的神灵，

让他们尽量享受一下。蜡祭的主要对象是崇拜创始农业生活的先啬，而祭及主管农业的司啬。祭祀谷神，是报答先啬司啬之所赐。连带宴请农官之神以及田舍、禽兽等神灵，可说是仁义之至的举动。因为古之君子，对于有利于人的东西，都要报答它的功劳。譬如迎猫的神灵，因它会替农人吃掉伤害禾稼的田鼠；迎虎的神灵，因它会替农人吃掉伤害禾稼的田豕；所以都得迎而祭之。至于祭堤防和水沟，亦因其有功于农事。其祝词曰："土壤回复自己的所在，水流归到自己的壑中，大小虫儿不要兴灾作害，使草木都得到它们的滋养。"蜡祭之时，天子戴皮弁，穿素服。所以穿素服者，因为这是诶谴农事之终。同时，腰系葛带，手执棒杖者，因为比丧服要差一点。蜡祭是尽了人们的仁义之心。至于身披黄衣头顶黄冠而来参加祭典的，都是结束了一年农事的农夫们。乡下人戴的黄冠，那冠儿是草制的笠儿。大罗氏，本是替天子管理禽兽的官，而诸侯进贡的土物亦都属于他掌管。这时，他亦戴着草笠参加，因为这一天特别尊重乡下人的打扮。大罗氏来时，还携带着鹿儿和姑娘们，由她们表演给来宾们观看，并要他们回国转告，告诫诸侯说：如果沉湎于田猎或醇酒美人的生活，结果将至于亡国，如同所表演的故事一样。天子种植瓜匏，都不是可以收敛久藏的品种，因其不与农民争利。八蜡之祭，要看各地的报告。如果各地年成不好，则不举行这祭典，使人民不至耗费财物。至于年成好的地方，则举行蜡祭，以松弛人民终年劳苦的生活。举行蜡祭之后，就要把农作物收敛积藏起来，于是，农民可以休息了。所以在蜡祭之后，君子再不兴起劳役。

恒豆之菹，水草之和气也；其醢，陆产之物也。加豆，陆产也；其醢，水物也[1]。笾豆之荐，水土之品也，不敢用常亵味而贵多品，所以交于神明之义也²，非食味之道也。先王之荐，可食也而不可耆也³。卷冕路车，可陈也而不可好也。《武》壮⁴，而不可乐也。宗庙之威，而不可安也。宗庙之器，可用也而不可便其利也，所以交于神明者，不可以同于所安乐之义也。酒醴之美，玄酒明水之尚，贵五味之本也。黼黻文绣之美，疏布之尚，反女功之始也。莞簟之安，而蒲越稿鞂之尚，明之也⁵。大羹不和，贵其质也。大圭不琢，美其质也。丹漆雕几之美⁶，素车之乘，尊其朴也，贵其质而已矣。所以交于神明者，不可同于所安亵之甚也。如是而后宜。鼎俎奇而笾豆偶，阴阳之义也。黄目，郁气之上尊也⁷。黄者中也；目者气之清明者也。言酌于中而清明于外也，祭天，扫地而祭焉，于其质而已矣。醯醢之美，而煎盐之尚，贵天产也。割刀之用，而鸾刀之贵，贵其义也⁸。声和而后断也。

今注

1　恒豆，正常所设的豆。菹，腌菜。水草，指菖蒲根，莼菜之属。醢，肉酱。无骨曰醢，有骨曰臡。加豆，祭礼六献之后，加设的豆笾。菹用陆产之芹菜韭菜；而醢则用水里的动物，如鸭醢鱼醢。

2　见前注。王懋竑云：恒豆加豆，生人所食。笾豆之荐，乃是供祭鬼神者。

3　耆即"嗜"字。

4　《武》壮，谓《大武》之舞，发扬蹈厉。

5　"明之也"上似脱"神"字。

6　雕几，雕饰沂鄂，今谓浮雕花纹。

7　黄目，亦谓"黄彝"，孔颖达云：以黄金镂其外以为目。贮郁鬯之酒，故云郁气，即郁金草之香味。

8　贵其义也，王闿运云：义即"仪"字。旧说谓鸾刀取鸾铃之声，宫商调和而后断割其肉。今按：旧说颇牵强，疑此乃断简错厕，兹姑仍从其说。

今译

君王平常食用的豆，所盛的腌菜，都是水里随着节气生长的菜蔬；而肉酱，则是陆地上的兽肉。至于加设之豆，恰好相反，腌菜用陆产的菜蔬，而肉酱则用水产的动物。宗庙之祭所供进的笾豆，亦都是水陆的产物，但不敢用平常可口的品味，而且不敢有太多的种类。因为那是供进于神，不是讲究口味的事情。所以祭祀先王的祭品，虽是可以吃的，但都不是人们所爱吃的。天子穿戴的衮冕、乘坐的路车，亦只是可以陈列而不是好穿好坐的。又如《大武》之舞虽则雄壮，但是并不好玩。宗庙的建筑虽则巍峨，但是并不好住。宗庙所用的器皿，虽可以用，但实用起来就不便利。因为那些都是献于神的，和人们所觉得便利安乐的意义完全不同。例如，酒醴香甜可口，而祭祀却以玄酒明水居上，因为那是重视五味之本，五味之本即是"无味"。又如黼黻文绣之美，而祭祀时却以粗布覆尊，那是要回溯到女工的原始情形。又如莞簟之安适，而祭祀时却以草荐为尚，那是神明坐的。又如大羹不加任何调料调和，那是重视其自身的味道；大圭不琢，那是爱好其实质。祭车不用丹漆雕几的华丽而只乘坐素车，那是尊重其朴实自然，亦即看重其实质罢了。因此，凡是接待神明的，都和人们讲究安便适体者大不一样。必当如此，才是妥善的。鼎俎单数而笾豆双数，那是属于阴和阳之不同的意义。黄目，是贮郁鬯之最上等的酒樽。因为依五行排列，黄色居中；而目，是透明的，斟酒于其中而能透明于外，这是说给樽中斟满香酒，四方就遍受清明之气。至于祭天要扫地而祭者，亦不过求其实在而已。例如不用酱酢美味烹调祭品，而但用盐煮汤，那是尊重自然的产物；不用铦刀之利以杀牲，却用古鸾刀来宰割，那是重视行礼的仪式，表示先有鸾铃之和声而后加以割取。

冠义：始冠之[1]，缁布之冠也。大古冠布，齐则缁之[2]。其緌也，孔子曰：吾未之闻也。冠而敝之可也[3]。适子冠于阼，以著代也。醮于客位，加有成也[4]。三加弥尊，喻其志也[5]。冠而字之，敬其名也。委貌，周道也。章甫，殷道也。毋追，夏后氏之道也。周弁，殷冔，夏收。三王共皮弁素积[6]。无大夫冠礼，而有其昏礼。古者，五十而后爵，何大夫冠礼之有？诸侯之有冠礼，夏之末造也。天子之元子，士也。天下无生而贵者也[7]。继世以立诸侯，象贤也。以官爵人，德之杀也。死而谥，今也；古者生无爵，死无谥[8]。

今注

1　此章与《仪礼·士冠记》文相同，"始冠之"当作"始冠"，"之"字衍。

2　冠布，以白布为冠。遇到祭祀，染而黑色，故曰"齐则缁之"。

3　冠而敝之可也，陈澔说是冠礼既毕则敝弃之。郑玄云：三代改制，不用齐冠。则此句宜承于"齐则缁之"下。

4　醮，敬之以酒，而无须回敬。客位在西，待之如宾。有成，谓已成人。

5　三加，加冠三次，第一缁布冠，第二皮弁，第三爵弁。爵弁尊于皮弁，皮弁尊于缁布冠，故曰三加愈尊。喻其志，勉励其上进。

6　郑玄云：委貌、章甫、毋追，是三代常用之冠；弁、冔、收，是三代祭祀之冠。

7　按：此数语是复说"无大夫冠礼"之事。因大夫加冠时，其身份仍是"士"。

8　此数语则复说"古者，五十而后爵"之事。

今译

冠礼的意义：始加之冠，是上古人祭祀时戴的礼帽。因为上古时代，人们常用白布冠，遇到祭祀时才染黑为缁冠。这种冠，后世已不用，所以行过礼后，可以弃去。至于冠上是否要加緌，孔子说他向来没有听见古冠有緌。如果是嫡子加冠，要在主人阶上举行，这是显示他是传宗接代的人。又要请他在客位上，敬之以酒，这是说他已到成人的时候了。加冠三次，愈加愈是贵重的冠，这是勉励他成人之后当力求上进，显亲扬名。加冠之后，来宾唤他的别号，这是敬重成人的大名，取个别号便于称呼。常服的冠，周人称为"委貌"，殷人称为"章甫"，夏人称为"毋追"。祭祀用的礼冠，周为"皮弁"，殷曰"冔"，夏曰"收"。但是夏殷周三王又同样用皮弁素帻。没有大夫的冠礼，而只有大夫的婚礼。因为古代，必须到五十岁，对国家有了勋劳，才受大夫的爵位。然而冠礼是二十岁时举行的，那时怎能便是个"大夫"而行冠礼呢？至于诸侯有冠礼，是到夏代末年，诸侯可以世袭后才有的。在古代，天子的长子，亦不过是个"士"，那时，世上没有一个人生下来就特别尊贵。再说，以诸侯的后人袭封为诸侯，这是尊重他先人的功德；至于以官爵赏人，是道德沦丧。如今，什么样的人死了都可以追加谥号。如果依古代的制度，活着的人不受"爵"，死了便不得有"谥"。

礼之所尊，尊其义也。失其义，陈其数，祝史之事也。故其数可陈也，其义难知也。知其义而敬守之，天子之所以治天下也。

今译

礼之所以可贵，贵在它有内容。如果失去内容，徒具形式，那便是祝史所执掌的事了。所以升降之节、笾豆之数，都是可以指陈的；至于郊社之礼、禘尝之义，那就难于了解了。了解它的意义而切实保持之，这就是天子所用以治天下的良方。

天地合而后万物兴焉。夫昏礼，万世之始也。取于异姓，所以附远厚别也[1]。币必诚，辞无不腆[2]。告之以直信；信，事人也；信，妇德也[3]。壹与之齐，终身不改[4]。故夫死不嫁。男子亲迎，男先于女，刚柔之义也。天先乎地，君先乎臣，其义一也。执挚以相见[5]，敬章别也。男女有别，然后父子亲。父子亲，然后义生。义生，然后礼作。礼作，然后万物安。无别无义，禽兽之道也。婿亲御授绥，亲之也。亲之也者，亲之也[6]。敬而亲之，先王之所以得天下也。出乎大门而先，男帅女，女从男，夫妇之义由此始也。妇人，从人者也。幼从父兄，嫁从夫，夫死从子。夫也者，夫也；夫也者，以知帅人者也[7]。玄冕斋戒，鬼神阴阳也。将以为社稷主，为先祖后，而可以不致敬乎？共牢而食[8]，同尊卑也。故妇人无爵，从夫之爵，坐以夫之齿。器用陶匏，尚礼然也[9]。三王作牢用陶匏。厥明，妇盥馈；舅姑卒食，妇馂余；私之也[10]。舅姑降自西阶，妇降自阼阶；授之室也。昏礼不用乐，幽阴之义也。乐，阳气也。昏礼不贺，人之序也。

今注

1 "万世之始"，《哀公问》"始"字作"嗣"。方悫云取于异姓，是附远；不取同姓，是厚别。按：取即"娶"字。附远，是联络疏远者使成为亲家。厚别，男女同姓，其生不蕃，故须严别其血统相同者。

2　币必诚，币，纳征之币；诚，信实。谓定聘之后，即无翻改。不腆，不善。谓纳币之辞，不必谦称不善。

3　直信，正直，靠得住。此乃女家诫女之辞。《士昏礼》云："勉之敬之，夙夜毋违宫事。"《大戴礼记·本命》云："宫事必量，六畜蕃于宫中，谓之信也，所以正妇德也。"亦即言：为人主持家计，必以直信。

4　壹与之齐，郑玄云：齐或写作"醮"。《列女传》引此亦作"醮"字。此谓饮过合卺酒后，永不变心。

5　执挚以相见，谓亲迎之时，入女家，先奠雁，然后见女（详见后《昏义》）。

6　亲御授绥，谓亲迎时，从女家出来，亲自驾车，并以"绥"（见《曲礼》注）授与女，引而登车。"亲之也。亲之也者，亲之也"，此数语与《哀公问》相同，但依文义，上两"亲"字，皆当作"敬"字讲。常礼：仆人驾车，必授绥与主人。此言授绥与女，是尊敬之也。尊敬之也者，是亲爱之也。

7　夫也者，夫也，《大戴礼记·本命》《白虎通·嫁娶》皆作"夫者扶也"。朱骏声云："夫也者夫也"，下一"夫"字当作"傅"字讲，谓"夫以知帅人"，是妻之师傅。

8　《昏义》于"共牢而食"下有"合卺而酳"。牢，三牲为大牢，二牲为少牢，但《士昏礼》用"特豚"。此处盖泛言夫妇共享一个食器，合饮一个酒杯。

9　尚礼然也，按：《孔子家语·郊问》云："器用陶匏，以象天地性也。万物无可称之者，故因其自然之体也。"此处"尚礼"，亦当作"尚体"，亦即"贵其自然之体"的意思。

10　厥明，其明日。盥馈，梳洗之后，奉特豚以进于舅姑。

馂余，舅姑赐以余食。私之，特予恩宠。

今译

天气下降，地气上腾，天地配合，而后产生万物。婚礼，是传宗接代的事。娶于不同姓者，既可使疏远的人结成亲家，又可以严格区分同血统的结合。订婚送聘必出于诚意，但亦无须客气说什么不够优厚。女家要教诫女儿，做别人媳妇必须正直，使人信任，是做媳妇的本分，亦是妇德。只要和男人喝过了交杯酒，就一辈子不变心，因此夫死不嫁。结婚的时候，是男的往迎女的。男先去，女后来，这是"刚"主动、"柔"被动的意思。有如天先于地，而君先乎臣，亦是这意思。男子迎亲之日，亲自执雁往女家，揖让登堂，再拜而置雁，然后相见。这时，先见岳父再见新娘，是尊重男女之别。男女有别，然后才有父子之情。有了父子之情，然后始见得人伦的意义。有人伦的意义，然后始有维系人伦的礼节。有了礼节，然后社会始得安定。如其不然，男女无别，谁父谁子亦分不清，则与禽兽一样。迎亲之时，男女相见之后，男的先出来驾好马车，然后把车上的引手绳交给女的，而拉引她上车，就像仆人伺候主人一样。男的所以要这样做，是表示尊敬女的。所谓尊敬女的，实际亦是亲爱女的。又敬又爱其妻室，先代君王能由齐家而至于治国平天下。自从走出女家的大门，男的领先，女的随后，自这时起即已显出夫唱妇随的意义了。所谓"妇人"，就是附于人的。幼年附于父兄，出嫁附于丈夫，丈夫死了则附从儿子。至于所谓"夫"者，就是"师傅"的意思，师傅要以知识来领导别人。婚礼之前，夫妇双方要穿祭时的礼服，而且要斋戒沐浴，这是很严肃的，如同侍奉鬼神阴阳。因为结婚之后，将为一家之主，为祖先接续后代，责任重大，难道可以不郑重其事吗？新郎新娘合吃着一碗菜，共喝着一杯酒，这是说夫妇平等。所以妇人没有封爵，以丈夫的爵位为爵位，她的座席亦以丈夫的辈分为辈分。婚礼饮食用器，亦用陶器，为着尊重其自然的本质。据说，在夏、殷、周三代，男女结婚始有同牢合卺之礼，而且用的是陶器。结婚之第二日，一大早，新娘就要起来化妆，然后给公公婆婆送早饭。公婆食毕，把尝过的肴馔赐给新娘，新娘把这些食物吃掉，表示公公婆婆特别宠爱媳妇。公公婆婆从西边的宾阶下来，媳妇从东边的主阶下来，这表示公婆已经把这一家交给媳妇做主了。婚礼不用音乐，因婚礼是属阴的，而音乐则是阳的。又，婚礼不须庆祝，因为这是人生必经的程序。

有虞氏之祭也，尚用气。血腥爓祭，用气也 [1]。殷人尚声。臭味未成，涤荡其声 [2]。乐三阕，然后出迎牲。声音之号，所以诏告于天地之间也。周人尚臭，灌用鬯臭 [3]。郁合鬯。臭，阴达于渊泉 [4]。灌以圭璋，用玉气也。既灌，然后迎牲，致阴气也。萧合黍稷；臭，阳达于墙屋 [5]。故既奠，然后焫萧合膻芗 [6]。凡祭，慎诸此。

今注

1　尚用气，郑玄云："尚"谓先荐之。血、腥、爓，都不是常人所食者，但用其生气以供神。

2　臭，是气味。味，是口味。未杀牲则气味未成，未煮熟则口味未成。涤荡，即跌宕、摇动。声指声乐。

3　灌，亦写作"祼"。郑玄云：灌以丰瓒酌郁鬯，始献神。郭嵩焘引徐铉之说云：瓒，首为勺形，柄为注水道，所以灌。祼之言灌，皆因瓒得名。其礼，尝而不饮，但闻香气而已。始祭之正献如此；诸侯相朝之献鬯亦如此，故皆谓之"尚臭"。

4　郁，指郁金香草。鬯，是黑秬黍酿成的酒，以香草和酒，乃有香气。《白虎通》谓始祭之正献，倾注郁鬯于地以降神，此谓"达于渊泉"，盖以此。

5　萧，蒿艾之草与黍稷合而爇之，则烟气缭绕于墙屋。

6　依上文，则此句下宜有"致阳气也"四字。爇，读ruò，是不见光焰的燃烧。膻芗，郑玄读为"馨香"，于今当云"焦臭"。

今译

虞舜时代的祭礼，特别注重生腥之气。祭时先进献鲜血、生肉、半熟的牲体，都是用那生腥之气。殷代的人，祭祀则注重声乐。在杀牲前尚无腥气和口味之前，便一直用那高低不平的声乐来代替。奏过三个乐章之后，主祭人才走出庙门迎接祭牛。他们大声呼号，是要在阳间召唤鬼神来受飨。周人特别注重酒的香气，所以召神用鬯酒的香味。那是一种郁金香草和着鬯酒的香味，其香味可以直透入地底下。这种灌礼是用有柄的玉勺，亦即要用那玉的洁润之气。行过灌礼之后，才出去迎牲。正献用灌礼，是先向阴间求神之降临。到了正祭完毕，迎尸入室，酌酒奠之，续行馈熟之礼。那时焚着萧艾和黍稷，升起一股焦臭的烟气充满在墙屋之内。他们既奠酒于尸，又这样地用脂肪来焚烧萧艾而发出气味，是要在阳间求神之降临。凡是祭祀，目的皆欲鬼神降临享受，因此特别注意这些仪式。

魂气归于天，形魄归于地。故祭，求诸阴阳之义也。殷人先求诸阳，周人先求诸阴[1]。诏祝于室，坐尸于堂，用牲于庭，升首于室。直祭，祝于主；索祭，祝于祊[2]。不知神之所在，于彼乎于此乎？或诸远人乎[3]？祭于祊，尚曰求诸远者与？祊之为言倞也[4]，肵之为言敬也[5]。富也者福也。首也者，直也[6]。相，飨之也[7]。嘏，长也，大也。尸，陈也[8]。

今注

1　此言殷人降神先用声乐，声乐属阳，而求之于阳间。周人先以郁鬯灌地降神，气臭达于渊泉，是求之于阴间。所谓"先"者，指行礼之先后。

2　诏祝于室，即"血毛诏于室"。坐尸于堂，即"设祭于堂"。用牲于庭，即"纳牲诏于庭"。升首于室，谓杀牲后升其首供于室中北墉下。直祭，郑玄说是馈熟食之祭。郭嵩焘云：直祭当是"厌祭"（见《曾子问》注），直接供祭神主，无献尸侑尸等仪式，故曰"祝于主"。索祭，是求神而遍飨之。祊，是祭于庙门之旁，亦写作"彭"。

3　远人，远离于人。

4　憭，郑玄云：憭是索求之意。钱大昕云：憭即亮字。求幽于明，故曰亮。

5　肵，指肵俎，盛心舌以敬尸之俎。

6　郑玄云：别本此句作"福也者备也"。直，或作"牷"。

7　相，即侑尸，劝尸饮食者，故曰"飨之"。

8　尸有二义，一为尸，一为象神之尸。训为陈者，指尸首之尸。故郑玄谓此训"非也"。《左传·成公十七年》"皆尸诸朝"即用"陈"字之义。后人勉为牵合，亦殊不当。今从郑说。

今译

因为人死之后，魂气上升于天，形魄埋藏于地，所以前代的祭祀，有先求于阴的和先求于阳的仪式。殷人先求魂于阳，周人则先求魄于阴。祭礼，或在室中告神，或在堂上飨尸，杀牲在庭而献首于室。有直接供祭于神主，有普遍供祭于门旁。这样，由室而堂而庭而至于门旁，仿佛不知那魂灵的所在，究竟在此或在彼，抑或是在离人更远的地方？由室内而供祭到大门旁，差不多可说是连远方的魂灵都请到。所谓"祊"，就是"倞"，亦即在亮处寻找阴灵的意思。所谓肵俎之"肵"，就是虔敬的意思。所谓"福"，就是齐全完备的意思。所谓"首"，牲唯一首，故为"独特"的意思。相，指佐食之人。佐食要劝尸饮食，这就是飨神的意思。嘏，是长大的意思，因为神的嘏辞，总是祝福子孙富贵寿考。尸，是代表神主。

毛血，告幽全之物也[1]。告幽全之物者，贵纯之道也。血祭，盛气也。祭肺肝心，贵气主也[2]。祭黍稷加肺，祭齐加明水，报阴也。取膟膋燔燎，升首，报阳也[3]。明水涚齐，贵新也[4]。凡涚，新之也。其谓之明水也，由主人之絜著此水也[5]。

今注

1　幽全，"血"在体内故谓之"幽"。"毛"于身故谓之"全"。

2　气主，生气所凭借的主要器官。

3　齐，指五齐：泛、醴、盎、醍、澄。亦即清浊不同的五等酒。祭礼所用，愈浊者愈贵。明水，据说是用镜（古名"方诸"）取于月中之水。孙诒让说是镜面空气在月下冷凝为露。实是露水。按：《周礼·司尊彝》"郁齐献酌，醴齐缩酌，盎齐涚酌"，此处"祭齐加明水"之"齐"，当指盎齐。余见后文注。

4　涚，冲淡而清之。

5　絜，即清洁。著，显见。

今译

祭时要用毛血，这是告神以祭牲体内及全身的东西。告神以体内及全身的东西，则是重视其内外皆完好的意思。而用鲜血，则又含有生气旺盛的意思。至于以肺肝心供神，则是注重其为生气所凭借的主要器官。其他的，如供黍稷则加肺，献各种酒则加露水，是为报幽阴之意；相反，取大小肠上的脂肪和萧艾来焚爇，以及把牲首供在神前，则是为报阳之意。用露水来冲淡浊酒，使之清洁透明。凡是将酒冲淡，都为着酒清新之故。露水称为"明水"，是取主人的明洁之心表现于此水的意思。

君再拜稽首，肉袒亲割[1]，敬之至也。敬之至也，服也。拜，服也；稽首，服之甚也；肉袒，服之尽也[2]。祭称孝孙孝子，以其义称也；称曾孙某，谓国家也[3]。祭祀之相，主人自致其敬，尽其嘉，而无与让也[4]。腥肆爓腍祭[5]，岂知神之所飨也？主人自尽其敬而已矣。举斝角，诏妥尸[6]。古者，尸无事则立，有事而后坐也[7]。尸，神象也。祝，将命也[8]。

今注

1 肉袒亲割，指奠祭时主人亲自割宰牲体。

2 服，服从。稽首，头至地，是极服从的表示。肉袒，去装饰，是彻底服从的表示。

3 《曲礼》"内事曰孝子某侯某，外事曰曾孙某侯某"。内事祭祖祢，祭祖称"孝孙"，祭祢称"孝子"，皆据伦常名义。外事祭天地神祇，既非血统之亲，则是代表国家而作此称谓。

4 嘉，当即《礼运》所谓"以嘉魂魄"之"嘉"。尽其嘉，是竭情尽慎以娱悦尸神。而无与让，谓相者虔敬之心、恳挚之貌亦不让于主人。

5 肆，献其所宰割的牲体。腍，与"饪"字同，是"煮熟"的意思，此指馈熟之礼。

6 斝，玉杯。角，见前注。妥，亦写作"堕"。尸始入室，举起面前所供置的斝或角。其时，祝发言，请主人拜。于是主人再拜稽首，请尸安坐。妥尸，即请尸安坐。

7 《礼器》"夏立尸"。古者，盖指夏代。

8 将命，传话。

今译

国君在祭祀时要一拜再拜，俯首至地。国君要袒露左肩，亲自切割分解牲体，以表示对神灵的最高尊敬，而最高尊敬则意味着服从。拜跪，是服从的表示；俯首至地，则是服从到顶的表示；至于肉袒，更是里里外外无不服从的表示了。祭宗庙时称"孝孙""孝子"，那是据伦理的名义来称呼的；至于称"曾孙某"，则是代表国家对神祇的称谓。祭祀时担任侑食职务的人，虽然那些食品都是出自主人的敬意而备办得极其完善，但亦无须谦逊，要和主人一样尽其敬意劝尸饮食。荐腥，荐牲体，荐焖肉，荐熟肴，在这许多节目里，虽不知鬼神是否已来享用，但主人总要尽其敬意。迎尸入室之后，尸举起面前放置的玉杯，祝告主人，拜请尸安坐。古时候，尸无事则立，有事则坐而受飨。所谓尸，是神的代表；祝，只是个传话的人。

缩酌用茅，明酌也[1]。盎酒涗于清，汁献涗于盎酒[2]；犹明清与盎酒于旧泽之酒也[3]。祭有祈焉，有报焉，有由辟焉[4]。齐之玄也，以阴幽思也[5]。故君子三日齐，必见其所祭者。

今注

1 缩，作"过滤"讲。醴酒最浊，用茅束过滤，注于酌中，是"缩酌"。明酌，使酒透明。

2 盎酒，亦称"盎齐"，较浊的酒，用清酒冲淡之，使清净。汁献，郑玄云：汁指鬯酒；献，读为"莎"，是摩挲郁金香草的汁，调入鬯酒，故名"汁献"。汁献则用盎酒冲和之。

3 旧泽之酒，郑玄云：泽读为"醳"，是多年醇酒。按：《周礼·司尊彝》有"郁齐献酌"，当即"汁献"；"醴齐缩酌"，当即上文"缩酌"，"盎齐涚酌"，当即上文"醆酒涚于清"。

4 辟，郑玄读为"弭"，是消弭灾祸。

5 齐之玄也，玄指黑色的祭服。黑色合于阴幽。

今译

醴酒用茅束过滤，使之清净。醆酒用清酒冲和，郁鬯之酒则用醆酒冲和，其作用犹如清酒与醆酒之和于旧酿的醇酒。祭祀有三种作用：一是祈求，二是报恩，三是消弭灾祸。至于斋服之用黑色，则因黑色使人沉静而宜于阴幽之思。所以君子致斋三日，其心神宁静而专一，到了祭时就仿佛能看到所欲祭的鬼神。

第十二　内则

　　本篇于《别录》属"子法"。郑氏以为记录男女居室，侍奉父母舅姑的方法，"闺门之内，仪轨可则"，故称"内则"。朱子云：盖古经也，为古学校教民之书。今观全篇所言，除篇首十一字无所承应者外，约可分为四部分：一内则，二养老，三食谱，四育幼。"内则"部分，依其适用对象来分，又有四种：第一言子妇服侍父母舅姑的礼节，第二为舅姑对待子妇之礼，第三是家庭通礼，第四是夫妇之礼。"养老"部分，显然是《王制》的复简，而"食谱"部分，其文又与《仪礼·公食大夫礼》、《周礼·天官》酒人庖人食医诸职，以及《少仪》中文句时相雷同，可参考以上各篇。只有"育幼"部分，是说的子法。

　　后王命冢宰，降德于众兆民[1]。子事父母，鸡初鸣，咸盥漱[2]，栉纚笄总[3]，拂髦冠緌缨[4]，端韠绅[5]，搢笏[6]。左右佩用，左佩纷帨刀砺小觿金燧[7]，右佩玦捍管遰大觿木燧[8]，偪屦着綦[9]。

　　今注

　　1　姚际恒云："此犹《燕义》首章，皆后人所妄加者，其文义与本篇绝不相类。"

　　2　盥，盥漱，洗手涤口。

3　栉，梳子。缡，以黑缯韬发作髻。笄，发簪，用以固发者。总，裂练缯为之，束发之本，垂余于髻后以为饰。

4　髦，齐眉之发饰，以髦牛尾为之，有父母在，子戴之以象幼时剪发为鬌之形。冠緌缨，谓摄冠、垂緌、结缨三事。

5　端，玄端士服。韠，蔽膝，以韦为之，古时席地而坐，故设蔽膝。绅，大带。

6　笏，竹制的长方形记事牌。

7　纷帨，拭物的佩巾。纷，拭器；帨，拭手。刀砺，小刀与磨刀石。小觿，解小结的工具，状如锥，以象骨为之。古人衣带皆交固结之，不为虚纽，以防解散，故解时必用觿。金燧、凸镜，用以向日取火。

8　玦，当作"决"，以象骨为之，射者着于右手大指，以钩弦而闿弓体。捍，亦名拾，以韦为之，着于左臂以遂弦。管，笔驱。遰，刀鞘。大觿，解大结的工具。木燧，钻木取火的工具。

9　偪，如袜而无底以饰足胫者。綦，为屦上小带。

今译

天子下令冢宰，教化百姓。孝敬父母，应由小处做起。已冠的男子侍奉父母，在鸡初鸣时，就应从事梳洗。头上用黑缯韬发作髻，以簪固定，并戴上齐眉的发饰，模仿幼儿的形象，表示年龄虽长，犹不忘孺慕父母之意。帽带系整齐，身上穿着玄端士服，系上大带，插笏于带间，以备记事。又穿上蔽膝，身上两旁另戴许多佩物：右面是擦手巾，小刀和磨石，解小结的锥子，以及向日取火的凸镜；右面佩的是射击用的玦捍，笔驱和刀鞘，解大结用的大觿，以及钻木取火用的木燧；脚上又仔细地缚偪纳屦着綦，然后才敢见父母。

妇事舅姑，如事父母。鸡初鸣，咸盥漱，栉縰，笄总，衣绅。左佩纷帨刀砺小觽金燧，右佩箴管线纩[1]，施縏袠[2]，大觽木燧衿缨[3]，綦屦。

今注

1　箴，与针同。管，谓插针囊。纽麻曰线，纺绵曰纩。

2　縏，小囊。袠，縏下垂带。

3　郑注《士昏礼》云：妇人十五许嫁，笄而礼之，因着缨。

今译

妇人侍奉公婆，如同侍奉父母一样，大清早起来以后，也要梳洗穿戴齐备，左面佩戴的五件东西，与男子相同；右面佩的六件，其中三样是女人专用的，与男子稍异。穿上鞋，系好鞋带。

以适父母舅姑之所，及所，下气怡声，问衣燠寒，疾痛苛痒[1]，而敬抑搔之[2]。出入，则或先或后，而敬扶持之。进盥，少者奉槃[3]，长者奉水，请沃盥，盥卒授巾。问所欲而敬进之，柔色以温之，饘酏酒醴芼羹菽麦蕡稻黍粱秫唯所欲[4]，枣栗饴蜜以甘之，堇荁枌榆免薧滫瀡以滑之[5]，脂膏以膏之[6]，父母舅姑必尝之而后退。

今注

1　苛，与"疴"同，疥癣。

2　抑，按摩。

3　槃，同"盘"，盛水器，犹今之脸盆。

4　饘，烂饭。酏，稀粥。芼羹，谓以菜杂肉，加米糁面煮之。饘酏酒醴芼羹五者，早晨食物。菽，大豆。蕡，枲实，今谓之火麻仁。黍，似稷而粒大壳光滑，或赤或白或黑，其赤者今或谓之高粱，或谓之蜀黍。秫，稷之黏者，今谓之糯米。菽麦以下七者，朝夕食品。

5　堇，菫类，滑菜也，冬用堇，夏用苴。枌榆，白榆也。渝，干。滫，滑。谓菫苴枌榆，或新或干，渍之滫中，令生滑滫以和食物。

6　膏之者，使肥润，老人咽膈恒苦不快，故调和肉菜，宜用膏滑。

今译

来到了父母公婆的居处，首先要低声下气地问候冷暖，如有疾痛疴痒，应该专心谨慎地为之按摩。父母公婆出入走动时，或先或后地在旁扶持；送汤水给他们盥洗的时候，年龄小的捧着盘在下面接水，年龄大的捧着装水的容器从上面浇，洗毕再递上面巾。然后和颜悦色地请示一天的食物：早餐的"饘酏酒醴芼羹"，及午晚二餐的"菽麦黄稻黍粱秫"，尽量依照父母公婆的意思安排，并用枣栗饴蜜、菫苴枌榆脂膏等来调和饮食，使食物甘滑可口，必待父母公婆品尝以后才能告退。

男女未冠笄者，鸡初鸣，咸盥漱，栉纚，拂髦总角，衿缨，皆佩容臭[1]，昧爽而朝[2]，问何食饮矣。若已食则退，若未食，则佐长者视具。

今注

1　容臭，谓函香物于小囊。

2　昧爽，天将明而未明时。

今译

未成年的男女，也在鸡初鸣时就起床整装，盥洗手脸，男孩总角，女孩衿缨，都佩挂香囊，在天色微明时就去向父母请安，问候饮食。如果父母已用毕早餐，即可告退，如未进食，就在一旁侍奉，等候差遣。

凡内外[1]，鸡初鸣，咸盥漱，衣服，敛枕簟，洒扫室堂及庭，布席[2]，各从其事[3]。孺子蚤寝晏起[4]，唯所欲，食无时。

今注

1 孔氏曰：此总论子妇而外卑贱之人，爰及仆隶之等。或曰内外包括上下尊卑长幼，不限于卑贱仆隶。今从后说。

2 布席，布置座席。

3 各从其事，谓内治内事，外治外事，各守其分。

4 孺子，指小孩。王夫之《礼记章句》："八岁以下未入小学者。"

今译

家中不论尊卑长幼，每人都应鸡鸣即起，梳洗整理，穿戴毕，就去清理床榻，先做好内务，然后打扫庭堂，安排座席，分工合作，各人从事他分内的事。只有孺子允许他早睡晚起，可以随心所欲，饮食无时。

由命士以上[1]，父子皆异宫[2]。昧爽而朝，慈以旨甘[3]，日出而退，各从其事，日入而夕，慈以旨甘。

今注

1 命士，受命于朝廷的人。侯伯之上士、天子之中士始受命。

2 父子异宫，谓父子之寝，各有正寝、燕寝、侧室之属，不在同一正寝门内。

3 慈，恭敬地进献。

今译

受命于朝廷的人，例如侯伯的上士、天子的中士，由于地位较尊，规矩与制度也就愈严，父子不同居在一寝门内，各有各的正寝、燕寝和侧室。到了天刚要亮的时候，就来到父母的寝居，敬以枣栗饴蜜等物，侯父母用毕早膳才能告退，各人从事各人的公事，日入再朝，问候双亲夕膳，夕食之后，又奉以枣栗饴蜜等物，以调和饮食。

父母舅姑将坐，奉席请何乡？将衽[1]，长者奉席请何趾？少者执床与坐[2]，御者举几，敛席与簟，县衾箧枕，敛簟而襡之[3]。

今注

1　衽，铺床褥。

2　执床与坐，谓移动床榻待坐。

3　襡，音"独"，收藏的意思。

今译

古人都是席地而坐，父母公婆起床以后，要设休息的坐榻。将坐的时候，要先请示坐的地方，改换卧处时，子辈中的年长者，要问过长者的意思，再由年少者移动坐榻，这时侍者捧上小几，供长者依凭，然后才收拾簟席寝具。因为衾枕和席簟，都是贴身的寝具，所以要好好地收藏起来，以免玷污。

父母舅姑之衣衾簟席枕几不传[1]，杖屦祗敬之，勿敢近。敦牟卮匜[2]，非馂莫敢用[3]；与恒食饮，非馂，莫之敢饮食。父母在，朝夕恒食，子妇佐馂，既食恒馂，父没母存，冢子御食，群子妇佐馂如初，旨甘柔滑孺子馂。

1　传，移动的意思。

2　敦牟卮匜，皆是食器。敦牟用来盛黍稷，卮匜用来盛酒浆。

3　馂，食剩的东西。

今译

父母公婆的衣服、枕被、簟席、靠几，都有一定的存放地点，子妇们不能随便改换地方；对于他们的手杖和鞋子，更要敬而远之，不能乱碰，以示恭敬和诚意。他们饮食用的杯筷碗盏，不可任意取用；食物不是食剩下的，也不敢吃。恒常的饭食，需待父母公婆吃毕，才分配给各子妇，否则是不敢吃的。父母都在世的时候，早晚三餐，都由子妇在旁照料，见到有剩余的饭食，必须帮忙吃尽，吃不完的也要留待众人一同吃完。父亲不在世的时候，由嫡长子侍母进食，嫡长妇与其他众子妇们照常在旁照顾，至于甘美易于消化的食物，则由孺子吃尽它。

在父母舅姑之所，有命之，应唯敬对。进退周旋慎齐，升降出入揖游，不敢哕噫嚏咳欠伸跛倚睇视[1]，不敢唾洟[2]；寒不敢袭，痒不敢搔；不有敬事[3]，不敢袒裼[4]，不涉不撅，亵衣衾不见里。

今注

1　哕，气逆声。噫，打饱嗝。欠，张口出气。睇视，斜视。

2　唾洟，口水和鼻涕。

3　敬事，谓重事。

4　袒裼，谓脱衣露臂。古时祭则袒而割牲，吊则裼，否则虽执劳役不敢如此。

今译

在父母公婆的跟前，有所使唤的时候，要立即答应，恭敬地答话。在长者面前进退周旋，心要肃敬，貌要齐庄，升降出入，亦要俯身而行，不敢打呃、打喷嚏、咳嗽、伸懒腰；不敢一脚站立，不敢斜视，不敢流口水、流鼻涕。天气突变时，不敢在长者面前加衣，也不敢在长者面前搔痒。没有特殊的大事，不敢宽衣露臂。不是涉水，不能揭衣裳。内衣和被子不要把里子露出来。

父母唾洟不见，冠带垢，和灰请漱；衣裳垢，和灰请浣；衣裳绽裂，纫箴请补缀。五日，则燂汤请浴[1]，三日具沐，其间面垢，燂潘请靧[2]；足垢，燂汤请洗。

今注

1　燂，温的意思。

2　潘，米泔。靧，洗面。

今译

要时时替父母擦拭口水和鼻涕；冠带和衣裳脏了，立刻拿来洗涤；衣裳绽了线或破裂了，要立刻拿来补。五天烧一次温汤请父母洗澡，三天洗一次头发。在这期间，父母脸有污沾，应备温淘米水请洗，脚脏了也要温汤请洗。

少事长，贱事贵，共帅时[1]。

今注

1　帅时，遵行此道的意思。由篇首至此，讲的是侍候父母公婆的方法。

今译

弟子对于师长，小臣妾媵对于君主，也同样要遵循子妇们侍奉父母公婆的方法。

男不言内，女不言外¹。非祭非丧，不相授器²。其相授，则女受以筐³，其无筐，则皆坐奠之而后取之。外内不共井，不共湢浴，不通寝席，不通乞假⁴，男女不通衣裳，内言不出，外言不入。

今注

1　内，谓内事，例如酒食丝枲等家务事。外，谓外事，指家国之政。

2　祭事严，丧事遽，男女可以不避嫌，除此以外，不能互相授受。

3　筐，盛物的竹器。《广韵》："方曰筐，圆曰筐。"

4　不通乞假，谓不传言相求借。

今译

两性之间，在许多事务上都有很大的限制：男人主外，因此不问内事；女人主内，所以不言外事。除了祭祀和办丧事，平时男女不能相互授受，必须接触传递物品时，女方用盛物的竹器来接，不可手对手来接。物品不能用竹器来盛的时候，则要放置在地上，然后才去取，并且要很恭敬地放下，不可轻率。内外不共井汲水，不共享浴室，不共享寝具，也不相互借贷。对于衣裳更是严格，男女不共衣裳。闺内之言不传于外，外门之言亦不带入闺门。

男子入内，不啸不指¹，夜行以烛，无烛则止。女子出门，必拥蔽其面，夜行以烛，无烛则止。道路，男子由右，女子由左²。

今注

1　郑玄注：啸读为"叱"，嫌有隐使也。俞樾按：啸者，以声使人；指者，以手使人，皆口不明言，而微示以意为隐使。

2　地道尊右，故男子由右，女子由左。

今译

男子进入内宅，态度要光明正大，不可呵斥人，不可用手指指点点。夜晚行路，要燃点烛火，无烛则止。女子出门，必要用衣袖遮面，夜晚行路，也要点燃烛火，没有烛火就不走动。走路的时候，男人行右边，女人走左边。

子妇孝者敬者，父母舅姑之命，勿逆勿怠。若饮食之，虽不耆，必尝而待[1]；加之衣服，虽不欲，必服而待；加之事，人代之，己虽弗欲，姑与之，而姑使之，而后复之[2]。

今注

1　尝而待，待后命而去。

2　复，恢复己任。

今译

孝敬父母公婆的子妇们，对于尊长的意思，是不能违背怠惰的。父母公婆如果赐予食物，就是胃口不好，不想吃也得小尝一些；给予衣服，虽不想穿也得勉强穿上；交代给自己办的事，有时虽有人代劳，未必能合己意，就暂时让人家代理，帮助他们，最后由自己来做。

子妇有勤劳之事，虽甚爱之，姑纵之，而宁数休之[1]。子妇未孝未敬，勿庸疾怨[2]，姑教之；若不可教，而后怒之[3]；不可怒，子放妇出，而不表礼焉[4]。

1　数休之，屡次让他休息。

2　疾怨，憎忿的意思。

3　怒，谴责。

4　表，著明的意思。谓出妇放子，犹为之隐瞒，不明言其犯礼。

今译

父母公婆对于小辈，也要异常爱护，当他们劳作的时候，心里十分不忍，虽然任他们去做，但时时让他们停下来休息。儿子、媳妇如果不孝敬，也不生气埋怨，应该慢慢地教导他们；要是不听教训，才来责备；实在悖逆不听管教的时候，那只好放逐儿子出休媳妇了，但也不明说他们违犯礼义。

父母有过，下气怡色柔声以谏，谏若不入，起敬起孝[1]，说则复谏[2]，不说，与其得罪于乡党州闾，宁孰谏[3]。父母怒不说，而挞之流血，不敢疾怨，起敬起孝。

今注

1　起，更振作之意。谏之不入，必因孝敬未至，故须振作兴起，孝敬父母，冀以感动双亲，而复进谏言。

2　说，同"悦"。

3　犯颜而谏，使父母不悦，其罪轻；畏惧不谏，使父母得罪于乡党州闾，其罪重。故二者之间，宁可孰谏。孰与熟同，谓纯孰殷勤而谏，如物成熟。

今译

父母有了过错，做小辈的要低声下气、和颜悦色地进谏言。如果谏言不被接纳，就要更加恭敬父母，用孝心来感动父母，等父母颜色稍解，再进谏言；要是仍不接纳，与其使父母得罪于乡党州闾，不如小心殷勤地再三劝谏，就是招致父母发怒，鞭打自己到皮破血流的程度，也不敢怨恨，依旧孝敬父母。

父母有婢子若庶子庶孙[1]，甚爱之，虽父母没，没身敬之不衰。子有二妾，父母爱一人焉，子爱一人焉，由衣服饮食[2]，由执事，毋敢视父母所爱[3]，虽父母没不衰。子甚宜其妻，父母不说，出[4]。子不宜其妻，父母曰：是善事我。子行夫妇之礼焉，没身不衰。

今注

1　婢子，谓贱妾。《檀弓》陈乾昔曰：使夫二婢子夹我。若，作及解。

2　由，于也。俞樾《群经平议》："樾谨按：《尔雅·释诂》：繇，于也。繇即由字。……此经两由字亦当训于……注训为自失之。"

3　视，比的意思。

4　出，谓出妻。

今译

父母所宠爱的贱妾及庶子庶孙，在父母过世以后，做子女的仍要终生敬重他们。如果儿子纳了两个小妾，父母喜欢其中一个，儿子喜欢另一个，那么儿子爱的那个，无论在衣服、饮食以及劳役各方面，都不敢和父母所爱的那一个相比，即使父母过世以后也是如此。儿子很爱妻子，如果父母不喜欢她，就该立即休妻；要是儿子不喜欢自己的妻子，但是父母说：她服侍我很好。那么儿子就得维持夫妻关系，终生恩情不变。

父母虽没，将为善，思贻父母令名[1]，必果。将为不善，思贻父母羞辱，必不果。

今注

1 贻，遗留的意思。

今译

父母过世以后，临到行善事的时候，想到会带给父母好的名誉，就立刻决心去做；遇到想做不好的事情，一想起这事会使父母蒙羞，就停手不做了。

舅没则姑老[1]，冢妇所祭祀、宾客，每事必请于姑，介妇请于冢妇[2]。舅姑使冢妇，毋怠不友无礼于介妇[3]。舅姑若使介妇，毋敢敌耦于冢妇，不敢并行，不敢并命，不敢并坐。

今注

1 老，谓传家政于长妇。男子七十而传，妻亦从之，未及七十而没，妻亦授家政于长妇，祭祀时不为主妇，盖祭必夫妇亲之。

2 介妇，谓众妇。介妇请于冢妇，因其代姑统家事。

3 此句有二解：王夫之《礼记章句》："怠，废命也。不友无礼于介妇，推劳苦挟贵倨于群娣妇也，无此三者，以恪奉舅姑之命。"意谓毋怠惰，毋不友爱，毋无礼于介妇。俞樾《群经平议》："樾谨按：如注义，则当云不友无礼之介妇，于文方明，今云不友无礼于介妇，则注义不可通矣。友当读为有……不友即不有，乃戒之之辞。"不友，犹今云"不得"，乃告诫口吻。以上二说，于意并通。

今译

公公过世以后，按规矩婆婆不再主持家政，而把家政传给嫡长子妇，嫡长子妇每至祭祀、宴客，也不敢一意专行，遇事都要请示婆婆，同时各姒娣也得尊重长妇的意见。公婆平日也要告诉长妇：不得怠惰，不得对众妇无礼。公婆如果有事差使众妇去做，众妇也不可因此骄傲，不敢和长妇站对立的立场，不敢并行、并命、并坐。

凡妇[1]，不命适私室，不敢退。妇将有事[2]，大小必请于舅姑。子妇无私货，无私畜，无私器，不敢私假，不敢私与。妇或赐之饮食衣服布帛佩帨茞兰[3]，则受而献诸舅姑，舅姑受之则喜，如新受赐[4]，若反赐之则辞，不得命，如更受赐，藏以待乏[5]。妇若有私亲兄弟将与之，则必复请其故[6]，赐而后与之。

今注

1 兼冢妇介妇而言。

2 事，谓私事，如归宁之类。

3 茞兰，香草名，晒干以后盛入囊中，可作佩物。

4 新，初的意思。

5 谓待公婆缺乏时献之。

6 复请其故，以当赠物的原因，禀告公婆。

今译

嫡长妇和众妇们，平日专以侍奉公婆为事，公婆不下令退下，不敢私自回房休息。遇到有私事要料理的时候，不论事情大小，都要禀明过公婆才能去做。儿子和儿媳妇不能有属于自己的财币、器物和牲畜，不能擅自以物借人，或以物予人。儿媳妇如果得到娘家亲友馈赠的饮食、衣服、布帛、佩巾或香囊，应当收下来转献给公婆，公婆接受了就很高兴，如同自己刚接受了亲友馈赠一样；假如公婆把东西转送给自己，就该推辞不受，实在推辞不掉时，就要以再接受公婆赐物的心情收藏起来，等待公婆有所缺乏时再献。儿媳妇想送点礼给娘家兄弟亲友的时候，必先向公婆禀明原因，公婆拿出东西来赏赐自己，才能去送礼。

适子庶子祇事宗子宗妇[1]，虽贵富，不敢以贵富入宗子之家，虽众车徒舍于外，以寡约入。子弟犹归器衣服裘衾车马[2]，则必献其上[3]，而后敢服用其次也；若非所献[4]，则不敢以入于宗子之门，不敢以贵富加于父兄宗族。若富，则具二牲，献其贤者于宗子，夫妇皆齐而宗敬焉，终事而后敢私祭。

今注

1　适与嫡同，适子为正室所生。庶子，谓妾所生。祇，敬重的意思。宗子宗妇，谓嫡长子及嫡长妇。

2　犹，若，如果。归，谓馈赐。

3　上，最上等的。

4　若非所献，谓非宗子之爵所当服。

今译

嫡子庶子对于嫡长子嫡长妇应十分尊崇敬重，不敢向他们夸示富贵，每次到嫡长子家里去，车马随从都止于大门外，自己简约谦恭地进去。如果子弟得了衣服车马皮裘宝器，必选最上等的献给嫡长子，然后留下次等的自用；要是这些东西不适合嫡长子的身份地位，则不敢送进他家大门，更不敢因富贵而施之于父兄宗族。临到祭祀的时候，家境富裕的献二牲，把最肥硕的给嫡长子，小宗夫妇则斋戒助祭，等大宗祭完了，而后小宗才敢私祭。

饭：黍，稷，稻，粱，白黍，黄粱，稰，穛[1]。膳：膷，臐，膮，醢，牛炙。醢，牛胾；醢，牛脍。羊炙，羊胾，醢，豕炙。

醢，豕胾，芥酱，鱼脍。雉，兔，鹑，鷃²。

今注

1　自此以下记饮食制度。粱，白粱，谷扁长，穗大多毛。黄粱，谷粒大于白粱，今俗谓之竹根黄。黍，黄米，一名丹黍。白黍，一名芑差，白于丹黍。稻，熟获而生舂之。穛，生获而蒸熟舂之，谓六种饭，其谷皆有生获、熟获之别。

2　胾，牛臛。臐，羊臛。膮，豕臛。三者皆是煮肉，少汁而无菜和，可以登豆者。炙，烙肉。胾，切熟肉。芥酱，芥子酱。郑注据《公食大夫礼》谓第一"醢"字为衍文。

今译

吃的饭有黄黍、白黍、黄粱、白粱、稷、稻六种，每种还有生获熟获的区别。膳食则有牛臛、羊臛、豕臛三种煮肉，加上烙牛肉，共计四样排在第一行；肉酱、切牛肉、肉酱、牛脍四样排在第二行；烙羊肉、切羊肉、肉酱、烙猪肉四样排在第三行；肉酱、切猪肉、芥子酱、鱼脍四样排在第四行，这是按下大夫的礼规定的，如果加上雉、兔、鹑、鷃四样，共计二十样，就是上大夫的礼了。

饮：重醴¹，稻醴清糟，黍醴清糟，粱醴清糟，或以酏为醴，黍酏²，浆，水，醷，滥³。酒：清、白⁴。

今注

1　醴，谓一宿酒。《释名》："醴齐，酿之一宿而成，体有酒味而已。"《北堂书钞》引《韩诗》云："甜而不泲，少麹多米曰醴。"醴有清有糟，重醴者，谓兼而有之。

2　以黍煮成稀粥，取其不黏。

3　浆，米汤。醷，《周礼》作"医"，梅浆。滥，《周礼》作

"凉"，孔氏曰："浆人六饮有凉。"注云："凉，今寒粥，若糗饭杂水也。"

4 酒冬酿而夏成者，澄久而清，新酿者浊，故曰白。

今译

喝的饮料也有许多种：醴酒就有清糟之别，随人的爱好而取用。用稻米酿造的酒经过过滤，是清的，黍酒和高粱酒也是如此。或者用稀粥来代替酒，或用黍煮稀粥来代替，其他还有米汤、水、梅浆、凉粥等。酒：清酒和白酒。

羞：糗，饵，粉，酏¹。食：蜗醢而苽食²，雉羹；麦食，脯羹³，鸡羹；析稌，犬羹，兔羹；和糁不蓼⁴。濡豚，包苦实蓼⁵；濡鸡，醢酱实蓼；濡鱼，卵酱实蓼⁶；濡鳖，醢酱实蓼。腶脩⁷，蚳醢⁸，脯羹，兔醢，麋肤⁹，鱼醢，鱼脍，芥酱，麋腥，醢，酱，桃诸，梅诸¹⁰，卵盐。

今注

1 糗，炒米粉。饵，谓糕。酏，本谓稀粥，此处当作"餐"字。

2 蜗，古"螺"字，今谓之田螺。苽，古"菰"字，雕胡米。

3 脯羹，牛、豕、羊脯煮成之羹。

4 糁，米屑。和糁，谓投米屑于汤中，使之成糊。古人以蓼为菜，故菜通谓之蓼，不蓼，谓无须加蓼。

5 濡，谓烹肉得汁以和羹。苦，甘草。实，犹置，置蓼于其中。

6 卵酱，卵读音"鲲"，鱼子酱。

7 腶脩，切牛羊肉为长条，捶令熟而加姜桂干之。

8 蚳醢，蛙酱。

9　肤，薄切熟肉。

10　诸，收藏的意思。桃诸、梅诸，谓制成桃干、梅干。

今译

　　加进的豆笾之实是：糗、粉、糕、饼。燕食所用的是：蜗酱，雕胡米饭，雉羹。麦饭，肉羹，鸡羹。稻米饭，犬羹，兔羹。这些羹类都是加入米屑使之成糊，而不须加蓼菜。烹小豕的时候，把蓼菜置入豚腹中，加甘草同煮，煮鸡则加肉酱，煮鱼则加鱼子酱，煮鳖则加肉酱。股脩以蛙酱来配食，肉羹以兔酱来配食，麋肉以鱼酱来配食，鱼脍以芥子酱来配食，生麇肉则以醢酱配食，至于桃子、梅子，则制成桃干、梅干，配以卵盐。

　　凡食齐视春时，羹齐视夏时，酱齐视秋时，饮齐视冬时[1]。凡和，春多酸，夏多苦，秋多辛，冬多咸，调以滑甘。

今注

　　1　齐，谓调和。郑玄云："食宜温，羹宜热，酱宜凉，饮宜寒。"此处以春、夏、秋、冬表温热凉寒。

今译

　　调和食物的冷热温凉，要看食品的性质来决定。例如，饭食宜于温食，羹汤宜热食，酱类宜凉，饮料则宜于寒。食品的调味，也要注意时令，春季多用酸味，夏季多用苦味，秋天多用辛辣，冬天则重盐味，但每种都要留意配入滑润甘美的食物，以适合年长者的肠胃。

　　牛宜稌，羊宜黍，豕宜稷，犬宜粱，雁宜麦，鱼宜苽。春宜羔豚膳膏芗[1]，夏宜腒鱐膳膏臊[2]，秋宜犊麛膳膏腥[3]，冬宜鲜羽膳膏膻[4]。

今注

1　膳膏，谓以膏煎之，使滋味甘美。

2　脯，干雉。鳙，干鱼。

3　麛，小鹿。

4　鲜，鲜鱼。羽，鸷雁。

今译

主食和肉类的调配也要相宜：牛配稻，羊配黍，豕配稷，犬配粱，雁配麦，鱼配雕胡米。由于季节的转移，吃的食物也有变化，夏季天气炎热，不宜吃油腻，以干鱼干肉为宜；春天肉类肥美，正是吃小猪小羊的季节；秋天鹿、犊肥硕；冬天鱼鲜，羽雁应市。各按其肥硕的季节来取用，并且配以牛膏、犬膏、鸡膏、羊膏，取其芗、臊、腥、膻之味，来调和食物。

牛脩，鹿脯，田豕脯，麋脯，麕脯，麇鹿田豕麕，皆有轩[1]，雉兔皆有芼。爵，鷃，蜩，范，芝栭，菱，椇，枣，栗，榛，柿，瓜，桃，李，梅，杏，楂，梨，姜，桂[2]。

今注

1　轩，薄切以蓼包揉而干之。

2　芝，兰子。栭，茅栗。椇，橡子。榛，似栗而圆。楂，山楂。

今译

牛、鹿、田豕、麋、麕的肉，切成长条或薄片，制成脩脯，其中麇鹿田豕麕是先切薄用蓼菜包揉再制干的，雉和兔只用菜煮，不先包蓼菜，再加上爵、鷃、蜩、范、芝栭、菱、椇、枣、栗、榛、柿、瓜、桃、李、梅、杏、楂、梨、姜、桂等物，皆是人君燕食所加的庶羞。

大夫燕食¹，有脍无脯，有脯无脍。士不贰羹胾²，庶人耆老不徒食³。

今注

1 燕食，谓朝夕常食。

2 贰，双份，并设的意思。

3 六十曰耆。

今译

大夫的早晚饭，有脍就不再吃脯，有脯就不再吃脍。士人朝夕常食羹胾，但不能并设。六十岁以上的老人非肉不饱，食得有胾，羹则庶人皆有。

脍：春用葱，秋用芥豚；春用韭，秋用蓼。脂用葱，膏用薤，三牲用藙¹，和用醯，兽用梅²。鹑羹，鸡羹，鴽，酿之蓼。鲂鱮烝³，雏烧，雉，芗无蓼。

今注

1 藙，茱萸。

2 梅，梅酱。

3 鲂鱮，二鱼名。

今译

调和细切的肉腥类，因季节不同，配料也有改变：春用葱，秋用芥豚；春用韭，秋用蓼菜。脂用葱，膏用薤，牛、羊、豕三牲配茱萸，用酸醋来调味，其他肉类用梅酱调味。鹑羹，鸡羹，鴽用蓼菜来杂煮。蒸的鲂鱮鱼，烧烤而熟的雏鸟及雉，只用苏荏之类来调和，不需加蓼菜一起煮。

不食雏鳖，狼去肠[1]，狗去肾[2]，狸去正脊，兔去尻[3]，狐去首，豚去脑，鱼去乙[4]，鳖去丑[5]。

今注

1 狼，王夫之谓当作羊。羊肠曲治不能净。

2 狗肾，《本草》云有毒。

3 尻，相传兔尻有九孔，《说文》段注："尻，今俗云沟子是也。"今谓屁股。

4 乙，鱼颔下骨，状如"乙"字，食之鲠人不可出。

5 丑，肛门。

今译

对人不利，有毒害的东西都不食用：不食雏鳖，不吃羊肠，狗去肾，狸去正脊，兔去臀部，狐去头，猪去脑，鱼去乙骨，鳖去肛门。因为狗肾性毒，猪脑败肾，鱼骨鲠喉，鳖肛门不洁，都不宜食用。

肉曰脱之[1]，鱼曰作之[2]，枣曰新之[3]，栗曰撰之[4]，桃曰胆之[5]，柤梨曰攒之[6]。

今注

1 脱，去除其骨，剔除筋膜。

2 作，削除鱼鳞。

3 枣，易有尘埃，拭除尘埃使新。

4 撰，与"选"通。

5 胆，去毛。

6 攒，《尔雅》作"钻"，谓剔去其核。

今译

各种食品都要加以整治，以利食用，肉类剔除其筋骨叫作

"脱";鱼去鳞叫作"作";枣子易沾尘土,拭除灰尘叫作"新";栗子剥壳拣好的叫作"撰";桃子多毛,拭去皮上茸毛叫作"胆";柤梨去核叫作"攒"。

牛夜鸣则庮[1],羊泠毛而毳膻[2],狗赤股而躁臊[3],鸟麷色而沙鸣郁[4],豕望视而交睫腥[5],马黑脊而般臂漏[6],雏尾不盈握,弗食,舒雁翠[7],鹄鸮胖[8],舒凫翠[9],鸡肝,雁肾,鸨奥[10],鹿胃。

今注

1　庮,音"由",恶臭味。

2　泠,聚。毳,结,谓毛不均匀或聚牛。

3　赤股,谓股里无毛。

4　麷,羽毛不泽美。

5　望视,谓盲视。段玉裁云:"盲""望"同音假借。交睫,谓目睫毛交。

6　般,与"班"通。漏,《周礼》作"蝼",谓臭如蝼蛄。按:漏当是溃疡之肉。

7　舒雁,鹅。翠,尾肉。

8　鹄,小鸟名。鸮,一名鹏,今谓之竹鸡。胖,胁侧薄肉。

9　舒凫,鸭子。

10　鸨,水鸟名。奥,脾肫。

今译

吃的各种肉类,要细加选择,夜间鸣叫的牛,它的肉必有恶臭;毛色不均匀润泽的羊,肉有膻味;股里无毛的狗,举动急躁,肉味一定臊恶;家禽或野鸟,要是羽毛不美,叫声嘶哑,它的肉必定腐臭;目光不明,睫毛长相交的猪,肉质一定不好;黑脊而前胫有杂毛的马,肉通常有腐味。这些肉类都不宜吃。同时不成

熟的雏，不要吃它。鹅尾、鸱鸮胁侧的薄肉、鸭尾、鸡肝、雁肾、
鸹奥、鹿胃等，吃时都要去掉。

肉腥细者为脍，大者为轩¹，或曰麋鹿鱼为菹，麕为辟鸡，野
豕为轩，兔为宛脾²，切葱若薤，实诸醯以柔之³。

今注

1　谓不辨牲之大小，凡细切者为脍，大切者皆为轩。

2　轩菹皆薄切之成片，脍辟鸡宛脾，则薄切之又条解之
如丝。

3　谓用醋腌软。

今译

凡是牲畜，不论体积大小，把它切细叫作脍，粗切成片就称
作轩。麋鹿鱼野豕是用粗切的方法，麕兔用的是细切方法，又把
葱薤渍在醋中，拌和肉类以除去腥气。

羹食¹，自诸侯以下至于庶人无等²。

今注

1　羹食，谓主食。

2　谓常食皆有羹食，不论上下皆有。

今译

羹食是日常的主食，上至诸侯，下至平民，不论地位贵贱都
是有的。

大夫无秩膳¹，大夫七十而有阁²，天子之阁，左达五，右达
五，公侯伯于房中五³，大夫于阁三，士于坫一⁴。

今注

1　秩膳，谓常置美食于左右备食。

2　阁，存放食物的地方，以板为之。王夫之《礼记章句》："每阁十二豆，故天子之阁十，诸侯六十豆，故阁一。"孙希旦云："曰五曰三曰一者，谓阁与坫之数，非谓膳之种数也。"

3　达，谓夹室。夹室在序外，房在正室两旁，其外为序，序外为夹室。

4　坫，土坫。士不得为阁，为土坫存放食物。

今译

大夫、士阶级虽不能与天子、诸侯相比，可是在养老方面，也是同样地注重。普通年纪不够老的大夫，平日并没有随时预备美食，但到了七十岁以后，就有专门存放食物的食"阁"。天子的食阁，设在正室外左右夹室内，每室各有五个；公侯伯的食阁设在正室两旁的房中，共有五个；大夫的食阁有三个；士人只有一个，并且不叫作阁，而称作"坫"。这些都是为养老而设的。

凡养老：有虞氏以燕礼，夏后氏以飨礼，殷人以食礼，周人修而兼用之[1]。凡五十养于乡，六十养于国，七十养于学，达于诸侯[2]。八十，拜君命，一坐再至，瞽亦如之，九十者使人受[3]。五十异粻，六十宿肉，七十贰膳，八十常珍，九十饮食不违寝，膳饮从于游可也[4]。六十岁制，七十时制，八十月制，九十日修，唯绞紟衾冒，死而后制[5]。五十始衰，六十非肉不饱，七十非帛不暖，八十非人不暖，九十虽得人不暖矣。五十杖于家，六十杖于乡，七十杖于国[6]，八十杖于朝，九十者，天子欲有问焉，则就其室以珍从。七十不俟朝，八十月告存，九十日有秩[7]。五十不从力政，六十不与服戎，七十不与宾客之事，八十齐丧之事弗及也[8]。

五十而爵，六十不亲学，七十致政；凡自七十以上，唯衰麻为丧。凡三王养老皆引年，八十者，一子不从政，九十者，其家不从政；瞽亦如之。凡父母在，子虽老不坐。有虞氏养国老于上庠，养庶老于下庠；夏后氏养国老于东序，养庶老于西序；殷人养国老于右学，养庶老于左学；周人养国老于东胶，养庶老于虞庠，虞庠在国之西郊⁹。有虞氏皇而祭，深衣而养老；夏后氏收而祭，燕衣而养老；殷人冔而祭，缟衣而养老；周人冕而祭，玄衣而养老¹⁰。

今注

1 至 10 详见《王制》注释。

今译

凡养老之礼，从前有虞氏用燕礼，夏后氏用飨礼，殷人用食礼。到了周代，就兼而用之。人到了五十岁，就有资格受养于乡；六十岁受养于国；七十岁则受养于大学，自天子通于诸侯国，都采用这种办法。人到了八十岁，筋力衰退，不能多跪拜，如果有君命到来，只要一跪再稽首就行了，盲人也受到这种优待。到了九十岁，即使有君命，也不必亲自拜迎，只要派人代为接受。五十岁的人，可以吃比较精美的粮食；六十岁有常备的肉食；七十岁有特别的膳食；八十岁常吃珍品；九十岁，食品常设在居室内，出游时也携带在左右，以便随时取用。六十岁，应预备棺木之类需长时间置办的丧具，以备不时之需；七十岁应预备一季始能置办的丧具；八十岁应置办一月内可以制成的丧具；到了九十岁，就应置办随时可成的丧具，只有绞纷、衾、冒等，可以等死后才备置。一个人到了五十岁就开始衰老，六十岁非肉食不够营养，七十岁非有丝帛就不够暖，八十岁就需取暖于人，到了九十岁，就是有人也不暖了。五十岁可以杖于家；六十岁则杖于乡；七十岁有赐杖，行于国内；八十岁如果要上朝廷，可以扶杖而往；九十岁如果朝廷有事，天子须亲到他家请教，同时还要携带时鲜的食品去。大夫到了七十岁可以不在朝廷侍候；到了八十岁，天子要按月派人去问候；九十岁时更要每天馈送食品。五十岁的人可以不服劳役，六十岁不服兵役，七十岁不参加宾客应酬，到了八十岁，凡有丧祭之事也不必参与。大夫五十岁可封爵位，六十岁不亲往学校备弟子之礼，七十岁告老致仕。凡自七十以上的人，参与丧事时，不必行其他的礼，只披麻戴孝而已。三代的时候，按照户籍来校定老人的年龄，按年纪各有赏赐。家里有八十岁的老人，应留一子不赴征召，有九十岁的人，全家都可以不应召，盲人也受到相同的待遇。有年老的父母在堂，儿子虽然年纪也够老了，但也不敢坐，必须侍立在旁。有虞氏的时候，在大学里宴飨国老，在小学里宴飨庶老，夏殷两代亦同，只是称上庠为东序、右学，称下庠为西序、左学。周代则宴飨国老于东胶，宴飨庶老于虞庠，虞庠在国的西郊。有虞氏时代，祭祀用皇冠，宴飨老人穿深衣；夏后氏则戴着名为"收"的冠来祭，宴飨老人穿便服；殷人祭用冔冠，宴飨老人穿缟衣；周人祭用冕，宴飨老人穿玄色的礼服。

曾子曰，孝子之养老也，乐其心不违其志，乐其耳目[1]，安其寝处[2]，以其饮食忠养之孝子之身终[3]，终身也者，非终父母之身，终其身也；是故父母之所爱亦爱之，父母之所敬亦敬之，至于犬马尽然，而况于人乎！

今注

1 谓备礼乐以奉父母。

2 使寝居安适。

3 忠养，谓尽其心以养之，非徒养体而已。

今译

曾子说：孝子养老，在于使父母内心快乐，不违背他们的意志，敬备礼乐，以悦耳目，留意寝处，使起居安适，对于饮食各方面，都要尽心仔细地照料侍奉，直到孝子身终。所谓"终身"，并不是止于父母的一生，而是指孝子的一辈子，对于父母生前所爱所敬的，也需敬爱，就是父母钟爱的犬马也是如此，何况对于人呢！

凡养老[1]，五帝宪[2]，三王有乞言[3]。五帝宪，养气体而不乞言，有善则记之为惇史。三王亦宪，既养老而后乞言，亦微其礼，皆有惇史[4]。

今注

1　谓养国老之礼。

2　宪，效法，取之以为法则。

3　乞言，求乞善言，请陈善道以立教，犹如今之讲学。

4　惇，音"敦"，敦厚的意思。自"凡养老：有虞氏以燕礼"至此，疑是他篇脱简。

今译

养国老的古礼，五帝时代是效法老者的德行，三王时则在于"乞言"。五帝认为老人宜安静，要注意养他们的"气""体"，而不敢劳动他们，老人有善行就记载下来，不要他们亲自陈说善道。三王虽然也是效法老人的言行，可是在不妨碍养气体的情况下，又礼请他们陈说善道，同时记载下来，以垂训后世。

淳熬煎醢[1]，加于陆稻上[2]，沃之以膏曰淳熬。淳毋煎醢[3]，加于黍食上，沃之以膏曰淳毋。

1　淳，浇灌的意思。熬，煎的意思。煎醢，谓以膏炒醢。

2　陆稻，陆种之稻。谓以陆稻粉为糍，煎醢为其馅，而以膏炸之令熟可食。

3　毋，音"模"，谓模仿。

今译

用陆稻粉为糍，煎醢作馅，以膏炸之，叫作淳熬；用黍米粉为糍，煎醢作馅，以膏炸之，就叫作淳毋。

炮，取豚若将[1]，刲之刳之，实枣于其腹中，编萑以苴之[2]，涂之以谨涂[3]，炮之，涂皆干，擘之，濯手以摩之[4]，去其皽[5]，为稻粉糔溲之以为酏[6]，以付豚煎诸膏，膏必灭之，钜镬汤以小鼎芗脯于其中，使其汤毋灭鼎，三日三夜毋绝火，而后调之以醯醢。

今注

1　将，当为"牂"，谓牡羊。

2　萑，乱草。

3　谨涂，赤黏土。

4　谓趁热拭之。

5　皽，肤上膜皮。

6　糔，糟沥。溲，揉和。

今译

炮制食物的方法是：取小猪或羊，剖开腹腔，取去内脏，把香枣填入腹中，用草包扎起来，外面涂以红黏土，用火来烧烤。等到外面包的泥土干了以后，用手将泥土剥下，趁热搓去肉上的皮膜，其次用稻粉糟沥揉和，如配食的方法，涂附在上面，再次置入小鼎中煎之，鼎中膏必淹没小猪，再取大镬一只，烧沸汤水，把盛小猪或羊脯的小鼎放在热汤内，注意汤不要溢入鼎内，像这样继续加热，三天三夜不停火，最后豚羊的肉烂了，再用醯醢来调味，就可以吃了。

捣珍：取牛羊麋鹿麕之肉必脄[1]，每物与牛若一捶，反侧之，去其饵[2]，孰出之，去其皽，柔其肉[3]。渍，取牛肉必新杀者，薄切之，必绝其理[4]；湛诸美酒，期朝[5]，而食之以醢若醯醢。

今注

1　脄，背肉，脊侧肉。

2　饵，肉中有根。

3　皽，肉际薄膜。柔其肉，谓以酸滑调之。

4　横断肌理。

5　期朝，匝一日。或曰旬有二日。未知孰是。

今译

捣珍：是取用牛羊麋鹿麕的背肉来做的，以上所列的或羊或麋鹿麕肉各一份，加上牛肉一份，一同捶捣，剔除肉筋，把它烹熟，再以酸滑调味就成了。至于渍：是用刚宰杀好的牛肉，按着肉的肌理，横切成薄片，烹熟后用好酒浸渍，过了相当的日子——一天至十二天以后，取出来蘸以醯醢等酸物，或以醯和食。

为熬[1]：捶之，去其皽，编萑布牛肉焉[2]，屑桂与姜，以洒诸上而盐之，干而食之。施羊亦如之，施麋施鹿施麕，皆如牛羊。欲濡肉，则释而煎之以醢，欲干肉，则捶而食之。

今注

1　熬，谓火逼干，如同今之炙肉。

2　编萑布牛肉，谓以萑编或烤肉的架子，把牛肉架在其上。

今译

做炙烤肉的方法是：先把牛肉捶捣一下，去掉肉的薄膜和筋腱，把处理好的肉，洒上桂屑和姜末，用盐来腌渍，然后放在编萑而成的架子上，用炭火烤干烤熟，就可以吃了。用羊肉、麋鹿麕肉来做，方法亦相同。如果不喜欢吃干肉，也可以用水泡软，以醯煎吃，喜欢吃干肉，那么捶捣一下就能吃了。

糁[1]：取牛羊豕之肉，三如一小切之[2]，与稻米，稻米二肉一[3]，合以为饵煎之。肝膋[4]：取狗肝一，幪之[5]，以其膋濡炙之，举燋，其膋不蓼。取稻米举糔溲之，小切狼臅膏[6]，以与稻米为酏。

今注

1　郑玄注：此《周礼》糁食也。

2　三如一，谓三份各一合而匀之。

3　稻米，谓稻米粉。

4　膋，肠间脂。

5　幪，包裹的意思。

6　狼臅膏，牛羊豕之胸臆膏。

今译

做糁食的方法是：取牛羊豕的肉，各三分之一，切小，与稻米粉和匀，米粉和肉的比例是二比一，然后煎而食之。肝膋：用狗肝一副，外面以"膋"裹之，濡以醯酱，置于火上炙烧，等到脂透肝熟，不需调芼就可吃了。用稻米春粉，将牛羊等胸臆间的脂膏切碎，和入稻米粉中一同煮食，这就是《周礼》所谓的酏食了。以上都是记八珍与羞豆的名物，是养老奉亲所必须明了的。

礼，始于谨夫妇，为宫室，辨内外。男子居外，女子居内，深宫固门，阍寺守之[1]，男不入，女不出。

今注

1 《周礼》阍人掌守中门之禁，寺人掌内人之禁令。大夫士之掌门禁者，亦谓之阍。

今译

礼，从谨夫妇开始。有夫妇，然后有父子；有父子，然后有君臣；有君臣，然后有上下；有上下，然后礼义才能入正轨，所以说礼始于谨夫妇。造宫室，来严分内外，男子居外，女子居内，深墙厚门，各有专门的人把守，禁止男子入内，女子出外。

男女不同椸枷，不敢县于夫之楎椸[1]，不敢藏于夫之箧笥[2]，不敢共湢浴。夫不在，敛枕箧簟席襡器而藏之[3]。少事长，贱事贵，咸如之[4]。

今注

1 楎、椸，皆是挂衣架。孙希旦云："直曰楎，横曰椸，皆所以架衣也。"

2 箧、笥，存放衣服的器具，方曰箧，圆曰笥。

3 敛枕箧簟席，俞樾谓当作"箧枕敛簟席"，传写之误。

4 自"少事长"以下九字，重衍至此。

今译

男女不能共用一个挂衣架，妻子不敢挂衣物在丈夫的衣架上，不敢放衣物在丈夫的箧笥内，不敢和丈夫共一间浴室。丈夫不在家的时候，要把丈夫专用的枕头簟席好好地收藏起来，等待丈夫回来时再用。年少者事年长者，位贱者事位尊者，都应该如此。

夫妇之礼，唯及七十，同藏无间。故妾虽老，年未满五十，必与五日之御[1]。将御者，齐，漱浣[2]，慎衣服，栉纚笄总，角拂髦[3]，衿缨綦屦。虽婢妾，衣服饮食，必后长者。妻不在，妾御莫敢当夕[4]。

今注

1　五日之御，诸侯之别。诸侯娶九女，侄娣六人当三夕，二媵当一夕，夫人专夕，五日而复。

2　齐，齐其心志。漱浣，洁其衣服。

3　"角拂髦"三字衍之。

4　妻不在，谓妻子归宁或死亡。

今译

按照夫妇之礼，夫妻到了七十岁，才可以不避嫌地同居共寝，否则要等一定的日子，丈夫才能来到妻子房中。婢妾虽然年老了，在未满五十岁以前，丈夫仍要按规定日子到她房里去，五十岁以后不能再生子女时，就闭房不侍夜了。将要侍夜的妻妾，必先洁净内外，穿戴好礼服，仔细地梳头整装，以恭敬的心情、谨慎的态度，来迎接丈夫。即使是被宠爱的婢妾，衣服和饮食，也要有分寸，不敢越过长者。妻子回娘家或过世之后，妾也不敢当夕，必须把妻子的一天空下来，以避正嫡之嫌。

妻将生子，及月辰[1]，居侧室[2]，夫使人日再问之，作而自问之，妻不敢见，使姆衣服而对[3]，至于子生，夫复使人日再问之，夫齐，则不入侧室之门。

今注

1　月辰，孔颖达云："谓生辰之月，初朔之日也。"

2　侧室在燕寝旁，燕寝尊于侧室，故生子不在燕寝。

3　姆，女师。《士昏礼》注："妇人年五十无子，出不复嫁，能以妇道教人者。"

今译

妻子到了要生产的月份，就由燕寝迁到侧室来待产，丈夫每天差人去问候两次。到了将分娩的时候，丈夫又亲自去问候，这时妻子不敢出见，因为没有修饰打扮，就请女师穿戴整齐去回答。到了孩子出生，丈夫又差人每天两次问安。当妻子分娩的时候，如果正遇上丈夫将祭而斋戒，就不亲自问安，因为斋戒必在正寝，所以不入侧室之门。

子生，男子设弧于门左，女子设帨于门右[1]。三日，始负子[2]，男射女否。

今注

1　弧，木弓。帨，佩巾。设弧、设帨，表示男女，弧示有武事，故代表男；帨示事人，故代表女。

2　负子，谓抱负婴孩出门。

今译

孩子出世以后，如果是男的，就挂一张木弓在侧室门的左边；如果是女的，就挂一条佩巾在门的右边，好让大家知道究竟是生男或生女。过了三天，才抱小婴孩出房门，这时候，是男孩就行射礼，女孩就免了。

国君世子生，告于君，接以大牢[1]，宰掌具。三日，卜士负之[2]，吉者宿齐朝服寝门外，诗负之[3]，射人以桑弧蓬矢六[4]，射天地四方，保受乃负之[5]，宰醴负子[6]，赐之束帛，卜士之妻，大夫之妾，使食子[7]。

今注

1　接以大牢，谓接子以大牢之礼。

2　士，内小臣。称士者，其秩上士，以负子事重，故称其秩以贵之。

3　诗，承的意思。

4　蓬，似蒿而有絮，古时射者以桑为弓，蓬为矢。

5　保，谓保姆。

6　一献无酬酢曰醴。

7　食子，谓乳养孩子。

今译

国君的世子降生以后，要告于君，用大牢重礼来礼接世子，由膳宰来掌牢具。三天以后，卜选朝内小臣来抱负小世子，被选中的那个小臣，前一天就要斋戒，穿上朝服等候在寝门外，承负世子以后，射人用桑木弓和蓬矢射天地四方，象征世子将来精于射猎，然后保姆就接过小世子来，这时向负子的人行醴礼，并且当赐布帛，再卜选士妻或大夫妾来做世子的乳娘。

凡接子，择日，冢子则大牢[1]，庶人特豚，士特豕，大夫少牢，国君世子大牢，其非冢子，则皆降一等[2]。

今注

1　此处冢子谓国君世子。

2　非冢子，谓冢子之弟及妾子。降一等，天子诸侯少牢，大夫特豕，士特豚。

今译

迎接新生子，必须先卜择三日之内哪一天最吉祥，就在那一天行迎接礼，世子则用大牢祭祀。庶人的长子用特豚，士用特豕，大夫用少牢；国君世子用大牢，如果不是冢子，祭品就降低一等。

异为孺子室于宫中，择于诸母与可者[1]，必求其宽裕慈惠，温良恭敬，慎而寡言者，使为子师，其次为慈母，其次为保母，皆居子室，他人无事不往[2]。

今注

1　诸母，谓群庶母。可者，傅御之属。王夫之《礼记章句》："可者，内外宗五十无子而大归，其德可任者也。"

2　他人无事不往，谓小儿精气微弱，恐怕惊触，故他人不可随意进出。

今译

国君养子之礼：为世子在宫中另辟一室居住，在众妾与够资格担任养子职务的妇女中，挑选本性宽裕慈惠，态度温良恭敬，又慎重寡言的人，来做教师、慈母、保姆，和世子住在一起，照顾他的生活，其他的人没有事情都不能随意进出。

三月之末，择日剪发为鬌，男角女羁[1]，否则男左女右。是日也，妻以子见于父，贵人则为衣服[2]，由命士以下，皆漱浣，男女夙兴，沐浴衣服，具视朔食[3]，夫入门，升自阼阶，立于阼西乡，妻抱子出自房，当楣立东面。

今注

1　鬌，未剪的胎发。夹顶两鬌曰角，中顶达前后曰羁。

2　贵人，指卿大夫。

3　具，夫妇入食之馔具。朔食，天子大牢，诸侯少牢，大夫特豕，士特豚。

今译

小孩出生三个月之后，择一个好日子替小孩理发，按规矩胎毛不能全剃光，要留下一点，男孩留"角"，女孩留"羁"，否则就男的留左边，女的留右边。在这一天，妻子也可以和孩子一道见父亲，而卿大夫都换上新衣，命士以下，虽然不换新衣，也都浣洗干净，大家夙兴夜寐，来准备这件大事。到时候要具视朔食，丈夫进入侧室之门，升自阼阶，立于阼西乡，妻子抱子出房，当楣之东面。

姆先[1]，相曰[2]：母某敢用时日祗见孺子[3]。夫对曰：钦有帅[4]。父执子之右手，咳而名之。妻对曰：记有成[5]。遂左还，授师子，师辩告诸妇诸母名，妻遂适寝。夫告宰名，宰辩告诸男名[6]，书曰某年某月某日某生而藏之，宰告闾史，闾史书为二，其一藏诸闾府；其一献诸州史，州史献诸州伯，州伯命藏诸州府[7]。夫入食如养礼[8]。

今注

1　谓在妻侧而稍前。

2　相，助之传辞。

3　某，妻之氏。时日，是日。祗，祗敬。

4　钦有帅，谓母敬导之于善。

5　记有成，谓谨记父命名之意，而有所成就。

6　宰，家宰。诸男，同姓之父兄子弟。

7　书，谓书于策。二十五家为闾，二千五百家为州；闾有师，其属史，二人登人名之数；州有大夫，即所谓州伯。府，藏书处。

8　夫入食，谓入燕寝与妻同食。如养礼，如平时夫妇供养之常礼。此句宜接在"妻遂适寝"句下。

今译

这时保姆站立在妻子的前侧，代她发言道："小儿的母亲某氏，今天以虔敬的心情来见孺子。"丈夫也代小儿子答道："敬谢母亲教导善道。"于是，父亲一手拉着儿子的右手，一手托着儿子的下巴，含笑为他命名。这时妻子替小孩答道："我会谨记父亲命名的意义，努力使自己将来有成就。"过后，把小孩交付给教师，教师就把小孩的名字通告家里各妇人。仪式完毕以后，妻子就返回燕寝去了。丈夫又把小孩的名字报告家宰，家宰就遍告家中各父兄子弟，并在简策上写"某年某月某日生"，藏于家中。此外，家宰又把小孩的名字生辰告诉闾史，闾史记载下来，一份保存在闾府，一份转献给州史，州史献给州伯，州伯命藏于府中。丈夫返回燕寝，与妻子同食，如同平时夫妇供养的常礼一样。

世子生，则君沐浴朝服，夫人亦如之，皆立于阼阶西乡，世妇抱子升自西阶，君名之，乃降。适子庶子见于外寝[1]，抚其首咳而名之，礼帅初，无辞[2]。

今注

1　适子庶子，嫡子中之庶子，世子之同母弟。

2　辞，谓"钦有帅""记有成"之辞。礼帅初，谓礼仪如同世子礼一样。

今译

世子降生以后，在行剪发礼的那天，国君和夫人都要沐浴穿上朝服，站立在阼阶西乡，世妇抱世子升自西阶，国君为他命名之后才回去。如果不是世子而是嫡子中的庶子，则在外寝与国君相见，国君仅是抚摩他的头，托着他的下巴而为他命名，其他的礼节和世子的一样，但是没有"钦有帅""记有成"等对答辞。

凡名子，不以日月，不以国，不以隐疾，大夫士之子，不敢与世子同名[1]。

今注

1　孔颖达云："若名子与君世子同，则嫌其名自比拟于君。"

今译

凡是替儿子命名，不用日月等字，不用国名，不用身上隐疾名。大夫、士的儿子，不敢与世子取同样的名字。

妾将生子，及月辰，夫使人日一问之。子生三月之末，漱浣夙齐，见于内寝，礼之如始入室[1]，君已食[2]，彻焉，使之特馂[3]，遂入御。

今注

1　始入室，谓始来嫁时。

2　君，谓夫君。

3　特，单独的意思。平日夫妇食毕，众妾并馂，如今已生子之妾，可以享受独食的优待。

今译

按照大夫、士的礼节，小妾怀孕将要生子，到了临产的月份，丈夫每天差人去问候一次。孩子出生满三个月之后，大家要漱洗斋戒，父子妾相见于内寝，对于生子之妾，要以初来嫁时的礼来对待她，夫君入食以后，撤下让她独吃剩下的食物，不必等待众妾一起，然后就留在身旁侍夜。

公庶子生[1]，就侧室。三月之末，其母沐浴朝服见于君，摈者以其子见[2]，君所有赐，君名之。众子，则使有司名之。庶人无侧室者，及月辰，夫出居群室[3]，其问之也，与子见父之礼，无以异也。

今注

1　公，诸侯之通称。庶子，妾所生。

2　傧者，御女之属。君位尊，虽妾不自抱子，由御女傅姆抱之。

3　群室，无定之名，或系夹室之属。

今译

诸侯的妾生子，就在侧室。到了孩子满三个月的那一天，母亲沐浴换上朝服，由御女抱着孩子一同见君，到时候君必有恩赐，并且替孩子命名。其他的孩子，如果位贱于妾所生，就由有司来命名。普通人家中没有侧室的，到了妻子要生产的月份，丈夫就搬出寝室，另外住一间房间，让妻子待产。至于问妻与见子之礼，则与大夫、士相同。

凡父在[1]，孙见于祖，祖亦名之，礼如子见父，无辞。

今注

1　父，生子者之父，在子谓之祖。

今译

祖父如果在世，初生子必须见祖父，祖父亦名之，相见的礼节，和子见父一样，就是没有酬答之辞。

食子者，三年而出，见于公宫则劬[1]。大夫之子有食母，士之妻自养其子。由命士以上及大夫之子，旬而见[2]，冢子未食而见，必执其右手，适子庶子已食而见，必循其首[3]。

今注

1 士妻，大夫之妾，乳养国君之子三年，而后归家。劬，劳赐之。

2 旬，十日。旬而见，谓子生满三月既见以后，每十日父子相见一次。

3 未食，谓未断乳，年纪尚幼。已食，谓已断乳而食食。执手循首，皆所以礼之。冢子虽幼必执手，庶子虽长必循首，正名定分而无所苟。

今译

替国君乳养世子的士妻或大夫之妾，三年以后可以回家，国君嘉勉她们的辛劳，在公宫接见，并且有赏赐。大夫之子亦可以有乳母，士之妻位贱，不敢使人，所以要自己养育孩子。由命士以上及大夫之子，父子行相见礼之后，每隔十天见一次面，嫡长子年纪虽小，甚至还没有断奶，相见的时候，父亲还是要执他的右手行礼；嫡长子的弟弟或是妾生的儿子，就是年纪长于冢子，父亲也只对他行循首礼，这样做为的是正名分、别尊卑，所以不能苟且。

子能食食，教以右手。能言，男唯女俞[1]。男鞶革，女鞶丝[2]。

今注

1 唯、俞，皆应声。

2 鞶是佩囊，盛帨巾者。革示有田猎讲武之事，丝示有蚕缫织纴之功。

今译

小孩到了能吃饭的时候，女师要教他使用右手。开始学话的时候，教他们答话，男孩答"唯"，女孩答"俞"。所用的佩囊，男用皮韦，女用丝缯，各表示武事与织纴。

六年，教之数与方名[1]。七年，男女不同席，不共食。八年，出入门户及即席饮食，必后长者，始教之让。九年，教之数日[2]。十年，出就外傅[3]，居宿于外，学书计[4]，衣不帛襦袴，礼帅初[5]，朝夕学幼仪[6]，请肄简谅[7]。十有三年，学乐，诵诗，舞《勺》，成童舞《象》，学射御[8]。

今注

1　数，由一至十。方名，东西南北。

2　数日，郑玄云："朔望与六甲也。"九年以内，由女师教之，男女之教同，十年以后，男女之教异。

3　外傅，教学之师。

4　书计，六艺中六书九数之学。

5　襦，短衣。袴，下衣。不衣帛者，戒奢侈；礼帅初者，犹服孩提之服。

6　幼仪，洒扫进退之节。

7　肄，学习。简，书策。谅，熟识之无欺饰。

8　《勺》，文舞。《象》，武舞。郑玄云："先学《勺》，后学《象》，文武之次也。"成童，谓十五以上者。乐以怡情，礼以贞性，情移而后性可得而正，故乐先于礼。射御，五射五御之法。

今译

小孩出生六年以后，要教他认识数目和四方的名称。七年，开始分别男女，不让他们同席共食。八年，教他们学习逊让之礼，出入门户和就席吃饭，要后于长者。九年，教他们知道天干地支及朔望，这些都由女师来教导，男孩女孩所教都相同，到了第十年，就男女异教了。男孩到了第十年，就出外去求学，居宿在外，跟随老师学习六书九数，衣袴都不用帛，还穿着孩提时的服装，为的是避免奢侈，早晚学习洒扫进退的礼节，并且要勤习书策，而诚信无欺。到了第十三年开始学乐，诵诗，习文舞，十五岁以上学武舞，以及五射五御之法，这时候大概六艺之事已经略备基础了。

二十而冠，始学礼[1]，可以衣裘帛，舞《大夏》[2]，惇行孝弟，博学不教，内而不出[3]。三十而有室[4]，始理男事[5]，博学无方，孙友视志[6]。四十始仕，方物出谋发虑[7]，道合则服从，不可则去。五十命为大夫，服官政。七十致事。凡男拜，尚左手。

今注

1 冠，谓加冠。礼，吉、凶、军、宾、嘉之礼。

2 《大夏》，禹乐。

3 谓见闻虽广，犹未几于成。

4 郑玄云："室，犹妻也。"

5 男事，谓受田给政役。

6 无方，谓所学无常，在志之所好。孙友视志，谓对友谦逊，视其志向而自勉。

7 方，比度，衡量，谓比较事物的长短轻重以定谋略。

今译

二十岁加冠，开始学礼，因为成人之礼与大学之教，自二十开始。这时可以衣裘帛，舞《大夏》之舞。由于已经成年，所以要笃行孝悌；虽然见闻日广，但犹未达到圆满的地步，所以更要虚心学习，多蓄善德于心。三十岁开始娶妻成家，治理成年男子要处理的事务，这时志向未定，还要多多向朋友学习。四十岁以后学成志定，可以开始做官，然而要衡量事情的轻重长短，来考虑成败得失，合乎理义就任职，不合则去。五十岁受命为大夫，参与邦国大事。七十岁致仕还乡，不久居官位。凡男子相拜，左手交在上，这是由于左主阳，男属阳。

女子十年不出，姆教婉娩听从[1]，执麻枲，治丝茧，织纴组紃[2]，学女事以共衣服，观于祭祀，纳酒浆笾豆菹醢，礼相助奠。十有五年而笄[3]，二十而嫁，有故[4]，二十三年而嫁，聘则为妻，奔则为妾[5]。凡女拜，尚右手。

今注

1　婉，言语柔婉。娩，容貌贞静。听，听长者之言。从，从长者之行。盖以妇言、妇容、妇顺、妇功四者为妇德之本。

2　织，织布。纴，织缯。组紃，谓结丝为辫绦。

3　女子许嫁，笄而字之，其未许嫁，二十而笄。

4　有故，谓父母之丧。

5　聘，谓以礼聘问。奔，郑云一本作"衔"，衔是无媒自通，谓不备之礼。

今译

女孩长到十岁以后，要养在深闺，学习妇道。女师教她们言语柔婉，容貌贞静，并且要听从长者的言行，又教她们治理麻枲、缫丝织布等妇功，以备将来做一家的主妇。对于祭祀献酒备笾豆菹醢之事，也是学习的主课，以备将来参与祭祀之礼。到了十五岁，开始许嫁行笄礼，二十岁出阁，这时如果逢到父母之丧，就延期到二十三岁出嫁。女子许人，必须待聘而嫁，以礼聘问而嫁的，是正妻，不待聘而嫁的，叫作奔，奔则为妾，永远不能享有嫡室的权利和待遇。凡是妇女相拜，右手交在上，这是由于右主阴，女属阴。

第十三　玉藻

《正义》引郑《目录》云："名曰《玉藻》者，以其记天子服冕之事也。"首记天子诸侯衣服饮食居处之法，中间自"始冠缁布冠"至"其他则皆从男子"，专记服饰之制，依次是：冠、衣服、笏、韠、带，以及后、夫人、命妇之服，其前后又杂记礼节容貌称谓之法。本篇与《曲礼》《王制》《深衣》《少仪》等篇，记事略同。《礼记》中可以考见古人名物制度者，以此篇为最详，然其中多逸文错简。今篇中大体尚完全者，唯上从"冠""冕"下至男女衣服带韠之制度，自余饮食趋走坐立之仪文，疑为汉儒解说《曲礼》之传记所合糅者。

天子玉藻[1]，十有二旒[2]，前后邃延，龙卷以祭[3]。

今注

1　孔氏云："藻，谓杂采之丝绳以贯于玉，以玉饰藻，故曰玉藻。"

2　旒为冕上垂饰。天子以五彩藻为旒，系于版冕上，十有二旒，前后皆然。每旒有十二玉，旒长二尺，垂而齐肩。

3　龙卷，亦写作"龙衮"，画龙于礼服上。

今译

天子遇到大祭祀的时候，要盛其服饰，头上戴着十二旒之冕，每旒用五彩丝线穿玉，前后下垂齐肩。身上穿着帝王的龙袍，然后才能祭祀天地宗庙。

玄端而朝日于东门之外 [1]，听朔于南门之外 [2]，闰月则阖门左扉，立于其中 [3]。

今注

1　郑氏曰："端当作冕，字之误。"玄冕，王者之下冕，亦十有二旒。朝日，春分迎日于东方而祭之。东门，国门。

2　听朔，谓每月朔日以特牲告于太庙，而颁一月之政。南门，雉门。每月之政悬于象魏，象魏在两观之间、雉门之外。

3　合左扉，启右扉以顺阴。

今译

行"朝日"及"听朔"礼，天子要戴玄冕，在春分那天，迎日祭日于东门外；每月的初一日，以特牲告于太庙，而颁布一月的政事于南门外，闰月则合门左扉，启右扉，立于其中行听朔之礼。

皮弁以日视朝 [1]，遂以食，日中而馂，奏而食 [2]。日少牢，朔月大牢 [3]；五饮：上水、浆、酒、醴、酏 [4]。卒食，玄端而居 [5]。

今注

1　皮弁，白鹿皮冠。

2　馂，此谓其食朝食之余。奏，奏乐。

3　日少牢，朔大牢，重朔敬始之意。

4　上水，谓以水为上。

5　玄端，玄冠、玄衣、黄裳。居，燕居。于内寝服装简约。

今译

天子平日视朝，仅戴着白鹿皮冠。朝食的时候，也是如此，到了日中，又在朝食与夕食之间，增加一餐，吃的是朝食的余物。每餐，都奏乐助兴。天子平日的常食，仅用羊、豕二牲，朔月则用牛、羊、豕三牲。五饮之中，水为最上，其次是浆、酒、醴、酏。食毕就更换衣服，戴玄冠，服玄衣黄裳，进入内寝休息。

动则左史书之，言则右史书之[1]，御瞽幾声之上下[2]。年不顺成[3]，则天子素服，乘素车，食无乐[4]。

今注

1　左史，谓大史。右史，谓内史。书者，以记得失，传之后世，使人君知所警惕，以免罪过。

2　瞽，大师。幾，微察。声，谓语言之音响。

3　气不顺，则水旱至；物不成，则饥馑生。

4　素服，衣冠皆以素缯为之。素车，车不漆者。

今译

天子的言语行动，都有专人记载，左史记动，右史记言，天子身旁侍御的乐工，察辨音乐之声的高下，以了解政令的得失。年成不好，遇到水旱饥馑的时候，天子要穿素服，乘素车，进食的时候也不奏乐，以此祷请上天，降福于民。

诸侯玄端以祭，裨冕以朝[1]，皮弁以听朔于大庙[2]，朝服以日视朝于内朝[3]。

今注

1　端，亦当作"冕"，字之误。裨冕，谓副冕。天子大裘之冕为上冕，其余皆副。公衮冕，侯伯鷩冕，子男毳冕。

2 诸侯皮弁亦用玉，或九或七或五。听朔者，天子颁来岁十二之朔于诸侯，诸侯受而藏之祖庙。

3 朝服，玄衣素裳。内朝，在路寝门外。

今译

诸侯祭先君的时候，要头戴玄冕，朝天子则戴副冕，因为入天子之国，宜自降下，而不敢服上服。听朔，则戴皮弁，平日视朝于路寝门外，穿玄衣素裳的朝服。

朝，辨色始入[1]。君日出而视之，退适路寝，听政，使人视大夫，大夫退，然后适小寝，释服[2]。

今注

1 朝，谓臣朝君。辨色，昧爽之后，即天色微明时。

2 小寝，燕寝，在路寝后。释服，释朝服，服玄端。

今译

臣子朝君，在天色微明时就要入朝，日出以后，国君以礼见群臣，然后退到路寝听政，国君派人去看大夫，大夫将政事处理完毕后退朝，那么国君退居燕寝，脱去朝服，换上玄端。

又朝服以食，特牲三俎祭肺[1]，夕深衣[2]，祭牢肉[3]，朔月少牢，五俎四簋[4]，子卯稷食菜羹[5]，夫人与君同庖。

今注

1 三俎，豕、鱼、腊。祭肺，加于牢俎上以祭。

2 夕谓夕食。

3 祭牢肉，切肉为小段以祭。

4 五俎，豕、鱼、腊加羊与其肠胃。四簋，稷黍稻粱。

5 纣以甲子死，桀以乙卯亡，后世王者以子卯为忌日。

今译

诸侯朝食的时候，必须换上朝服，用的是猪、鱼、腊三俎，食之前祭肺；夕食的时候，换深衣，祭用牢肉；朔月则用羊、豕二牲，加用五俎四簋，子卯日为忌日，不杀牲只用饭食和菜羹，取义于警惕戒惧的意思。又按照诸侯的食礼，夫人和君同牢，不另备牲体。

君无故不杀牛，大夫无故不杀羊，士无故不杀犬豕[1]。君子远庖厨[2]，凡有血气之类，弗身践也[3]。

今注

1　故，谓祭祀之事。诸侯朔食少牢（羊豕二牲），故曰无故不杀牛；大夫朔食特豕，故曰无故不杀羊；士朔食特豚，故曰无故不杀犬豕。

2　庖，杀牲处。厨，烹割处。君子之于禽兽，见其生不忍见其死，闻其声不忍食其肉，是以远离庖厨。

3　践，与"翦"通，杀的意思。弗身践，谓不忍亲自宰杀。

今译

没有特别的祭祀，诸侯不杀牛，大夫不杀羊，士不杀犬豕。因为诸侯朔食仅用少牢，大夫朔食特豕，士朔食特豚，所以诸侯不必杀牛，大夫不必杀羊，士不必杀犬豕。君子对禽兽又有仁爱之心，见其生，不忍见其死，闻其声，不忍食其肉，所以要远离杀牲烹割的地方，同时更不忍亲自去宰杀它们。

至于八月不雨，君不举[1]。年不顺成，君衣布搢本[2]，关梁不租[3]，山泽列而不赋[4]，土功不兴，大夫不得造车马。

今注

1 至于八月不雨，谓不雨之期凡八月。郑氏云："谓建子之月不雨，尽建未之月也。"举，谓举肺脊以祭。君每日杀牲以食，则举肺脊以祭。不举，谓不杀牲。

2 搢本，去斑荼，佩士笏。士以竹为笏，饰本以象。

3 关梁，关口与桥梁。

4 列，与"厉"通，谓栏遮而禁非时之采伐。

今译

如果天旱不雨，长达八个月之久，国君就要贬损自责，每天食不杀牲。遇到荒年的时候，更要穿布衣，执竹笏，节省国用而宽减民力；关口津梁不纳租税，山林渔泽禁止非时的采伐，但是不加征赋税；不兴土木工程，大夫也不准造新车。

卜人定龟¹，史定墨²，君定体³。

今注

1 卜人，谓卜师。定，谓占视而详定其吉凶。龟，王夫之谓当作"坼"，墨兆也。

2 史，谓大史。孙希旦云："凡卜以火灼龟，视其裂纹以占吉凶，其巨纹谓之墨，其细纹旁出者谓之坼。谓之墨者，卜者以墨画龟而灼之，其从墨而裂者吉，不从墨而裂者凶，故卜吉谓之从。裂纹不必皆从墨，以其吉者名之，故总谓之墨也。"

3 体，谓兆纹之俯仰前后左右。体有吉凶，墨有大小，坼有微显，尊者视其兆象，知其大概而已。

今译

占卜的时候，由卜师来审定龟纹的粗细微显，大史来判定裂纹的大小，以及裂纹是否从墨，最后由人君来推测吉凶，因为卜兆既成之后，尊者视其兆象，就可知其大概了。

君羔幦虎犆，大夫齐车，鹿幦豹犆，朝车，士齐车，鹿幦豹犆[1]。

今注

1　幦，谓覆笭。车中以小竹为簣而立其上谓之笭，用皮为幦覆之承足。犆，谓缘，羔幦虎犆，谓君齐车之节。又羔字当作"麑"。

此节语句参差，不成文法。姚际恒曰："此节疑有错误，不必强解。"姜兆锡云："细玩文意，羔幦虎犆之上，当有阙文。"俞樾《群经平议》二十一："大夫齐车四字当连上为义，其文曰：君羔幦虎犆之车，大夫以为齐车也。下鹿幦上亦当有君字，朝车上亦当有大夫字，蒙上文而省耳。"今按文意，原文疑当作"君齐车麑幦虎犆，大夫齐车鹿幦豹犆，君朝车，士齐车，鹿幦豹犆。"

今译

国君的斋车，以麑皮做足踏，以虎皮为缘饰；大夫的斋车，以鹿皮做足踏，以豹皮为缘饰；国君的朝车，士人的斋车，皆以鹿皮做足踏，以豹皮为缘饰。

君子之居恒当户[1]，寝恒东首[2]，若有疾风迅雷甚雨，则必变[3]，虽夜必兴，衣服冠而坐。

今注

1　当户，郑注谓乡明。孙希旦云："当户者，坐于东北隅而南向，与户相对。"《礼运》："死者北首，生者南乡。"

2　王夫之谓东首者，燕寝南乡，衽席必横设之以避不祥，在户东牖西。

3　变，谓变更位置，整顿仪容。

君子的居处，总是对着门户，睡觉头总是向东。有剧烈风雨雷电的时候，则必须庄敬严肃，即使在半夜里，也必要起床，穿好衣服冠带，静坐在房中观变。

日五盥[1]，沐稷而靧粱[2]，栉用樿栉[3]，发晞用象栉，进禨进羞[4]，工乃升歌。浴用二巾，上绨下绤[5]，出杅[6]，履蒯席[7]，连用汤[8]，履蒲席，衣布晞身，乃屦进饮[9]。

今注

1　谓每天洗手五次。王夫之谓朝夕视朝及三食已皆濯手。

2　用稷粱之汤汁，洗面沐发。

3　樿，今之黄杨木。樿木梳利于理涩，故沐发后用之。

4　禨，谓酒。羞，为下酒菜。许慎曰：盖用酒醴以补阳气使上升。

5　绨，细葛。绤，粗葛。自脐以上用绨，下用绤，贵上贱下也。

6　杅，浴盆。

7　出浴后足履蒯席，取其不滑。

8　连，谓浇淋。

9　进饮，饮酒浆。

今译

国君每天洗手五次，用稷粱的汤汁洗头洗脸，洗发以后，先用黄杨木做的梳子梳理头发，发干以后，又用象牙梳子来梳通，然后摆上小菜，小饮几杯，同时命乐工升堂，倚琴瑟而歌。这样做，为的是新沐以后，身体亏虚，饮酒取乐，帮助阳气上升。洗澡的时候，用两种浴巾来摩擦身体，一种是细葛做的，一种是粗葛做的，自肚脐以上用细葛的，以下用粗葛的。跨出浴盆以后，先踏上一种蒯草做的席子，因为这种草席不会滑脚，接着用水来冲洗双脚，然后踏上蒲草做的座席，穿上吸水力强的浴衣，把身上弄干，最后穿上鞋子，跟着又进一点酒浆等饮料，以消除疲劳。

将适公所[1]，宿齐戒[2]，居外寝[3]，沐浴，史进象笏，书思对命[4]，既服，习容观玉声乃出[5]，揖私朝，辉如也，登车则有光矣[6]。

今注

1　谓因事而朝。

2　前夕斋戒。

3　外寝，正寝。斋戒必居正寝，臣对君如对神明，故须斋戒沐浴，以祭祀之礼自处。

4　思，所欲言者。对，酬答君问。命，君所先诏者。

5　玉声，谓玉佩之声和缓中节。

6　揖私朝，谓家臣侍于庭，揖之而行。辉如，容貌有神采。另一说谓辉如为揖私朝时天色微明的样子。有光，为天已明亮可辨色。

今译

在外的臣子，因事要入朝见君的时候，头一天就得斋戒沐浴，慎重得像参与祭祀一样，同时又把朝见国君时所要对答的事，一一记在象笏上，免得临时忘记。到了出发以前，先更换上朝服，仔细地打量一下自己的仪容，一定要举止中节，环佩之声有致，才和家臣在庭前会合出门。这时一定是精神饱满，态度从容，到了登车的时候，更是容光焕发了。

天子搢珽，方正于天下也¹，诸侯荼，前诎后直，让于天子也²，大夫前诎后诎，无所不让也³。

今注

1　珽，天子之笏。《考工记》谓之大圭，长三尺，杼上终葵首。终葵首者，于杼上又广其首，方如椎头，四角方正，无所屈杀。方正于天下，示无私之意。

2　荼，郑注读为"舒迟"之"舒"。诸侯之笏曰荼，以象骨为之，取舒迟畏慎之义。上曰前，下曰后，谓之前后者，自搢插方向而言。

3　大夫之笏，以象饰竹，无所不让，谓对上下皆须谦退（此章当是以下言笏一章错简在此）。

今译

自天子以下，所用的笏各个不同：天子的笏叫作"珽"，上端方如椎头，四角方正，取义于大公无私的意思；诸侯用的笏叫作"荼"，前端头是圆的，下角正方，对天子来说，是降让的意思；大夫用的笏，上下都没有角，因为上有天子，下有诸侯，处处必须谦逊退让。

侍坐，则必退席¹，不退，则必引而去君之党²。登席不由前，为躐席³。徒坐不尽席尺⁴，读书，食，则齐，豆去席尺。

今注

1　侍坐，谓侍君坐。退席，移席向后。

2　不退，谓君命勿退。引，却的意思。去，远离。党，谓近君处。

3　席有首尾，数人同坐之席，以前为首，后为下，升必由下，由前则是躐席。

4　徒坐，谓空坐，非饮食及讲问之时。不尽席尺，离席一尺余（此可与《曲礼上》"虚坐尽后，食坐尽前"互参）。

今译

大夫侍君坐的时候，按照礼节，要移席退后。君命不要退后的话，就要尽量向后坐，远离君席，不敢逼近于君。登席入座的时候，要按顺序，由下而升，不能由前，由前就是躐席。饮食读书以外的时间，坐着要离席一尺余，只有在读书、吃饭的时候，才能坐到靠近席前缘的地方，盛食物的盘放在距席一尺的地方。

若赐之食而君客之，则命之祭，然后祭¹；先饭辩尝羞，饮而俟²。若有尝羞者，则俟君之食，然后食，饭，饮而俟。君命之羞，羞近者³，命之品尝之，然后唯所欲。凡尝远食，必顺近食⁴。

今注

1　礼敌者共食则先祭，若降等之客则后祭，若臣侍君而赐之食则不祭，若赐食而君以客礼待之则祭。

2　孙希旦云："君食必有膳宰尝食，若以客礼待臣，则不使膳宰尝食，以主道自居也，故侍食者先饭辩尝羞，亦代膳宰之事。"

3　羞近者，谓仅食近前者，若先食远者，则有贪食之嫌。

4　顺近，先近而后及远。

今译

与国君一同进食，也有一定的规矩：通常按共食的礼节，都是主人先祭，客人后祭，如果君赐臣食，臣可以不祭，君以客礼待臣，臣就要祭了，但也得先奉君命，然后才敢祭。上菜以后，侍食的臣子，要代膳宰遍尝各味，然后停下来喝饮料，等主人先开始，才能吃。要是有膳宰代尝饮食，就不必品尝了，等主人开始吃自己就可以吃，但是吃饭也得啜饮以等候主人。国君请用菜的时候，要先吃近处的菜，请品尝菜肴的时候，就得一一尝一点，然后才能依自己的爱好来选食。凡是想吃远处的东西，必须先由近处的开始，然后才渐及远处的，这样可以避免贪食的嫌疑。

君未覆手，不敢飧¹；君既食，又饭飧，饭飧者，三饭也。君既彻，执饭与酱，乃出授从者²。凡侑食，不尽食³；食于人不饱。唯水浆不祭，若祭，为已偦卑⁴。

今注

1 孔颖达云："覆手者，谓食饱必覆手以循口边，恐有穀粒污着之也。飧谓用饮料浇饭于器中也。礼食竟，更作三飧以劝助令饱食也。"

2 饭与酱是主食，以授从者，重视君之赏赐也。

3 郑氏云："侑食，谓侍食于尊者，主于劝尊者之饱，故不尽食。"

4 偦，厌的意思。水浆非盛馔，故不祭，若祭则过于厌降卑微。

今译

臣子陪侍国君吃饭，国君还没有用手抹嘴，臣子不能用汤泡饭。国君吃好后，臣子才可以用汤泡饭吃，但只能吃三口。国君吃完离席之后，就把吃剩的饭与酱，拿出去分给随从的人吃。凡是陪侍尊者进食，自己都不敢放肆，不敢吃饱，唯有水浆不是盛馔，可以不祭，如果水浆也要祭的话，就不免过于降低自己的身份了。

君若赐之爵，则越席再拜稽首受，登席祭之，饮卒爵而俟君卒爵，然后授虚爵[1]。君子之饮酒也，受一爵而色洒如也，二爵而言言斯[2]，礼已三爵，而油油以退[3]，退则坐取屦，隐辟而后屦[4]，坐左纳右，坐右纳左。

今注

1　侍饮于君，有劝饮之义，故先君而饮。授虚爵，授予赞者，俾反于篚。

2　洒如，肃敬貌。言言，和敬貌。斯，语助词。

3　已，止、毕的意思。三爵，献爵一，酬爵二，侍燕之礼止于三爵。油油，悦敬貌。退谓礼毕不敢贪惠，君虽有后命，而必暂退。

4　屦解于堂下，退则跪而取之，由于对君甚为恭敬，故不敢对君纳屦，必就隐蔽处纳之。

今译

与国君一同饮酒，要是国君赐爵，就该越席拜受，登席献祭，先饮干一杯，等国君也干杯了以后，就把空杯授予赞者。君子饮酒，喝第一杯的时候，因为重视受献礼，所以容颜肃敬，第二杯是酬敬于人，态度转为和缓，到了第三杯，容色更是欢悦，可是这时候必须暂退，因为按侍宴的礼节，仅限于饮三爵。退下以后，要到堂下去穿鞋，并且要跪着取鞋，拿到隐蔽处去穿，跪左脚穿右脚的鞋，跪右脚穿左脚的鞋，虽然在隐蔽的地方，也要对君这样恭敬。

凡尊必上玄酒[1]，唯君面尊[2]，唯飨野人皆酒[3]，大夫侧尊用棜，士侧尊用禁[4]。

今注

1　以玄酒为上，重古之义，乡饮酒特牲礼，东西列尊，玄酒在西，以西为上；燕射大礼，南北列尊，玄酒在南，以南为上。

2　面，犹向，设尊于君前而君向之。

3　郑注谓饮贱者不备礼。孔颖达云："野人贱不得本古，又无德则宜贪味，故唯酒而无水也。"

4　侧尊，谓设尊于旁侧，不专使主人向之，表示与宾客共酒。禁，见《礼器》注。

今译

按照设尊的礼制，是以玄酒为上，东西列尊的话，玄酒在西，以西为上，南北列尊的话，玄酒在南，以南为上；唯有人君宴臣的时候，才能设尊于君前，而使君面向之，意思是说，这酒是人君专有，惠赐臣下的。唯有飨野人饮用纯酒，其他按礼制都不能如此。至于大夫、士饮酒，则设尊于旁侧，用的是"棜"和"禁"。侧尊的意义，是不专使主人向尊，表明与宾客共饮此酒的意思。

始冠缁布冠，自诸侯下达[1]，冠而敝之可也。玄冠朱组缨，天子之冠也。缁布冠缋缕，诸侯之冠也。玄冠丹组缨，诸侯之齐冠也。玄冠綦组缨，士之齐冠也[2]。缟冠玄武，子姓之冠也[3]。缟冠素纰，既祥之冠也[4]。垂缕五寸，惰游之士也[5]，玄冠缟武，不齿之服也。居冠属武，自天子下达，有事然后缕[6]。五十不散送[7]，亲没不髦[8]，大帛不缕[9]。玄冠紫缕，自鲁桓公始也[10]。

今注

1　下达，谓达于士。王夫之谓诸侯终丧以士服见天子，故始冠与士同，加缋缕而已，其再加则皮弁朝服素韠，三加玄冕。

2　丹，赤色。綦，苍艾色。天子始冠朱组缨，再加皮弁，三加衮冕。

3　缟，白色生绢。武，结冠之带。《义疏》引陈祥道曰："古者施冠于首，然后加武以约之。"则武为冠带无疑。孔颖达曰：卷用玄而冠用缟，冠卷异色。按：凡冠武异色，非凶则罪，若燕居之冠，冠武相连处，皆玄色。姓，犹孙。子姓之冠，谓冠用缟、卷用玄的这种冠，因为缟为凶，玄为吉，祖父有服，子孙无服，或虽有服而已除之，从尊者之侧，不敢纯用吉色，只好武吉而冠凶。

4　素，白色绫。纰，冠缘。既祥谓禫月，在小祥与大祥之间，孝子除首服。

5　惰游之士，谓罢官。

6　居，谓燕居。孙希曰云："燕居无事于饰，故以冠缨之垂者，分属于武之两旁，有事然后垂之以为饰也。自天子以下皆然。"

7　散，谓散经端之麻。送，谓送葬。王夫之云："送葬散麻，既葬而后结之，五十始衰，不备礼也。"

8　髦，人子之饰。

9　大帛，以白缯为冠，即所谓素冠，国有凶祸，则君冠之。不绥，除去冠饰，表示有贬损的意思。

10　紫为间色，不当用为冠绥，时人尚紫，鲁桓公用之。另一说谓"鲁"为"齐"之误，王夫之谓：传称齐桓公好紫，而凡记言鲁君类不称国，知此当为齐君矣。

今译

第一次行冠礼时，是以缁布冠为始。从诸侯以下到士人，都是如此。这种缁布冠在行冠礼后就不再戴，随它去弊弃。玄色的冠，配上朱色的冠带子，是天子的冠。缁布冠加上彩色的冠带，是诸侯的冠。玄色的冠，配上赤色的冠带，适合诸侯斋祭时戴。玄色的冠，配上苍艾色的冠带，适合士人斋祭时戴。要是祖父辈居丧有服，子孙无服，或是已经除服了，就戴白绢的冠，配上一条玄色的冠带，这样上白下玄取意于半凶半吉的意思。孝子除首服以后，就戴白绢冠，在冠缘上加一道白绩的绳边。罢官之士，冠制与上相同，可是冠带下垂的部分，只准有五寸长，使人容易辨别。犯罪的囚犯，在被释以后，改戴玄色的冠，配用白绢的冠卷，与普通人的冠也不相同，表示这是被人看不起的人。平日燕居的时候，冠上不加装饰，把冠上的垂饰，固定在冠卷两旁，遇到斋祭等事，才让它垂下来，从天子到士人都是如此。人到了五十岁，由于身体渐衰，在参与丧事的时候，可以不必拘礼，送葬不必散麻。双亲亡故以后，人子可以不髦，就是说可以去掉象征幼童的头饰。用白绩做的素冠，没有冠饰，这是遇到荒年凶祸，国君戴的凶冠，表示自我贬损的意思。玄冠用紫色的冠卷做装饰，是自鲁桓公开始的，按理来说，这是不合礼制的。

朝玄端，夕深衣[1]。深衣三袪[2]，缝齐倍要[3]，衽当旁，袂可以回肘[4]。长中继揜尺[5]。袼二寸，袪尺二寸，缘广寸半。以帛里布，非礼也[6]。

今注

1 玄端，玄冠端衣，玄端之衣，以十五升缁布为之，前后各二幅，长二尺二寸，幅广亦二尺二寸，长与幅广相等，故曰端。深衣以十五升白布，连衣裳为之，以其被体深邃，故曰深衣。

2 袪，袖口。三袪，三倍于袖口。按：深衣袖口周围二尺四寸，腰中三倍于袖口，为七尺二寸。

3 要，古"腰"字。齐，裳之下边。缝，俞樾《群经平议》："樾谨按：丰本字，逢与缝均假字也。逢、丰古通用，丰，大也。故逢亦大也。凡训逢为大者，即读逢为丰也。逢者，丰之假字，缝者，又逢之假字。缝齐倍要，谓大其下齐，使倍要中也。"

4　衽，衣襟。深衣之衣为曲领相交，其衽衣左襟上，而恒以掩于右襟之外。

5　长中者，谓裳十二幅之长虽等，而在旁者以斜摄向中而短，衣中者以直垂而长。继揜尺，谓前襟相交，左掩右以相继而合。

6　里，谓中衣，衣上服之里。按：礼，冕服丝衣，中衣用素，皮弁服朝服玄端服麻衣，中衣用布。用帛为中衣，与礼不合。

今译

　　朝食要穿玄端，夕食穿深衣。深衣的大小尺寸，是有一定规格的：袖口周围二尺四寸，腰身三倍于袖口，就是七尺二寸，衣裳的下摆比腰还要大一倍。衣襟开在旁边，左襟掩住右襟，袖子很宽大，手肘在里面回转自如，这样穿脱都很方便。衣服剪裁时布幅的长度虽然相等，但做好以后中央稍长，前襟相交有一尺，曲领二寸，袖口一尺二寸，衣裳绲边宽度一寸半。用帛来做中衣，在礼制上来说，是不合规定的。

　　士不衣织[1]，无君者不贰采[2]。衣正色，裳间色[3]。非列采不入公门[4]，振绨绤不入公门，表裘不入公门，袭裘不入公门[5]。纩为茧，缊为袍，禅为絅，帛为褶[6]。

今注

1　织，染丝织之，如今之绵缎。士衣染缯，织成而后染，如今之绫绸。

2　无君，谓大夫、士去国者。三月之内服素衣素裳，一二月之后，服玄端玄裳。

3　孙希旦云：正色，五方之纯色。衣在上为阳，故用正色。

间色谓兼杂二色，裳在下为阴，故用间色。皇氏云：正谓青赤黄白黑。

4　列采，谓衣裳异色，即贰采。

5　振缔绤，郑云：振读为袗，谓夏天的亵衣；袭，冬天的亵衣。二者上面，需另穿中衣与礼衣，振缔绤表袭，皆谓以缔葛为外服。

6　纩为新绵，以绵着入夹衣中谓之茧。缊为旧絮，以絮着入夹衣中谓之袍。衣无里者为襌，衣有表里而无着者谓之褶。

今译

士的阶级，衣服不能穿织绵的，只能穿染缯。去国的士大夫，衣裳上下一色，不能用两种色彩。一般上衣可以用的颜色，是青、赤、黄、白、黑等五种正色，下裳则可以用兼杂的颜色。朝见国君是件很慎重的事，一定要穿上下不同色的衣裳，如果以缔和葛为外衣，不另穿中衣和礼衣的话，是不能入公门的。以绵着入夹衣中谓之茧，以絮着入夹衣中谓之袍，以绌做的单衣叫作襌，以帛做的夹衣叫作褶。

朝服之以缟也，自季康子始也。孔子曰：朝服而朝，卒朔然后服之[1]。曰：国家未道[2]，则不充其服焉。

今注

1　卒朔，谓卒视朔之事。视朔必有皮弁服，礼毕乃更朝服视朝。

2　道，治。国家未道，谓或有寇乱灾害。

今译

以缟做朝服，是从季康子开始的。孔子说：视朝是应该穿朝服的，视朔则穿弁服，礼毕又更换朝服上朝。意思是说，像季康子这样以缟为朝服，是不合礼的。又说：国家未到政治清平的时候，人君就不必制备那么全的礼服了。

唯君有黼裘以誓省[1]，大裘非古也[2]。君衣狐白裘，锦衣以裼之[3]。君之右虎裘，厥左狼裘[4]。

今注

1　黼裘，以羔与狐白杂为黼文。孙希旦曰："誓省当作誓社。誓社，为社田而誓众也。誓众尚严断，故服黼裘。"

2　大裘，天子祭天之服，或曰以玄狐为之，或曰以黑羔裘为之，盖不可考。

3　裼，袒而有衣。孙希旦曰："锦衣及下玄绡衣之属，皆中衣也。中衣之内，冬则有裘，夏则有绤绤，春秋则有茧袍绗褶，其外则有冕服皮弁服朝服之属。"按：皮弁服以素为中衣，而以朱锦为领缘，所谓锦衣者，以领缘名其衣。

4　左右谓保卫国君者。虎裘狼裘，取其威猛。

今译

唯有国君能穿着羔与狐白交杂的皮衣，去参加社田誓众的仪式，穿大裘并不是古制。国君穿狐白裘的时候，必定要配穿中衣，这中衣是用朱锦做领缘的。国君的左右卫士，穿的是虎裘和狼裘，取义于虎狼的威猛。

士不衣狐白。君子狐青裘豹褎[1]，玄绡衣以裼之[2]；麛裘青豻褎[3]，绞衣以裼之[4]；羔裘豹饰，缁衣以裼之；狐裘，黄衣以裼之[5]。

今注

1　君子，大夫、士的通称。狐青，狐脊之青处。豹褎，以豹皮缘袖口。

2　绡，生丝。玄绡，染成玄色的生丝。

3　麛，鹿子。豻，胡地野犬。

4　绞衣，谓素衣杂裳。

5　狐裘、黄衣，燕居及蜡祭时所服。

今译

士不穿狐白裘。大夫、士穿狐青裘，用豹皮来缘饰袖口，同时要配穿玄色生丝的中衣，这是属于爵弁服的皮衣；鹿子皮裘，用青色胡犬皮来缘饰袖口，再穿上素衣杂裳，这是皮弁服的皮衣；羔皮裘用豹皮来缘饰袖口，配穿缁衣，这是玄端服的皮衣；狐皮裘配穿黄衣，这是燕居及蜡祭时所穿的皮衣。

锦衣狐裘，诸侯之服也。犬羊之裘，不裼[1]；不文饰也，不裼[2]。裘之裼也，见美也。吊则袭，不尽饰也，君在则裼，尽饰也[3]。服之袭也，充美也，是故尸袭[4]，执玉龟袭[5]，无事则裼，弗敢充也[6]。

今注

1　犬羊之裘，庶人穿的皮衣。

2　谓如不行礼或不必文饰的时候，就不必袒露皮裘。

3　郑氏曰："君子于事，以见美为敬。"孙希旦云："吊主哀，故去饰；君在主敬，故尽饰。"

4　充，藏的意思。袭，以禅衣加于裼衣之上，以掩裼衣。

5　玉龟，玉圭与龟甲，谓执圭将命，执龟莅卜，至敬无文，故袭。

6　无事则裼，谓行礼过后，必须再裼衣。

今译

锦衣狐裘，是诸侯的服制。犬羊皮裘，是庶人穿的皮衣，没有裼衣的必要。不是面对国君或行重大祭典的时候，也不必裼衣，袒裼裘衣，为的是露出华贵的文饰，也就是尊君的意思。遇到吊祭别人的时候，必须哀戚，所以不能文饰，要加穿一件单衣，罩在外面，掩盖住里面的文绣，这就叫作"袭"，可是在国君的面前就一定要裼衣表示敬意了。袭衣的意思，为的是藏美，在神圣庄严的场合，反而要去掉文饰，才能表示敬意，所以尸象征鬼神的尊严，一定要袭衣，执玉圭将命的时候，执龟甲将卜的时候，都是很慎重的事，也要袭衣表示尊敬，可是事情完了以后，又要裼衣，不敢掩美，才合乎礼节。

笏：天子以球玉[1]，诸侯以象[2]，大夫以鱼须文竹[3]，士竹本象可也[4]。

今注

1　球，美玉，即大圭。按：天子以球玉，玉字为衍文。

2　象，谓象骨。

3　鱼须，孔疏以为鲛鱼之须。《汉书》中司马相如的《子虚赋》："乘雕玉之舆，靡鱼须之桡旃。"颜注云："大鱼之须，出东海。"文，谓文饰。

4　本，犹如"柄"。

今译

按照笏制：天子的笏，是用美玉做的；诸侯的笏是用象骨做的，用的都是纯玉或纯象骨；大夫的笏是用竹做的，以鱼须做柄；士的笏也是用竹做的，用象骨做柄。

见于天子与射，无说笏，入大庙说笏，非古也[1]。小功不说笏，当事免则说之。既搢必盥，虽有执于朝，弗有盥矣。

今注

1　孙希旦云："说笏，谓去于身也。笏或执于手，或搢于带，不执不搢，是谓脱笏。天子尊极，射礼之繁，太庙之中严敬，举三事不脱，以见笏之无时而离也。"

今译

诸侯大夫入庙见君，以及参与射事，都是笏不离身的。进入太庙，按礼也是笏不离身的，要是脱笏，就不合古制了。小功是轻丧，不应该脱笏，只有当殡殓的时候，才可以脱笏。将要插笏入朝见君以前，一定要先洗手，以后在朝执笏，就不必再洗了。

凡有指画于君前，用笏造[1]，受命于君前，则书于笏，笏毕用也，因饰焉[2]。笏度二尺有六寸，其中博三寸，其杀六分而去一[3]。

今注

1　指画，犹言比画，与君对答用手比画嫌不雅，而且失容，故用笏造。

2　毕，书简，谓用笏记事，代替书简。

3　杀，谓削减。

今译

凡是在朝廷与君对答，或者有事要用手来指示比画的时候，不直接用手，而用笏来代替，在君前受命的时候，把要记的事书写在笏上，所以笏就是备忘录，等于书简一样，后来渐渐地才用象玉等东西装饰在上面，增加它的外观美，同时又因装饰物的品类高下，来区别笏的尊卑，因此才有天子之笏、诸侯之笏等。按照笏的规格，平均有二尺六寸长，中间最宽的地方三寸，两头如果有削减的话，是减去六分之一，也就是两端，剩下二尺五分宽了。

韠[1]：君朱[2]，大夫素，士爵韦[3]。圜杀直[4]，天子直，公侯前后方[5]，大夫前方后挫角[6]，士前后正。

今注

1 韠，蔽膝。王夫之《礼记章句》："其制以熟皮为之，着于衣裳之外，大带之下，垂当前中，上分三裂，中为颈，两旁为肩，肩通革带以系佩，佩两旁垂而韠当中也。大古未有衣服，但以皮革蔽其前后，后王示不忘古，去其后而留其前以为饰焉。"按：韠色当与裳色相同，此处指玄端服的韠。

2 君，兼天子诸侯而言。

3 爵，赤而微黑色。

4 韠制共有三等。直，谓上下皆方而无圜杀。

5 公侯兼伯子男而言。韠以下为前，以上为后，后即上近革带处。

6 方，谓削减其角，去上下欲尽处五寸，即斜杀之四角向里犹如方角。挫角为圜，去其杀际之角使圜。

今译

韠就是用皮革做的蔽膝。韠的颜色是和裳的颜色一致的，国君用朱韠，大夫用素韠，士用赤而微黑色的韠，这些都是用皮做的。韠的式样有三种：天子的韠，上下都是直的，四角垂直没有圜杀；公侯伯子男的韠，上下是方的，四角内切向里，折去其角；大夫的韠下两角内切，上面是圆角；士的韠上下都是正的。

韠，下广二尺，上广一尺，长三尺，其颈五寸，肩革带博二寸[1]。一命缊韨幽衡，再命赤韨幽衡，三命赤韨葱衡[2]。

今注

1 广，谓宽度。上端宽一尺，裂分三份，中颈五寸，两肩各二寸，裂处空各五分，两空共一寸。

2 韍与韠是一物。郑注云："尊祭服，异其名耳。"幽读为"黝黑"之"黝"。缊，赤黄色。葱，青色，即所谓水苍玉。衡，《毛诗》皆作"珩"，《说文解字·玉部》："珩：佩上玉也，所以节行止也。"

今译

韠的尺寸是有规定的：下端二尺宽，上端一尺宽，长三尺，中颈的部分五寸宽，肩和革带的宽度都是二寸。韠的另一个异名叫"韍"，士的阶级用赤黄色的韍，黑色的玉衡；大夫用赤色的韍，黑色的玉衡；卿用赤色的韍，青葱色的玉衡；至于天子，是用纯朱色的韍，与玄端之韍相同。

天子素带朱里终辟[1]，而（诸侯）素带终辟[2]，大夫素带辟垂[3]，士练带率下辟[4]，居士锦带，弟子缟带[5]。

今注

1 带，谓大带。辟，郑注读如"裨冕"之"裨"。裨，谓以缯采饰其侧，即今所谓绲边。

2 诸侯之带与天子稍异，不用朱里，合素为之。

3 辟垂，谓中腰以前及绅皆加绲边，唯腰后不绲边。

4 练，熟绢。士单带无里，仅缘饰其下垂部分。

5 居士，谓有道艺而隐居者。弟子，谓在学者。

今译

关于大带，有许多类别：天子用素带，加上朱红的衬里，整条大带都加绲边做装饰；诸侯也是用素带，整个加绲边，只是不用朱衬里，而改用素里；大夫用素带素里，腰后不缌边，唯有中腰以前及绅的部分缌边而已；士用练带，没有衬里，只有带头下垂的部分加缌边；居士则用锦带，在学的弟子则用缟带。

并纽约¹，用组三寸²，长齐于带³，绅长制，士三尺，有司二尺有五寸。子游曰：参分带下，绅居二焉⁴，绅韠结三齐⁵。

今注

1 并，即上文谓自天子达于弟子。此处原文章节错乱，今依郑注订正之。纽，谓带交结处，以属其纽。约，谓以物穿纽，约结其带。

2 组，谓结丝为辫。纽约皆用组，其宽三寸。

3 谓约结以后，下垂的丝辫长与绅相齐。

4 王夫之《礼记章句》："绅长之制，以人为率，人率七尺，带以上二尺五寸，带以下四尺五寸，故三分四尺五寸而得其二，以三尺为绅。"

5 绅带、蔽膝、组结三者的下端齐长，也就是说，三者长度相等。

今译

上自天子，下至在学弟子，都要用"组"来约结大带，这种"组"是编丝而成的，有三寸宽，交结以后，垂下的部分和绅带下端同齐。绅的长度，也是有规定的，从天子到士，都是三尺长，有司的因为要做事方便，所以稍短一些，只有二尺五寸。子游说，绅带的长度，占带下部分的三分之二。换句话说，如果一个普通人身长七尺，带以上二尺五寸，带以下四尺五寸，那么四尺五的三分之二，正好是三尺。同时绅带、蔽膝、组结的下垂部分，长度都是三尺，下端是齐等的。

大夫大带四寸[1]。杂带[2]，君朱绿[3]；大夫玄华[4]，士缁辟，二寸[5]，再缭四寸[6]。凡带，有率无箴功，肆束及带勤者，有事则收之，走则拥之。

今注

1　大夫，包括天子诸侯在内。

2　杂，王夫之曰：谓辟也。辟是指缘饰，绲边。

3　君，兼天子诸侯而言。朱绿，谓带用朱色绲边，绅用绿色绲边。

4　郑注谓华为黄色。俞樾《群经平议》："晋羊舌赤，字伯华，孔子弟子公西赤，字子华，古人名字相配。然则华非黄色，乃赤色也。"

5　带宽四寸，绲边二寸，即每旁绲一寸，中露带身二寸。

6　再缭四寸，指绲边两旁各一寸，内外各二寸，包括折在里面的绲条，一共是四寸。

今译

从大夫上达天子，大带的宽度都是四寸，绲边的颜色就不相同了。天子诸侯用朱绿色（带的部分用朱色，绅的部分绿色），大夫用玄赤色，士用缁色，每侧绲一寸宽，两边就是二寸宽，如果连折进里面的绲条一起计算，一共就有四寸宽了。所有的大带，都是用线贯缝的，可是用的是暗针，没有明缝。在有事或服劳役的时候，结带的余组和带垂，应该握收在手里，快走的时候，更要拥在怀中。

王后袆衣[1]，夫人揄狄[2]，君命屈狄[3]。再命袆衣，一命襢衣，士褖衣[4]。唯世妇命于奠茧[5]，其他则皆从男子。

今注

1　按：此处原文脱乱在前，今依郑注移置于此。袆读为"翚"，雉名。袆衣，谓画翚在衣上，衣玄色。

2　夫人，王之三夫人及诸侯妻的通称。揄，《尔雅》作"鹞"，狄读如"翟"，鹞翟皆是雉名。

3　屈与阙通，屈狄，谓只画雉形在衣上，阙其彩色。郑注：君谓女君，子男之妻。俞樾谓郑注误，云："君命屈狄，当承上文王后袆衣，夫人揄狄而言，盖谓世妇也。"

4　诸侯之臣，皆分为三等，其妻以次受服。再命谓子男之卿，一命谓子男之大夫。袆衣当作鞠衣，鞠衣黄色，襢衣白色，褖衣黑色。

5　奠茧犹言献茧。

今译

王后穿的是袆衣，袆衣就是画着彩色雉形做衣饰的玄色衣裳；夫人穿的是素衣，上面也画有彩色雉形的花纹；子男的妻子，穿的衣服就只画雉形，而阙彩色了。诸侯臣下的妻子，所穿的衣服，要看丈夫的封命来决定。卿的妻子穿鞠衣，大夫的妻穿襢衣，士的妻穿褖衣，世妇只有在献茧的那天才受后命穿屈狄，未命以前是不能穿的。其他由公侯夫人至士妻，她们的服制都按照自己丈夫的地位而穿应该穿的命服，不需等待后命，只有世妇是要待后命的。

凡侍于君，绅垂，足如履齐[1]，颐霤垂拱[2]，视下而听上，视带以及袷，听乡任左。

今注

1　齐，裳之下边。

2　颐，谓颊。霤，下垂貌。

今译

侍奉国君，态度要十分恭敬，站立在国君面前，身体要微微地前倾，使大带向外下垂，衣裳的下边也因为身体前倾，好像能和脚尖相接触一样。低着头，双颊下垂，两手交拱向前，十分注意君上的吩咐，可是目光不敢上视，只停留在国君的腰带和交领之间。聆听训示的时候，头微偏右，侧耳来注意谛听，由左耳来听，是因为左边为上。

凡君召，以三节，二节以走，一节以趋[1]，在官不俟屦[2]，在外不俟车[3]。

今注

1 节，符节，合以取信者。孔颖达云："节，以玉为之。君召臣，有二节时，有一节时，急则二节，臣故走，缓则一节，臣故趋。"

2 官，谓朝廷治事处。

3 外，谓其宰及官府。

今译

君主召臣的时候，都用符节，二节表示事情紧急，一节表示事情较缓；事情紧急的时候要赶快奔去赴命，不急的时候疾行就可以了，但无论如何，臣下对于君召都是要赶紧应命的，所以在官不俟屦，在外不俟车。

士于大夫[1]，不敢拜迎而拜送[2]，士于尊者[3]，先拜进面，答之拜则走。

今注

1 谓士与大夫相见。

2　拜迎，谓迎于门外。按：拜迎为相敌者之礼，大夫位尊于士，故士不敢行相敌者之礼。

3　尊者，谓卿大夫。

今译

大夫和士相见的时候，士不敢拜迎于门外，因为拜迎是平辈的礼节，只好在走的时候拜送了。士去拜望卿大夫的时候，大夫等在门内，士在门外先拜，然后才进门相见，如果大夫在门内答拜，士就该赶快避开，表示不敢当的意思。

士于君所言，大夫没矣，则称谥若字[1]，名士。与大夫言，名士字大夫。于大夫所，有公讳无私讳[2]。凡祭不讳[3]，庙中不讳[4]，教学临文不讳。

今注

1　大夫五十而受爵命，死乃有谥。

2　公讳，指君之讳。私讳，谓家讳。

3　凡祭，祭群神。

4　庙中，谓祝嘏之辞。庙中讳上不讳下。若有事于祖，则不讳父，有事于父则讳祖。

今译

士在诸侯的面前，说话中提到已故的大夫，有谥的就称谥，没有谥的就要称字，不能直称名。提到士的时候，直接称名就可以了。对大夫说话提到士，也直称其名，提到大夫就要称字。在大夫的跟前，言语中有公讳而没有私讳，也就是说，要避先君的名字，而不避父母的名字。在祭祀中是不避讳的，祝嘏的词句中也不避讳（讳上不讳下），教学生课业，以及辞令简策之中，都可以不避讳。

古之君子必佩玉，右徵角，左宫羽。趋以《采齐》，行以《肆夏》[1]，周还中规，折还中矩[2]，进则揖之，退则扬之[3]，然后玉锵鸣也。故君子在车，则闻鸾和之声[4]，行则鸣佩玉，是以非辟之心，无自入也。

今注

1 《采齐》，为门外之乐。《肆夏》，为登堂之乐。

2 周还谓回行，回行宜圆，故曰中规。折还谓旁行，旁行宜方，故曰中矩。

3 揖，犹抑。退，谓逆退。

4 鸾，乘车衡上铃。和，式前铃。

今译

古时的君子，身上一定要佩玉，佩玉的目的，是使人行走时态度从容，快慢合拍。所以，古人左右两边都佩玉，并且使玉声合于徵、角、宫、羽四声。趋则与《采齐》之乐节拍相应，行则与《肆夏》之乐节奏相符。回身行走的时候，应该走圆形，转向旁行的时候要走方形。前进的时候，玉佩容易飘举，要用手敛抑住，使玉声不急迫；逆退的时候，玉佩容易倚身不鸣，所以要把它扬起来，使它发声。像这样佩声就会铿锵合于五音了，所以说君子行止处处都不会失节的。乘车的时候，则听到车上的鸾铃之声，行走的时候，玉佩之声也锵然有致，因为乐音能导人平和之气，所以一切邪恶的意念，都无法进入君子的心中了。

君在不佩玉[1]，左结佩，右设佩[2]，居则设佩，朝则结佩，齐则綪结佩而爵韠[3]。

今注

1 君在，谓对君。

2　结佩，谓结其组使不发鸣声。

3　齐，古"斋"字。绪，屈的意思。绪结佩，谓既结之，又屈之，盖佩玉有声，斋者欲静，故屈结之。爵韠，玄端服。自天子至士，斋服皆不用朱素，因为至敬而不饰。

今译

上朝面君的时候，按规矩不戴玉佩。也就是说，把左边的佩玉结起来，不让它发声音，右边的可以任它垂下。燕居的时候，可以两边都佩，上朝见君则结左佩。斋戒的时候，宜于清静，所以穿玄端斋服，把佩玉收结稳住，屈折到革带上，不使它有声音。

凡带必有佩玉，唯丧否[1]。佩玉有冲牙[2]，君子无故，玉不去身，君子于玉比德焉。

今注

1　丧事主哀，必须去饰物。

2　佩玉有三组，冲牙悬于中组之末，以玉为之，两端尖锐，行走时触及另二组末之玉璜，因而有声。

今译

上自天子，下至士人，革带上都连系着佩玉，只有服丧的时候例外。佩玉中间那一组上，悬有一块形状尖锐的玉，叫作"冲牙"。当人行走时，晃动身体，两旁的玉就触在冲牙上，发出有节奏的声音，除了特殊原因，平时每人都是玉不离身的，因为君子认为玉象征着德行，所以要长久地系在身上，无故不轻易摘下。

天子佩白玉而玄组绶，公侯佩山玄玉而朱组绶，大夫佩水苍玉而纯组绶[1]，世子佩瑜玉而綦组绶，士佩瓀玟而缊组绶[2]，孔子佩象环五寸，而綦组绶[3]。

今注

1　山玄、水苍，谓玉的纹理如山水，而有玄苍色。公侯应作
"诸侯"。纯，实是"缁"字，缁，《说文解字》谓之"帛黑色"，
即丝帛未浣之本色。

2　瑜，玉之美者。瑀玟，美石似玉者。孔疏云："尊者玉色
纯，公侯以下，玉色渐杂，而世子及士，唯论玉质，不明玉色，
则色不定也。"

3　象环，以象牙为环，象牙贵于石而次于玉，故孔子用于燕
居之佩。

今译

天子佩用的是白玉，玄色的组绶；诸侯佩用的是山玄色的玉，
朱色的组绶；大夫佩用的是水苍玉，缁色的组绶；世子佩用的是
瑜玉，杂彩的组绶；士佩用的是仅次于玉的美石，用赤黄色的组
绶。自世子以下，玉佩只论玉质，不明玉色，因为他们所用的玉
色并不一定，不像天子能用纯色。孔子不佩玉，佩的是象牙做的
环，有五寸大，配上杂彩的组绶。

童子之节也，缁布衣锦缘，锦绅，并纽锦，束发皆朱锦也[1]。
童子不裘不帛，不屦绚[2]，无缌服[3]。听事不麻[4]，无事，则立主人
之北，南面。见先生，从人而入。

今注

1　童子，称未冠的男孩。锦绅，绅带的绲边用朱锦。

2　绚，屦头饰。

3　童子哀不能及疏远，故不必服缌。

4　在丧家听事，不加麻绖。

今译

未成年的男孩，衣着与成人不同，穿缁布衣，用朱锦来绲衣边，绅带用朱锦绲边，带纽及束发都用朱锦。童子不穿皮裘，不穿丝帛，鞋头上也不加饰物，有丧事不必服缞。在丧家服劳役的时候，身上不加麻绖，没有事的时候，就站立在丧主之北，面向南而等候差使。见先生的时候，要跟从求见的人入内，不敢自己行动。

侍食于先生异爵者，后祭先饭[1]。客祭，主人辞曰：不足祭也。客飧，主人辞以疏[2]。主人自致其酱[3]，则客自彻之。一室之人[4]，非宾客，一人彻。壹食之人[5]，一人彻。凡燕食，妇人不彻。

今注

1 凡食，主人延客先祭，侍食者不敢自认为宾，故不先祭。

2 疏，犹言粗，谓饮食粗恶（参阅《杂记下》）。

3 致，置的意思。

4 谓同事合食者。

5 壹食，谓相聚共食。

今译

按照食礼，主人要请客人先祭，可是侍食于尊者，就不能以客位自居，必须先尝食然后才祭。客祭的时候，主人要谦虚地推辞说："不足祭！"客人赞美主人盛馔的时候，主人要客气地说粗茶淡饭，招待不周。主人自置的酱，饭后客人要代他撤去。同事共食的人，没有宾客在场，吃完饭后，由年少的一人撤去食具。大家相聚共食的时候，也由年少者一人撤食具。只有妇人例外，燕食的时候不需动手撤食具。

食枣桃李，弗致于核[1]，瓜祭上环[2]，食中弃所操。凡食果实者后君子，火孰者先君子。

今注

1　致，尽的意思，弗致于核，谓不可食至果核，食至果核，则近于贪味。

2　食瓜而祭，断瓜中如环处，祭用上端，瓜柄及脱花处皆不食。

今译

吃枣子、李子、桃子等有核的果子，按规矩不能吃到核才丢掉，要是吃得太干净了，就会被认为贪嘴。吃瓜也要先祭，祭用瓜中段，上下两端都不用，手拿过的地方也不吃。凡是果实等能分辨出美恶的食品，要后君子而食；烹煮烧熟的东西，唯恐调味不和，所以先君子而尝。

有庆，非君赐不贺[1]。有忧者[2]，勤者有事则收之，走则拥之[3]。

今注

1　有庆，谓喜庆之事，如成婚生子等。非有君赐，则不足为荣，故不敢受友恭贺。

2　此句下有阙文。

3　此两句重出。

今译

家里有成婚生子等喜庆之事，如果没有得到国君的赏赐，就不敢接受朋友的道贺，一则因为没有君赐，不足为荣，其次也为了避免私好。

孔子食于季氏，不辞，不食肉而飧[1]。

今注

1 此段参见"主人辞以疏"下。飧，俗作"飧"。郑注：飧者，美主人之食也。

今译

孔子在季氏那里吃饭，季氏失礼不辞，因此孔子也不以礼对他，尚未食肉便赞美盛馔。

君赐车马，乘以拜赐；衣服，服以拜赐；君未有命，弗敢即乘服也。君赐，稽首，据掌致诸地[1]；酒肉之赐，弗再拜。凡赐，君子与小人不同日[2]。

今注

1 谓两掌亦覆于地上。

2 君子，谓命士以上。小人，谓胥臣有司之属。君子与小人不同日，慎于尊卑的意思。

今译

国君赏赐了车马和衣服，除了当时拜谢以外，第二天还要乘了车马，或穿了衣服去登门拜谢。拜谢了之后，国君再命乘服，才敢乘服，如果没有下令的话，就再也不敢乘服了。拜谢君赐，按礼要叩首至地，两掌也要覆在地上。假如君赐的是酒肉，当时拜谢了以后，第二天就不必再去拜谢了。国君赏赐臣下，地位不相类的，不同一天赏，这是重视尊卑的缘故。

凡献于君，大夫使宰，士亲，皆再拜稽首送之。膳于君[1]，有荤桃茢[2]，于大夫去茢，于士去荤，皆造于膳宰[3]。

今注

1　献熟食于君。

2　荤，辛物，能去秽恶。桃茢，能解不祥。

3　膳宰，膳夫。

今译

凡对君有所奉献，大夫派家宰去拜献，士亲自去，都是再拜行叩首礼。献熟食于君，必用荤桃茢，为的是辟凶邪。大夫去茢，士去荤，这是按尊卑差等来的，而且都是请膳宰代受。

　　大夫不亲拜，为君之答己也[1]。大夫拜赐而退[2]，士待诺而退[3]，又拜，弗答拜。

今注

1　不亲拜，不亲自拜献。

2　大夫拜于公门，小臣告即退。

3　诺，谓小臣入告，出报君之已闻。

今译

大夫不亲自拜献，而派家宰去拜献，为的是怕劳动国君出来回拜。大夫拜谢国君的赏赐，只要在门口请小臣入内通报一声，就可以马上去了。士则要听候回音才能退，这时候还要再拜谢国君的诺报，国君不须再答拜士。

　　大夫亲赐士，士拜受，又拜于其室。衣服，弗服以拜。敌者不在[1]，拜于其室。凡于尊者有献，而弗敢以闻。士于大夫不承贺[2]，下大夫于上大夫承贺。亲在，行礼于人称父[3]，人或赐之，则称父拜之。

今注

1 敌者，谓爵位相等者。不在，谓来馈时己不在家。

2 承，受。不承，谓不敢承受大夫亲贺。

3 行礼，指庆吊馈问之事。

今译

大夫赏赐东西给士，士拜受，第二天又到大夫家中去拜谢。赐予衣服，不必穿了去拜谢，如果是国君赏赐的，就要穿了去拜谢。地位相等的人馈赠物品，来馈时要是自己不在家，改天还要登门回拜。凡是有物献给尊者，不敢直说献给某人，只能婉转地说赠予从者或有司。士和大夫之间，地位有差等，所以士不敢接受大夫亲贺；下大夫和上大夫的尊卑较近，就可承受上大夫的亲贺了。凡是遇到庆吊馈问之事，只要双亲在世，就得用父名出面；如果有人赐予，接受的时候，也要说父使某拜谢。

礼不盛，服不充，故大裘不裼[1]，乘路车不式[2]。

今注

1 大裘，天子祭天之服。不裼，谓外加衮服。

2 路车，郊天车。天子乘玉路以祀天，金路以祀先王。不式，不为敬容。

今译

礼不盛则服不充实，需待文饰于外；礼盛则主敬于内，不需外饰。所以，天子穿大裘祭天，不必裼衣，外面要加衮服，乘玉路祀天，可以不轼，这就是由于礼盛服充。

父命呼，唯而不诺，手执业则投之，食在口则吐之，走而不趋。亲老，出不易方，复不过时[1]。亲瘵色容不盛，此孝子之疏节也²。父没而不能读父之书，手泽存焉尔；母没而杯圈不能饮焉³，口泽之气存焉尔。

今注

1　出不易方，谓行止有定。复不过时，谓来去准时。

2　瘠，病的意思。疏节，疏忽的地方。

3　圈，与"棬"同。杯圈，就是杯子和盘子。

今译

父亲呼喊儿子的时候，儿子要立刻答应，要回答"唯"而不说"诺"，手里如果正拿着东西，也要赶快放下，嘴里衔着食物，更要马上吐掉，很快地奔走到父亲身边去。双亲年老了，做儿子的外出要有一定的地方，回家也要按照预定的时间，免得父母担心。双亲要是病了，或是脸上有忧愁不高兴的样子，那就是做儿子的疏忽了，这样也就称不上至孝了。父亲过世以后，凡是父亲读过的书都要好好地保存着，不要去碰它，因为书上有父亲的手迹存在。母亲过世以后，她用过的杯盘饮具，也不要再取用，那上面留有母亲的泽迹。

君入门，介拂闑¹，大夫中枨与闑之间²，士介拂枨。宾入不中门³，不履阈⁴，公事自闑西，私事自闑东。君与尸行接武⁵，大夫继武，士中武⁶，徐趋皆用是⁷。疾趋则欲发而手足毋移⁸，圈豚行不举足⁹，齐如流¹⁰，席上亦然¹¹。端行，颐霤如矢，弁行，剶剶起屦，执龟玉，举前曳踵，蹜蹜如也¹²。

今注

1　介，上介。闑，门两扉间短木，用以止门者。

2　枨，门旁附柱木。

3　不中门，不当枨闑之中。

4　阈，谓门槛。

5　武，足迹。接武，谓两足相蹑，后迹接前迹之半，此谓庙中步趋之节。

6　大夫、士为助祭者，继武，各自成迹，相继而无间。中武，两迹相去中间容一足之地。

7　谓步趋有快慢，步法之疏数各如其度。

8　疾趋则欲发，郑云：疾趋谓直行。"欲"字或作"数"，数，是"速"的借字。手足毋移，谓手肘不摇，双足平直不左右移摆。

9　圈豚，家畜小豕。圈豚之行，膝以下动而髀不动，走小碎步。一说谓圈豚即"逡循"，逡循盖为礼让动作。

10　齐，谓衣裳下摆。

11　席上，谓即席离席时。

12　蹜蹜，局促貌。

今译

两君相朝的时候，来朝的国君从大门进来，上介站在靠近门中短木处，承介立在枨与阈之间，末介站在近门旁木柱的地方。大夫聘于邻国为宾的时候，就不立于枨阈之间，也不敢停留在门槛处，为的是避尊者。聘享之事是属于公事，用宾礼，立自阈西；私觌属于私事，从臣礼，立自阈东。在宗庙中，尊卑的步法亦不相同：国君和尸的地位尊贵，走路的步子要徐缓，前后两步的足迹要重叠一半，就是所谓的"接武"；大夫的步伐要快一些，两步的足迹相继，就是所谓的"继武"；士的步伐更要快一些，两步之间还留有一足的间隔，就是所谓的"中武"。他们走路时，步趋虽有疾迟不同，可是步法总是这样的。平时行走的时候，直行则开快步，但手足不要摇摆，按礼手肘不能摇，脚步要平直。逡循礼让的时候，足不离地，衣裳的下摆委地，曳足如流水状，在即席离席的时候亦如此。燕居穿着玄端服的时候，微低着头，双颊下垂如同屋檐一样，行走的步伐直如箭矢；穿着皮弁服在朝在庙的时候，刬刬然起屦；执龟甲玉圭的时候，举足局促，不敢张足而行。

凡行容惕惕 [1]，庙中齐齐 [2]，朝廷济济翔翔 [3]。君子之容舒迟 [4]，见所尊者齐遬 [5]。足容重，手容恭，目容端，口容止，声容静，头容直，气容肃，立容德 [6]，色容庄，坐如尸，燕居告温温 [7]。

今注

1 惕惕，自得的样子。

2 齐齐，整肃貌。

3 济济翔翔，庄敬严肃貌。

4 舒迟，谓举止闲雅从容。

5 齐遬，谓起敬而酬酢不懈。

6 立容德，应镛曰："中立不倚，俨然有德之气象。"

7 告，教使的意思。孔颖达云："燕居色尚和善，教人使人之时，唯须温温，不欲严栗。"

今译

平时走在道路上，态度要从容自得；在宗庙中，容态要整肃；在朝廷之上，要有盛大威仪的样子。君子的举止要闲雅，遇到尊长的时候，应该马上肃然起敬。举足不轻浮，手不乱指画，目光不斜视，说话面颊不抽动，音调要温和，不发怪声，头颈要正，不乱倾顾，气势要严肃，要有中立不倚、俨然有德的气象，面色要庄重，坐势要像尸一样地敬慎正直。燕居的时候，更要和善，有事教使人，要态度温和。

凡祭，容貌颜色，如见所祭者。丧容累累[1]，色容颠颠[2]，视容瞿瞿梅梅[3]，言容茧茧[4]，戎容暨暨[5]，言容诏诏[6]，色容厉肃，视容清明。立容辨，卑毋诏，头颈必中，山立时行，盛气颠实，扬休玉色。

今注

1　丧容，谓居丧之容。累累，彷徨的样子。

2　颠颠，忧思貌。

3　瞿瞿梅梅，不审貌。

4　茧茧，谓声气细微。

5　暨暨，果毅的样子。

6　诏诏，说话严断的样子。

今译

祭祀的时候，表露出来的容貌颜色，要如同看到了所祭的人一样。居丧的时候，要显出彷徨无依的样子，满脸忧色，看起东西来也晦暗不清，说话也是声音细微，有气无力的样子。临阵打仗的时候，态度要刚毅果敢，发号施令要严断，面色要严肃，判别事物要十分明察。站立的姿势，要谦恭有礼，明辨尊卑上下，但也不能过分谦卑，过分就近于诏媚了。头颈要保持正直，不要倾侧，定在那里，要像山一般地竖立，该移动的时候才移动。全身内气充盛，因而内美表现于外，脸色温润如玉。

凡自称，天子曰予一人，伯曰天子之力臣[1]。诸侯之于天子，曰某土之守臣某，其在边邑，曰某屏之臣某。其于敌以下[2]，曰寡人，小国之君曰孤，摈者亦曰孤[3]。

今注

1　力臣，谓宣力于四方之臣。

2 敌，谓邻国。

3 摈，通"傧"，传辞者。

今译

天子称自己为予一人，州伯自称为天子的力臣。诸侯对于天子，自称为某方的守臣某人，如果在边境的话，就说是某方的屏卫之臣某人。诸侯对邻国的诸侯或臣民，自称寡人。小国之君自称孤，傧者也称孤。

上大夫曰下臣，摈者曰寡君之老，下大夫自名，摈者曰寡大夫。世子自名，摈者曰寡君之適，公子曰臣孽[1]。

今注

1 孽，木之旁萌者，故庶子称孽。公子谓诸侯庶子。

今译

上大夫对自己的国君，称自己为下臣某某，如果出使他国，傧者称上大夫为寡君之老。下大夫对己君称名，出使他国，傧者称为寡大夫。世子对己君称名，傧者称为寡君之嫡，公子自称为臣孽某某。

士曰传遽之臣[1]，于大夫曰外私[2]。大夫私事使[3]，私人摈则称名[4]，公士摈则曰寡大夫、寡君之老[5]。大夫有所往，必与公士为宾也[6]。

今注

1 传遽，谓急递信息的驿使。

2 私，谓家臣。外私，对他国大夫而言。

3 私事使，以私事使人至邻国。

4 私人摈，谓私行出疆，使家臣传辞于诸侯。

5 公士擯，谓奉命出聘使，而公士为之传辞。

6 与，犹"以"。公士为宾，谓以公士为介。

今译

士对君自称为传遽之臣，对他国大夫称外私。大夫因私事使人至邻国，使家臣传辞称名，奉命出使，使公士传辞则称寡大夫、寡君之老。大夫奉命出使，必以公士为介。

第十四　明堂位

　　《汉书·艺文志》载《明堂阴阳记》就有很多种，郑玄《礼记目录》称此篇亦属其一。今按《逸周书》有《明堂解》及《王会解》两篇，后者，记事怪奇；而前者则与本篇关系密切。盖"明堂"本是周人追享文王之庙，鲁国为周宗亲，其庙亦侈名明堂。庙中绘有周公怀抱成王朝见诸侯的图像，鲁儒认为无上荣耀，乃为做图解，此篇殆不过其中残文之一，而与阴阳家倡说的明堂没有关系。篇中所言，约有三段：第一大段，似颠倒《明堂解》的原文而成；第二段述成王赐鲁礼乐，大意与《祭统》所载者相近；第三段乃杂记鲁禘所使用的礼乐及诸器物。更从末段观之，纯是鲁人自夸语，全非事实。

　　昔者周公朝诸侯于明堂之位[1]：天子负斧依南乡而立；三公，中阶之前，北面东上[2]。诸侯之位，阼阶之东，西面北上。诸伯之国，西阶之西，东面北上。诸子之国，门东，北面东上。诸男之国，门西，北面东上。九夷之国，东门之外，西面北上。八蛮之国，南门之外，北面东上。六戎之国，西门之外，东面南上[3]。五狄之国，北门之外，南面东上。九采之国，应门之外，北面东上。四塞，世告至[4]。此周公明堂之位也。明堂也者，明诸侯之尊卑也。

今注

1　《逸周书·明堂解》，"之位"二字，在下文"三公"二字之下。依《孟子》及《中庸》所载，"明堂"是祭祀文王的庙。

2　天子，指成王。负斧依，是背后有个画斧形图案的屏风。"三公"之下宜有"之位"二字。东上，因多人并立，其位置以靠东边者为尊。下文同。

3　按上下文：凡北面者皆以靠东者为上，东西面者以靠北者为上，因其较接近于天子的位置。此处以"南"为上，与下文"南面东上"，皆属例外，或因其在庙门外之故。姚际恒有驳说，今不赘。

4　九采，《王制》云：千里之外曰采（详彼注）。四塞，指极远的属国。世告至，谓遥远之国，一世代只要来朝一次。

今译

从前周公在明堂接待诸侯，因而定下了明堂的位置：天子背着斧扆朝南而立。三公的位置在中阶之前，朝北而立，以站在靠东边者为上位。侯爵的位置在东阶的东边，朝西而立，以靠北的位置为上。伯爵的位置在西阶之西，朝东而立，亦以靠北者为上位。子爵的来宾，立于庙门的东边，面朝北，以靠东者为上位。男爵的来宾，立于庙门的西边，亦是面朝北，以东为上。九夷之国，则在东门之外，面朝西，以靠北者为上。八蛮之国，在南门之外，面朝北，以东为上。六戎之国，在西门之外，面朝东，以南为上。五狄之国，在北门之外，面朝南，以东为上。九采之国，更远在太庙的应门之外，面朝北，以东为上。至于四方极远的国，其国君一辈子只能来朝一次。这就是周公确定的明堂之位。因此，明堂是表明诸侯地位的尊卑的。

昔殷纣乱天下，脯鬼侯以飨诸侯[1]。是以周公相武王以伐纣。武王崩，成王幼弱，周公践天子之位[2]，以治天下；六年，朝诸侯于明堂，制礼作乐，颁度量[3]，而天下大服；七年，致政于成王；成王以周公为有勋劳于天下，是以封周公于曲阜，地方七百里，革车千乘，命鲁公世世祀周公以天子之礼乐[4]。

今注

1　鬼侯，《史记·殷本纪》作"九侯"。王国维云，即春秋时代的隗国。

2　践天子之位，是不居天子之名而实行天子的职务。

3　颁布重量、容量及尺度的标准，使天下法度划一。

4　革车，就是兵车，亦即特准鲁国可以有庞大的武装。命鲁公……云云，此事不见正史，当是鲁国后人张大其事以祭祀周公，故制造此一理由。

今译

从前，殷纣王暴虐无道，把隗国的国君杀了，制成干肉，并用以宴请其他诸侯。因此，周公协助武王讨伐殷纣。殷纣既亡，武王亦死了，成王继位。因为年纪太小，由周公摄行政事，统治天下。六年之后，各国诸侯皆来朝见，集会于明堂。周公那时制订了许多礼节和乐章，并颁布统一的度量衡，于是天下服从。七年之后，他把政权交还成王，成王因他有大功劳于周家天下，所以将曲阜七百里的地方封给周公，特准他有一千乘的兵车，而且命令鲁国的国君，世世代代可以用天子的礼仪和乐章祭祀周公。

是以鲁君，孟春乘大路，载弧韣[1]；旂十有二旒，日月之章[2]；祀帝于郊，配以后稷。天子之礼也。季夏六月，以禘礼祀周公于大庙，牲用白牡；尊用牺象，山罍[3]；郁尊用黄目；灌用玉瓒，大圭[4]；荐用玉豆，雕篹；爵用玉琖，仍雕[5]，加，以璧散璧角；俎用梡嶡[6]；升歌《清庙》，下管《象》；朱干玉戚，冕而舞《大武》；皮弁素积，裼而舞《大夏》。《昧》，东夷之乐也；《任》，南蛮之乐也[7]。纳夷蛮之乐于大庙，言广鲁于天下也[8]。

今注

1　弧韣，陆奎勋云：弧即是"弓"，韣，是装弓用的袋子。

2　章，是徽号，旗上画有日月的徽号。

3　白牡，白色的公牛。尊是盛酒器，牛形曰牺尊，象形曰象尊，画山云等物曰山罍。

4　郁尊，盛郁鬯的酒器。黄目，见《郊特牲》注。玉瓒，行"灌"礼时使用有柄的杯子，杯用玉，曰玉瓒，其柄用大圭为之。

5　篹，是竹制的盛干物之器，边缘有雕饰者。仍雕，是依照玉琖之形施以雕饰。

6　加，指主人以爵献尸之后，主妇又以爵献尸，称为"加爵"。散、角，皆酒器，见《礼器》注，此指以璧玉装饰之散与角。梡，四脚的小几。嶡，或写作"橛"，连于四脚上的横木。

7　南，出自《诗经·小雅·鼓钟》，毛传云：南夷之乐曰南。南、任，古音近。

8　广鲁于天下，稽以《春秋繁露·郊事对》、蔡邕《明堂月令论》所载，"广"字当是"异"字，意谓鲁国优异于他国。

今译

有此之故，鲁国的国君，在孟春之月，可以乘坐大辂的车，载着有弓衣的弓，打着十有二旒的旗，画日月的徽号，出去祭祀上帝于郊外，并且敢以周王的祖先后稷来配享。这本来都是天子的礼。到了季夏六月，鲁国的国君还要祭祀周公于太庙，祭牲用白色的公牛，酒器有牺尊、象尊、山罍；盛鬯酒的酒器是黄目之尊；行灌礼时用大圭为柄的玉瓒；进熟物用玉豆，干物用雕簋；进酒时用雕饰的玉盏，再进酒则用璧玉装饰的"散"和"角"；盛肉的，用四脚有横木的几案。登堂唱《清庙》之诗，堂下管乐队奏《象》乐。舞队执着红色的盾牌和玉斧，冠冕而舞《大武》；戴着皮弁素帻而舞《大夏》之乐。还有《昧》乐，是东夷来的；《任》乐是南蛮来的。他们可以兼收蛮夷的音乐在太庙祭中，这意思是说鲁国是周公的后代，和别国不一样。

君卷冕立于阼，夫人副袆立于房中[1]。君肉袒迎牲于门；夫人荐豆笾。卿大夫赞君，命妇赞夫人：各扬其职[2]。百官废职服大刑，而天下大服。是故，夏祊秋尝冬烝，春社秋省而遂大蜡[3]，天子之祭也。

今注

1　副，是首饰名。袆，是画有鸟纹的妇人礼服。

2　扬，与"举"同义，"担任"的意思。

3　省，郑玄读为"狝"。大蜡，见于《郊特牲》。

今译

国君穿衮衣，冠冕，站在东阶；夫人戴首饰，穿袆服，站在房中。祭牲牵来时，国君袒着上衣在门口迎接；馈食时，夫人承进豆笾。在行礼时，卿大夫辅佐国君，命妇辅佐夫人，各人担任各人的职务。许多执事人等，倘若耽误职务，要受重刑，这样使得天下的人都能服从。鲁国有夏天祊祭，秋天尝祭，冬天烝祭，以及春天祭社，秋天率众行猎，直到年终大蜡。这都是天子举祭的项目。

大庙，天子明堂。库门，天子皋门。雉门，天子应门[1]。振木铎于朝²，天子之政也。山节藻棁，复庙重檐³，刮楹达乡，反坫出尊，崇坫康圭，疏屏⁴；天子之庙饰也。

今注

1 此言鲁国的太庙有如天子的明堂，库门如皋门，雉门如应门。

2 振，摇动。木铎，以木为舌的铜铃。

3 山节藻棁，见于《礼器》注。复庙，双层的庙宇。重檐，见《檀弓》注。

4 刮楹，磨刮光滑加油漆的楹柱。达，通达。乡，《尔雅·释宫》云，两阶间曰"乡"，是夹户的窗。坫，筑土为之，在两楹之间。献酬既毕，则还爵于坫上，在酒樽之南，故称"反坫出尊"。崇坫，犹言高坫。康圭，是要安置圭璋的意思。疏屏，镂刻通花的屏风。

今译

鲁国太庙，有如天子的明堂；有库门，如天子的皋门；有雉门，如天子的应门。在朝中摇动木舌的铜铃以发号施令，有如天子发布政令。太庙里有山形的斗拱，饰着图案的短柱；双层的庙宇，复叠的屋檐，刮光的楹柱和敞亮的大窗，还爵于坫，置于酒樽之南，又有高起的坫，用以安放大圭，还有刻镂通花的屏风。这本来都是天子太庙内的装饰。

鸾车，有虞氏之路也。钩车，夏后氏之路也。大路，殷路也。乘路，周路也¹。有虞氏之旂，夏后氏之绥²，殷之大白，周之大赤。夏后氏骆马，黑鬣。殷人白马，黑首。周人黄马，蕃鬣³。夏后氏，牲尚黑，殷白牡，周骍刚⁴。

今注

1　鸾车，饰有鸾铃的车。钩车，车身钩曲的车。大路，木轮车。乘路，玉饰的车。

2　绥，郑玄云：当作"緌"字，是饰以牛尾的麾，亦称为"旄"。按：此文当作"有虞氏之緌，夏后氏之旂"。

3　骆马，白马黑鬣。黄马，棕色马。蕃鬣，王引之云：蕃读若"幡"，白色的马鬣。

4　骍刚，骍是黄赤色；刚，亦写作"犅"，牡牛。

今译

鸾车，是有虞氏时代用的祭车。钩车，是夏后氏时代用的祭车。殷代祭车用木辂，周人祭车用玉辂。有虞氏用旄，夏后氏用旗，殷代用大白旗，周人用大红旗。夏后氏驾车用黑鬣的白马，殷人用白身黑头的马，周人用白鬣的棕色马。夏后氏的祭牲用黑牛，殷人用白色公牛，周人用黄色公牛。

泰，有虞氏之尊也[1]。山罍，夏后氏之尊也。著，殷尊也[2]。牺象，周尊也。爵，夏后氏以琖，殷以斝，周以爵。灌尊，夏后氏以鸡夷[3]，殷以斝，周以黄目。其勺，夏后氏以龙勺，殷以疏勺，周以蒲勺[4]。土鼓蒉桴苇籥，伊耆氏之乐也。拊搏玉磬揩击，大琴大瑟，中琴小瑟，四代之乐器也[5]。

今注

1　泰，陆德明云别本作"大"字。亦称"瓦大"，即陶制的酒壶。

2　著，无足的酒壶。

3　鸡夷，即鸡彝。彝器上有鸡形者。

4　勺，酌酒之器。刻有疏纹者为疏勺；勺柄如凫头，口如蒲草者为蒲勺。

5　拊搏，皮制，装以谷糠的小鼓。指击，指柷敔一类的
乐器。

今译

大瓦壶，是有虞氏时代的酒樽；山罍，是夏后氏时代的酒樽。
无足之壶，是殷代的酒樽；周人的酒樽有牺尊、象尊。夏后氏以
琖为爵，殷人以斝为爵，真正称为"爵"的，周人用之。灌礼所
用的酒樽，夏后氏以鸡彝，殷以斝，周人用黄目。酌酒器：夏后
氏用龙勺，殷人用疏勺，周人用蒲勺。在伊耆氏时代，只是筑土
为鼓，用蒉为鼓桴，截苇梗为管乐。至于用谷糠装袋做成的鼓，
用玉石做的磬，以及用柷敔等物合以大琴大瑟、中琴小瑟，则是
虞、夏、殷、周四代传下的乐器。

鲁公之庙，文世室也[1]。武公之庙，武世室也[2]。米廪，有虞
氏之庠也[3]；序，夏后氏之序也；瞽宗，殷学也；頖宫，周学也。

今注

1　鲁公之庙，指伯禽之庙。世室，是世世不毁之祧。

2　武公名敖，是伯禽的六世孙。武公后人，仿效周天子之
庙，设有文王武王二世室。

3　米廪，储米的仓库。有虞氏的学校，鲁亦有之。

今译

鲁人有鲁公之庙，相当于周天子之文王世室；又有武宫，相
当于周天子之武王世室。鲁国设置的米廪是本于有虞氏的学校；
序，本于夏后氏的学校；瞽宗，是殷人的学校；頖宫，是周人的
学校。周天子有此四学，鲁国亦有此四学。

崇鼎，贯鼎，大璜，封父龟¹，天子之器也。越棘²，大弓，天子之戎器也。夏后氏之鼓足。殷，楹鼓；周，县鼓³。垂之和钟，叔之离磬⁴，女娲之笙簧。夏后氏之龙簨虡，殷之崇牙，周之璧翣⁵。

今注

1 郑玄云：崇、贯、封父皆古国君，其国为周王所灭，取其鼎，分赐鲁国。但服虔注《左传·昭公三年》云，崇鼎即"谗鼎"；而"谗鼎"在《吕氏春秋》中则写作"岑鼎"。

2 棘，孔颖达云：《方言》写作"戟"。

3 鼓足，有足的鼓。楹鼓，两柱夹持的鼓。县鼓，用横木直柱作架而悬的鼓。

4 孔颖达云：《舜典》称垂作共工之官。《世本》称无句作磬，叔即无句。和、离，是指调节音乐用的钟和磬。

5 横木直柱构成的架，用以悬钟磬或鼓，称为簨虡。刻有龙形，故名龙簨虡。殷人又于横木上添以牙状凸出之物，名为崇牙。周人又饰以圆玉和扇形之物，名为璧翣。

今译

崇国的鼎，贯国的鼎，大玉璜，以及封父的宝龟，本来都是天子的东西。越国出品的戟、大弓，本来都是天子的武器。有足的是夏后氏时代的鼓，用两根柱夹持的是殷代的鼓，用横木直柱架设的是周代的鼓。垂做和钟，叔做离磬，女娲氏做笙簧。悬挂钟磬的架上，夏后氏刻有龙纹，名为龙簨虡，殷人添上崇牙，周人又饰以璧翣。

有虞氏之两敦，夏后氏之四琏，殷之六瑚，周之八簋¹。俎，有虞氏以梡，夏后氏以嶡，殷以椇，周以房俎²。夏后氏以楬豆，殷玉豆，周献豆[3]。有虞氏服韨，夏后氏山，殷火，周龙章。有虞氏祭首，夏后氏祭心，殷祭肝，周祭肺。夏后氏尚明水，殷尚醴，周尚酒。有虞氏官五十，夏后氏官百，殷二百，周三百[4]。有虞氏之绥，夏后氏之绸练，殷之崇牙，周之璧翣[5]。

今注

1　敦、琏、瑚、簠，都是祭时用以盛黍稷之器。郭嵩焘云：敦、琏、瑚，皆圆形，簠是方形竹器。

2　梡、嶡，见前注。姜兆锡云：俎足间横木为曲形，如棋枳树枝。房俎，俎足间有横木，下有跗，似堂后有房之状。

3　楬豆，木质无饰的豆。献，读为"娑"，是刻有图案的豆。

4　旧说，皆以"官"为朝廷上的百官。今按《礼器》云"羔豚而祭，百官皆足"；《祭统》云："百官进彻"云云，似为泛指参与祭祀的诸执事官员，时代愈后，一切皆踵事增华，庙祭所用人手亦愈多。

5　此处崇牙、璧翣，指旗帜上的装饰。

今译

有虞氏荐黍稷用两敦，夏后氏用四琏，殷人用六瑚，周人则增至八簠。有虞氏的俎，只是没有雕饰的四足案；夏后氏在案足之间加横木；殷人于横木之外又增权枒；周人的俎足，则似有隔间的房俎。夏后氏的木豆，光秃无饰，殷人用玉豆，周人更在豆上刻花纹。有虞氏的祭服只加蔽膝，夏后氏还在上面绘以山的图案，殷人又加上火状的图案，周人则用龙袍。有虞氏之祭献牛首，夏后氏献牛心，殷人献肝，周人献肺。夏后氏之祭以清水为尚，殷人以酒醴为尚，周人则尚清酒。有虞氏祭祀只用五十人执事，夏后氏加上一倍的人，殷人又加上一倍的人，周人则用三百人。有虞氏用旄旌，夏后氏用绸练之旗，殷人添上崇牙，周人更饰以璧翣。

凡四代之服、器、官，鲁兼用之。是故，鲁，王礼也，天下传之久矣[1]。君臣，未尝相弑也；礼乐刑法政俗，未尝相变也[2]，天下以为有道之国。是故，天下资礼乐焉[3]。

今注

1　传之久矣，郑注：传，传世。按：昭公二年，晋韩宣子云"周礼尽在于鲁矣"。周室东迁，王家所保存者犹不及鲁国之完全。

2　郑玄云：春秋时代，鲁君三弑；又，士亦有诔，妇人髽而吊丧；可知此二语是谎言。

3　资，取用。

今译

虞夏殷周四个朝代所用的礼服、礼器，以及礼的执事，鲁国皆兼而用之，和周天子一样。所以鲁国行的是周王的礼，而天下人早都知道的。鲁国没有君臣相残杀的事，亦没有改变礼乐刑法政制习俗的事，天下人都当鲁国是有道的国家，所以都采用鲁国的礼乐。